Immer oben dabei

Inhaltsverzeichnis — Seite

Der Deutsche Fußballsport

DASBACH VERLAG

Copyright: Der Deutsche Fußballsport
Dasbach Verlag GmbH,
6204 Taunusstein
in Zusammenarbeit mit Eintracht Frankfurt

Text: Rainer Franzke, Wolfgang Tobien

Fotos: Czech, dpa, Fricke, Gebel, Hartung, Horstmüller, kicker-Sportmagazin Herbert Liedel, Kreft, Krutsch, Lechthaler, Marth, Mehrens, Schneider, Schirner, Wenho, Witters

Gestaltung und Druck: Offsetdruckerei Wuschek GmbH

ISBN 3-928231-13-8

Die Eintracht - ein Stück Frankfurt

Seit über 90 Jahren fasziniert die Eintracht die Menschen am Main

Frankfurt, dieser Name weckt auf Anhieb vielerlei Assoziationen. Über Karl den Großen, den Dom, den Römer, die Paulskirche, über die Patrizierhäuser aus der Zeit als Freie Reichsstadt werden Brücken zu bedeutsamen Stationen der deutschen Geschichte geschlagen. Johann Wolfgang von Goethe und die Universität, die seinen Namen trägt, das Städel und das Senckenbergmuseum, das Schauspielhaus und die vielen Galerien, die gigantischen Bankpaläste, die Börse und der Flughafen, der Palmengarten und nicht zuletzt die Alte Oper zeugen davon, daß in Frankfurt seit jeher die Musen, die Wissenschaften und die Wirtschaft heimisch sind. Sachsenhausen, die Kaiserstraße und der Äpfelwein sind Beispiele dafür, daß den Frankfurtern schließlich auch nichts Allzumenschliches fremd ist. Frankfurt, es bietet jedem das Seine, je nach Geschmack, Interesse und Bildungsstand. Keiner dieser Begriffe kann die Menschen dieser Stadt und ihrer Umgebung jedoch emotional so packen, fesseln und elektrisieren, wie dies der Name „Eintracht" tut. Gewiß wäre die Behauptung übertrieben, daß alle Frankfurter Fußballfans sind und alle Frankfurter Fußballfans ihr Herz an die Eintracht verschenkt haben. Doch für die meisten Menschen dieser Stadt gehört die Eintracht tatsächlich im gleichen Maß zu Frankfurt wie der Römer oder die Hauptwache. Die Eintracht, sie ist vor allem als Kommunikationsfaktor ein Phänomen, über das es sich zu arrangieren gilt. Und das war nicht nur gestern und vorgestern so. Dies gilt vor allem auch für jene Ebene, wo für die Stadt und den Verein bedeutsame Entscheidungen getroffen werden. Die höchsten Würdenträger aus dem Rathaus sind seit vielen Jahrzehnten schon Stammgäste bei den Spielen im Waldstadion. Die Repräsentanten der Eintracht werden schon ebensolange immer wieder im Römer begrüßt und willkommen geheißen.

„Man sprach von der Eintracht, in Prag am Halteplatz der Chauffeure und in Marseille in den Cafés der Matrosen und ihrer Mädchen. Kein Wunder, daß sie mit ihren Spielen und Siegen auch ihre Heimatstadt eroberte. In ganz Frankfurt erzählte man von den Schüssen Schallers, von den Vorlagen Goldammers, als hingen das Wohl und Wehe, ja der Ruf der alten Stadt von diesen Dingen ab. Am Montagmorgen gab es in den Bäckereien, im Wartezimmer der Ärzte und auf der Bank in Nizza nur ein Thema: die Eintracht am gestrigen Sonntag". So treffend beschrieb der große Frankfurter Journalist und Schriftsteller Ernst Nebhut, einer der hervorragendsten Vertreter der sogenannten „Frankfurter Schule" des deutschen Sportjournalismus, die Ausstrahlung, die das berühmte Eintracht-Team der dreißiger Jahre besaß. Und so ist es bis heute geblieben. 93 Jahre besteht die Frankfurter Eintracht nun schon, seit im Jahre 1899 ihre Gründervereine Viktoria und Kickers an der legendären Hundswiese ins Leben gerufen wurden. Ihre Wirkung und vor allem ihr Wesen blieben seitdem unverändert. In all diesen Jahren war die Eintracht immer oben dabei, sie war immer erstklassig. Deswegen und damit sprach sie immer an. Über ihr vermochten sich die divergierendsten Geister zu einigen. Über ihr gingen die harmonischsten Gemeinschaften, zumindest für eine gewisse Zeit lang, in die Brüche. Oft spielt die Eintracht schön, doch dann ist sie den Strebsamen nicht erfolgreich genug. Oft ist die Eintracht auch erfolgreich, doch dann spielt sie den Ästheten nicht schön und genial genug. Manchmal auch spielt sie schön und erfolgreich, dann hängt der Himmel am Main voller Geigen. Das waren dann die Sternstunden des Frankfurter Fußballs wie das Endspiel gegen Bayern München im Jahre 1932 (0:2), die Deutsche Meisterschaft im Berliner Finale von 1959 gegen Kickers Offenbach und die folgenden Europacupspiele, das waren die Pokalsiege von 1974, 1975, 1981 und 1988 und der UEFA-Pokaltriumph von 1980. Die Wirkung der Eintracht resultiert vor allem aus der Verwirklichung ihres seit Jahrzehnten unverwechselbaren Wesens. Die Eintracht, sie steht im deutschen und internationalen Fußball für brillante Technik und spontanen Spielwitz, für den spielerischen Einklang von Harmonie und Schönheit. Die Eintracht, sie steht für die bisweilen schon geniale Inspiration großer Individualisten, für die fußballerische Selbstverwirklichung eigenwilliger Perönlichkeiten. Gewiß, große Mannschaften besaß die Eintracht eigentlich nur in ihren Sternstunden. Große Spieler hatte sie jedoch schon immer. Fritz Becker, Franz Schütz, Hennes Stubb, Hugo Mantel, Willi Tiefel, Rudi Gramlich vor dem Krieg, Jürgen Grabowski, Alfred Pfaff, Bernd Hölzenbein, Richard Kreß, Friedel Lutz in den Jahren danach. Namen, die Legende wurden. Unvergleichliche Balljongleure, Supertechniker und Spielmacher. Große Stars wie später Bruno Pezzey, Bernd Nickel, Willi Neuberger, Ronald Borchers, Bum Kun Cha, Jürgen Mohr, Lajos Detari, Andreas Möller oder Bundesliga-Rekordspieler Karl-Heinz Körbel. Internationale Asse wie Uli Stein, Manfred Binz, Ralf Falkenmayer und Uwe Bein in der heutigen Mannschaft.

Die Alte Oper – Schaubühne internationaler Künstler.

Tradition und Neuzeit: Der Dom und die Skyline der Bankenmetropole.

Sachsenhäuser Idyll. Im „Grauen Bock“ treffen sich seit Generationen Fußballer.

Das Phänomen der Eintracht besteht jedoch auch in einer manchmal bis zum Aberwitz reichenden Überzeichnung ihrer Tugenden. Die Eintracht, sie steht daher auch für Leichtsinn und Überheblichkeit, für zarte Nerven und fehlende Zähigkeit. Brillante Technik entartet nicht selten in brotlose Künste, spontaner Spielwitz oftmals in fruchtlose Schnörkel, die Genialität ihrer Persönlichkeiten bisweilen in eitle Selbstdarstellung, weltmännische Eleganz hin und wieder in unerträgliche Arroganz. Die riesige Betonwanne draußen im Stadtwald ist sicherlich nicht die geeignetste Bühne für die Fußballkünstler vom Riederwald. Doch die an manchen Tagen so

Das Sachsenhäuser Mainufer. Dort lockt der Flohmarkt jeden Samstag Tausende an.

In den schmalen Gassen drängen sich Einheimische und Touristen.

gähnend leeren Ränge weisen auch darauf hin, daß Fußball in Frankfurt wohl erst an letzter Stelle eine Herzenssache ist. Die Eintracht hat an guten Tagen schon immer auf vornehme Distanz geachtet. Warum also nur sehnt sie sich an schlechten Tagen nach plumper Popularität? Die Eintracht aus Frankfurt hat nicht nur ein unverwechselbares Wesen, sie ist bis heute ein rätselhaftes Wesen geblieben. Vielleicht gehört die Eintracht gerade deswegen so sehr zu dieser Stadt, weil sich ihre Wirkung gleichermaßen in der eigenen Anziehungskraft wie manchmal auch in der totalen Verweigerung ihrer Anhänger niederschlägt.

Der Römer. Die Meister- und Pokalsiegermannschaften der Eintracht wurden hier ebenso empfangen und gefeiert wie die Nationalmannschaft nach dem Gewinn der Weltmeisterschaft 1990.

Seit 30 Jahren immer dabei

Bundesliga – Die wichtigsten Stationen seit 1963

30 Jahre Fußball-Bundesliga! Nur noch drei Vereine sind es, die neben der Eintracht seit dem Gründerjahr 1963 überlebt haben: der 1. FC Köln, der Hamburger SV und der 1. FC Kaiserslautern. Diese Vereine bestreiten im Verlauf der 30. Saison jeweils ihr 1000. Bundesligaspiel! In der „ewigen Rangliste" der Bundesliga aber hat auch dieses Quartett der ersten Stunde den Rekordmeister FC Bayern München an sich vorbeiziehen lassen müssen, obwohl die Bayern zwei Bundesliga-Spielzeiten weniger „auf dem Buckel" haben. Die Bilanz der Eintracht sieht nach 29 Jahren so aus: 982 Spiele, 1719:1529 Tore, 1025:939 Punkte aus 390 Siegen, 245 Unentschieden und 347 Niederlagen. Das ergibt den sechsten Platz in der „ewigen Tabelle" hinter dem FC Bayern München, Köln, Hamburg, Mönchengladbach und Bremen, die ausnahmslos mindestens zweimal Deutscher Meister in der Geschichte der höchsten deutschen Spielklasse geworden sind. Ein Kunststück, das die Eintracht in dieser Zeitspanne nicht erreicht hat, und doch hat sie eines der bedeutendsten Kapitel in der Geschichte der Bundesliga geschrieben und darf einige Rekorde für sich verbuchen.

Fehlentscheidung kostete die Titel

So nahe wie in der 29. Bundesligasaison stand die Eintracht nie zuvor in der Bundesliga vor dem Gewinn der Meisterschaft. Vor dem letzten Spiel in Rostock war die Mannschaft Tabellenführer, doch dann kostete sie eine bittere Fehlentscheidung des Schiedsrichters den Titel.

Samstag, 16. Mai 1992, letzter Spieltag der 29. Bundesligasaison, 75. Spielminute der Partie Hansa Rostock gegen die Eintracht, Spielstand 1:1: Ralf Weber läuft auf Hansa-Torwart Hoffmann zu, will aus kurzer Distanz zum 2:1 für die Eintracht einschießen, da zieht ihm Böger von hinten die Beine weg. Klarer kann eine Elfmetersituation nicht sein. Doch der Pfiff bleibt aus, Berg schaut nicht einmal zu seinem Linienrichter. „Ich war ungünstig gestanden, habe es nicht als Foul gesehen. Jetzt im Fernsehen aber wird klar, daß es ein Foul war", sagt Berg später.

In letzter Sekunde macht Rostock gar noch den Siegtreffer zum 2:1. Die Eintracht, als Tabellenführer in den letzten Spieltag gegangen, wird Dritter hinter dem neuen Meister VfB Stuttgart, dem bei seinem 2:1-Sieg in Leverkusen ein überaus fragwürdiger Elfmeter zugesprochen wurde, und der Borussia aus Dortmund. Der Endspurt, die Fehlentscheidungen der Schiedsrichter, erzürnte die Fußballfans. Und vieles ging bei diesen Entscheidungen auf Kosten der Eintracht. Sie hatte schon im letzten Heimspiel der Saison, beim 2:2 gegen Europacupgewinner Werder Bremen, einen klaren Elfmeter versagt bekommen. Werderspieler Eilts hatte Regisseur Uwe Bein kurz vor dem Abpfiff von den Beinen geholt, nur Schiedsrichter Löwer erkannte in dieser Aktion kein Foulspiel. „Klar, Elfmeter", gab selbst Eilts nach der Partie zu.

So stand denn die spielerisch beste, die fairste und die treffsicherste Mannschaft der 29. Bundesligasaison am Ende nicht an der Spitze, wurde die Saison nicht zu einem „Triumph für den Fußball", den Otto Rehhagel, Bremens Erfolgstrainer, im Falle eines Frankfurter Titelgewinns erkannt hätte. Nicht die Eintracht als mit Abstand schußstärkste, sondern der VfB Stuttgart als die mit Abstand abwehrsicherste Mannschaft wurde Meister.

Auch nach dem bitteren Finale von Rostock bewahrte vor allem einer Haltung: Dragoslav Stepanovic. „Es war eine hervorragende Saison, deshalb bin ich nicht traurig", behauptete der Trainer, und er fügte hinzu: „Wer nicht verlieren kann, der kann auch nicht gewinnen. Im Leben geht's genauso, und das Leben geht weiter. Sich als Sieger feiern zu lassen ist einfach. Erst in der Niederlage zeigt sich der wahre Charakter".

Stepanovic zeigte sich in dieser bitteren Stunde als Weltmann, bewies das, was Vizepräsident Bernd Hölzenbein gerade zwei Wochen zuvor im ZDF-Sportstudio über ihn gesagt hatte: „Es gibt unter den Trainern in der Bundesliga so viele Laumänner, dagegen ist der Stepi ein Weltmann".

Innerlich mag auch Stepanovic aufgewühlt gewesen sein, aber in der Öffentlichkeit ließ er sich das nicht anmerken. Während vielen der rund 10 000 Schlachtenbummler, die die Mannschaft nach Rostock begleitet hatten, ebenso die Tränen in den Augen standen wie den Fans, die daheim in Frankfurt auf dem Paulsplatz vor einer Großleinwand, in Lokalen oder den eigenen vier Wänden die Liveübertragung von „Premiere" verfolgt hatten, zog „Stepi" ganz sachlich die Analyse des Spiels: „Es tut mir leid für Hansa, das abgestiegen ist, es tut mir leid für uns. Aber es ist gut für den Sport, wenn so gekämpft wird wie heute von beiden Mannschaften. Wir waren zu nervös, wollten wie ein Boxer mit einem Schlag alles klarmachen. Auch nach dem 1:1 hatten wir noch gute Chancen, aber es sollte nicht sein. Zur Schiedsrichterentscheidung sage ich nichts. Ich akzeptiere immer die Entscheidungen der Schiedsrichter".

Den Gewinn der Meisterschaft hätte sich die Eintracht in der mit 38 Spieltagen längsten Saison, welche die Bundesliga je hatte, eigentlich längst vor diesem an Dramatik nicht zu überbietenden Endspurt sichern müssen. Doch das Spielglück stand Kapitän Uli Stein und seinen Mannschaftskollegen in dieser Spielzeit gewiß nicht Pate.

Mit diesem Kader ging die Eintracht in die 29. Bundesligasaison, an deren Ende sie ganz knapp den Gewinn der Deutschen Meisterschaft verpaßte. Hintere Reihe von links: Nachtweih, Binz, Roth, Köhler, Weber, Conrad, Klein, Bindewald, Gründel; Mitte: Trainer Stepanovic, Cotrainer Berndroth, Schmitt, Yeboah, Sippel, Lasser, Studer, Möller, Cotrainer Körbel; Vorne: Masseur Jentsch, Bein, Kientz, Kruse, Stein, Ernst, Lauf, Falkenmayer, Betreuer Hübler, Masseur Meinl.

Manfred Binz obenauf, die Eintracht mit 3:1 Punkten erfolgreich in den beiden Spielen gegen den VfB Stuttgart in der Saison 1991/92, an deren Ende die Schwaben Meister wurden.

Dirigent der Hintermannschaft: Manfred Binz. Der Libero hat über 200 Bundesligaspiele in Serie bestritten.

Optimistisch war die Mannschaft am 3. August 1991 in die Saison gestartet, hatte sich selbstbewußt in den Kreis der Favoriten eingeordnet, stand nach zwei Spieltagen bereits an der Spitze. In Düsseldorf begann die Saison mit einem 2:1-Sieg. Lothar Sippel, in der 79. Spielminute eingewechselt, schoß nur 60 Sekunden später den entscheidenden Treffer, dem später 13 weitere Tore durch den besten „Joker" der Liga folgen sollten. Berauschend verlief eine Woche später die Heimpremiere mit dem 5:0-Sieg über den FC Schalke 04, doch nur drei Tage später gab es den ersten Nackenschlag: 1:2 in Dresden. In der 81. Minute erzielte Gütschow den Siegtreffer für die Ostdeutschen, die zu diesem Zeitpunkt nur noch zehn Mann auf dem Platz hatten und zuvor von der Eintracht förmlich an die Wand gespielt worden waren.

Typisch Eintracht, so dachten viele. Typisch deshalb, weil die Eintracht in der Bundesligageschichte oft gegen die Außenseiter ausgerutscht ist, egal welche Spieler und welche Mannschaften für sie am Ball waren, weil sie deshalb „launische Diva" genannt wird.

Mit Mühe zitterte sich die Eintracht am vierten Spieltag zu einem 2:1-Sieg über den VfL Bochum, nachdem sie durch ein Eigentor von Dietmar Roth zunächst in Rückstand geraten war. Uwe Bein und Axel Kruse drehten die Partie noch um, und schon im nächsten Spiel, beim 1:1 in Köln, traf Kruse erneut, hatte nach dem fünften Spieltag schon vier Treffer auf seinem Konto. Dann der Schlager gegen den 1. FC Kaiserslautern vor 45.000 Zuschauern im Waldstadion. Mit einem 2:0-Sieg holte sich die Eintracht die Tabellenführung zurück. Torwart Uli Stein, der in der letzten Minute sogar einen Elfmeter von Stefan Kuntz, dem „Fußballer des Jahres",parierte, den Torschützen Axel Kruse und Anthony Yeboah, galten die Ovationen.

Doch die nächste Enttäuschung ließ nicht lange auf sich warten. Haushoch überlegen spielte die Eintracht in Hamburg auf, und doch stand - wie schon im zweiten Auswärtsspiel bei Dynamo Dresden - am Ende eine 1:2-Niederlage. Die erste große Chance, dem Feld davonzuziehen, war vertan. Chancen über Chancen auch drei Tage später im Waldstadion im Pokalspiel gegen den Karlsruher SC, doch die Eintracht verlor mit 0:1, schied schon nach zwei Spielen im laufenden Wettbewerb (zuvor hatte es einen 6:1-Sieg in Ludwigsburg gegeben) aus. Michael Harforth, der Routinier des KSC, prägte danach einen Begriff, der die Eintracht die ganze Saison begleiten sollte: „Wir haben zwar gewonnen, aber Frankfurt spielt den Fußball 2000".

Die ganze Wut über die beiden Niederlagen in Meisterschaft und Pokal spielte sich die Eintracht dann gegen Kickers Stuttgart aus dem Bauch. Vor der niedrigsten Saisonkulisse von nur 10.000 Zuschauern im Waldstadion gab es einen 6:1-Kantersieg über Kickers Stuttgart, zu dem allein Lothar Sippel drei Treffer beitrug. Ganz auf Sieg eingestellt war

Höhenflüge mit Ralf Falkenmayer (Bild links).

Die neue Taktik der Frankfurter: Heimvorteil abonnieren.

Die beste Taktik für Fußballfans heißt: Premiere holen. Denn nur Premiere zelebriert jede Woche das Topspiel der Bundesliga live. Mit bis zu 13 Kameras, Trainer-Interviews vor und nach dem Spiel, subjektiven Experten-Kommentaren und objektiven Computeranalysen. Alles, damit einer gewinnt: der Zuschauer.

Wenn Sie das Topspiel der Woche live erleben wollen, brauchen Sie Kabel- oder Satellitenempfang und den Premiere-Schlüssel. Den bekommen Sie bei Fernsehhändlern mit dem PremiereShop-Zeichen. Wo der ist, erfahren Sie unter 040/69 44 55. Fernsehen war gestern – heute ist Premiere.

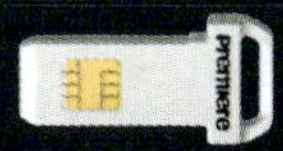

Premiere

Uli Stein – schon zu aktiven Zeiten fast eine Torwart-Legende.

Heinz Gründel – geballte internationale Erfahrung.

Uwe Bein kam 1989 vom Hamburger SV nach Frankfurt, wurde bei der Eintracht Nationalspieler und 1990 Weltmeister in Italien. Mit der Verpflichtung von Uwe Bein ging es mit der Eintracht wieder aufwärts. Kein anderer deutscher Spieler kann so geniale Pässe wie Uwe spielen.

Axel Kruse — unerschrocken in allen Situationen.

Eintracht
SAMSUNG
SAMSUNG
SAMSUNG
SUNG

Torjubel mit Yeboah, Weber, Wolf, Möller und Gründel. Keine Mannschaft erzielte in der Saison 1991/92 mehr Tore

Ralf Weber schaffte den Sprung in den Kreis der Nationalmannschaft.

Zwei Jahre verzauberte Andreas Möller nach seiner Rückkehr aus Dortmund die Eintrachtfans. Im Sommer wechselte der Nationalspieler zu Juventus Turin.

Andreas Möller, Uwe Bein, Jörn Andersen und ihre Kollegen begeisterten 60.000 Zuschauer beim 3:2-Sieg über Bayern München in der Saison 1991/92.

die Eintracht auch im folgenden Heimspiel gegen den 1. FC Nürnberg, führte zur Halbzeit mit 2:0. Doch am Ende hieß es 2:2 und hatte Uli Stein wenigstens einen Punkt festgehalten, als er einen Elfmeter von Kai Friedmann parierte.

Die Eintracht holte im September Jörn Andersen von Fortuna Düsseldorf zurück, zunächst nur auf Leihbasis bis zum Saisonende. Der Norweger, im Sommer 1989 als Schützenkönig mit 18 Treffern von der Eintracht zu Fortuna Düsseldorf gewechselt, war am Rhein nicht glücklich geworden, kehrte nach 15 Monaten an den Main zurück und führte sich im Eintrachttrikot sensationell ein. Beim 3:3 in München landete Andersen zwei Treffer, nach einem großen Spiel im Olympiastadion feierte die Eintracht anschließend auf dem Oktoberfest mit weit über 10.000 Fans, die sie begleitet hatten. Gar nicht nach einem Erfolg sah es im folgenden Heimspiel gegen Borussia Dortmund aus, doch dann erwies sich eine taktische Maßnahme von Trainer Stepanovic als Volltreffer. Zur zweiten Halbzeit bot er nominell nur noch eine Spitze auf, die Eintracht kam noch zu einem klaren 3:0-Sieg. Andy Möller und Lothar Sippel brachten dabei ihren jeweils sechsten Saisontreffer an.

Der Erfolgszug an der Spitze der Liga ging weiter: 2:1 beim VfB Stuttgart mit märchenhaften Toren von Andersen und Yeboah. Mit ihrem Traumfußball füllte die Eintracht den Gegnern die Stadien, wie zwei Wochen zuvor das Olympiastadion in München war auch das Neckarstadion in Stuttgart ausverkauft. Matthias Sammer verlor den Vergleich der Nationalspieler mit Andreas Möller eindeutig, wurde nach einem Foulspiel an dem Frankfurter sogar des Feldes verwiesen.

Wieder tat sich die Eintracht dann gegen einen Außenseiter schwer, spielte gegen Borussia Mönchengladbach nur 0:0 und baute doch ihren Vorsprung auf zwei Punkte aus, da Le-

Das Frankfurter Waldstadion – Hier feierte Eintracht Frankfurt die größten Triumphe

verkusen und Stuttgart an diesem 13. Spieltag verloren. Eine Woche später, nach dem 4:2-Sieg in Wattenscheid, betrug der Vorsprung bereits drei Zähler und der Eintracht bot sich mit dem Heimspiel gegen Bayer Leverkusen die ganz große Chance, davonzuziehen. Großartig spielte die Mannschaft auf, erspielte ein Chancenverhältnis von 19:2 gegen Leverkusen und verlor doch auf ganz tragische Weise durch ein Eigentor von Uwe Bindewald mit 0:1. Wieder war eine große Chance verpaßt, die Konkurrenz im Rennen um die Meisterschaft entscheidend abzuschütteln. Ein Traumspiel stieg dann im Wedaustadion beim MSV Duisburg. 6:3 siegte die Eintracht und ganz Fußball-Deutschland schwärmte von dem „Frankfurter Traumfußball".

Ganz oben, und schon in der nächsten Woche wieder ganz unten. 0:1 daheim gegen AA Gent, nach dem 0:0 in Belgien bereits das Aus in der zweiten Runde des UEFA-Cup-Wettbewerbs (in der ersten Runde war Spora Luxemburg keine schwere Hürde) und im Bundesliga-Heimspiel gegen den Karlsruher SC reichte es nur zu einem 1:1. Die Eintracht war wieder in ihrem gefürchteten „November-Tief", bezwang sich auch bei der 0:1-Niederlage in Bremen praktisch selbst. Ein verunglückter Querpaß von Dietmar Roth, Libero Manfred Binz rutscht in der Rückwärtsbewegung aus, und frei war der Weg für Routinier Klaus Allofs zum entscheidenden Treffer. Die sogenannte „Herbstmeisterschaft" aber ließ sich die Mannschaft eine Woche später nicht mehr entreißen, bezwang Hansa Rostock mit 2:0 und sicherte sich diesen inoffiziellen Titel bei 25:13 Punkten mit einem Zähler Vorsprung vor Dortmund und Stuttgart. Da in den vorangegangenen 28 Bundesligajahren der Herbstmeister in der Regel später auch Meister wurde, war der Optimismus nach Ende der Hinrunde natürlich enorm groß.

Noch vor der Winterpause ging es mit drei Spielen weiter, und die Eintracht verspielte dabei die „Weihnachts-Meisterschaft". 1:1 gegen Düsseldorf, 1:1 in Schalke, damit war die Tabellenführung verloren, und sie wurde auch durch den 3:0-Heimerfolg über Dynamo Dresden zum Jahresabschluß nicht mehr zurückgeholt.

Die Winterpause wurde beherrscht vom „Thema Möller", nachdem der Weltfußballverband FIFA bei einer Sitzung in New York befunden hatte, daß der italienische Erstligaverein Atalanta Bergamo die Rechte auf die Verpflichtung von Andreas Möller habe.

Nach der Winterpause folgte ein Fehlstart: 0:0 in Bochum und dann, trotz klarer Feldüberlegenheit, eine 1:2-Heimniederlage gegen den 1. FC Köln. Bei drei Punkten Rückstand auf den Tabellenführer glaubten viele Eintrachtfreunde, die Titelchance sei verspielt.

Uwe Bindewald, der zuverlässige Manndecker, war die tragische Figur gegen Leverkusen im Herbst 1991. Sein Eigentor bedeutete die 0:1 Heimniederlage (Foto links).

Frank Möller, Falkenmayer, Bein, Roth und Andersen in konzertierter Aktion.

Tony Yeboah – eine Attraktion der Bundesliga.

Aber dann begann eine neue Erfolgsserie, die die Mannschaft zurück an die Tabellenspitze bringen sollte. In Kaiserslautern wurde ein Unentschieden erreicht (1:1). Rund um dieses Spiel wurde um die Zukunft von Andreas Möller diskutiert, der ein neues Angebot aus Bergamo erhalten hatte. Manager Klaus Gerster, auch Berater Möllers, reichte seinen Urlaub ein, aus dem er nicht mehr zurückkehren sollte.

Mit einem 2:1-Sieg über den Hamburger SV ging es wieder auf Erfolgskurs, mit dem 2:0-Erfolg bei Kickers Stuttgart wurde die Mannschaft ihrer Favoritenrolle endlich auch einmal bei einem Außenseiter richtig gerecht. Zwischen den Spielen war für Diskussionsstoff gesorgt, vor allem wegen Andreas Möller, der nun von der FIFA überraschend Juventus Turin zugesprochen wurde, in Frankfurt aber versicherte, daß er „aus moralischen Gründen" doch bei der Eintracht bleiben wolle.

Unabhängig von diesen Streitigkeiten setzte sich die Mannschaft nach einer beeindruckenden Leistung im ausverkauften Frankenstadion mit 3:1 gegen den 1. FC Nürnberg durch, schlug anschließend im ausverkauften Waldstadion den FC Bayern München mit 3:2, holte im Schlagerspiel bei Tabellenführer Borussia Dortmund (2:2) einen Punkt und kehrt mit dem 1:1 gegen den VfB Stuttgart am 31. Spieltag für eine Woche an die Tabellenspitze zurück.

1:1 in Mönchenglabach, 1:1 gegen Wattenscheid, wieder schien die Eintracht aus dem Titelrennen. Leverkusen wird zum Schlüsselspiel, die Eintracht gewinnt es nach souveräner Leistung mit 3:1, setzt sich auch gegen Duisburg (3:0) und in Karlsruhe (2:0) durch, ist wieder an der Spitze und gilt vor den beiden letzten Saisonspielen gerade auch wegen ihres glänzenden Torverhältnisses als der erklärte Titelfavorit.

Dann das bittere Ende: 2:2 gegen Bremen, 1:2 in Rostock, zwei klare Elfmeter verweigert, statt Triumph am Ende Trauer und Tränen und die überwiegende Mehrheit aller Fußballfans empfindet mit der Eintracht, die die Glanzlichter der 29. Saison gesteckt hatte und dann doch „nur" Dritter geworden ist.

Die meisten Tore und doch nicht Meister

Die meisten Tore und doch nicht Meister! Das war kein Novum für die Frankfurter. Drei Spielzeiten hintereinander hatte die Eintracht zuvor schon einmal die meisten Tore aller Bundesligaklubs erzielt, wurde damit 1973 nur Dritter, 1976 sogar nur Neunter und 1977 nur Vierter, wobei sie damals mit zwei Punkten Rückstand auf Meister Borussia Mönchengladbach ebenso knapp am Gewinn der Meisterschaft scheiterte wie 1992. 1977 war das Jahr, in dem unter dem verstorbenen Trainer Gyula Lorant eine Rekordserie von 22 Spielen hintereinander ohne Niederlage aufgestellt wurde, die noch über Jah-

Uli Stein – Kapitän und Rückhalt der Mannschaft (Foto rechts).

Stürmerstar Anthony Yeboah wird oft nur durch harte Attacken gestoppt.

re Bestand behielt. Noch heute ist dies die drittbeste Serie in der Bundesliga-Geschichte, die nur vom Hamburger SV in der Saison 1982/83 mit 36 Spielen ohne Niederlage und vom FC Bayern München (1986/87 - 25 Spiele) übertroffen worden ist. Die Aufholjagd der Saison 1976/77 mit 21 erfolgreichen Spielen (das 22. Spiel dieser Serie fiel in die folgende Saison) brachte nicht mehr den ganz großen Triumph, weil die Mannschaft in den ersten Wochen jener Saison unter dem glücklos operierenden Trainer Hans-Dieter Roos viel Terrain verspielt hatte.

Eine in Sachen Meisterschaft ähnliche Aufholjagd hatte die Eintracht übrigens im Auftaktjahr 1963/64 hingelegt. Da lagen die Frankfurter, damals waren nur 16 Vereine der höchsten deutschen Spielklasse angehörig, auf dem siebten Platz nach Abschluß der Vorrunde, mit 16:14 Punkten. Eine famose Rückrunde (23:7 Punkte) brachte noch den dritten Platz ein, punktgleich mit Vizemeister Meidericher SV. Dem Meister 1. FC Köln freilich war der Rang nicht mehr abzulaufen. Er wurde mit sechs Punkten Vorsprung Meister, war dabei in Frankfurt mit 2:1 bezwungen worden und hatte im Müngersdorfer Stadion nur ein 1:1 gegen die Eintracht erreicht.

Strukturwandlung mit Bundesliga-Gründung

Mit Einführung des Profifußballs in der Bundesrepublik begann 1963 die größte Strukturwandlung im deutschen Fußballsport. Das frisch geborene Kind Bundesliga setzte die Masse talentierter Spieler in Bewegung. Die Grenzen zwischen Nord und Süd wurden verwischt, und wer heute in Nürnberg Lokalmatador war, konnte es morgen in Berlin sein; und umgekehrt.

Die Wahrung regionaler Stileigentümlichkeiten mußte auf Dauer verlorengehen, da Mannschaften wie ein Menü zusammengekauft werden konnten, zunehmend allein das Geld regierte. Wer mehr hatte, konnte mehr auf die Beine stel-

Trainer Dragoslav Stepanovic – immer höchste Ziele vor Augen.

Mit diesem Aufgebot ging die Eintracht in das 30. Bundesligajahr. Hinten v. l.: Klein, Yeboah, Andersen, Weber, Binz, Bindewald, Gründel; Mitte: Trainer Stepanovic, Cotrainer Körbel, Schlösser, Kientz, Rahn, Wolf, Kruse, F. Möller, Manager Falkenhain, Masseur Meinl; Vorne: Bein, Roth, Studer, Stein, Ernst, Penksa, Schmitt, Falkenmayer, Zeugwart Hübler. Es fehlen Okocha und Bommer.

len. An Stelle des Stils trat nun die Taktik; die Aufgabe der Trainer, deren Gehälter sprunghaft anschnellten, gewann eine erhöhte Bedeutung.

Mehr Geld, bessere Spieler; bessere Spieler, größere Leistungen; größere Leistungen, mehr Zuschauer; mehr Zuschauer, mehr Geld. Geld und Profit, marktwirtschaftliche Gesichtspunkte wurden dabei in vielen Fällen völlig außer acht gelassen, das Rad überdreht, der Bankrott, vor dem auch heute immer wieder einige Profiklubs stehen, in Raten eingegangen. Loyalität, die Verbundenheit unter Vereinen und ihren Präsidenten, wurde im Sauseschritt dieser Entwicklung und Zeit immer mehr abgebrochen. Schon nach dem zweiten Bundesligajahr, im Sommer 1965, wurde Hertha BSC Berlin aus der höchsten Spielklasse verbannt. Sie hatte gegen das Bundesligastatut verstoßen, mehr bezahlt und geboten als erlaubt war.

Wenn es um Spielertransfers ging, wurde nicht nur in Berlin zunehmend gegen die Paragraphen, die in den Anfangsjahren auch nur ein Grundgehalt von höchstens 1200 Mark erlaubten, verstoßen, haute man sich gegenseitig mehr und mehr über das Ohr. Im Dschungel der Dunkelmänner und vieler wenig qualifizierten Professionels im Millionengeschäft Bundesliga war der Skandal, der den deutschen Fußball im Sommer 1971 durch die Enthüllungen des ehemaligen Präsidenten Horst Gregorio Canellas bis in die Wurzel erschütterte, nur eine nahezu logische Konsequenz. Wer sportlich nicht mehr mithalten konnte, versuchte es mit Bestechung. Frei nach dem Motto „Geld stinkt nicht" gaben viele und nahmen

Immer
am Ball
Bild
Lesen, was los ist.

noch mehr Geld an, wurde im Abstiegskampf so ziemlich alles bestochen oder zu bestechen versucht, was Fußballerbeine hatte oder sogenannte Fußball-Verantwortung trug.

Unbeschadet ging die Eintracht aus den Wirren dieser Zeit heraus. Auch das große Wechselfieber ergriff sie lange Zeit nicht. Gerade die Trainer besaßen am Main Ruf und Stellung wie fast nirgendwo, Präsidenten und Führungskräfte Achtung und Autorität im ganzen Land. Es gab schon Kritiker, die forderten, die Satzungen des Deutschen Fußball-Bundes endlich einmal nicht so aufzufassen, wie sie nun einmal zu Papier gebracht worden sind. Ehrlichkeit, vielleicht gepaart mit einem kleinen Schuß Naivität, zumindest aber fehlende und letztendlich notwendige eiskalte Cleverneß, gaben der Eintracht oft das Nachsehen.

Am 22. August 1963 begann das Abenteuer

Von alledem freilich sprach noch niemand in der Stunde X, am 22. August 1963, als das große Abenteuer Fußball-Bundesliga begann.

Loy, Eigenbrodt, Höfer, Horn, Landerer, Lindner, Kreß, Trimhold, Kraus, Huberts, Schämer hieß die Frankfurter Mannschaft, die vor 30 000 Zuschauern im Waldstadion die Bundesliga-Premiere gegen den 1. FC Kaiserslautern bestritt. Hinterher konnte man keineswegs von einer festlichen Premiere sprechen. „Die Eintrittspreise sind höher, die Schiedsrichter schlechter", schrieb der „Neue Sport" damals nach dem ersten Spiel, das auch so gar nicht nach dem Geschmack der Frankfurter verlief. 1:1 endete das große Duell. Neumann hatte die „roten Teufel" in der 38. Minute per Foulelfmeter in Führung gebracht. Nur zwei Minuten später konnte Frankfurt sein erstes Bundesligator bejubeln. Lothar Schämer erzielte es mit einem knallhart geschossenen Handelfmeter.

Der 1. FC Köln, später souveräner Meister, übernahm gleich am ersten Spieltag die Tabellenführung durch einen 2:0-Sieg beim 1. FC Saarbrücken. Erinnern Sie sich noch an die anderen Resultate? Karlsruher SC - Meidericher SV 1:4, 1860 München - Eintracht Braunschweig 1:1, FC Schalke 04 - VfB Stuttgart 2:0, Hertha BSC Berlin - 1. FC Nürnberg 1:1, Werder Bremen - Borussia Dortmund 3:2, Preußen Münster - Hamburger SV 1:1. Neugierig war das deutsche Fußballpublikum auf diese neue Klasse: 251 000 kamen zu den ersten acht Spielen!

Lange mußte die Eintracht warten, bis ihr der erste Sieg in der Bundesliga glückte. Am zweiten Spieltag setzte es vor 36 000 Zuschauern im ausverkauften Duisburger Stadion eine 1:3-Niederlage beim Meidericher SV. Helmut Rahn, Heidemann und Krämer erzielten bei einem Gegentor von Trimhold (zum 1:3) die Treffer. Ivica Horvat resümierte nach diesem Spiel: „Das ist der Nachteil der bisherigen Oberliga. Wer hat bisher den Meidericher SV gekannt, wer hat bisher etwas von einem Krämer gehört. Man staunt jetzt über die Klasse dieses Spielers, und dieser Mittelstürmer Versteeg ist schnell wie ein Teufel." Und über Helmut Rahn führte er aus: „Er hat sieben große Szenen gehabt. Hat ein Tor geschossen, hat ein Tor vorbereitet, hat einmal den Pfosten getroffen, hat unsere Abwehr beschäftigt. Ist das nicht genug?"

Das zweite Heimspiel, am 9. September 1963, brachte mit 55 000 Zuschauern eine Rekordkulisse, aber mit der 2:3-Niederlage gegen den Deutschen Rekordmeister 1. FC Nürnberg eine weitere Enttäuschung. Treffer von Stein und Huberts reichten nicht. Müller (2) und Morlock ließen mit ihren Toren den Club jubelnd vom Platz laufen. 1:5 Punkte nach drei Spielen, und doch wollten acht Tage später 60 000 Zuschauer die Eintracht in Hamburg sehen, wo mit 0:3 die nächste Niederlage fällig war.

Vom 21. September 1963 datiert der erste Sieg. 3:0 gegen die bis dahin ungeschlagenen Braunschweiger durch Tore von Trimhold und Solz (2). Eisenhofer spielte im Tor, in der Verbindung standen neben Dieter Lindner Friedel Lutz und Jürgen Friedrich statt Horn und Landerer und auch der Angriff sah mit Trimhold, Huberts, Stein, Solz und Schämer ganz anders als beim Auftakt aus.

Schon Ende September sprach man das erste Mal von einem Bundesligaskandal. Werder Bremen beschwerte sich darüber, daß 15 Spieler des 1. FC Nürnberg angeblich 2000 statt der gestatteten 1200 Mark Gehalt beziehen würden.

Nach einer 0:3-Niederlage im fünften Saisonspiel in Dortmund meldete die Eintracht den ersten Husarenstreich mit einem 2:1-Sieg (Torschützen: Huberts, Trimhold) vor 45 000 über Spitzenreiter 1. FC Köln, und von da an ging es kontinuierlich bergauf.

In Stuttgart wurde ein 0:0 „ermauert", in Berlin gelang ein 3:1-Sieg. In der Berliner „Nacht-Depesche" hatte Wolfgang Solz dieses 3:1 genau vorausgesagt. Damit der Tip auch aufging, besorgte er das dritte Tor vor 25 000 in der 83. Minute selbst. Schalke kam am 9. November ins Waldstadion, und die Eintracht gewann vor 50 000 Zuschauern mit 4:2, obwohl sie in der letzten halben Stunde mit nur zehn Mann auskommen mußte. Trimhold war verletzt ausgeschieden. Von Auswechselspielern sprach damals noch niemand. Nach dem 1:3 in Bremen rückte die Eintracht durch ein 5:2 gegen 1860 München, ein 3:0 über Preußen Münster und ein 4:0 beim 1. FC Saarbrücken mit drei Solz-Toren auf den sechsten Rang mit 16:12 Punkten vor.

Aber wie später so oft noch in ihrer Bundesligageschichte verdarb sie sich die gute Ausgangsbasis durch einen 0:3-Heimreinfall eine Woche vor Weihnachten gegen den Karlsruher SC, auf knochenhartem Boden und erstem Schnee des Winters 1963/64.

Die erste positive Bilanz der Bundesliga nach Abschluß der Vorrunde: 3,4 Millionen Zuschauer, 13 Millionen Einnahmen. Mit 364 000 (Schnitt 52 000) war Stuttgart der Krösus. Die Eintracht hatten 219 000 Zuschauer im Waldstadion live miterlebt.

Die Rasenheizung, die heute ständigen Spielbetrieb garan-

Meister 1. FC Köln wurde im ersten Bundesligajahr im Waldstadion 2:1 besiegt. Die Entscheidung durch Horst Trimhold, rechts am Boden Richard Kreß.

tiert, hätte die Eintracht schon im ersten Jahr gut gebrauchen können. Die beiden ersten Heimspiele der Rückrunde gegen Meiderich und Hamburg fielen den schlechten Platzverhältnissen zum Opfer. In Kaiserslautern (1:1) und Nürnberg (0:1) verlor man derweil wieder an Boden, aber dann begann der tolle Endspurt, der selbst den souveränen Tabellenführer 1. FC Köln fast noch einmal zittern ließ.

Die letzten 13 Spiele blieben die Riederwälder unbesiegt. Gegen Rudi Gutendorfs Meidericher mit ihrem „Rollsystem" reichte es nur zu einem 2:2, dann glückte ein 3:0-Sieg in Braunschweig (Huberts 2, Solz), ein 2:1 vor 40 000 gegen Dortmund, ein 1:1 in Köln. Im Müngersdorfer Stadion gab es dabei am 28. Februar die ersten großen Ausschreitungen. Nachdem der Kölner Müller vom Platz gestellt worden war, sauste nach Abpfiff auf Schiedsrichter Lutz (Bremen) eine Fahnenstange nieder, wurde Hermann Höfer getreten. Egon Loy war in diesem Schlagerspiel der große Rückhalt gewesen, die Moral der Eintracht weiter gestiegen. Auch ohne die Nationalspieler Kreß, Stein und Trimhold wurde eine Woche später der VfB Stuttgart 3:2 niedergekämpft, dann Hertha BSC Berlin mit 4:0 und einem Huberts-Hattrick zwischen der 49. und 64. Minute ausgespielt, der dritte Platz durch einen 2:1-Sieg in Schalke errungen. Uwe Seeler verhinderte mit seinen beiden Toren im Nachholspiel am Ostermontag des Jahres 1964 beim 2:2 im Waldstadion einen weiteren Eintracht-Sieg, aber eine Woche später gab es das erste Bundesliga-Rekordergebnis.

7:0 mußte sich Werder Bremen im Stadion geschlagen geben. Der große Mann an diesem Tag war Erwin Stein. Er, der die ganze Zeit für das erste Team nicht reif schien, wurde wider jede Expertenmeinung kurzfristig eingesetzt. Das 2:0, 3:0 und 5:0 schoß er selbst, und bis auf das 1:0 durch Huberts nach Schämers Vorlage bereitete er auch alle anderen Tore vor.

Das zweite April-Wochenende wurde zum großen Frankfurter Tag in München. Am Samstag holte die Eintracht bei 1860 ein 1:1, am Sonntag schuf der FSV in der Regionalliga Süd mit dem 2:1-Sieg bei den Bayern die große Sensation. „Huberts und Solz - die Fußball-Akrobaten", lauteten die Überschriften nach dem 3:1 am 18. April in Münster, dann waren zwei Tore von Kraus beim 3:1 über Saarbrücken entscheidend, und zum Abschluß gelang mit dem 2:1 in Karlsruhe auch die Revanche für die peinliche 0:3-Vorspielniederlage.

Der Fluch des Divisionsverfahrens lag nach dieser Saison auf der Eintracht. Wie Meiderich hatte sie eine Tordifferenz von 24, aber mehr Tore erzielt. Um 82/1000 war der Torquotient der Westdeutschen besser, die offensivere Elf wurde bestraft, die Eintracht nur Dritter bei Punktgleichheit. Jeden Spieler kostete das 1000 Mark, denn die waren für den zweiten Platz ausgesetzt worden. Willi Huberts war mit 18 Toren weit oben in der Schützenliste zu finden. Besser als der Österreicher hatten nur Uwe Seeler (30) und Timo Konietzka aus Dortmund (21) gezielt, 18 Treffer der Schalker Matischak noch verbucht. Die Saison aber endete erst vier Wochen später Mitte Juni mit der 0:2-Niederlage im Pokalfinale gegen 1860 München im Brutofen des Stuttgarter Neckarstadions.

Wieder ein Tor durch Willi Huberts (9). Oskar Lotz (links), Wolfgang Solz (rechts) jubeln beim 5:2 über 1860 München Ende November 1963 mit.

1964/65: Auswärts hui, daheim pfui

„Vorige Saison hatten wir den Höhenflug kaum erwartet. Hoffen wir, daß wir diesmal unter den ersten sechs Klubs stehen", sagte Ivica Horvat vor dem Start in das zweite Bundesligajahr, die Saison 1964/65. Die Erwartungen erfüllten sich nicht. Zwölf Punkte hinter Meister Werder Bremen, sechs Punkte vor dem Tabellenvorletzten Karlsruher SC kam die Eintracht als Achter ins Ziel. Nach einer kuriosen Saison, in der das eigene Publikum regelmäßig enttäuscht, auswärts aber strahlende Siege gefeiert wurden.

Sieben Siege gelangen in 15 Auswärtsspielen. Ein Kunststück, das sonst kein Verein schaffte. Und nur Vizemeister 1. FC Köln brachte aus der Fremde noch mehr Punkte mit. Im Waldstadion standen dagegen sieben Niederlagen, gab es bei vier Unentschieden nur vier Siege. Den ersten Sieg dabei erst am zwölften Spieltag Ende November gegen Borussia Neunkirchen; mit 1:0 durch ein Tor von Huberts fiel er dürftig genug aus. Davor freilich war an gleicher Stätte ein Spiel, das bis heute keiner der damals anwesenden 20 000 Fans vergessen haben dürfte. Am 19. September 1964 setzte es gegen den Karlsruher SC mit 0:7 die bis heute noch überhaupt höchste Heim-Niederlage in der Frankfurter Bundesligageschichte. Nach zwölf Minuten stand es schon 4:0 für die badischen Gäste. Höfer fehlte, der junge Kübert war kein guter Ersatz, und Landerer schied früh verletzt aus. Mit Klaus Zaczyk ging an diesem Tag ein „Stern" auf. Er schoß das erste Tor und bereitete viele weitere, die Wild, Cieslarczyk und Witlatschil (je 2) schossen, vor.

Andere wären an so einer Niederlage für Wochen zerbrochen, nicht die Eintracht. Acht Tage später gewann sie vor 60 000 Zuschauern in Berlin mit 3:1. Wolfgang Solz schien die Berliner Luft besonders gut zu tun. Er schoß im Olympiastadion wieder zwei Tore. Zu den Enttäuschungen dieser Saison gehörten auch die Spiele mit Schalke. Hatte man im Vorjahr die Königsblauen noch 2:1 und 4:2 besiegt und mit 2:1 auch aus dem Pokalwettbewerb katapultiert, so reichte es diesmal im Stadion im ersten Saisonspiel nur zu einem 2:2 und in Gelsenkirchen zu einem 1:1. Noch schlimmer war der Pokal-K.o. mit 1:2 am 6. Februar 1965 gegen Schalke im Waldstadion.

Wenige Wochen später, am 20. Februar, sprach die ganze Fußball-Nation von dem, was sich in der 54. Minute der Partie Eintracht gegen Hamburger SV (2:1) auf dem schneebedeckten Boden des Waldstadions ereignet hatte. Uwe Seeler lief etwa zehn Meter diagonal zur Mittellinie, wurde von Lechner angegriffen, lief zehn Meter weiter, stürzte. Viele lachten „uns Uwe" damals erst aus, dann aber herrschte Totenstille, als der Torjäger der Nation mit der Trage vom Platz geholt, Frau Seeler per Lautsprecher ausgerufen wurde. HSV-Arzt Dr. Fischer diagnostizierte sofort: Achillessehnenriß! Uwe Seeler kurierte diese schwere Verletzung so schnell wie wenige aus, war schon Ende September im Qualifikationsspiel zur Fußball-Weltmeisterschaft 1966 in England, in Stockholm gegen Schweden wieder im Trikot der Nationalmannschaft, schoß die Bundesrepublik zur WM.

Selbst in dieser letztlich verkorksten Spielzeit 1964/65 durfte sich die Eintracht vorübergehend Titelhoffnungen hingeben. In den letzten Spielen der Vorrunde hatte sie gegen Neunkirchen 1:0 und in Stuttgart 2:1 gewonnen, gegen Braunschweig 2:2 gespielt und in Kaiserslautern 1:0 gesiegt. Nach dem 1:1 im ersten Rückrundenspiel bei Schalke 04 und dem 4:1 gegen 1860 München schrieb der „Kicker": „So kann die Eintracht Meister werden." Zwei Punkte betrug der Rückstand nur noch gegenüber Tabellenführer Werder Bremen, bei dem Dieter Stinka am dritten Rückrundenspieltag in der 86. Minute das 2:2 sicherte. Die 2:3-Heimniederlage eine Woche später gegen Meiderich und das 1:3 anschließend in Karlsruhe leiteten den schließlich noch tiefen Abrutsch ein. Und die Eintracht half mit ihrem letzten großen Auftritt dieser Spielzeit, dem 4:3-Sieg am 6. März 1965 in Köln, den Bremern entscheidend zu ihrem sensationellen Titelgewinn mit.

1965/66: Erstmals mit 18 Vereinen

Hertha BSC Berlin wird im Sommer 1965 - wie eingangs erwähnt - wegen Verstöße gegen das Bundesligastatut aus der höchsten Spielklasse geworfen. Die Bundesliga erfährt eine Aufstockung von 16 auf 18 Vereine; Schalke 04 und der Karlsruher SC, die als die Tabellenletzten der Saison 1964/65 hätten absteigen müssen, bleiben in der Eliteklasse, in die neben Bayern München und Borussia Mönchengladbach noch Tasmania Berlin aufgenommen wird.

Die Eintracht startet endlich einmal mit einem Sieg in die Saison, einem stolzen 2:0 über den Hamburger SV im mit 52 000 Zuschauern gefüllten Waldstadion. Jürgen Grabowski spielte erstmals im Adler-Trikot. Drei aufeinanderfolgende Niederlagen (0:2 bei Bayern München, 1:2 gegen Nürnberg und 1:4 in Hannover) hatten die Eintracht aber gleich in den nächsten Spielen nach dem gelungenen Start wieder aus der Bahn geworfen. Die 1:4-Niederlage in Hannover zog eine 100-Mark-Geldstrafe pro Spieler nach sich, und die wirkte. Kaiserslautern bekam im Waldstadion eine Lektion erteilt. 6:0 für die Eintracht, zwei Treffer durch den hervorragenden Grabowski. Es blieb aber letztlich in einer verkorksten Saison nur bei einigen Achtungserfolgen. Wie dem 1:0 gegen den amtierenden Meister Werder Bremen im Oktober 1965 durch ein Huberts-Tor und dem 5:2 über den TSV 1860 München, der nur wenige Wochen nach dem Debakel vom 26. März im Waldstadion über den Gewinn der Deutschen Meisterschaft jubeln durfte. Trimhold war der ungekrönte König dieser Partie, steuerte wie Huberts zwei Tore bei.

Auch wenn sie selbst nicht um den Titel mitspielte, so kam der Eintracht auch diesmal am letzten Spieltag eine Schlüsselrolle zu. Den Tabellenzweiten Borussia Dortmund, mit Bayern München einziger verbliebener Rivale der Münchner Löwen, distanzierte sie vor 52 000 Zuschauern mit 4:1. Einmal war das Waldstadion in dieser Saison ausverkauft gewesen. Am 15. Januar, als die Sensationsmannschaft der Saison, Aufsteiger Bayern München, im Waldstadion gastierte, wohnten 66 000 der Partie bei, die torlos endete.

Ein trauriger Rekord dieser Saison war am 23. April 1966 auf dem Betzenberg in Kaiserslautern fällig, wo im Spiel 1. FCK - Bayern München mit Neumann, Klimaschewski, Wrengler (alle 1. FCK) und Koulmann (Bayern) gleich vier Spieler vom Feld gestellt wurden. Auch die Eintracht erinnert sich ungern an diesen Tag. Da verlor sie nämlich im Waldstadion gegen den Tabellenvorletzten Borussia Neunkirchen mit 1:2, verspielte bei ihren Fans Kredit für lange Zeit. Platz sieben, meilenweit von Meister 1860 München entfernt, blieb am Ende nur übrig.

1966/67: Die große Titelchance vergeben

Dann kam das Jahr, von dem Torwart Peter Kunter noch heute sagt: „Da hätten wir Meister werden müssen, so groß war in der ganzen Bundesliga unsere Chance nie gewesen." Bis zum letzten Spieltag wahrte die Eintracht in der Saison 1966/67, vor der Bernd Nickel und Bernd Hölzenbein verpflichtet worden waren, ihre Titelchance, und dann wurde sie doch nur Vierter, nachdem sie sich mit Überraschungsmeister Eintracht Braunschweig während der gesamten Rückrunde ständig im Führungskampf abgewechselt hatte, bis zum letzten Spieltag nie schlechter als auf dem dritten Platz stand.

Schon am zweiten Spieltag dieser Saison war die Eintracht Tabellenführer. Am 20. August war sie mit einem 2:1-Sieg beim FC Bayern München gestartet, eine Woche später gab es einen beifallumrauschten 4:0-Heimsieg über den 1. FC Köln mit drei Bronnert-Toren. Die Erfolge hielten an. In Düsseldorf glückte ein 4:2-Sieg, und doch mußte die Tabellenführung an den VfB Stuttgart abgetreten werden, der nach diesem Durchgang das bessere Torverhältnis aufwies. Am Mittwochabend, dem 7. September, fiel - nachträglich gesehen - praktisch schon die Entscheidung im Meisterschaftskampf zu ungunsten der Eintracht. Eintracht Braunschweig gewann vor 36 000 im Stadion mit 1:0. Ausgerechnet der verletzte Klaus Gerwien erzielte in der 68. Minute das Tor des Tages.

Der alte Schlendrian schien bei der Eintracht wieder einzureißen. 1:2 in Hannover, 4:0 gegen Stuttgart, wodurch Braunschweig am sechsten Spieltag erstmals die Tabellenführung übernahm, 2:3 beim Angstgegner Karlsruher SC. Stabil waren aber auch die Braunschweiger nicht gerade. Am letzten Oktober-Wochenende, nach dem 1:1 in Essen und vorausgegangenen drei Spielen ohne Niederlage (1:0 gegen Meiderich, 0:0 in Mönchengladbach, 4:2 gegen Schalke) war die Eintracht wieder Tabellenführer. Eine Woche später, nach dem 1:1 gegen Kaiserslautern wieder Zweiter, nach dem 1:0 gegen Nürnberg wieder Erster. Dann ging das nächste Heimspiel in die Binsen. Der Hamburger SV, am Ende der Saison nur auf Platz 14, siegte vor 36 000 Zuschauern mit 3:1. Uwe Seeler, eineinhalb Jahre zuvor an dieser Stätte mit Achillessehnenriß ausgeschieden, leitete mit dem 1:0 den Sieg in die Wege. Gegen die klar besseren Hamburger waren die Frankfurter chancenlos, und nach diesem Spiel nur Tabellendritter. Diesen Platz nahm sie auch zur Halbzeitpause nach dem 4:1 gegen Bremen und dem 3:3 gegen 1860 München in den beiden letzten Vorrundenspielen ein. Ausgefallen war das Spiel in Dortmund, wo die Eintracht im Falle eines Sieges die „Herbstmeisterschaft" vor Eintracht Braunschweig und dem Hamburger SV geholt hätte.

Spektakulär wie in die Vorrunde startete die Eintracht am 7. Januar 1967 in die Rückrunde. Bayern München wurde erneut mit 2:1, diesmal im Waldstadion, bezwungen, Bronnert schoß gegen den 1. FC Köln erneut drei Tore wie in der Vorrunde und war damit der entscheidende Mann beim 4:1-Sieg in der Rheinmetropole. Am 28. Januar war Eintracht Frankfurt wieder Tabellenführer, nachdem Feghelm, Jusufi, Lindner, Blusch, Schämer, Friedrich, Huberts, Grabowski, Bronnert, Solz und Lotz Fortuna Düsseldorf mit 3:0 vor nur 19 000 Zuschauern besiegt hatten. Tabellenführer vor Braunschweig, obwohl mit einem Spiel im Rückstand. Aber gerade dieses ausstehende Spiel warf Frankfurt wieder aus der Bahn. Acht Tage später war die Tabellenführung durch die 1:3-Niederlage in Dortmund verloren.

Dann ging es zum Duell der Giganten nach Braunschweig. Trainer Elek Schwartz meinte, einen besonders guten Schachzug ausgeklügelt zu haben, als er Krafczyk gegen seinen ehemaligen Verein auftreten ließ. Der Schachzug ging daneben, und die hautnahe Braunschweiger Deckung entnervte die Eintracht vor 36 000 Zuschauern im restlos überfüllten Braunschweiger Stadion. Die 0:3-Niederlage schien schon Anfang Februar das Ende aller Träume zu bedeuten, zumal mit dem mageren 3:3 gegen Hannover 96 und der 0:3-Niederlage beim VfB Stuttgart weitere Nackenschläge folgten. Aber auch die Braunschweiger ließen Federn, in Kaiserslautern, Dortmund und Düsseldorf verloren sie insgesamt vier Zähler, während die Eintracht noch einmal in Schwung kam: 5:1 gegen Karlsruhe, 0:0 in Duisburg, 1:0 gegen Borussia Mönchengladbach durch Walter Bechtold, 1:1 in Schalke, 5:0 gegen Rot-Weiß Essen und 1:1 in Kaiserslautern. Bemerkenswert der Einstand von Ernst Abbé im Spiel gegen Essen, in dem er sich gleich als zweifacher Torschütze auszeichnete.

Selbst die dritte große Heimpleite der Saison beraubte die Eintracht nicht aller Chancen. Die 1:4-Niederlage gegen den 1. FC Nürnberg am letzten Samstag im April war nur für einen keine Überraschung, natürlich für Max Merkel. Der Nürnberger Trainer hatte mit gar keinem anderen Abschneiden seiner Mannschaft gerechnet, wie er anschließend erklärte. Und Elek Schwartz klagte: „Immer wenn es drauf ankommt, lassen uns die Nerven im Stich." Auch Braunschweig war längst vom großen Zittern gepackt worden, verlor an diesem Samstag ebenfalls auf eigenem Platz das Nordderby gegen Hannover 96 mit 0:1. Wäre allein die Nervenkraft entscheidend gewesen, so hätte die Eintracht eigentlich Meister werden müssen. Auch ohne Jusufi, der wegen einer Tätlichkeit gegen Rühl aus dem Spiel am 11. März in Duisburg nachträglich vom 14. Mai bis zum 13. Juni 1967 gesperrt worden war, gewann sie nämlich das nächste Spiel in Hamburg mit 2:0 (beide Tore durch Bechtold), während Braunschweig in Karlsruhe sang- und klanglos mit 0:3 unterging.

Die beiden Eintracht-Teams waren wieder punktgleich, drei Spiele vor Abschluß der Saison. Hamburg aber hatte den letzten Saisonsieg für Frankfurt gebracht. Beim nächsten „Nordlicht", dem SV Werder Bremen, wurde eine Woche später die Moral der Eintracht durch eine 0:3-Niederlage gebrochen. Vor allem auch deshalb, weil Eintracht Braunschweig zum x-ten Male in dieser Saison ein Spiel noch glücklich in den letzten Minuten umgebogen hatte. Ulsaß und Maas hatten im Heimspiel gegen Mönchengladbach am 32. Spieltag in den letzten sieben Minuten einen 0:1-Rückstand noch in einen Sieg umgewandelt. Die theoretiche Titelchance blieb selbst noch nach dem 3:3 im letzten Heimspiel und vorletzten Saisonspiel gegen Borussia Dortmund, da Braunschweig beim Tabellenletzten Rot-Weiß Essen nur zu einem 0:0 gekommen war.

Das Finale gestaltete Braunschweig sicher mit 4:1 gegen den 1. FC Nürnberg für sich, während die Eintracht bei 1860 München 1:2 unterlag und neben den Münchnern, die Vizemeister wurden, auch noch Borussia Dortmund an sich vorbeiziehen lassen mußten. Der vierte Platz in der Endabrechnung, so ungünstig hatte man in der ganzen Saison nicht ein einziges Mal dagestanden. Die Enttäuschung war riesig.

1967/68: Rückrunde besser als der Meister

Die wichtigste Neuerung vor der Saison 1967/68: die Einführung des zwölften Spielers, des Auswechselspielers. Zur Eintracht kehrte Nationalspieler Friedel Lutz zurück, nach einjährigem glücklosen Gastspiel beim TSV 1860 München. Vom Schock der so leicht vergebenen Meisterschaftschance im Jahr zuvor schien sich die Eintracht über die Sommerpause noch nicht erholt zu haben. Schon im ersten Spiel beim VfB Stuttgart gab es mit einer 0:4-Niederlage ein böses Erwachen. Tilkowski, Jusufi, Friedrich, Schämer, Wirth, Sztani, Bellut, Lotz, Bechtold, Huberts und Solz begannen dieses Spieljahr, Grabowksi war erst eine Woche später beim 5:3-Sieg über Bremen dabei. Die Eintracht hielt an der Raumdekkung fest, obwohl sie damit zu diesem Zeitpunkt überhaupt nicht mehr zurecht kamen.

„So viele Tore können die gar nicht schießen, wie sie durch ihre Vorstöße hineinbekommen", meinte Sturminszenator Hennes Küppers vom TSV 1860 München damals über die Eintracht. Vor allem Fahrudin Jusufi, dank seines Offensivdrangs Publikumsliebling, öffnete durch seine Dauerattakken hinten viele Löcher, die von den Konkurrenten immer ge-

DIE HEISSE SPUR IM KAMPF BULLE GEGEN BÄR

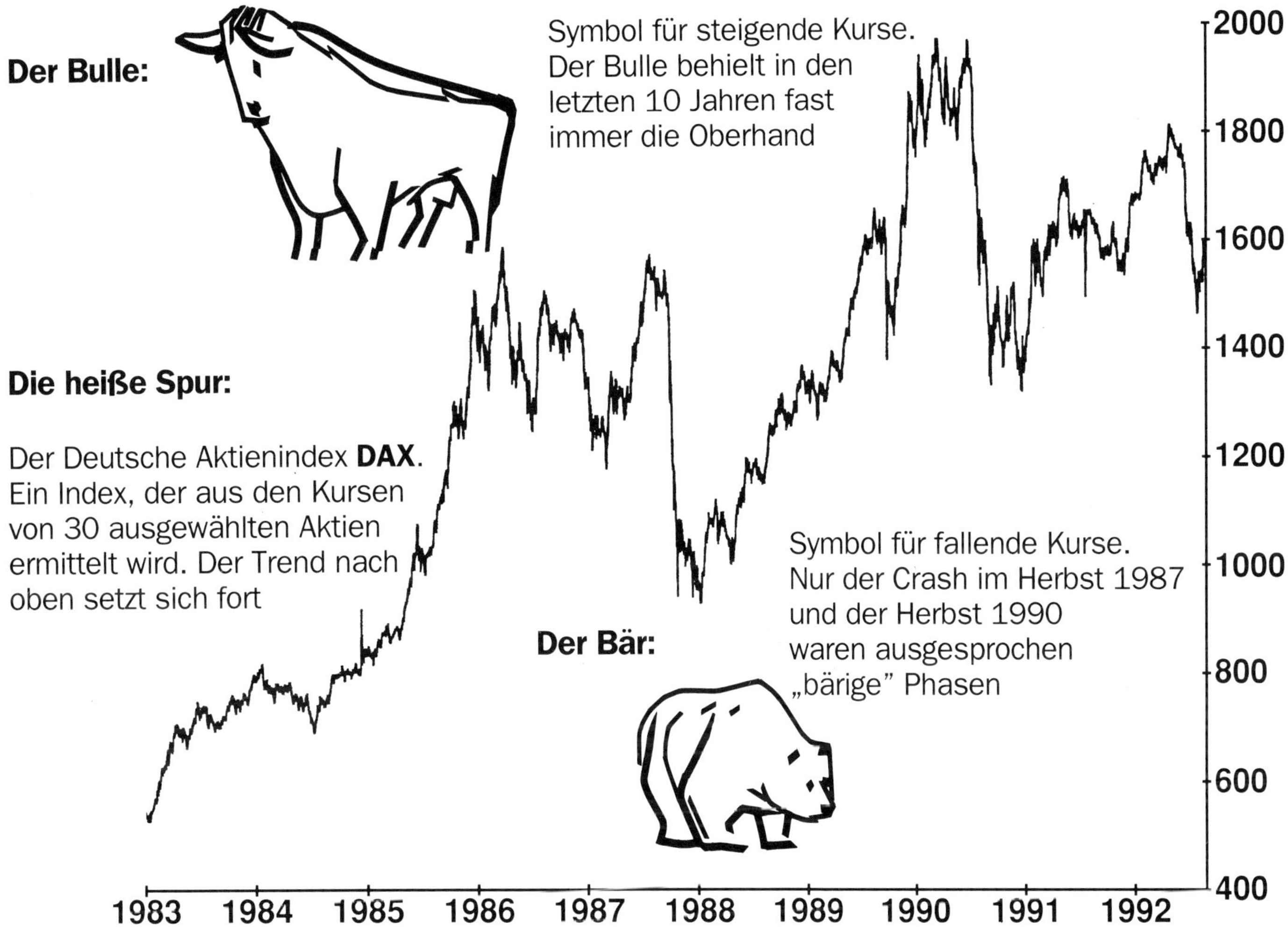

FRANKFURTER WERTPAPIERBÖRSE AG

Ein Besuch der Frankfurter Wertpapierbörse ist Montag–Freitag während der Handelszeit von 10.30–13.30 Uhr möglich. Besuchergruppen wenden sich zwecks Terminvereinbarung bitte an die Presse- und Informationsabteilung der Frankfurter Wertpapierbörse. Tel. 069-2 99 77-3 83

Bernd Nickel – so hart wie er schießt kein anderer Frankfurter. Beim 3:0 über Offenbach kann Torwart Volz nur noch dem Ball nachschauen.

schickter genutzt wurden. Nach Abschluß der Vorrunde standen die Schwartz-Schützlinge mit 14:20 Punkten nur auf dem 14. Platz.

Einmal mehr zu spät brachte sich die Eintracht mit einer äußerst erfolgreichen Rückrunde ins Gespräch. Elf Siege, zwei Unentschieden und nur vier Niederlagen; 24:10 Punkte, nur Werder Bremen (27:7) war in der Rückrunde erfolgreicher. Meister 1. FC Nürnberg etwa errang im zweiten Durchgang vier Punkte weniger als die Eintracht, die den sechsten Tabellenplatz, punktgleich mit dem Tabellenvierten 1. FC Köln, erreichte.

1968/69: Wieder Mainderby gegen Offenbach

Mit der Saison 1968/69 begann ein ganz wichtiges Kapitel der Bundesligageschichte am Main. In diesem Jahr war der große Rivale Kickers Offenbach erstmals in der höchsten Spielklasse dabei, die bei ihrer Gründung 1963 den Kickers keinen Platz geboten hatte. Wie die damals ebenfalls nicht aufgenommene Aachener Alemannia waren die Offenbacher bei Bundesligagründung ein Härtefall. Im dritten Anlauf hatten sie nun endlich die Südmeisterschaft in der Regionalliga errungen, über die Aufstiegsrunde den Einzug in die Bundesliga geschafft. Frankfurt und Offenbach, in einer unerschütterlichen Haßliebe verbunden, lieferten sich in den folgenden Jahren, in denen die Kickers noch dreimal auf- und abstiegen, auf dem Fußballfeld Dramen in hundert Akten.

Die Rivalität hatte 1959 im unvergeßlichen Endspiel um die Deutsche Meisterschaft zwischen diesen beiden Vereinen ihren Höhepunkt erreicht. In der Bundesliga nun wieder auf einer Stufe, schaukelte man sich gegenseitig hoch, wurde bei vielen Fans auf beiden Seiten des Mains aus der Freude über den Sieg der eigenen Mannschaft erst ein richtiger Glückszustand, wenn sie mit einer Niederlage des Nachbarn einherging. Die Bundesliga-Derbies zwischen der Eintracht und den Kickers schrieben ihre eigenen Gesetze, und die Akteure nahmen in diese Spiele die Gefühle ihrer eigenen Anhänger so mit wie in keinem anderen Spiel.

Am 26. Oktober 1968 kam es nach über fünfjähriger Unterbrechung wieder zu einem Mainderby um Punkte. Paul Oßwald, der alte Trainerfuchs, war inzwischen wieder einmal bei den Kickers der verantwortliche Mann, „spielte" gegen die Eintracht, die er zuletzt von 1958 bis 1964 betreut hatte, bevor er dann nach zwei Herzinfarkten den Abschied nahm und von Ivica Horvat abgelöst wurde. Erich Ribbeck, im Sommer 1968 als damals jüngster Bundesligatrainer verpflichtet, saß auf der Eintracht-Bank. Die Kickers, vor diesem achten Spieltag schon Tabellenletzter, setzten sich als der vermeintlich Schwächere mit 4:2 auf dem mit 31 500 Zuschauern natürlich restlos ausverkauften Bieberer Berg durch. In erster Linie wohl deshalb, weil Paul Oßwalds Schachzug mit Ferdi Heidkamp zum Volltreffer wurde. Der kampfstarke Ferdi stürmte im Angriffszentrum, statt - wie sonst immer - zu verteidigen. Und er schlug vorne entscheidende Breschen. „Wir haben es nicht verstanden, unsere spielerische Überlegenheit umzumünzen", konstatierte Erich Ribbeck nach der Niederlage, und er wiederholte damit nur, was einige seiner Vorgänger nach Mainderbies gesagt hatten und was auch später von seinem Nachfolger Dietrich Weise noch zu hören sein sollte, denn spielerisch waren die Offenbacher eigentlich immer unterlegen. Weida, Nuber, Kondert und Sieber trafen für Offenbach, Lotz zum 1:1 und zum 2:4 für die Eintracht.

Abgesehen von diesem Derby fanden weder Eintracht noch Kickers in der überregionalen Presse in diesen Monaten besonders große Beachtung. Platz 15 nach Ende der Vorrunde für die Eintracht (14:20 Punkte), die „rote Laterne" für Kickers Offenbach (11:23). Knapp, doch verdient, gelang der Eintracht mit 3:2 vor 60 000 Zuschauern im Waldstadion in der Rückrunde die Revanche. „Es war das Spiel von Grabowski", mußte Paul Oßwald neidlos anerkennen. Für Grabowski-Widersacher Weilbächer dürfte diese Partie noch heute ein Alptraum sein. Aber auch Jusufi war auf eine Stufe mit Grabowski zu stellen, der mit Hölzenbein (1:0) und Nickel (2:1) mit dem dritten Tor zum 3:1 den Sieg herausschoß. Willi Huberts hatte per Eigentor für Offenbach ausgeglichen, Resenberg mit seinem Anschlußtreffer zehn Minuten vor Abpfiff noch einmal Höchstspannung in das Schicksalsspiel einziehen lassen.

Die Eintracht, vor dieser Partie 16. mit 22:32 Punkten und in akuter Abstiegsgefahr, fand mit dem Derbysieg ihr Selbstvertrauen zurück, blieb auch in den letzten sechs Spielen der Saison 1968/69 ungeschlagen. Das Selbstvertrauen der Offenbacher aber hatte mit der Niederlage im Stadion einen schweren Knacks erhalten. Nur vier Punkte glückte dem OFC noch in den sechs letzten Spielen, und als Tabellenletzter mußte man postwendend, nur zwei Punkte vom rettenden Ufer entfernt, wieder absteigen. Im eng zusammenliegenden Feld konnte sich die Eintracht durch die letzten Erfolge (3:2 in Mönchengladbach, 0:0 gegen Hannover, 2:2 in Kaiserslautern, 3:0 gegen 1860 München, 4:1 in Hamburg, 1:0 gegen Schalke) noch bis auf den achten Rang in der Abschlußtabelle emporhieven. Ein Jahr nach dem Titelgewinn unter Max Merkel war der Abstieg des 1. FC Nürnberg unter Max Merkel die Sensation der Saison 1968/69, die Bayern München mit acht Punkten Vorsprung vor Alemannia Aachen den ersten Bundesliga-Titel beschert hatte. Die so überraschend starken Aachener übrigens stiegen im nächsten Jahr ebenso wie 1860 München aus der Eliteklasse ab.

1969/70: Eine total ausgeglichene Saison

Die Eintracht spielte sehr zur erneuten Enttäuschung ihrer Anhänger in der Saison 1969/70 total „ausgeglichen". Ausgeglichen war der Punktestand (34:34), ausgeglichen war das Torverhältnis (54:54) nach den 34 Spielen, was den achten Tabellenplatz brachte. Die höchsten Siege dieser Saison:

6:2 gegen Aachen und 5:1 gegen Rot-Weiß Oberhausen; die höchsten Niederlagen: 0:4 in Stuttgart und 1:5 am letzten Spieltag in Hamburg.

1970/71: Der reaktivierte Lindner als Retter

Die Offenbacher Kickers waren im nächsten Jahr wieder da, erstklassig. Die Saison 1970/71 lief noch nicht richtig, da hatten die Kickers der Eintracht schon wieder einmal einen Tiefschlag verpaßt. Im DFB-Pokal-Viertelfinalspiel trumpfte der OFC mit einem 3:0-Sieg groß auf, und das auch noch im Frankfurter Waldstadion. Schlimm wie in diesem Pokalspiel sah es in der ganzen Runde um die Eintracht aus. Die „Frankfurter Rundschau" rief gar zu einem Forum unter dem Titel: „Soll Frankfurt Fußball-Provinz werden ?" Tabellenletzter war da die Eintracht, die mit Fahrudin Jusufi, Willi Huberts, Wolfgang Solz und Jürgen Friedrich gleich vier ihrer herausragenden Kräfte über viele Jahre vor dieser Saison verlassen hatten. Alles entschied sich in diesem Jahr in den beiden Derbies.

Am 26. November 1970 nahm die Eintracht Revanche für die im Pokalspiel erlittene Schmach, mit 3:0 haargenau sogar. Sie trat den letzten Tabellenplatz an Rot-Weiß Oberhausen ab, rückte bis auf einen Punkt an Offenbach heran. „Noch sind wir nicht weg vom Fenster", konstatierte Erich Ribbeck, und der damalige Vorsitzende Albert Zellekens frohlockte: „Das war die Wende." Papies schon Mitte der ersten Halbzeit, Nickel und Grabowski in den letzten zehn Spielminuten ließen vor 40 000 Zuschauern mit ihren Toren neue Hoffnung Einzug halten. Die Vorrunde wurde dann aber doch mit dem letzten Tabellenplatz abgeschlossen, während bei den fünf Rängen besser plazierten und drei Punkte erfolgreicheren Offenbachern zu diesem Zeitpunkt niemand vom Abstieg sprach.

Die Angst hielt in Offenbach erst wieder Einzug, als das Derby der Rückrunde auf dem Bieberer Berg ausgespielt war, am vorletzten Spieltag der Saison. Nach 17 Jahren war für die Eintracht erstmals wieder ein Sieg auf dem gefürchteten Bieberer Berg herausgesprungen. Ein 2:0 durch ein tolles Tor von Bernd Nickel sowie durch Bernd Hölzenbein. Erstmals hatte die Eintracht wieder beide Beine aus dem Sumpf gezogen, in dem sie praktisch während der gesamten Saison gesteckt hatte. Kunter, Wirth, Lindner, Lutz, Reichel, Kalb, Trinklein, Grabowski, Heese, Hölzenbein und Nickel bestritten die Partie, die zu den wichtigsten in der 80jährigen Geschichte der Eintracht gerechnet werden muß.

Als „Retter" der Eintracht wurde in dieser Saison Dieter Lindner gefeiert. Er hatte vor der Saison nach über 600 Spielen in 13 Jahren für die Eintracht eigentlich mit dem Profifußball Schluß gemacht. In der Stunde der Not ließ sich Lindner vom damaligen Spielausschuß-Vorsitzenden Ernst Berger dazu bewegen, noch einmal die Stiefel zu schnüren. Kurz nach Beginn der Rückrunde stand Lindner, der 1959 als jüngstes Mitglied der Mannschaft die Deutsche Meisterschaft mit der Eintracht gewonnen hatte, wieder seinen Mann. Der nervenstarke Routinier schoß beim Sieg über den späteren Absteiger Rot-Weiß Essen das entscheidende Tor und war an jenem denkwürdigen 33. Spieltag auf dem Bieberer Berg mit Torwart Peter Kunter der Mann, der nach dem Ab-

Bernd Nickel wuchtet einen Freistoß an der gesamten Essener Abwehr und Torwart Blasey vorbei zum 3:2 ins Netz. Ein wichtiger Schritt zur Rettung 1971, Essen stieg ab.

pfiff im Mittelpunkt der Ovationen der Eintracht-Fans stand.
Die 1:4-Niederlage im letzten Punktspiel dieser Saison gegen Borussia Mönchengladbach vor 65 000 Zuschauern schmerzte die Eintracht nicht mehr. Der Verlierer freute sich ebenso wie der Gewinner, denn Mönchengladbach hatte damit seinen Titelgewinn aus dem Vorjahr wiederholt. Köln hatte Offenbach zur gleichen Stunde mit 4:2 geschlagen und die Kickers damit zum zweiten Absteiger neben Rot-Weiß Essen verdammt. Den Kragen aus der Schlinge hatte sich Arminia Bielefeld durch den erkauften 1:0-Sieg bei Hertha BSC Berlin gezogen. Nur Stunden nach dem Abstieg war durch die Enthüllungen des Offenbacher Präsidenten Horst Gregorio Canellas der Bundesliga-Bestechungsskandal auf dem Tisch, der die Gerichte noch Jahre später beschäftigte. Noch im Verlauf der folgenden Saison wurden die Bielefelder durch den DFB aus dem Verkehr gezogen.

1971/72: Heimsiege gegen alle Topteams

Kein Ende des Schreckens? Das ließ der Start in die Saison 1971/72 befürchten, der mit einer 1:5-Niederlage im Hamburger Volksparkstadion gegen den HSV verheerend war. Ähnliche Befürchtungen wie im Vorjahr aber hatten bald keinen Bestand mehr. Der Abstiegskampf 1970/71 hatte Ribbecks Truppe zu Fightern gemacht, im Waldstadion wurden alle Spitzenmannschaften geschlagen. „Herbstmeister" FC Schalke 04 in der Vorrunde mit 2:0, Meister Bayern München in der Rückrunde mit 2:0. Gegen Borussia Mönchengladbach (in der Endabrechnung Dritter) wurde in der Rückrunde mit einem 3:0-Sieg die hohe 2:6-Vorspielniederlage beglichen und gegen den 1. FC Köln gab es zwei Remis (2:2 und 1:1).

Auch gegen Hamburg gelang mit 4:0 die Revanche glatt. Der fünfte Platz stand am Ende dieser Saison für die Eintracht, in der Roland Weidle entdeckt wurde, der Türke Ender Konca per saldo die Erwartungen nicht erfüllte und auch der erhoffte Boom türkischer Fremdarbeiter bei den Spielen im Waldstadion nicht eintrat.

In welchen Extremen die Eintracht in zwei Jahren schwebte, zeigt das Torverhältnis. 1970/71 hatte sie nur 39 Treffer erzielt, in der nächsten Saison waren es 71. Die freilich waren auch bitter notwendig, denn der Tabellenfünfte Eintracht Frankfurt kassierte 61 Gegentore und damit noch fünf mehr als der Tabellenfünfzehnte Eintracht Frankfurt zwölf Monate zuvor! Mit einem 1:0-Sieg in Duisburg am letzten Spieltag war die Eintracht in letzter Sekunde sogar noch in den UEFA-Pokal-Wettbewerb gerutscht. Schon in der ersten Runde war gegen den späteren Cupsieger FC Liverpool (0:0 und 0:2) Endstation. Kevin Keegan und Hughes waren in Liverpool die Torschützen gewesen.

Im sogenannten Liga-Pokal holte sich die Eintracht in der Vorbereitungszeit auf die Saison 1972/73 den Gruppensieg, unter anderem durch zwei Erfolge über den 1. FC Kaiserslautern (3:2 und 3:1). Nachdem noch Fortuna Köln ausgeschaltet wurde, warf im Frühjahr 1973 Borussia Mönchengladbach in den beiden Halbfinalspielen (1:0, 1:3) die Eintracht aus dem ohnehin nicht gerade attraktiven Wettbewerb.

„Eisenschädel" Horst Heese kannte keine Furcht, wie der Zweikampf mit Bayern-Spieler Jonny Hansen dokumentiert.

Respekt vor Bernd Nickel brachten auch Paul Breitner und Franz Beckenbauer bei dieser akrobatischen Einlage entgegen.

1972/73: Das sensationelle Körbel-Debüt

Das letzte Jahr der Ribbeck-Ära befriedigte kaum. Die Offenbacher Kickers, zum dritten Male aufgestiegen, liefen der Eintracht sogar den Rang ab, waren als Siebter einen Platz besser. Beide Derbies entschieden die Offenbacher für sich, und ihr dunkelhäutiger Torjäger Erwin Kostedde wurde dabei zum Schreckgespenst für Frankfurt. Beim 3:2 der Vorrunde erzielte er alle Kickers-Tore, zum 1:0 in der 38. Minute, zum 2:2 in der 85. und zum 3:2 in der 88. Minute. Das 1:1 und das 2:1 für die Eintracht entsprang schönen Leistungen von Jürgen Grabowski. Ludwig Dotzert, der profilierte Frankfurter Sportjournalist, schrieb damals in der Frankfurter Rundschau: „Auf dem Bieberer Berg tobte ein irres, ungereimtes, vehementes Prachtstück von Derby, das von der unreiferen, aber auch unkomplizierteren Mannschaft 'ein bißchen verdient' (Lorant) gewonnen wurde." Und er stand mit seiner Meinung nicht allein, daß nur das Endspiel um die Deutsche Meisterschaft 1959 spannender und besser war. „Der Zweikampf Held-Kalb rollte in Länderspieltempo ab", schwärmte Dotzert, und „fliegende Rasenfetzen, flitzende Masseure" zeugten dafür, daß in jeder Beziehung bis an die Grenzen gegangen wurde.

Ende Februar 1973 gewannen die Kickers im Waldstadion sogar mit 3:0. Zweimal Kostedde, der vom langen Uwe Kliemann wieder nicht unter Kontrolle zu bringen war, und Ritschel erzielten die Tore. Dietrich Weise, der nach dieser Saison mit Erich Ribbeck die Trainerplätze in Kaiserslautern und

Zweikämpfe, die in der Bundesliga stets zu den Höhepunkten gehörten, lieferten sich die Nationalspieler Berti Vogts und Jürgen Grabowski.

Frankfurt tauschte, betrachtete sich seinen künftigen Klub an diesem Tag einmal näher. „An denen werden sie nicht viel Freude haben, die sind viel zu sensibel", sagte der damalige Offenbacher Trainer Gyula Lorant zu Dietrich Weise, der unter ihm einst Trainer-Assistent in Kaiserslautern war. Wie sich schon bald herausstellte, sollte Lorant mit dieser Prognose wieder einmal falsch gelegen haben.

So wenig in der Saison 1972/73 letztlich heraussprang, Karlheinz Körbel wird zu denen gehören, die sich besonders gerne an diese Spielzeit erinnern. Im Sommer war der Jugendnationalspieler gerade 18 Jahre alt geworden, aus Dossenheim an den Riederwald gekommen. Am siebten Spieltag, dem 14. Oktober 1972, gab Körbel ein sensationelles Debüt in der Bundesliga. Kein Geringerer als Gerd Müller, der damals schon 200 Tore erzielt hatte, war sein erster direkter Widersacher in der Bundesliga, und von diesem Duell sprach man noch lange. Müller schoß bei der 1:2-Niederlage der Bayern im Waldstadion zwar sein obligatorisches Tor, aber Körbel war ein erstklassiger Bewacher des „Bombers der Nation" und damit der große Gewinner dieser Partie, die durch Weidle und Hölzenbein vor 42 000 entschieden wurde.

Ihren Ruf als „launische Diva" bestätigte die Eintracht schon im nächsten Spiel mit einer 0:1-Niederlage beim späteren Absteiger Rot-Weiß Oberhausen. Von einer „rätselhaft kranken" Eintracht sprach Fachjournalist Dieter Hochgesand von der Frankfurter Rundschau nach der Partie in Oberhausen. Die schwachen Leistungen im Spätherbst dieser Saison quittierten die Frankfurter auf ihre Weise, obwohl sie im Waldstadion lange keine Niederlage mehr miterlebt hatten. Beim 4:2-Sieg über den FC Schalke 04 am 18. November 1972 kamen nur noch 6000 Zuschauer.

Nur eine Woche später, beim 3:0 über Borussia Mönchengladbach, war ein kleines Jubiläum zu feiern: das 25. Heimspiel hintereinander ohne Niederlage. Horst Heese, Symbol für Kampfgeist, wurde kurz vor Weihnachten an den Hamburger SV abgegeben, bestritt bei der Pokalniederlage in Hannover (0:1, Rückspiel 4:2) am 9. Dezember sein letztes Spiel für die Eintracht, der er sich schon wenig später recht unangenehm in Erinnerung brachte. Im ersten Spiel der Rückrunde nämlich stellte er mit einem Schuß von der Strafraumgrenze aus den 3:1-Sieg des HSV über die Eintracht kurz vor dem Abpfiff sicher.

Ausgerechnet in Kaiserslautern, wo in dieser Saison noch kein Verein gewonnen hatte, gelang der Eintracht zwei Wochen später mit 1:0 der erste Auswärtssieg nach über sieben Monaten. Mit dieser Negativ-Serie gebrochen, folgte drei Wochen später mit der Derbyniederlage gegen Offenbach nach 26 ungeschlagen überstandenen Heimspielen das Ende der Erfolgs-Serie. Im Pokal blieb die Eintracht im Februar auf der Strecke. Die Ausgangsbasis war nach der 0:1-Niederlage in Braunschweig nicht ungünstig, aber im Rückspiel reichte es nur zu einem enttäuschenden 2:2 gegen die Norddeutschen.

1973/74: Neuer Präsident, neuer Trainer

Ende Mai mußte für längere Zeit Abschied vom Waldstadion genommen werden, das für die Fußball-Weltmeisterschaft 1974 fast völlig neu gebaut wurde. Der Abschied vom alten Stadion bescherte ein rauschendes Fest mit einem 5:0 über den 1. FC Köln. Von Jürgen Grabowski, der drei der fünf Tore von Reichel, Hölzenbein, Rohrbach, Kalb und Trinklein vorbereitete, schwärmten an diesem Tag alle (einmal mehr). Zur Halbzeit noch hatte es 0:0 gestanden. Der ersten Heimniederlage der Saison gegen Offenbach folgte die zweite Heimniederlage zum Abschluß in Offenbach. Wegen der Umbauarbeiten im Stadion auf den Bieberer Berg ausgewichen, unterlag die Eintracht dem MSV Duisburg mit 1:3, blieb deshalb in der Endabrechnung auch einen Platz hinter den Kickers. Nach dem Wechsel von Heese beendeten mit Lothar Schämer, Friedel Lutz und „Kalla" Wirth weitere Kämpfernaturen der Eintracht nach dieser Saison ihre Laufbahn im Profilager. Und wie auf der Trainerbank (Weise für Ribbeck) vollzog sich auch auf dem Präsidenten-Thron ein Wechsel. Achaz von Thümen, der Kanzler der Universität Frankfurt, kam für Albert Zellekens, und der Fußball-Fachmann Ernst Berger wurde Ende Juni zum „Vize" gewählt.

Unter Dietrich Weise vollzog sich praktisch über Nacht eine unglaubliche Wandlung. Die Eintracht stieg wieder zu einer Spitzenmannschaft auf, wurde Vierter in der Bundesliga und machte sich im Sommer 1974 zum 75jährigen Bestehen mit dem DFB-Pokalsieg selbst das schönste Geschenk. Dabei waren die Befürchtungen vor dieser Spielzeit groß gewesen. Die Stadtväter ängstigten sich, daß sie vielleicht mit dem im Umbau befindlichen Waldstadion ein 30-Millionen-Denkmal errichten würden. Das Portemonnaie der Eintracht war leer, an spektakuläre Verpflichtungen nicht zu denken.

Aber die alte Mannschaft legte Tugenden an den Tag, die längst verschüttet schienen: sie spielte nicht nur schön, sondern kämpfte auch erstklassig, brachte dadurch endlich einmal konstante Leistungen. Jürgen Grabowski und Bernd Hölzenbein, die am Ende dieser Saison mit der Nationalmannschaft Weltmeister wurden, spielten in Superform. „Funkturm" Uwe Kliemann riß mit seiner Spielweise längst verloren geglaubte Spiele um. Hinter ihm waren die beiden Torhüter Dr. Peter Kunter und Günter Wienhold zu Markenbegriffen geworden, Gert Trinklein spielte als Libero seine beste Saison, der schnelle Peter Reichel drängte sich für die Nationalmannschaft auf, in der er später auch zwei Einsätze absolvierte, Karlheinz Körbel zog ebenfalls in den Kreis der Nationalmannschaft ein, wurde aber für die WM-Teilnahme als zu jung angesehen. Helmut Müller und Wolfgang Kraus avancierten zu Stammspielern. Vor dem schußstarken Bernd Nikkel zitterten alle, der hellwache Thomas Rohrbach paßte gut in das schnelle, quirlige Angriffsspiel, und „Dauerläufer" Jürgen Kalb erfüllte wie „Wasserträger" Roland Weidle alle Bewacheraufträge zuverlässig.

Wochenlang blieb die Eintracht am Anfang ungeschlagen, startete mit spektakulären Auswärtserfolgen. Mit einem 1:1 in Köln und - nach dem 3:0-Heimsieg über Duisburg - einem 4:1-Sieg auf dem gefürchteten Betzenberg in Kaiserslautern, was gerade für den ehemaligen Eintracht-Trainer Erich Ribbeck tief deprimierend war. Zwei Elfmeter vergab der 1. FCK, einen davon parierte Peter Kunter. Das gab die Moral, die die Eintracht in den nächsten Wochen längst verloren geglaubte Spiele aus dem Feuer reißen ließ.

3:0 führte der VfB Stuttgart am 25. August 1973 bis zur 68. Minute vor 30 000 im Waldstadion, aber Nickel, Weidle und zweimal Hölzenbein drehten den Spieß noch um. Die Zuschauer rasten noch Minuten nach Abpfiff vor Begeisterung, die gerade auch von Uwe Kliemann entfacht worden war, der mit seinen Rugbykicks seine Mitspieler immer wieder vorpeitschte. 1:1 in Bochum, 1:0 gegen Hamburg und Mönchengladbach; das Stimmungshoch hielt auch im Münchner Olympiastadion an. 2:0 führte der Tabellenführer und spätere Meister FC Bayern vor der tollen Kulisse von 78 000 schon, aber die Eintracht glich noch aus, blieb als einzige Mannschaft ungeschlagen. Anschließend ging es aufs Oktoberfest, und Dietrich Weise konnte selbstbewußt konstatieren: „Es ist uns gelungen zu dokumentieren, daß wir nicht nur durch Glück und Zufall, sondern durch Willenskraft, Können und sportliche Moral in der Tabelle da stehen, wo wir heute sind." Bundestrainer Helmut Schön staunte über die „erstaunlich selbstbewußten Frankfurter".

Im zehnten Spiel gab es mit 3:6 in Essen den ersten Einbruch, aber bereits eine Woche später war die Eintracht durch den 2:0-Sieg über Hertha BSC Tabellenführer. Den Offenbacher Kickers aber wußte sie auch in diesem Höhenflug nicht beizukommen. Auf dem Bieberer Berg setzte es eine empfindliche 2:5-Schlappe. Als Tabellenführer verspielte die Eintracht die „Herbstmeisterschaft" aber am letzten Vorrundenspieltag in Düsseldorf. Die Fortuna zeigte ihr bestes Saisonspiel, gewann 1:0. Gert Trinklein wurde sechs Minuten vor dem Abpfiff vom Platz gestellt, anschließend für drei Spiele gesperrt.

„Herbstmeister" Bayern München mußte den Platz an der Sonne schon am ersten Rückrundentag wieder abtreten, nach dem 2:1-Sieg der Eintracht gegen Köln. Bis März aber war der Traum vom Titelgewinn ausgeträumt. In Stuttgart (1:3) und Hamburg (2:4) gab es Niederlagen. An Uwe Kliemann, der im Februar bekanntgab, daß er am Saisonende nach Berlin zurückkehrt, lag dies am wenigsten. Im Gegenteil, er machte nach diesem Entschluß seine besten Spiele. Im März gelang kein Sieg. 2:2 nach Toren von Kliemann und Grabowski sowie Ritschel und Hickersberger endete das Derby gegen Offenbach, 0:0 das Duell der Bayern-Verfolger in Mönchengladbach, 1:1 das Spitzenspiel gegen die Bayern vor 62 000 im Stadion und Ende März waren bei der 2:3-Niederlage beim Absteiger Fortuna Köln alle Tugenden wieder eingepackt.

„Unser Problem heißt nicht, wie packen wir die Bayern, sondern wie packen wir Fortuna Köln", sagte Präsident Achaz von Thümen nach der Saison, die den vierten Platz brachte. Obwohl aus dem Bundesliga-Titelrennen im März ausgeschieden, lagen Frankfurts Fans weiter im Fußball-Fieber. Im Pokal wurde durch ein 4:3 nach Verlängerung gegen Köln und ein 3:2 über den FC Bayern das Düsseldorfer Finale gegen Hamburg erreicht. Die Eintracht sanierte sich im ersten Jahr unter Dietrich Weise. Erstmals wieder wurden Bilanzen mit Gewinn abgeschlossen, die durchschnittliche Zuschauerzahl hatte sich verdoppelt.

1974/75: Mit Pokaltriumph in die Saison

Der erste Höhepunkt der Saison 1974/75 war schon eine Woche vor ihrem Start mit dem erst nach der Sommerpause ausgetragenen Pokalfinale gegen Hamburg fällig, das nach Verlängerung mit dem 3:1-Sieg den krönenden Abschluß der alten Saison bedeutete und zugleich ein toller Einstand für das neue Spieljahr war. Trotz der Feiern über den Pokalsieg gab es beim Bundesligastart einen 3:0-Sieg in Bremen. Jürgen Grabowski erklärte nach diesem Spiel seinen Rücktritt aus der Nationalmannschaft. Die Eintracht präsentierte sich in toller Schußlaune in den ersten Wochen, hatte nach sieben Spielen bereits 25 Tore erzielt, gegen Essen einen 9:1-Kantersieg errungen.

Aber auch der erfolgreichste Frankfurter Bundesligasturm aller Jahre schaffte gegen Kickers Offenbach kein Tor. 0:0 endete das Derby der Vorrunde im Stadion. Eingebettet war diese Partie in die beiden Spiele der zweiten Runde im Europapokal der Pokalsieger gegen Dynamo Kiew, das 3:2 und 2:1 gewann, vor allem dank des hervorragenden Blochin. Bei der 1:2-Niederlage in Berlin im November war es ausgerechnet Uwe Kliemann, der das zweite Tor gegen seine alten Kameraden erzielte. Willi Neuberger, vom vor dem Konkurs stehenden Wuppertaler SV verpflichtet, feierte am 16. November einen tollen Einstand. Gegen den VfB Stuttgart schoß er das 5:3, spielte sich sofort in die Herzen der Zuschauer, konnte aber auch nicht verhindern, daß der VfB noch zum 5:5 kam. Schon vor Weihnachten wurde der Vertrag mit Dietrich Weise bis 1977 verlängert.

Wie attraktiv die Eintracht in diesem Jahr war, beweisen auch 14 000 Zuschauer, die im Januar 1975 das Freundschaftsspiel beim FSV Frankfurt (2:0) sehen wollten. Das Derby um Punkte, das gegen Offenbach, brachte im April wieder eine 1:2-Niederlage. „Ich bin maßlos enttäuscht", sagte Weise. „Wir müssen das Ding noch umbiegen, auch wenn das Blut in den Schuhen steht", hatte Otto Rehhagel damals seine Offenbacher angefeuert, als die Eintracht zur Pause durch Grabowskis Tor aus der ersten Minute noch 1:0 geführt hatte. Janzon und Ritschel mit einem Tor aus 18 Metern Entfernung fast aus der Waagerechten, das später von den Fernsehzuschauern zum „Tor des Monats" gewählt wurde, bogen „das Ding" für Offenbach tatsächlich noch um. Im Pokal aber hielt sich die Eintracht schadlos, gewann im Juni das Finale gegen Duisburg in Hannover mit 1:0 durch ein Tor von Körbel, der in diesem Jahr einen Stammplatz in der Nationalmannschaft gefunden hatte.

Obwohl die meisten Tore (89) aller Bundesligaklubs erzielt, reichte es „nur" zum dritten Platz hinter Mönchengladbach und Hertha BSC Berlin. Auch in den beiden folgenden Jahren stellte die Eintracht die schußstärkste Mannschaft, aber die Plazierungen waren noch schlechter als 1974/75.

1975/76: Nickel verwandelte Ecke

Dem großen, durch die zwei Pokalsiege geweckten Erwartungsdruck war die Eintracht spätestens im dritten Jahr unter Dietrich Weise nicht mehr gewachsen. Schon vier Monate vor Ende der Saison kündigte Weise seinen Wechsel nach Düsseldorf an, lange vorher hatte er schon davon gesprochen, nachdem insgesamt leichte Resignation eingezogen, die Stimmung nicht gerade die beste war. Schon im September 1975 sagte Weise nach einer Kette von Mißerfolgen nach dem 2:3 in Hannover: „Wenn ich feststelle, daß ich hier ausschließlich gegen eine Wand rede, dann bin ich auch kein Sesselkleber."

Nur noch wenige Fußball-Feuerwerke brannte die Eintracht in diesem Jahr ab. International gehörten dazu die beiden Siege im Europapokal gegen Atletico Madrid. Im Halbfinale scheiterte die Eintracht dann an West Ham United (2:1, 1:3). Sicher spielte auch das Verletzungspech bei der Misere entscheidend mit. Torwart Wienhold, Kraus und Krobbach fielen aus, Dr. Peter Kunter mußte reaktiviert, aus seiner Praxis zurückgeholt werden, mit Sondergenehmigung durch den DFB verpflichtete die Eintracht Amateur-Nationaltorwart Koitka innerhalb der Saison von Wattenscheid.

Höhepunkte der Bundesligasaison waren das 6:0 gegen Bayern München und das 6:1 gegen Eintracht Braunschweig. Von Jürgen Grabowski sprach die ganze deutsche Fußball-Gemeinde nach dem halben Dutzend Tore am 22. November gegen die Bayern, von denen er einige vorbereitet und eins erzielt hatte. „So etwas konnte nur Eusebio", sagte Bayern-Trainer Dettmar Cramer über Grabowskis Tor. Bernd Nickel verwandelte gegen Sepp Maier einen Eckball direkt.

Enttäuschungen aber gab es gerade auch im Waldstadion. Im Saison-Auftaktspiel mit der 0:2-Niederlage gegen Karlsruhe, später mit dem 1:3 gegen Essen. Offenbach gewann das Derby auf dem Bieberer Berg mit 2:1, aber zum Abschluß seiner Arbeit durfte sich Weise wenigstens noch über einen Derbysieg (1:0) in seiner Ära gegen die Kickers, die am Ende absteigen mußten, freuen. Nur der neunte Tabellenplatz blieb der Eintracht, und Dietrich Weise, der Mann mit dem leisen, stets etwas nachdenklichen Auftritt, ging zu Fortuna Düsseldorf.

1976/77: Rekordserie unter Lorant

Mit Dieter Roos, unter Weise Trainer-Assistent, wurde der Nachfolger aus den eigenen Reihen genommen. Roos, ohne Zweifel ein fleißiger Arbeiter in seinem Metier, kannte die Eintracht bestens, aber er wußte den Hebel nicht richtig anzusetzen, alte Kräfte zu wecken, neue freizusetzen. Von den ersten zwölf Spielen der Saison 1976/77 gingen acht verloren - erstmals in ihrer Bundesligageschichte löste die Eintracht einen Trainer ab.

Nach der 1:4-Heimniederlage im 13. Spiel gegen Dortmund war man statt Titelanwärter plötzlich Abstiegskandidat, nur 24 Stunden später war mit Gyula Lorant zur Verblüffung aller Fußballanhänger am Main der neue Trainer da. Von einem „Stilbruch" wurde gesprochen, denn Lorant war den meisten nicht nur aus seiner Zeit als Trainer in Offenbach nicht gerade in bester Erinnerung.

Der Ex-Ungar aber widerlegte zumindest im rein fachlichen Bereich viele seiner Kritiker; der Spieler aus dem ungarischen Wunderteam der sechziger Jahre, 1954 Mitglied der Mannschaft, die das Berner WM-Endspiel gegen Deutschland verloren hatte, wurde zum Wundermann. In und mit Frankfurt feierte er seine größten Erfolge im Bundesligageschäft, nachdem er zuvor schon in Kaiserslautern, Duisburg, Tasmania Berlin, wieder Kaiserslautern, Köln und Offenbach angestellt war, mit PAOK Saloniki zuletzt den Titel in Griechenland gewonnen hatte.

Die 1:4-Niederlage gegen Dortmund hatte zur Ablösung von Roos geführt. Unter Lorant ging es in Bremen mit einer Niederlage (1:2) weiter; es war die letzte dieser Saison. Vom drittletzten marschierte man auf den vierten Tabellenplatz vor, in den UEFA-Pokal-Wettbewerb hinein, am Ende nur zwei Punkte von Meister Mönchengladbach getrennt. 21 Spiele hintereinander blieb die Eintracht in diesem Jahr unbesiegt, ein Kunststück, das bis dahin noch kein anderer Bundesligaklub geschafft hatte. Die spektakulärsten Erfolge in dieser Serie: 3:0 bei Bayern München, 4:0 gegen Köln, 3:0 gegen Braunschweig, 3:1 in Mönchengladbach, 8:1 in Essen, 2:1 gegen Bayern München, 2:1 in Düsseldorf.

1977/78: Trainertausch Lorant - Cramer

Nur noch eine Parole gab es nach dieser Saison: Meister im nächsten Jahr. Die 15. Bundesliga-Saison sollte die erfolgreichste überhaupt werden - und wurde die unerfreulichste in der langen Geschichte des Klubs. Am Ende stand man mit leeren Händen da, war mehr durch hausinterne Streitereien bis hin zum Trainertausch Lorant-Cramer und der Trennung vom gerade eingestellten Hauptgeschäftsführer Wolf denn durch sportliche Leistungen in die Schlagzeilen gerückt.

Schon am dritten Spieltag, nach dem 4:0-Auftaktsieg über Saarbrücken und dem 2:3 in Schalke, hielt Ernüchterung Einzug. Der Hamburger SV gewann vor 55 000 Zuschauern im Waldstadion mit 2:0, und dieses verlorene Schlagerspiel wirkte sich auf Monate aus, auch wenn die Eintracht bis Ende September noch einmal auf den zweiten Platz vorgerückt war, Meister Mönchengladbach unter anderem mit 4:2 in die Knie gezwungen hatte. Der Sturz ins Mittelmaß wurde endgültig im Oktober vollzogen, durch zwei aufeinanderfolgende Niederlagen gegen Kaiserslautern (1:3) und in Stuttgart (1:2). In Gelsenkirchen flog man in diesem Monat auch durch ein 0:1 gegen Schalke aus dem DFB-Pokal.

Die wenigen sportlichen Höhepunkte fielen mit dem großen Hader zusammen. In nur drei Tagen besiegte die Eintracht Bayern München Ende November zweimal mit 4:0, erst im UEFA-Pokal, dann in der Meisterschaft. In München mußte Dettmar Cramer seinen Hut nehmen, und Gyula Lorant, der seine „Zauberwirkung" in Frankfurt offensichtlich verloren hatte, packte die Chance und setzte sich an die Isar ab, wo er das am Boden zerstörte Star-Ensemble wie ein Jahr zuvor die Frankfurter hochputschen wollte.

Noch ohne Trainer gewann die Eintracht das UEFA-Pokal-Rückspiel gegen den alten Trainer in München mit 2:1, holte in der Bundesliga mit dem „Spielertrainer" Jürgen Grabowski in Braunschweig ein 1:1.

Cramer war in Frankfurt vor allem durch die Fans schon bald in die Ecke gedrängt, die Eintracht Ende Januar 1978 auf dem Tiefpunkt ihrer Krise angelangt. Drei Spiele gelang kein Punkt, kein Tor: 0:2 in Mönchengladbach, 0:5 (!) gegen Hertha BSC Berlin, 0:3 in Duisburg. Grasshoppers Zürich war im Viertelfinale des UEFA-Pokals Endstation (3:2, 0:1), und der 1:0-Sieg im vorletzten Auswärtsspiel beim Meister

Nationalspieler unter sich. Karlheinz Körbel, Peter Reichel, Dieter Müller, Jupp Koitka (v. l. n. r.).

1. FC Köln konnte die vielen anderen Enttäuschungen wie das 0:2 gegen Bremen im Waldstadion und das 3:5 beim Absteiger St. Pauli nicht mehr vergessen lassen. Platz sieben war eine große Enttäuschung angesichts der zuvor geschürten hohen Erwartungen.

1978/79: Trotz Verletzungspech in UEFA-Cup

Dettmar Cramer zog die Konsequenz aus den immer offener zutage tretenden Antipathien und setzte sich kurz vor dem Start in die Saison 1978/79 in die Wüste Arabiens ab. Der neue Manager Udo Klug, der mit seinem Amtsantritt schon Schwerstarbeit zu leisten hatte und mit der Verpflichtung von Bruno Pezzey, Rudi Elsener und Werner Lorant größte Hoffnung auf eine bessere Zukunft gab, mußte über Nacht mit Otto Knefler den Nachfolger gleichsam aus dem Ärmel schütteln. Spektakuläres bot die Eintracht trotz der Investitionen von rund zwei Millionen Mark vor der Saison nicht, die Siege wurden - sieht man vom 2:0 in Köln ab - fast ausnahmslos mühevoll und schmucklos errungen, aber am Ende mit dem fünften Tabellenplatz das gesteckte Saisonziel, die UEFA-Pokal-Teilnahme erreicht.

Pech, darauf berief sich die Eintracht in ihrer Bundesliga-Geschichte nie, in ihrer 16. Saison aber hatte sie wahrlich allen Grund darüber zu klagen. Trainer Otto Knefler, dessen preußische Art bei den Spielern gut ankam, verletzte sich am 23. September 1978 nach dem Pokalsieg in Bremen bei einem Autounfall so schwer, daß er, nachdem er noch einmal kurz die Arbeit angetreten hatte, Ende des Jahres um die Auflösung seines Vertragsverhältnisses bitten mußte. Vorübergehend übernahm Manager Udo Klug sogar noch die Trainerfunktion, bevor Anfang 1979 Friedel Rausch verpflichtet wurde.

Mit ihm keimte nach einer Serie von acht Spielen ohne Niederlage sogar noch einmal Titelhoffnung auf. Der Traum endete am 4. April mit der 1:2-Heimniederlage gegen den VfB Stuttgart.

Groß wie nie zuvor war aber auch das Verletzungspech, einige Wochen konnte die Mannschaft sogar nur durch Amateur- und Jugendspieler aufgefüllt werden. Bernd Nickel, am ersten Spieltag der Saison in Gelsenkirchen mit einem Achillessehnenriß ausgeschieden, konnte erst wieder am vorletzten Spieltag der Saison mitwirken. Jürgen Grabowski und Bernd Hölzenbein mußten in der Rückrunde jeweils sieben Spiele zuschauen. Trotzdem wurde der UEFA-Pokal erreicht.

1979/80: Mit Rausch zum UEFA-Cup-Triumph

Mit dem zunächst nur als „Notnagel" angesehenen Friedel Rausch gelang der Eintracht am Ende der Saison 1979/80 ihr größter Triumph mit dem Gewinn des UEFA-Pokal-Wettbewerbs durch den 1:0-Sieg über Borussia Mönchengladbach im zweiten Endspiel am 21. Mai 1980 im Waldstadion. Der schwere Weg zu diesem großen Ziel hatte in der Meisterschaft seinen Tribut gefordert. Am Ende stand mit dem neunten Tabellenplatz die ungünstigste Placierung seit 1971. Neunter war die Eintracht zwar auch in der Spielzeit 1975/76 gewesen, hatte damals aber noch ein positives Punktekonto (36:32), während am Ende der Spielzeit 1979/80 32:36 Punkte zu Buche standen.

Dabei hatte in dieser Saison alles so gut angefangen. Am fünften Spieltag eroberte die Eintracht durch den 3:0-Sieg über Bayer Leverkusen die Tabellenführung vor Dortmund und Hamburg, obwohl es im ersten Spiel eine sensationelle 0:1-Heimniederlage gegen Dortmund gesetzt hatte. Die

Das bittere Ende einer großen Karriere: am 15. März 1980 mußte Jürgen Grabowski nach einem Foul des Mönchengladbachers Matthäus von Masseur Schmidt-Rönnau (links) und Mannschaftsarzt Dr. Degenhardt mit einer Fußverletzung weggeführt werden. Der Kapitän kam nie mehr wieder...

großartigen Auftritte von Bum Kun Cha waren in aller Munde, Harald Karger sorgte mit seinen spektakulären Toren in den großen Schlagerspielen gegen Hamburg und Bayern München (jeweils 3:2) vor 54000 und 60000 Zuschauern im Waldstadion für dicke Schlagzeilen. Und Meisterschafts-Ambitionen hegte die Eintracht noch im Januar 1980 nach dem 1:0-Sieg beim Rückrundenauftakt in Dortmund. Auf dem vierten Tabellenplatz betrug der Abstand zum Spitzenreiter HSV gerade drei Punkte.

Doch der „Tanz auf drei Hochzeiten" ging an die Substanz. „Wir wollen möglichst alle drei Titel, Meister, Pokalsieger und UEFA-Cup-Gewinner", hatte der damalige Manager Udo Klug noch zur Jahreswende gesagt, doch Stück für Stück brachen die Hoffnungen auf nationaler Ebene zusammen. Da war die Talfahrt rasant, konnten die großartigen Leistungen in den UEFA-Cup-Spielen, in der Meisterschaft nicht wiederholt werden. Bruno Pezzey, nach den beiden Spielen gegen Leverkusen wegen „Fernseh-Urteil" und Platzverweis gesperrt, fehlte an allen Ecken. Die Heimniederlage gegen Düsseldorf am zweiten Rückrundenspieltag und das 2:4 in Stuttgart nur eine Woche später beendeten den Meisterschaftstraum, die unglückliche Pokalniederlage am 26. Februar beim VfB Stuttgart (2:3) beendete in der vierten Runde den Traum vom Pokalsieg. Vom 22. März bis zum 26. April folgten fünf bittere Niederlagen: 0:2 in München, 0:4 gegen Berlin, 0:1 in Duisburg, 3:5 gegen Kaiserslautern, 0:1 gegen Bochum. Da fand man sich auf dem neunten Platz wieder, der auch am Ende Bestand hatte.

Eintracht-Idol Jürgen Grabowski mußte in dieser Saison seine Laufbahn wegen einer schweren Fußverletzung vorzeitig beenden, nachdem er am 15. März in der 80. Minute des Spiels gegen Mönchengladbach (5:2) von Lothar Matthäus gefoult worden war. Der Gewinn des UEFA-Pokals überstrahlte diese unglückliche Saison, an deren Ende auch Harald Karger mit einer schweren Bänderverletzung aus dem ersten UEFA-Cup-Finale in Mönchengladbach ausfiel. Bruno Pezzey war der Eintracht-Mann des Jahres. Ihn wählten die deutschen Fußball-Fans Ende 1980 zum „beliebtesten Libero der Bundesliga".

1980/81: Nach „Grabi" nimmt „Holz" Abschied

Am Ende der Saison 1979/80 stand die Trennung von Trainer Friedel Rausch. Der „Sonnyboy" zog weiter in die Türkei nach Istanbul, schon frühzeitig war die Frage der Nachfolge geklärt. Lothar Buchmann kehrte vom VfB Stuttgart zurück ins Hessische, wo er zuvor schon in Bürstadt und Darmstadt tätig gewesen war. Der „neue Besen" kehrte erst einmal gut. Zum Saisonauftakt gab es mit dem 4:1 in Schalke und dem 2:0 gegen Bielefeld zwei Siege, wieder sah es für Monate danach aus, als könne die Eintracht bei der Titelvergabe ein gewichtigs Wort mitreden. Doch gewaltiges Verletzungspech warf sie aus der Bahn. Das Foul des Leverkusener Jürgen Gelsdorf an Bum Kun Cha, das den Koreaner ab dem dritten Spieltag zu einer fünfwöchigen Pause zwang, die lange Verletzungspause von Bernd Nickel, der die Aufgaben des abgetretenen Jürgen Grabowski, der im November 1980 mit einem Spiel gegen die Weltmeisterelf von 1974 im Waldstadion großartig verabschiedet wurde, übernehmen sollte, warfen die Eintracht aus der Bahn.

Das frühzeitige Ausscheiden im UEFA-Cup rief Krisen hervor, doch in einem gewissen Reizklima wurde auch in der Meisterschaft mit dem fünften Platz noch ein befriedigendes Ziel erreicht. Was da letztlich nicht gelang, holte die Eintracht erneut auf anderer Ebene mit dem dritten Gewinn des DFB-Pokals am 2. Mai in Stuttgart durch einen 3:1-Erfolg über den 1. FC Kaiserslautern nach, der die Eintracht auch in der Saison 1981/82 wieder auf internationaler Ebene mitspielen ließ. Dort freilich hätte man eigentlich lieber im UEFA-Cup mitgewirkt, auch aus wirtschaftlichen Überlegungen, denn in diesem Wettbewerb wird eine Spielrunde mehr ausgetragen. Mit dem Pokal-Triumph nahm auch der zweite „Weltmeister" der Eintracht seinen Abschied. Schon vor Abschluß der Punktrunde wechselte Bernd Hölzenbein in den US-Fußball zu den Fort Lauderdale Strikers.

Neue Männer übernahmen nach dem Pokalsieg die Führung. Axel Schander löste Achaz von Thümen als Präsident ab, von Manager Udo Klug trennte sich der Verein, große Talente fanden mit Junioren-Europameister Ralf Falkenmayer und Junioren-Weltmeister Holger Anthes Aufnahme in der Bundesligamannschaft.

Und noch ein Tor in letzter Minute! Bernd Hölzenbein schoß es am 13. 9. 1980 zum 2:1-Sieg im Bundesligaspiel gegen 1860 München. „Löwen"-Torwart Zander war an diesem Tag fast unüberwindlich.

1981/82: Mittelmaß mit 72 Gegentoren

Als amtierender Pokalsieger marschierte die Eintracht am 8. August in die Saison 1981/82. Doch das Haupt war keineswegs hocherhoben. Wie schon im Vorjahr beim Gewinn des UEFA-Pokals ging auch diesmal der süße Triumph mit Bitterkost einher.

Diesmal waren die Turbulenzen, die dem Triumph folgten, sogar noch größer. Die Schlagzeilen während der Sommerpause wurden von den Verbindlichkeiten des Vereins bestimmt. Der Schuldenberg war auf über fünf Millionen Mark gewachsen, selbst die Portokasse auf der Geschäftsstelle Riederwald leer. Der neue Präsident Axel Schander und der ehemalige Ligaspieler Hermann Höfer als Vizepräsident ließen als erstes einmal die Rolläden herunter, um die Verhältnisse intern zu ordnen. Spektakuläre Neuverpflichtungen waren natürlich nicht möglich, an einen Ersatz für „Weltmeister" Bernd Hölzenbein nicht zu denken. Ralf Falkenmayer rückte aus der eigenen Jugend hoch, Talente wurden mit Joachim Löw, Holger Anthes, Armin Görtz und Bernd Eufinger geholt. Von entscheidender Bedeutung wurde die Frage angesehen, ob Bruno Pezzey und Bernd Nickel als die entscheidenden Persönlichkeiten das sportliche Ruder in die Hand nehmen.

Es war wohl die erste Saison einer Eintracht-Mannschaft, die sie im sturen Mittelmaß hinter sich brachte. Obwohl der Start mit dem Remis gegen Kaiserslautern und den Siegen in Dortmund und gegen Nürnberg erst einmal große Hoffnungen weckte. Wie gut sah noch alles nach der Vorrunde aus, als Werder Bremen im November mit 9:2, und dies war auch nach 29 Bundesligajahren noch der zweithöchste Sieg einer Frankfurter Mannschaft, geradezu vom Platz gefegt wurde. Im Europacup zog die Mannschaft durch Siege über Saloniki und Rostow immerhin in das Viertelfinale ein, wo sie knapp an Tottenham Hotspur scheiterte, im nationalen Pokalwettbewerb stand dagegen schon in der zweiten Runde bei Fortuna Düsseldorf (1:3) das Aus. Doch das angestrebte Mindestziel der Saison, die Qualifikation für den UEFA-Cup, war mit dem sechsten Platz zum Abschluß der Vorrunde durchaus realistisch.

Aber die schönen Träume sollten sich allzubald in Alpträume wandeln. In der Rückrunde hieß es: jeder Schuß ein Gegentreffer: 1:4 gegen Dortmund, 2:6 in Kaiserslautern, 0:2 in Hamburg, 3:5 in Nürnberg, 2:5 in Stuttgart und 0:3 in Bielefeld. Am Ende hatte die Mannschaft mit 83 Toren nach dem deutschen Meister Hamburger SV (95) zwar die meisten Treffer erzielt, doch handelte sie sich auch 72 Gegentreffer ein, davon allein 40 in der Rückrunde. In der Endabrechnung blieb ein bescheidener achter Platz, nur noch 8000 Zuschauer verfolgten das letzte Heimspiel gegen Eintracht Braunschweig, dem Trainer Lothar Buchmann ferngeblieben war. Samstagmorgen hatte er sich wegen einer Darmgrippe krank gemeldet, die Nachricht löste ein Hohngelächter auf der Tribüne aus. Das Abschiedsgeschenk für den Trainer, dessen Fortgang schon im Februar beschlossene Sache war, blieb liegen: ein Apfelweinkrug mit eingraviertem Namen.

1982/83: Fehlstart, Rettung durch Zebec

Unter tristen Voraussetzungen wie selten zuvor ging es in die neue Saison. „Abspecken" oder „Aus weniger mehr machen" nannte Präsident Schander das Gebot der Stunde. Norbert Nachtweih mußte an den FC Bayern München transferiert werden, die wirtschaftliche Situation war nach wie vor bedenklich und die Mannschaft erstmals seit sieben Jahren in keinem europäischen Wettbewerb vertreten. Ralf Sievers aus Lüneburg, Martin Trieb aus Augsburg, Uwe Schreml aus München wurden als Neuzugänge präsentiert, und mit ihnen kam ein neuer Trainer: Helmut Senekowitsch, ein Österreicher. Einen neuen Spitznamen konnte sich der Verein nicht leisten, auch deshalb war vor allem der eigene Nachwuchs gefragt.

Kein anderer Verein in Deutschland hatte 1982 solche Erfolge aufweisen können wie die Eintracht, die mit der A-Jugend deutscher Meister wurde und deren B-Jugend in das deutsche Endspiel eingezogen war. Mike Kahlhofen, Uwe Möller und Heiko Ernst lauteten die Namen jener Youngster vom Jahrgang 1963, die nun an die Bundesliga herangeführt werden sollten und von denen sich das Präsidium weitere Knalleffekte im Stile von Ralf Falkenmayer versprach. Doch erst einmal gab es einen Knalleffekt der anderen Art.

Bereits am 17. September, einen Tag vor dem sechsten Spiel der Saison beim FC Bayern München, war die Mission Senekowitschs am Riederwald beendet. 0:1 in Karlsruhe, ein toller 5:0-Sieg über Leverkusen bei der Heimpremiere, dann drei bittere Niederlagen in Bielefeld (1:2) und jeweils daheim gegen Braunschweig (0:1) und Bochum (0:1) sowie das Scheitern in der ersten Pokal-Hauptrunde beim SV Waldhof

Der schnelle Bum Kun Cha war nicht immer mit sportlichen Mitteln zu halten, wie diese Aktion des Bremers Rigobert Gruber dokumentiert.

Mannheim (0:2) - nach diesem fatalen Fehlstart trennte sich der Verein von dem neuen Trainer. Assistent Uli Meyer betreute bei der 0:4-Niederlage beim FC Bayern München am 18. September 1982 die Mannschaft, zwei Tage später hatte auch er einen neuen Chef: Branko Zebec.

Genau 78 Tage war Senekowitsch im Amt, mit Zebec übernahm einer der namhaftesten Trainer den Siebzehnten der Tabelle. Der Jugoslawe hatte Bayern München und den Hamburger SV zu deutschen Meister-Titeln geführt, auch in Braunschweig und Dortmund hatte man ihm erstklassige Arbeit bescheinigt. In Frankfurt gab es für den gewieften Taktiker nur ein Ziel: den Klassenerhalt sichern. Zebec mobilisierte bei seinem ersten Auftritt 35 000 Zuschauer, gegen den Hamburger SV gab es am 25. September im Waldstadion ein 1:1. Auswärts brachte die Eintracht in der gesamten Vorrunde kein Bein auf den Boden, kassierte fünf Niederlagen. Doch daheim wurde sie wieder eine Macht: 3:0 gegen Stuttgart, 3:0 gegen Köln, 3:1 gegen Dortmund, 3:0 gegen Nürnberg und 2:2 gegen Düsseldorf, am Ende der Vorrunde hatte man sich auf den 14. Platz vorgearbeitet.

Mit 17:7 Punkten bei nur zwei Niederlagen startete die Mannschaft in der Rückrunde durch, arbeitete sich im April 1983 auf den achten Rang vor. Am Ende aber, als der Klassenerhalt gesichert war und die interne Krise immer stärker wurde, fiel die Mannschaft noch auf den zehnten Rang ab. Der sogenannte Frankfurter „Finanzskandal" um den Vizepräsidenten Wolfgang Zenker als Vermittler von Immobilien nach dem sogenannten Bauherrenmodell hatte eine große Führungskrise ausgelöst. Schon drei Spieltage vor Saisonende trat das komplette Präsidium, Axel Schander, Wolfgang Zenker und Wolfgang Knispel, zurück.

1983/84: Über Relegation zum Klassenerhalt

Die neue Führungscrew, Präsident Dr. Klaus Gramlich, Vizepräsident Dr. Harald Böhm und Schatzmeister Wolfgang Knispel steuerte einen knallharten Sparkurs. Als Cheftrainer Branko Zebec am 2. Juli 1983 zum ersten Training rief, versammelten sich gerade 15 Lizenzspieler um den Jugoslawen. 14 Tage zuvor hatte die Eintracht Bürgschaften in Höhe von drei Millionen Mark beim DFB hinterlegen müssen, um, angesichts der bedrohlichen Finanzsituation, überhaupt die Lizenz zu erhalten. Matthias Ohms, ein guter Freund des neuen Präsidenten Dr. Klaus Gramlich, rettete mit einer privaten Bürgschaft die Lizenz für den Verein, dessen Präsident er einige Jahre später werden sollte.

Der Schuldenberg führte vor der Saison zur Trennung von den letzten großen Leistungsträgern. Bum Kun Cha wechselte nach Leverkusen, Bruno Pezzey nach Bremen, Bernd Nikkel nach Bern, Willi Neuberger beendete seine Laufbahn und mit ihnen nahmen acht weitere Spieler Abschied vom Riederwald. Neue Gesichter kamen mit Jürgen Mohr, Günter Eymold, Bodo Mattern, dem Schweden Jan Svensson, Norbert Fruck und Thomas Berthold, der als Amateurspieler in der vorangegangenen Saison schon in sieben Bundesligaspielen zum Einsatz gekommen war. Nur noch zwölf Spieler aus dem Vorjahr waren dabei, unter ihnen auch Thomas

Helmut Senekowitsch, der charmante Österreicher, war nur wenige Monate Cheftrainer. Links Cotrainer Uli Meyer.

Branko Zebec rettete die Eintracht vor dem Abstieg. Der verstorbene Jugoslawe hatte große Probleme mit dem Alkohol. Rechts Cotrainer Uli Meyer.

Kroth, der während der Saison 1982/83 engagiert worden war.

Jürgen Mohr und Jan Svensson brachten die Eintracht bei der Saisonpremiere gegen Dortmund zweimal in Führung, doch die Borussia glich vor 25 000 Zuschauern im Waldstadion jeweils aus. Trotzdem: der Start der völlig neuformierten Mannschaft war ansprechend. Aber schon das erste Auswärtsspiel ließ ahnen, daß vor der Eintracht ein ganz schweres Jahr liegen sollte. Knapp eine Stunde lang hielt die Mannschaft in Uerdingen mit und ein 2:2, bevor es eine schlimme 2:5-Niederlage setzte. Es war der Auftakt für eine beispiellose Talfahrt in der Bundesligageschichte.

Vor allem auswärts war die Mannschaft nur noch Kanonenfutter in der Vorrunde. Mit Ausnahme der Partie in Nürnberg (0:0) am 12. November wurden alle Auswärtsspiele verloren. Die 0:7-Niederlage am 29. Oktober beim 1. FC Köln sollte auch noch nach 29 Bundesligajahren die höchste Auswärtsniederlage darstellen. In Köln, wie auch schon eine Woche zuvor im Waldstadion beim 1:1 gegen Borussia Mönchengladbach, saßen Weltmeister Jürgen Grabowski und Jugendtrainer Klaus Mank auf der Trainerbank. Am 17. Oktober war die Zusammenarbeit mit Branko Zebec beendet worden. Dem Fußball-Fachmann waren seine alkoholischen Probleme zum Verhängnis geworden. Größe zeigte Zebec bei seinem Abschied noch einmal. Mit herzlichen Worten trennte er sich von der Mannschaft und verzichtete gegenüber der Eintracht freiwillig auf alle Bezüge, die ihm aus seinem bis zum Saisonende abgeschlossenen Vertrag zugestanden hätten. Grabowski/Mank sprangen kurzfristig als Interimslösung ein, der Vorstand machte sich auf die Suche nach einem neuen Trainer.

Dietrich Weise, der schon von 1973 bis 1976 Trainer am Rie-

Nach der Trennung von Trainer Branko Zebec saßen Vizepräsident Klaus Mank und Weltmeister Jürgen Grabowski 1983 für zwei Spiele auf der Trainerbank.

derwald war, hieß der Wunschkandidat. Der ehemalige DFB-Jugendtrainer folgte dem Ruf des Tabellenletzten, der die Eintracht bereits ab dem achten Spieltag war. Wunder konnte freilich auch der erfahrene Weise nicht auf Anhieb bewirken. Der Ritt auf der Nostalgiewelle (unter Weise war die Eintracht 1974 und 1975 Pokalsieger geworden) glich der Hatz vom Erlenkönig: Beeilen, beeilen - und am Ende doch nichts ? 9:25 Punkte standen am Ende der schlechtesten Vorrunde seit Bundesligagründung im Jahre 1963. Daß die Eintracht in dieser Vorrunde schon in der ersten Pokalrunde bei den Amateuren von Göttingen 05 mit einer 2:4-Niederlage aus dem Rennen geworfen worden war, sei nur am Rande erwähnt.

Wunder waren nun wirklich gefragt, als es am 21. Januar 1984 in die Rückrunde ging. Aber auch diese brauchen, wenn es sie denn geben sollte, ihre Zeit. Erst einmal ging es mit einer 0:2-Niederlage in Dortmund los. Nach dem Eichhörnchen-Prinzip machten sich die Mannen um Kapitän Karl-Heinz Körbel, die große Integrationsfigur, ans Punktesammeln: 2:2 gegen Uerdingen, 2:2 in Leverkusen, 1:1 gegen Bielefeld - wenigstens die „rote Laterne" war damit abgegeben.

Das erste ganz große Schlüsselspiel stand vor der Tür, das Mainderby gegen Kickers Offenbach am 25. Februar. 35.000 Zuschauer, Schneeboden im Waldstadion und enormer Kampfgeist von allen Akteuren. Ein Eigentor von Michael Kutzop kurz vor dem Pausenpfiff gab der Eintracht Auftrieb. Sie steckte sogar den Platzverweis von Michael Sziedat, der schon bei der 1:2-Niederlage in der Hinrunde vom Feld geflo-

Der exzellente Spielmacher Jürgen Mohr spielte zu selten seine großen Möglichkeiten aus.

Ralf Falkenmayer und der Mannheimer Alfred Schön, zwei große Talente zu Beginn der 80er Jahre. „Falke“ schaffte den großen Durchbruch.

gen war, weg. Mit zehn Mann in den letzten zwanzig Minuten wurde noch ein lebenswichtiger 3:0-Sieg durch die weiteren Treffer von Jan Svensson und Bodo Mattern herausgeschossen. Nach 175 Tagen endlich ein Sieg! Er brachte die Mannschaft auf den 16. Tabellenplatz, der wenigstens für die Relegationsspiele berechtigt. Diesen Platz galt es zu verteidigen.

Dem Derbysieg folgte ein sensationeller 3:2-Sieg in Bremen. Der erste Auswärtssieg, den der überragende Ralf Falkenmayer mit zwei Treffern und der aus Polen während der Saison zur Eintracht gekommene Cezary Tobollik herausschossen. Aufatmen in Frankfurt, und dann schon wieder ein Tiefschlag: 1:2 im Waldstadion gegen Eintracht Braunschweig und der Beginn einer neuen Negativserie mit 4:10 Punkten. Vier Spieltage vor Saisonende lautete die große Frage: Kann die Mannschaft noch einmal eine Wende herbeiführen.

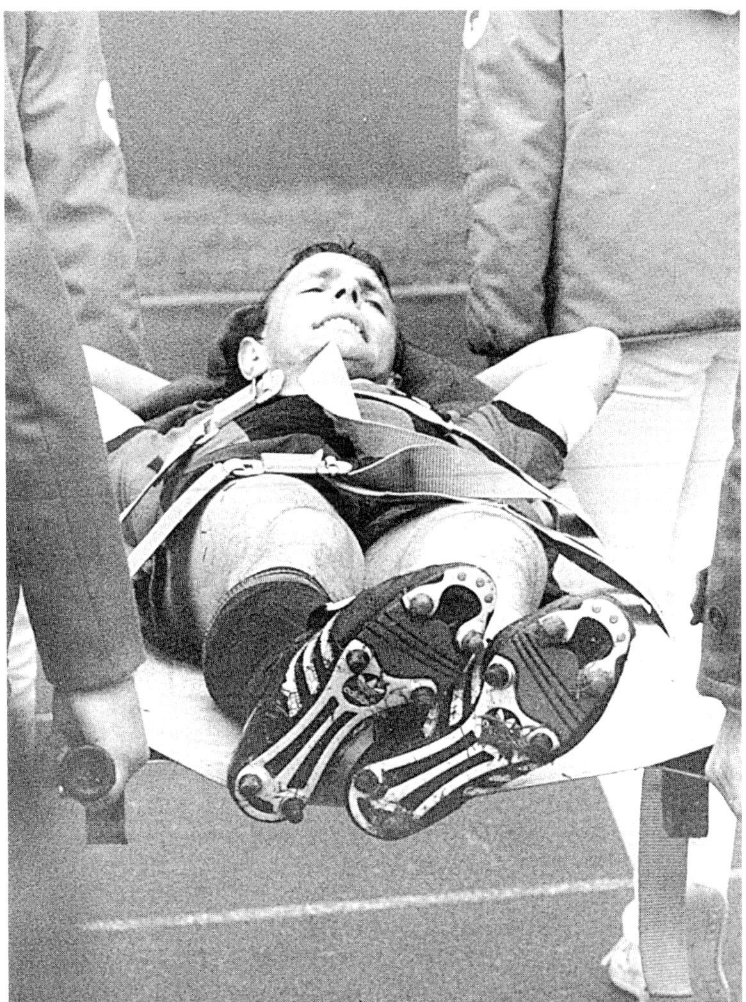

Die schlimmste Verletzung in der Laufbahn von Rekord-Spieler Karl-Heinz Körbel. Schienbeinbruch im Spiel gegen den 1. FC Saarbrücken am 5. Mai 1984.

Strahlende Youngsters! Harald Krämer und Uwe Müller nach den erfolgreichen Relegationsspielen gegen Duisburg.

5. Mai 1984: das „Kellerduell" gegen den Tabellenletzten 1. FC Nürnberg im Waldstadion. Triumph und Tragödie um Charly Körbel. Der Routinier schießt schon nach fünf Minuten das 1:0 und neun Minuten vor dem Abpfiff, nach dem Ausgleich durch Abramczik, das 2:1. Nur eine Minute später wird der Held zur tragischen Figur. Nach einem Zusammenprall mit Abramczik muß Körbel mit einem Schienbeinbruch ins Krankenhaus eingeliefert werden. In der 90. Minute die Erlösung für die Eintracht, das 3:1 durch Thomas Berthold. Aber noch lange nicht die Rettung.

Mit Stuttgart, Hamburg und Kaiserslautern warteten drei dicke Brocken in den letzten drei Spielen. Wie sollte das gut gehen ohne Körbel? Als Tabellenführer und mit 36.000 Zuschauern im Rücken erwartete der VfB die Eintracht, die Angelegenheit galt für die Schwaben als Formsache. Vor allem nach dem 2:0-Vorsprung, den Reichert und Allgöwer schon nach 22 Minuten erzielt hatten. Doch in der zweiten Halbzeit wuchs die junge Eintrachtelf über sich hinaus. Sievers band Spielmacher Sigurvinsson, Berthold stieß immer wieder geschickt mit vor und Borchers, der wieder in die Mannschaft gekommen war, präsentierte sich enorm lauffreudig. Berthold erzielte in der 85. Minute den Anschlußtreffer. Schiedsrichter Manfred Neuner aus Leimen signalisierte kurz später: Zwei Minuten Nachspielzeit. Uwe Müller, der schon im Februar beim 2:2 in Leverkusen in letzter Sekunde getroffen hatte, sorgte erneut mit dem Abpfiff für den sensationellen Ausgleich. Hamburg zog zur gleichen Stunde durch einen 6:1-Sieg in Nürnberg mit Tabellenführer Stuttgart gleich. Und gegen die Eintracht wollte sich der amtierende Meister in seinem letzten Heimspiel an die Spitze schießen.

Der sympathische Schwede Jan Svensson schoß entscheidende Tore für die Eintracht. Hier haben die Münchner Eder, Nachtweih und Torwart Pfaff das Nachsehen.

Angst vor großen Namen kannte die Eintracht jetzt nicht mehr. Der 16. Platz, das Mindestziel Relegationsspiele, war gesichert, plötzlich auch der VfL Bochum und der direkte Klassenerhalt in Reichweite. Fassungslos sah man selbst HSV-Meistertrainer Ernst Happel nach dem Abpfiff. Der überragende Ralf Falkenmayer hatte mit seinen Treffern in der neunten und 90. Minute den Meister abgeschossen, der VfB hatte wieder zwei Punkte Vorsprung und das bessere Torverhältnis vor dem letzten Spieltag.

Das interessierte die Eintracht nach ihrem 2:0-Sieg in Hamburg nicht. Am Main wurde diskutiert, ob am letzten Spieltag gar Bochum noch überholt werden kann. Mit einem tollen 3:0-Sieg durch einen Doppelschlag von Tobollik gleich nach der Pause und einem weiteren Treffer von Jan Svensson endete das letzte Meisterschaftsspiel gegen den 1. FC Kaiserslautern. Aber aus Bochum kam schlechte Kunde: 6:1 besiegte der VfL die abgestiegenen Offenbacher, damit mußte die Eintracht in die Relegation.

Die junge Eintrachtmannschaft hatte sich längst wieder in die Herzen der Zuschauer gespielt. Tausende reisten am 2. Juni mit nach Duisburg zum Relegationsspiel gegen den Zweitligadritten MSV. 29.000 Zuschauer im ausverkauften Wedau-Stadion durften, so sie MSV-Anhänger waren, höchstens eine Stunde lang von der Bundesliga träumen. Die Eintracht steigerte sich nach der Pausenführung durch Jan Svensson in einen Spielrausch und kam schließlich zu einem in dieser Höhe nie erwarteten 5:0-Erfolg durch weitere Treffer von Uwe Müller, Falkenmayer, Tobollik und Harald Krämer. 6000 Schlachtenbummler feierten die Mannschaft so, als wäre sie gerade Meister geworden. Die Spieler warfen ihre Trikots unter das Volk, eine Saison voller Zittern und Bangen hatte ihr happy-end gefunden. Das Rückspiel am 5. Juni in Frankfurt war nur noch eine Sache für Statistiker. 42.000 Zuschauer ließen sich ihre Begeisterung nicht nehmen, obwohl es am Ende nur 1:1 hieß. Als „Meister von morgen" wurde die junge Mannschaft mit den „Grünschnäbeln" Armin Kraaz, Harald Krämer, Uwe Müller, Ralf Sievers, Martin Trieb, Ralf Falkenmayer und Cezary Tobollik bezeichnet, doch der besonnene Dietrich Weise dämpfte diese Euphorie: „Es gibt keinen Grund, um jetzt abzuheben. Was wir zuletzt gezeigt haben, läßt hoffen, daß wir in der nächsten Saison nicht unbedingt um Platz 16 bis 18 spielen müssen."

1984/85 Die „neue Eintracht" stagniert

Den Weg, den der deutsche Profifußball zu seiner (finanziellen) Gesundung gerade erst ins Visier nahm, hatte die Eintracht bereits eingeschlagen. Am Main herrschte wieder Fußballbegeisterung, obwohl die Mannschaft in den letzten 14 Jahren nie so schlecht plaziert war wie in der vergangenen Saison. Gerade in der Stunde der Not hatte das anspruchsvolle Frankfurter Publikum „seine" Eintracht wiederentdeckt. Aus der (wirtschaftlichen) Not wurde eine (sportliche) Tugend, mit der Jugend plötzlich ein Trumpf nach dem anderen aus dem Ärmel gezogen: Berthold, Kraaz, Sievers, Trieb, Müller und die Personifizierung der „neuen Eintracht", Ralf Falkenmayer. Mit einem Durchschnittsalter von 23,2 Jahren präsentierte die Eintracht das jüngste Bundesliga-Aufgebot aller Zeiten, nachdem mit Ronald Borchers der letzte Topver-

Harald Krämer war ein furchtloser Stürmer, wurde aber durch Verletzungspech oft zurückgeworfen. In dieser Szene kommt er auf dem Betzenberg in Kaiserslautern vor Majewski zum Schuß.

Zwei Routiniers in einer jungen Mannschaft: Thomas Kroth und Jan Svensson.

Kaiserslauterns Abwehrrecke Wolfgang Wolf sieht es mit Entsetzen. Cezary Tobollik besorgt die Führung beim 1:1 gegen den FCK im September 1984.

diener den Verein verlassen hatte und mit ihm auch Eymold, Schreml, Sziedat, Jüriens und Kahlhofen gingen.

Jung, dynamisch, sympathisch - dieser Ruf eilte der Mannschaft voraus. Doch die Unbekümmertheit, mit der man im Jahr zuvor noch das „Wunder Klassenerhalt" bewerkstelligt hatte, war gewichen. Alle Arbeit für die Katz'? Sicherlich nicht! Vier der jungen Leistungsträger waren die meiste Zeit in der Rückrunde wegen Verletzungen zum Zuschauen gezwungen: Ralf Falkenmayer, Martin Trieb, Harald Krämer und Thomas Kroth, der am Ende der Saison nach Hamburg wanderte. Das hätte auch ein anderer kaum unbeschadet überstanden. 17:17 Punkte nach der Vorrunde, das war zufriedenstellend. Doch dann kam Stillstand. Die Rückrunde mit nur zwei Siegen in den letzten zwölf Spielen erschien wie ein Rückfall in vergangene Tage, nur ein Auswärtssieg (3:1 in Schalke) gelang während der gesamten Spielzeit. Platz zwölf in der Endabrechnung. Immerhin: Abstiegsängste plagten die Mannschaft in diesem Jahr nicht. „Ich brauche vor allem auswärts gestandene Kerle", lautete das Fazit von Dietrich Weise nach dieser Saison, in der Manfred Binz zu seinen ersten Einsätzen kam.

Die Trennung von Spielmacher Jürgen Mohr, der Wunsch des Trainers stand hinter dieser Maßnahme, wurde nicht von allen Fans akzeptiert. Tobollik pokerte zu hoch mit der Eintracht, wechselte eine Klasse tiefer nach Aschaffenburg und verschwand in den folgenden Jahren ganz von der Fußballbühne.

1985/86: Zwei Tore verhinderten Relegation

Die Anzahl von 67 Gegentoren sah Weise als alarmierend an. Daraus leitete er einschneidende Veränderungen vor dem Start in die Saison 1985/86 ab. Der junge Hans Gundelach erhielt im Tor den Vorzug gegenüber Jürgen Pahl, aus Karlsruhe kam Klaus Theis, schon in der Jugend-Nationalmannschaft ein Lieblingsschüler Weises, und mit ihm der schnelle Stürmer Uwe Bühler. Josef Sarroca, einst Jugendspieler der Eintracht, kehrte an den Riederwald zurück und von dem polnischen Verteidiger Bogdan Kwiecin, der Jahre später - nach Annahme der deutschen Staatsbürgerschaft - auf den Namen Wolfgang April hören sollte, erhoffte sich Weise stabilisierende Akzente in der Abwehr.

Die Überlegungen waren ganz gut, allein: der Bundesliga-Alltag wurde ganz bitter. Am Ende der Saison zog Präsident Dr. Klaus Gramlich schonungslos Bilanz: „Wir haben unsere Ziele weit verfehlt. Schlechter geht es wohl kaum noch". Vor allem bei ihrem Publikum war die Eintracht am Ende völlig unten durch. Nur 16 000 anstatt der kalkulierten 20 000 Zuschauer kamen im Schnitt. Der Kelch ging gerade noch einmal so an der Eintracht vorbei. Zwei Tore waren es am Ende, die die Mannschaft vom drittletzten Platz, von der Relegation, die Borussia Dortmund zu bestreiten hatte, trennten. Mit biederem Ergebnisdenken, nur sieben Siegen, 14 Unentschieden und 35 Toren in 34 Spielen hatte sich die Eintracht ans Ziel gerettet. In Abstiegsgefahr bereits am Ende der Vorrunde, engagierte die Eintracht im Herbst 1985 mit Dieter Kitzmann aus Kaiserslautern einen weiteren ehemaligen Jugend-Nationalspieler und David Mitchel. Der Stürmer war der erste Australier in der Bundesliga. Die Jungen hatten nach diesem Jahr allerdings ihren Bonus verspielt.

1986/87: Kämpfe im Verein statt auf Rasen

Daß der 33 Jahre alte Wolfgang Kraus, der aus der Eintrachtjugend hervorgegangen ist, bis 1979 in Frankfurt spielte, danach bis 1984 große Erfolge mit dem FC Bayern München feierte und ab 1984 seine Karriere in der Schweiz beim FC Zürich eigentlich so langsam ausklingen lassen wollte, zu-

Zwei Stürmer, die auch für jeden Spaß zu haben waren: Der Pole Wlodzimierz Smolarek und der Australier David Mitchell.

rück nach Frankfurt geholt wurde, kam einer schallenden Ohrfeige für die Youngsters und die Protagonisten der Nachwuchsarbeit gleich. Eine Kurskorrektur war angesagt, das drückten auch die Verpflichtungen weiterer erfahrener Spieler wie Wlodzimierz Smolarek, Janusz Turowski oder Jaroslav Biernat aus. Das Polen-Trio nahm die Plätze von Martin Trieb, Norbert Fruck und dem sympathischen Schweden Jan Svensson ein, die den Verein verließen. Der gerade 19 Jahre junge Andreas Möller unterschrieb einen Lizenzspieler-Vertrag.

„Ob das Talent Möller oder der 14 Jahre ältere Kraus, bei uns zählt künftig nur noch die Leistung", sagte Dr. Gramlich beim Start in die Saison. Der 21 Jahre junge Thomas Berthold, gerade als Vizeweltmeister mit der Nationalmannschaft aus Mexico zurückgekehrt, brachte es für sich und den Verein auf den Punkt: „Wir treten seit zwei Jahren auf der Stelle. Ich will aber in einer Mannschaft spielen, die weiterkommt. Wenn das wieder so wird wie bisher, dann werde ich mit Sicherheit die Eintracht verlassen".

Verlassen hat dann nicht nur Thomas Berthold die Eintracht. Mit ihm gingen auch Falkenmayer, Krämer, Theiss, Bühler, Pahl, Mitchell und Jessl nach einer Saison, die in erster Linie einmal von Krächen und Intrigen bestimmt war. Was nach den ersten drei Spieltagen überhaupt nicht absehbar war. Zum Auftakt feierte die Eintracht einen 5:0- Heimsieg über Düsseldorf. Zweimal Smolarek, Mitchell, Berthold und Kraus schossen die Tore und mit diesem Spiel weckte die Mannschaft große Hoffnungen. Unentschieden in Köln, ein 1:0-Heimsieg über Nürnberg, erneut war Berthold der Torschütze, 5:1 Punkte, das war ein Start nach Maß. Von da an ging's bergab.

Es dürfte auch der hausinterne Streit gewesen sein, der sich auf das Abschneiden der Mannschaft in der Bundesliga auswirkte. Schon im Herbst war das Tuch zwischen Trainer Weise und Spieler Kraus zerschnitten. Aus dem Radio wollte Weise erfahren haben, daß Kraus bei seiner Rückkehr aus Zürich schon mit einem Managervertrag zum 1. Juli 1987 am Riederwald ausgestattet worden war. Just für jenen Zeitpunkt, an dem der Vertrag des 1983 engagierten Weise enden sollte. Nach dem letzten Heimspiel des Jahres 1986, nach der 0:1-Niederlage gegen den FC Schalke 04, wurde Wolfgang Kraus von Dietrich Weise suspendiert. Postwendend folgte die Trennung von Weise. „Das i-Tüpfelchen in der Entwicklung war die Suspendierung des Spielers Wolfgang Kraus", begründete Präsident Dr. Gramlich die Trainerentlassung. Gramlich sprach „von einem Pulverfaß, das jede Woche hätte hochgehen können", bedauerte aber zugleich, daß es in den zurückliegenden Wochen nicht möglich war, „eine Zukunft mit Trainer Weise und Manager Kraus herzustellen".

„Timo" Zahnleiter, bislang Assistent von Dietrich Weise, wurde am 4. Dezember neuer Cheftrainer, für Wolfgang Kraus kamen die turbulenten Entwicklungen dem Ende seiner Spielkarriere gleich. Schalke war sein letztes Spiel, vorzeitig nahm Kraus seine Tätigkeit als Manager auf. Noch im Dezember

Wolfgang „Scheppe" Kraus (rechts Armin Kraaz) ging aus der Eintracht-Jugend hervor, wechselte 1979 nach München und kehrte 1986 nach Frankfurt zurück.

Enttäuscht wechselte Ralf Falkenmayer 1987 nach Leverkusen. Zwei Jahre später kehrte er zur Eintracht zurück.

wurde mit „Kalli" Feldkamp der neue Trainer für die folgende Saison unter Vertrag genommen.

Die Eintracht, zum Jahresende auf den 14. Tabellenplatz abgerutscht, kam nicht zur Ruhe. Trotz einer guten Vorbereitung in der Winterpause ging die sportliche Talfahrt weiter. 1:9 Punkte aus den ersten fünf Rückrundenspielen brachten die Mannschaft in Abstiegsgefahr. Ein Teil der Spieler rebellierte Anfang April gegen den neuen Manager Kraus, sorgten für eine neue Zerreißprobe. Kraus, so beschloß das Präsidium, habe sich ab sofort auf die Vorbereitungen für die kommende Saison zu kümmern, das Aufbegehren der Mannschaft gegen den Manager wurde zurückgewiesen. Bis auf den 15. Rang war die Mannschaft abgerutscht, bevor am 4. April mit dem 4:0 über Borussia Mönchengladbach wieder ein Sieg gelang. Der 15. Rang stand auch in der Endabrech-

Ralf Sievers kam 1982 als Junioren-Weltmeister zur Eintracht, für die er bis 1990 spielte.

Tor! Es jubeln von links: Lajos Detari, Holger Friz, Andreas Möller, Frank Schulz und Dirk Heitkamp.

nung einer sportlich enttäuschenden und von vielen Grabenkämpfen geprägten Saison.

Der Abschied aus diesem Spieljahr, die geplante Verabschiedung der ausscheidenden Akteure, wurde zu einer Beschämung. Jürgen Pahl, Klaus Theiss, Thomas Berthold und Ralf Falkenmayer verweigerten auf dem Rasen des Waldstadions den Blumenstrauß, das Geschenk des Vereins und den Handschlag des Präsidenten Klaus Gramlich, Peter Boy war verärgert auf der Tribüne geblieben. Vizepräsident Klaus Mank versuchte vergeblich zu retten, was zu retten war: „Macht doch keinen Quatsch". Klaus Gramlich bezeichnete diesen gewollten Affront als „Stilfrage" und betonte, „es waren zwei Spieler dabei, die wir unbedingt halten wollten". Gemeint waren Berthold und Falkenmayer. Die blamable 0:4 Heimniederlage zum Ausklang gegen Borussia Dortmund spielte nur noch eine vergleichsweise untergeordnete Rolle angesichts dieser „Meuterei". Nach einer Spielzeit voller Ärgernisse, angehäuft mit Mißverständnissen, Unterstellungen und Vorwürfen, war der Verein innerlich zerstritten. Da war es kein Trost, daß es im nächsten Jahr eigentlich nur aufwärts gehen konnte.

1987/88: Sternstunden mit Detari und Stein

Einbruch oder Durchbruch? Alles oder nichts? Diese Fragen beschäftigten die Fußballfreunde am Main, als der neue Trainer Karlheinz Feldkamp voller Optimismus seine Arbeit aufnahm. „Ich erwarte nicht, daß die Zuschauer zu uns kommen. Ich erwarte vielmehr, daß wir etwas anbieten, was die Zuschauer geradezu zwingt, zu uns zu kommen", erklärte Feldkamp bei seinem Amtsantritt.

Zusammen mit Manager Kraus hatte Feldkamp einen völlig neuen Spielerkader zusammengestellt. Das Angebot konnte sich sehen lassen. Zehn neue Spieler waren verpflichtet worden, darunter mit Lajos Detari aus Ungarn ein Superstar der europäischen Fußballszene. Detari, anfangs verkannt und geschmäht, avancierte zum überragenden Regisseur, Vollstrecker und Publikumsliebling. Mit ihm waren gestandene Bundesligaprofis wie Dietmar Roth, Frank Schulz und Dieter Schlindwein an den Riederwald gekommen, bekamen Talente wie Ralf Haub, Thomas Klepper, Thomas Ernst, Michael Kostner, Ralf Balzis, Dirk Heitkamp und Holger Friz ihre Chance.

Jedem Fachmann war klar, daß dieses neue Aufgebot Zeit benötigen würde, bis sich eine Stammformation herauskristallisiert. Im ersten Spiel in Kaiserslautern riß die Mannschaft nach einem 0:2-Rückstand das Geschehen noch an sich und kam durch die Tore von Schulz und Turowski noch zum Ausgleich in der zweiten Halbzeit. Doch nach zwei Heimniederlagen gegen Bochum (0:1) und Stuttgart (0:2) sowie der Niederlage in Uerdingen (0:3) fand man sich am 19. August erst einmal auf dem letzten Tabellenplatz wieder. Andreas Möller, in den ersten Wochen nicht berücksichtigt, kam beim Spiel in Leverkusen zum Einsatz und feierte einen furiosen Einstand. Wieder lag die Eintracht zur Pause in Rückstand, doch dann landete Möller einen Doppelschlag zur 2:1-Führung und legte Smolarek noch einen Treffer zum 3:1-Sieg nach. Klepper hatte sich verletzt, deshalb bekam Möller eine Chance und er packte sie mit beiden Händen.

Detari und Möller, zwei ganz offensiv ausgerichtete Spieler im zentralen Mittelfeld, das paßte nach Feldkamps Auffassung nicht zusammen. Insgesamt nur zwölf Bundesligaspiele sollten die beiden zusammen bestreiten, denn Möller packte in der Winterpause seine Koffer. Ende November, beim 1:0-Sieg in der dritten Pokalrunde bei Fortuna Düsseldorf, hatte Feldkamp sehr harte Kritik an Möller geübt. Das Verhältnis zwischen Trainer und Spieler war schon lange Zeit sehr angespannt. „Wenn ich Detari und Möller stelle, muß ich zwei Torhüter bringen", befand Feldkamp. Möller, der wegen der Teilnahme an der Junioren-Weltmeisterschaft im Oktober ohnehin nicht zur Verfügung gestanden hatte, und sein Berater Gerster, zu jener Zeit Jugendtrainer am Riederwald, beschritten im Dezember, da waren schon die beiden ersten Spiele der Rückrunde absolviert, einen offenen Konfrontationskurs. Erst viel später stellte sich heraus, daß die beiden Freunde zu diesem Zeitpunkt schon lange in Kontakt mit Borussia Dortmund gestanden hatten. Ab 1988, das war längst klar, werde Möller nach Dortmund wechseln. Doch dann ging alles blitzschnell über die Bühne, verabschiedete sich Möller unmittelbar vor Weihnachten aus Frankfurt und nahm schon im Januar seine Arbeit in Dortmund auf. Die Eintracht trennte sich auch von Jugendtrainer Gerster, der wenige Monate später Möller als Manager nach Dortmund folgen sollte.

So sehr das Möller-Theater Mannschaft und Verein belastet hatte, es sollte ohne negative sportliche Auswirkungen bleiben. Schon bis zum Jahresende hatte sich die Mannschaft von ihrem Fehlstart längst erholt und war bis auf den siebten Tabellenplatz zum Abschluß der Vorrunde vorgedrungen. Neuer Wind war vor allem mit einem Akteur eingezogen, den Manager Wolfgang Kraus im Blitzstreich engagiert hatte und der sich über Jahre hinaus zum großen Glücksgriff erweisen sollte: Ulrich Stein. Der ehemalige National-Torwart, beim Hamburger SV seit seinem Faustschlag gegen Wegmann im Supercupspiel gegen München vor Beginn der Bundesligasaison im Frankfurter Waldstadion suspendiert, wurde Anfang November engagiert. Schon seit der 2:5-Niederlage am 17. September beim FC Homburg, wo sowohl Torwart Hansi Gundelach als auch der in der 54. Minute für den angeschlagenen Stammkeeper eingewechselte Amateur Thomas Ernst enttäuschten, war Kraus - in aller Stille - auf der Suche nach einem erfahrenen Torwart gewesen. Als Stein am Mittwoch, dem 4. November, erstmals mit der Eintracht trainierte, erinnerte die Parkplatzsituation am Stadion Riederwald an die Frankfurter City zur Hauptgeschäftszeit, wurde der Torwart auf Schritt und Tritt mit Bravo-Rufen und Applaus begleitet.

„Der Stein-Transfer ist unsere erste Investition für die neue

Trotz spektakulärer Paraden: Hansi Gundelach mußte ab dem Herbst 1987 Uli Stein den Vorrang lassen und wechselte dann zum FC Homburg.

An dem trickreichen polnischen Nationalspieler Wlodzimierz Smolarek hatten die Frankfurter viel Freude.

Zwei geniale Spieler, die selten zusammen spielen durften. Kunstschütze Lajos Detari und Andreas Möller.

Im Herbst 1987 kam Uli Stein vom Hamburger SV zur Eintracht. Mit Trainer „Kalli" Feldkamp und Manager Wolfgang Kraus stieß der Torwart auf eine erfolgreiche Zukunft an.

Saison", stellte Kraus fest. Eine Investition, die sich schon in der laufenden Saison bezahlt machen sollte. Auf Anhieb, von seinem ersten Spiel für die Eintracht am 7. November 1987 (2:0-Sieg über den FC Schalke 04) an, erwies sich Uli Stein als der große Rückhalt der Mannschaft, die in der Rückrunde vorübergehend sogar Chancen auf die Qualifikation für den UEFA-Cup besaß und die Meisterschaft schließlich mit dem neunten Platz abschloß. Überstrahlt aber wurde diese Saison von den Erfolgen im DFB-Pokal. Mit einer Weltklasseleistung im Halbfinalspiel in Bremen sicherte Stein der Eintracht den 1:0-Sieg (Torschütze: Schulz) und den Einzug in das Finale am 28. Mai 1988 in Berlin, wo Lajos Detari mit seinem prächtigen Freistoßtreffer den 1:0-Erfolg über den VfL Bochum herausschoß und die Eintracht zum vierten Male den Pokal gewann.

1988/89: Krise nach Detari-Transfer

Mit dem Supercupspiel gegen Meister SV Werder Bremen erfolgte schon am 20. Juli der Startschuß in die 26. Bundesligasaison. Es war nicht die 0:2-Niederlage vor 20 000 Zuschauern im heimischen Waldstadion, die den Fußball-Himmel über Frankfurt knapp zwei Monate nach dem Pokaltriumph verdunkelt hatte. Des Volkes Seele kochte schon vor diesem Spiel. Mitten in der Vorbereitung auf die Saison, während des Trainingslagers am Timmendorfer Strand, vollzog sich in einer Nacht- und Nebel-Aktion der Wechsel von Lajos Detari zu Olympiakos Piräus. Der Ungar, der sich gerade in der Rückrunde der vorangegangenen Saison zum besten ausländischen Spieler in der Bundesliga aufgeschwungen hatte, folgte dem Ruf des Geldes.

Spekuliert worden war um seinen Wechsel praktisch schon seit dem Pokalfinale in Berlin. Turin, Piräus und zahlreiche andere europäische Vereine bekundeten ihr Interesse an einer Verpflichtung Detaris. Der führte erst einmal alle Beteiligten an der Nase herum. Vom Balkon des Frankfurter Römer hatte Detari unmittelbar nach dem Pokalgewinn der versammelten Fangemeinde erklärt: „Ich bleibe bei der Eintracht". Die Schlagzeilen der folgenden Wochen: Abendpost/Nachtausgabe vom 31. Mai: „Ich bleibe noch sechs Jahre in Frankfurt". kicker-sportmagazin vom 27. Juni: „So ein Unsinn - ich bleibe", und, im gleichen Organ, am 11. Juli: „Von Abwanderungsgerüchten hat Detari die Nase voll". Nur zwei Tage später, zehn Tage vor dem Bundesligastart, reiste Detari aus dem Trainingslager am Timmendorfer Strand ab. Am Mittwoch, dem 13. Juli 1988, unterschrieb der 25 Jahre alte Spieler in Piräus einen Dreijahresvertrag. Spekuliert wurde über die Höhe der Ablösesumme in Größenordnungen von zwölf bis zwanzig Millionen Mark. 10,4 Millionen Mark blieben schließlich für die Eintracht hängen. Ein Teil dieser Summe mußte, sehr zum Leidwesen von Manager Kraus, für eine ganz andere Sportart aufgebracht werden, zur Deckung der Verbindlichkeiten, die die Eishockey-Bundesligamannschaft der Eintracht schon zu dieser Zeit erwirtschaftet hatte und auch in den folgenden Jahren noch machen sollte. Konsterniert waren erst einmal alle. „Lajos sagte mir beim Abschied, was er in drei Jahren in Piräus verdient. Das hätte er in Frankfurt in 20 Jahren nicht verdienen können. Wenn soviel Geld im Raum steht, dann ist kein Spieler zu halten. Gegen seinen Willen ist da nichts mehr zu machen", stellte Wolfgang Kraus fest. Der Fortgang von Lajos Detari, das ahnte zu diesem Zeitpunkt noch niemand, sollte die Eintracht wieder in eine ganz schwere Krise stürzen.

Mit den Detari-Millionen wurden erst einmal Verbindlichkeiten gelöscht. Große Sprünge auf dem Transfermarkt waren nicht möglich, an einen (sportlich) gleichwertigen Ersatz zu diesem Zeitpunkt ohnehin nicht zu denken. Defensivspieler Peter Hobday wurde wenige Tage nach dem Fortgang Detaris aus Hannover geholt, Anfang August kam Dirk Bakalorz aus Mönchengladbach, im Oktober mit Dieter Eckstein aus Nürnberg ein weiterer Neuzugang. Vor ihnen hatte die Eintracht Jörn Andersen, Heinz Gründel, Stefan Studer und Maximilian Heidenreich engagiert. Zu einem Zeitpunkt, als alle Planungen noch das Bleiben von Detari beinhaltet hatten.

Als Ex-Nationalspieler Dieter Eckstein bei der 0:1-Heimniederlage gegen den Hamburger SV am 22. Oktober seinen Einstand im Trikot der Eintracht gab, war die komplette sportliche Leitung schon längst ausgewechselt, der vereinsinterne Krach aber noch lange nicht auf seinem Höhepunkt. Mit drei Niederlagen war die Mannschaft in die Bundesligasaison gestartet: 0:3 in München, 1:2 daheim gegen Kickers Stuttgart und 0:2 beim FC St. Pauli. Nach der Partie beim FC St. Pauli am 13. August meldete sich „Kalli" Feldkamp mit einer Bandscheibenerkrankung ab, übernahm erneut Co-Trainer Hans-Dieter Zahnleiter die Verantwortung. Zahnleiter und Neuzugang Dirk Bakalorz feierten im Heimspiel gegen den 1. FC Köln am 19. August einen gelungenen Einstand, die Eintracht mit 1:0 den ersten Sieg, an dem Bakalorz mit seiner Vorlage zum entscheidenden Treffer durch Janusz Turowski kurz vor dem Pausenpfiff entscheidenden Anteil hatte. 5:5 Punkte gab es unter Zahnleiter, die Mannschaft konnte sich damit allerdings nicht aus der Abstiegszone entfernen. Nach dem 0:0 im Heimspiel gegen den SV Waldhof am 13. September und unmittelbar vor der anschließenden vierwöchigen Bundesliga-Spielpause wegen der Olympischen Spiele in Seoul, kam es zum Doppelschlag in Frankfurt.

Feldkamp, das hatte sich im Grunde schon über Wochen abgezeichnet, wurde aus seinem bis Saisonende abgeschlossenen Vertrag entbunden, ging als 150. Trainer-Rauswurf in die Bundesliga-Geschichte ein, und mit ihm trennte sich die Eintracht zugleich von Manager Wolfgang Kraus. Seine Entlassung hatte auch eine vereinsinterne Opposition gefordert. Der Verein, in sich zerstritten, präsentierte am 14. September mit Pal Csernai, der ein Jahrzehnt unter Gyula Lorant schon Co- und Jugendtrainer am Riederwald war, einen neuen Chefcoach und 14 Tage später mit Jürgen Friedrich, in den Anfangsjahren der Bundesliga Eintrachtspieler und später Präsident des 1. FC Kaiserslautern, einen neuen Manager.

Csernai startete mit einer Niederlagenserie: 0:2 in Stuttgart, 0:1 gegen Hamburg, 0:3 in Kaiserslautern, bevor im Heimspiel gegen Leverkusen (1:1) der erste Punktgewinn gelang. Schon seit dem Spiel gegen den HSV belegte die Mannschaft den letzten Tabellenplatz, auf ihm stand sie auch auf der Mitgliederversammlung am 14. November, nachdem es zwei Tage zuvor noch eine 1:2-Niederlage in Mönchengladbach gesetzt hatte. Mißgriffe, Mißhelligkeiten und Mißtöne jener Wochen gipfelten auf dieser Versammlung im Großen Festsaal des Frankfurter Palmengartens in einer nie zuvor erlebten Eskalation. Blankes Entsetzen machte sich um 23.27 Uhr unter den anwesenden 886 Mitgliedern breit, als ein Mitglied in der aufgeheizten Atmosphäre durchdrehte und einen Ordner zu Boden schlug. Aber was sich speziell jener Teil der Mitglieder, die zum Sturz des Präsidenten Dr. Klaus Gramlich angetreten waren, verbal leisteten, stand diesem Schlag um weniges nach. Für Argumente hatte fast niemand mehr ein offenes Ohr. Die Versammlung wurde schließlich unterbrochen und zur Fortführung der 29. November benannt. Zum Zeitpunkt der Unterbrechung waren ein neuer Präsident und ein neuer Vizepräsident gewählt. Im ersten Wahlgang hatte Dr. Gramlich unter vier Bewerbern fast noch die absolute Mehrheit erhalten, in einer Stichwahl unterlag er dann dem ehemaligen Hauptgeschäftsführer Dr. Joseph Wolf. Bernd Hölzenbein, der Weltmeister von 1974, entschied sich an diesem Montagabend zur Kandidatur und wurde mit überwältigender Mehrheit zum Vizepräsidenten gewählt.

Die turbulente Versammlung war auch zwei Tage später beim Heimspiel gegen den Karlsruher SC noch das beherrschende Thema. Die Mannschaft allerdings riß sich zusammen und feierte durch das Tor von Frank Schulz mit 1:0 über

Befreiungsschlag durch Stefan Studer. Dietmar Roth, Studer, Jörn Andersen, Ralf Sievers (von links) und die ganze Mannschaft standen in der Saison 1988/89 mit dem Rücken zur Wand.

den Karlsruher SC endlich wieder einen Sieg, dem nur drei Tage später in Bremen ein überraschendes 0:0 folgte. Doch das Tal der Tränen war noch längst nicht durchschritten. 0:6 in Dortmund im letzten Auswärtsspiel der Vorrunde. „Das war Vernichtungs-Fußball", konstatierte Manager Friedrich. Dr. Joseph Wolf war schon vor diesem Spiel wieder abgetreten, ging als „9-Tage-Präsident" in die Geschichte ein. Dr. Wolf hatte vor den Strömungen breiter Kreise der Mitgliederschaft gegen seine Person kapituliert.

Fast 1000 Mitglieder kamen am 29. November zur Fortsetzung der Generalversammlung in die Kongreßhalle. Es war Verwaltungsrat Wolfgang Mischnick, der damalige FDP-Fraktionsvorsitzende im Deutschen Bundestag, der die Wogen glättete. Matthias Ohms wurde zum neuen Präsidenten gewählt, Schatzmeister Knispel, der aus dem Urlaub in Südafrika seine Bereitschaft für eine weitere Amtsperiode erklärt hatte, für zwei weitere Jahre als Schatzmeister gewählt. Vor dem neuen Präsidium mit Matthias Ohms, Bernd Hölzenbein und Wolfgang Knispel lag Schwerstarbeit mit der dringlichsten Aufgabe, den Überlebenskampf in der Fußball-Bundesliga zu überstehen.

Schlimm waren die sportlichen Leistungen im letzten Vorrundenspiel gegen Hannover, aber das war fast nebensächlich, denn am Ende stand ein 1:0-Sieg durch den Treffer von Dieter Eckstein. Erstmals seit dem 3. September belegte die Mannschaft wieder den 15. Platz, den besten Rang während dieser Vorrunde. „Von diesen Spielen haben wir noch 17 vor uns", sagte Trainer Pal Csernai nach dem Abpfiff. Pfiffe und Häme hatten in den vorangegangenen 90 Minuten jede seiner Gesten und Handlungen auf der Trainerbank begleitet. „Csernai raus", forderten die Fans. Eine Woche nach dem Vorrundenfinale, am 12. Dezember, trennte sich der Verein von Pal Csernai. 11:23 Punkte standen nach der Vorrunde auf dem Konto der Mannschaft, die in 17 Spielen nur acht (!) Tore geschossen hatte. Der Klassenerhalt wurde zu jenem Zeitpunkt von nahezu allen Experten als ein kaum zu bewerkstelligendes Wunder angesehen.

Sechs Tage nach der Trennung von Pal Csernai präsentierte die Eintracht einen neuen Cheftrainer. Jörg Berger mußte vom SC Freiburg losgelöst werden, wo er sehr erfolgreich gearbeitet hatte. 48 000 Zuschauer kamen zum Rückrundenstart am 18. Februar 1989 ins Waldstadion. Sie begeisterten sich an einem dramatischen Spiel, in dem sich die Eintracht das 2:2-Unentschieden (Torschützen: Körbel, Eckstein) verdiente. Eine Woche später wurde bei Kickers Stuttgart mit 1:0 gewonnen, auf seinen ersten Heimsieg mit der Eintracht sollte aber auch Jörg Berger noch lange warten müssen. Erst am 12. Mai wurde der 1. FC Kaiserslautern in einem dramatischen Spiel mit 3:2 niedergerungen, doch vom 16. Platz sollte die Eintracht in dieser Saison nicht mehr fortkommen. 30 000 Zuschauer waren sich nach dem letzten Heimspiel, nach dem 2:1-Sieg über Borussia Dortmund, sicher, daß die Teilnahme an der Relegation auf jeden Fall gepackt wird, womöglich sogar noch der Klassenerhalt auf dem direkten Weg.

Die Konstellation vor dem letzten Spieltag der Saison: Kickers Stuttgart mit 24:24 Punkten 17., die Eintracht mit 25:41 Punkten 16., Nürnberg und Bochum mit jeweils 26:40 Punkten auf den beiden Plätzen davor. Die Eintracht mußte im letzten Spiel zum abgeschlagenen Schlußlicht Hannover 96, Kickers Stuttgart empfing den 1. FC Nürnberg, der VfL Bochum mußte zum FC Bayern München. Ein „Herzschlagfinale" stand bevor. Bochum kam in München, beim Meister FC Bayern, mit 0:5 unter die Räder. Doch für die Eintracht sollte dies keine Rolle mehr spielen. Ihr Abstieg schien in der 54. Spielminute des letzten Spieltages am 17. Juni 1989 besiegelt. Kickers Stuttgart war gegen den 1. FC Nürnberg mit 1:0 in Führung gegangen, die Eintracht lag durch den Treffer von Reich aus der 26. Spielminute im Niedersachsenstadion mit 0:1 in Rückstand. Lähmendes Entsetzen machte sich unter den Frankfurter Fußballfans breit. Um 16.52 Uhr rettete Karl-Heinz Körbel mit seinem 44. Tor in seinem 535. Bundesligaspiel seit 1972 die Eintracht in die Relegation. „So lange ich spiele, wird die Eintracht nicht absteigen", hatte Körbel vor diesem Schicksalsspiel gesagt. Der Kapitän hielt Wort und erzielte nach Flanke von Jörn Andersen das wichtigste Bundesligator seiner Karriere zum 1:1. „Wollt ihr ohne Gegenwehr absteigen", hatte in der Halbzeit Jörg Berger die Spieler so laut wie nie zuvor in seinem Leben angebrüllt. Nach dem Spiel analysierte der Trainer: „Die Beine waren schwer, der Kopf leer".

Vier Tage später das erste Spiel in der Relegation, würde sich die Mannschaft bis dahin wieder fangen? Saarbrücken hieß der Gegner, der Kampf um die Bundesliga wurde auch zu einem Duell der Trainer Jörg Berger und Klaus Schlappner, die 1979/80 gemeinsam beim SV Darmstadt 98 als Trainer gearbeitet hatten und nie Freunde waren. 40 000 Zuschauer unterstützen die Eintracht im ersten Spiel im Waldstadion. Jörn Andersen und Manfred Binz schossen einen 2:0-Sieg heraus. Auf der Tribüne saß Uwe Bein, der schon für die kommende Saison engagiert war, und drückte die Daumen. Ganz klar, daß der Wechsel Beins von Hambug nach Frankfurt vom Klassenerhalt der Eintracht abhing. Vier Tage später herrschte im ausverkauften Saarbrücker Ludwigspark noch einmal Alarmstufe eins. Anthony Yeboah brachte die Saarländer vor 35 000 Zuschauern schon nach zehn Minuten in Führung. „Alles was sich die Mannschaft vorgenommen hatte, scheint sie vergessen zu haben", schüttelte Manager Friedrich zur Pause resignierend den Kopf. Frank Schulz erzielte in der 56. Minute den Ausgleichstreffer, doch gezittert wurde bis zur letzten Minute. Erneut war es der überragende Yeboah, der eine Viertelstunde vor dem Abpfiff das 2:1 schoß. Die Eintracht wackelte bis zum Schlußpfiff von Schiedsrichter Dieter Pauly, der in den letzten Sekunden noch Thomas Lasser des Feldes verwies. Lasser war schon nach dreißig Minuten für Dietmar Roth ins Spiel gekommen, der nach einem bösen Foulspiel an Yeboah Glück hatte, bei glühender Hitze nicht vorzeitig zum Duschen geschickt worden zu sein. „Nie wieder möchte ich eine solche Zittersaison durchmachen", sagte Jörg Berger nach dem Klassenerhalt und wußte, wem er Dank schuldete: Allen voran Torwart Uli Stein, der in der gesamten Saison herausragende Leistungen gezeigt hatte, und Kapitän Karl-Heinz Körbel, dessen Treffer im letzten Meisterschaftsspiel den direkten Abstieg verhindert hatte.

Noch eine Trennung stand am Ende eines turbulenten Spieljahres: Jürgen Friedrich beendigte seine Tätigkeit als Manager. Schon unmittelbar nach dem letzten Meisterschaftsspiel in Hannover hatte Friedrich sein Ausscheiden zum Saisonende erklärt. Am 18. Mai, nur 223 Tage nach seinem Amtsantritt, begründete der Manager seinen Schritt so: „Mit halben Sachen kann ich nicht arbeiten und vor mir selbst nicht bestehen, deshalb ziehe ich die Konsequenz".

1989/90: Mit Hessen nach vorn

Vom Drittletzten zum Dritten, vom Fast-Absteiger zum Beinahe-Meister - Frankfurts Wandlung von der Zwietracht zur Eintracht in der Saison 1989/90 kam einem Wunder gleich. Bewirkt wurde der ebenso unerwartete wie schnelle steile Aufschwung vor allem durch zwei Hessen-Heimkehrer: Uwe Bein und Ralf Falkenmayer.

Im Freundeskreis hatte Vizepräsident Bernd Hölzenbein schon vor dieser Saison erklärt: „Sieben mageren Jahren werden nun sieben fette folgen". Schon im Abstiegskampf der Vorsaison hatte „Holz" die Weichen für die Rückkehr von Ralf Falkenmayer zur Eintracht und dem bei Kickers Offenbach groß gewordenen Uwe Bein an den Main gestellt. Mit seiner Entscheidung setzte sich Hölzenbein gegen Manager Jürgen Friedrich durch, der auf das Engagement von Markus Schupp aus Kaiserslautern und Michael Spieß aus Karlsruhe gedrängt hatte. Die unterschiedlichen Auffassungen über die Zusammensetzung des neuen Spielerkaders mögen ein Grund dafür gewesen sein, daß Friedrich seine Tätigkeit am Riederwald beendete. Auf eine, wie Hölzenbein betonte, „ausgesprochen faire Art und Weise, ohne einen Pfennig Geld zu fordern, wie man es im Profifußball selten erlebt".

„Aufwärts mit Hessen" lautete die Parole des Vizepräsidenten, der neben Bein und Falkenmayer mit Lothar Sippel vom KSV Hessen Kassel, Michael Klein vom FSV Frankfurt sowie den aus der Eintrachtjugend hervorgegangenen Alexander Conrad (Dortmund) und Christian Heide (Düsseldorf) sowie Thomas Lasser aus der eigenen Oberligamannschaft weitere „Landeskinder" in den Profikader aufnahm. Balzis, Kostner, Schulz, Heitkamp, Heidenreich, Schlindwein, Biernat und Gundelach verließen den Riederwald.

Traumhaft der Start in die Saison. 3:1 gegen Mannheim, 1:1 in Hamburg, 2:1 in Düsseldorf und mit dem 4:0-Heimerfolg über den VfL Bochum am 16. August übernahm die Eintracht die Tabellenführung. Das Schicksal von Peter Hobday beschäftigte in den ersten Wochen dieser Saison die ganze Mannschaft. Im Winter, noch vor dem Start in die Rückrunde der vorangegangenen Saison, hatte sich der sympathische Mittelfeldspieler bei einem Autounfall einen Schädelbruch zugezogen. Voller Optimismus nahm Hobday die Vorbereitungen auf die neue Saison auf. Begeistert feierten ihn die Zuschauer, als er im Auftaktspiel gegen den SV Waldhof in der 57. Spielminute, gleich nach einem Eintausch, das 2:1 erzielte. Eine Woche später, in Hamburg, war Hobday noch bis zur 55. Minute mit von der Partie. Es sollte das letzte Spiel des 28 Jahre alten Engländers mit dem deutschen Paß sein. Dringend rieten die Ärzte dem Spieler von einer Fortführung seiner Karriere ab. Der Befund der Ärzte: der Gleichgewichtssinn in der rechten Gesichtshälfte ist ausgefallen. Der Unfall vom 14. Februar 1989 riß Peter Hobday mit einem Schlag aus allen Träumen.

Die Eintracht führte die Bundesliga-Tabelle bis zum siebten Spieltag an, an dem sie mit 1:2 im Südwestderby in Kaiserslautern die erste Niederlage hinnehmen mußte. Längst hatten die Frankfurter wieder ihr Herz für die „neue Eintracht" entdeckt und strömten zu den Heimspielen ins Waldstadion. Ende August und Anfang September ging es gleich zweimal gegen den FC Bayern München, der in 18 Jahren und 21 Spielen nicht in Frankfurt gewonnen hatte. Diese großartige Serie endete am 19. August zuerst im Pokal. 0:1 unterlag die überlegene Eintracht (zwei Pfostenschüsse von Binz) durch einen einmaligen Kunstschuß von Klaus Augenthaler. Aus einer Entfernung von 49 (!) Metern überwand Klaus Augenthaler Torwart Uli Stein, der an der Strafraumlinie stand. Niemand machte Uli Stein einen Vorwurf. „Der Uli stand dort, wo er stehen mußte", hielt Trainer Jörg Berger fest. „Wenn ich auf der Linie gestanden hätte, dann hätte es diesen Schuß nie gegeben. Aber dann hätte ich vielleicht zwei andere Treffer kassiert, denn als Torwart mußt du immer mitspielen, die Konter abfangen, wenn deine Abwehr aufgerückt ist", sagte Stein.

Drei Wochen später, am 9. September, wiederholten die Bayern ihr Kunststück, siegten im Meisterschaftsspiel mit 2:1 im Waldstadion. Die Zuschauer haderten mit Schiedsrichter Markus Merk aus Kaiserslautern, der zwei Treffer von Jörn Andersen wegen angeblichen Abseits und Foul an Torwart Aumann die Anerkennung verweigerte. Imponierend die geschlossene Mannschaftsleistung der Bayern an diesem Tag, aber die Eintracht hatte die besseren Einzelkönner und war das bessere Team. Über 100 000 Zuschauer waren zu diesen beiden Bayernspielen ins Waldstadion geströmt. Der Eintracht war es nicht gelungen, die Bayern von der Spitze zu stürzen, sie fiel vom zweiten auf den dritten Rang zurück und sollte wenige Wochen später, nach der 0:2-Niederlage am 7. Oktober in Dortmund, sogar auf den sechsten Rang abrutschen. Am Ende der Vorrunde, nach einem berauschenden Spiel in Köln mit drei Eckstein-Toren zum 5:3-Erfolg, stand ein hervorragender vierter Platz.

Auf Meisterschaftskurs ging es noch einmal in der Rückrunde. Mit einer Serie von 10:4 Punkten aus sieben Spielen ohne Niederlage hatte sich die Mannschaft vor dem Schlagerspiel am 17. März in München wieder bis auf zwei Punkte an den FC Bayern herangearbeitet. 25 000 Schlachtenbummler begleiteten die Mannschaft ins Olympiastadion, wo 70 000 Zuschauer ein hochklassiges Spiel erlebten. Die Eintracht brannte in den ersten 25 Minuten ein Angriffs-Feuerwerk ab, Gründel, Bein und Falkenmayer legten eine bestechende Form an den Tag. Torwart Raimond Aumann verhinderte ganz allein die Führung der Eintracht, er war der herausragende Münchner an diesem Tag. „Selten habe ich in den letzten Jahren hier eine so spielstarke Mannschaft wie die Eintracht in der ersten Halbzeit gesehen. Der Eckstein hat doch angefangen wie ein Weltmeister. Und was im Mittelfeld geboten wurde, war ganz große Klasse", schwärmte der damalige deutsche Teamchef Franz Beckenbauer. Doch die Eintracht mußte die dritte Niederlage dieser Saison gegen die Bayern hinnehmen, die noch weitaus tragischer als die

Trainer Jörg Berger führte die Eintracht zum Klassenerhalt und ein Jahr später auf den dritten Platz.

beiden vorangegangenen war. Und wieder wurde ein Kapitel in der unendlichen Geschichet „Uli Stein und die Bayern" geschrieben. Ein Mißverständnis des Torhüters mit Jörn Andersen verhalf den Münchnern durch Strunz zum entscheidenden Treffer.

Nur vier Tage später endeten mit der 0:3-Heimniederlage gegen Bayer Leverkusen alle Träume vom Gewinn der Meisterschaft. Mit einem 3:1-Erfolg über den Vizemeister 1. FC Köln wurde die Saison beschlossen. „Sensationell", betonte Jörg Berger, „einfach sensationell war der Verlauf dieser Saison". Der dritte Platz in der Endabrechnung, so gut hatte die Eintracht seit 1975 nicht mehr abgeschnitten. Und erstmals stellte Frankfurt mit Jörn Andersen, der es auf 18 Treffer gebracht hatte, den Schützenkönig der Fußball-Bundesliga.

Dieter Eckstein kam während der Saison 1988/89 aus Nürnberg und kehrte während der Saison 1990/91 nach Nürnberg zurück.

Als Bundesliga-Schützenkönig verließ Jörn Andersen die Eintracht im Sommer 1990, 15 Monate später kehrte er aus Düsseldorf zurück.

1990/91: Das Möller-Millionen-Ding

Der Schützenkönig ging. Jörn Andersen, der sich mit der Eintracht nicht über einen neuen Vertrag einigen konnte und sich insgeheim Hoffnungen auf einen Wechsel nach Italien gemacht hatte, unterschrieb schließlich bei Fortuna Düsseldorf. Andreas Möller kam zurück. Der „Frankfurter Bub", zweieinhalb Jahre zuvor im Ärger nach Dortmund gegangen, wurde am Main mit offenen Armen empfangen. Eineinhalb Jahre lang hatte das Präsidium um die Rückkehr des inzwischen zum Nationalspieler erwachsenen Talents gekämpft. Mit Möller mußte auch sein Berater und Busenfreund verpflichtet werden: Klaus Gerster. Der ehemalige Jugendtrainer nahm nun als Manager am Schreibtisch Platz. Niemand ahnte zu diesem Zeitpunkt, welchen Ärger sich der Verein mit dem Möller-Millionen-Ding noch einhandeln sollte, das schließlich, zwei Jahre später, sogar Rechtsanwälte und Gerichte beschäftigte.

Doch im Sommer 1990, nach dem Gewinn der Fußball-Weltmeisterschaft in Italien, sprach ganz Frankfurt vor dem Start in die neue Saison von der Meisterschaft und die ganze Bundesliga vom „Traumduo Bein/Möller". Die beiden Mittel-

Ralf Weber kam von Kickers Offenbach und erwies sich auf Anhieb als ein Volltreffer. Der Junioren-Nationalspieler steht auf dem Sprung in die A-Nationalmannschaft.

feldspieler hatten während der WM im Camp der deutschen Mannschaft ein Zimmer geteilt. Der Start in die Saison schien alle Prognosen zu bestätigen. Binz, Yeboah und Turowski schossen die Eintracht zum 3:0-Sieg über den Karlsruher SC und gleich einmal an die Tabellenspitze. Tony Yeboah, der zwölf Monate zuvor mit dem 1. FC Saarbrücken die Eintracht in der Relegation fast aus der Bundesliga geschossen hatte, begeisterte die 29 000 Zuschauer. Recht skeptisch war seine Verpflichtung beurteilt worden, aber schon bald zeigte sich, daß Vizepräsident Bernd Hölzenbein mit dem Ghanaer einen weiteren Volltreffer gelandet hatte. Ganz vorne sollte die Eintracht aber dann nur noch einmal in dieser Saison stehen: Nach dem dritten Spieltag, nach dem 5:1-Heimsieg über Fortuna Düsseldorf mit den zwei ersten Möller-Böllern.

Sehr durchwachsen waren die folgenden Wochen. Drei Unentschieden gegen Bochum, Bremen und Mönchengladbach, dann wechselten Sieg und Niederlage gegen Hamburg, Wattenscheid, Dortmund und Hertha BSC Berlin ab, bevor es nach über einem Jahr mit der 1:4-Heimniederlage gegen den FC Bayern München wieder einen heftigen Einbruch gab.

Von der Harmonie der Vorsaison war zu diesem Zeitpunkt nicht mehr viel geblieben. Nach dem Debakel im UEFA-Cup in Kopenhagen zeigte sich die Mannschaft zerstritten. „Die Mannschaft ist in sich kaputt", klagte Bernd Hölzenbein. Möller und Stein lagen im Streit, das Duo Möller/Gerster wurde von vielen Spielern nur noch gelitten. Auch Uwe Bein übte Kritik an Andy Möller, die Freundschaft zwischen den beiden Nationalspielern zerbrach. Geldstrafe, Ermahnungen und Abmahnungen, das Betriebsklima rutschte unter die Frostgrenze ab. Jörg Berger, der sich von Anfang an gegen die Verpflichtung von Klaus Gerster ausgesprochen hatte, forderte unter dem Hinweis, daß der Manager einen Vierjahresvertrag erhalten habe, einen Zweijahresvertrag, als es in die Verhandlungen über eine Verlängerung ging. Hölzenbein und Schatzmeister Wolfgang Knispel wollten nach den vielen schlechten Erfahrungen früherer Jahre aus prinzipiellen Überlegungen nur noch Einjahresverträge mit Trainern abschließen, Präsident Matthias Ohms sagte Berger einen Zweijahresvertrag zu. Bergers Forderung wurde schließlich erfüllt, doch die vereinsinternen Kämpfe gingen weiter. Gerster/Möller schossen in aller Öffentlichkeit Breitseiten gegen Vizepräsident Hölzenbein ab, vom Fußball war nur in zweiter Linie die Rede. Ende Januar, in der Winterpause, wurde Manager Gerster entmachtet, durfte sich fortan nur noch um die Jugend und Amateure kümmern. Eine Zusammenarbeit Manager-Trainer war zu diesem Zeitpunkt nicht mehr möglich.

Die Krise konnte nicht spurlos an der Mannschaft vorbeigehen. Mit 7:9 Punkten ging es in die Rückrunde, die Meisterschaft war längst kein Thema mehr. Am 13. April 1990, nach dem 0:6-Debakel im Waldstadion, sah sich das Präsidium zum Handeln genötigt, um das Mindestziel dieser Saison, den UEFA-Cup-Wettbewerb, noch zu erreichen. Stunden nach dem Spiel wurde Trainer Jörg Berger entlassen, schon

Ein Bild mit Symbolcharakter: Unter Trainer Dragoslav Stepanovic ging es mit der Eintracht wieder aufwärts.

am nächsten Tag, am Sonntagmorgen, bat Dragoslav Stepanovic zum ersten Training am Riederwald. Aufgebracht reagierten die Fans, beschimpften den neuen Trainer und Vizepräsident zum Teil auf übelste Weise. Viele von ihnen leisteten Monate später Abbitte, denn Hölzenbein hatte wieder einmal das richtige Näschen gehabt. Mit 13:5 Punkten führte Stepanovic die Mannschaft auf den vierten Platz und in den UEFA-Cup, um dessen Teilnahme bis zum letzten Spiel gezittert werden mußte. Gegen den VfB Stuttgart gab es mit einem beifallumrauschten 4:0-Sieg das happy-end einer Saison, in der sich die Beobachter der Szene wie in einer Achterbahn vorkamen. Im Pokal verpaßte die Mannschaft eine erneute Finalteilnahme. Gegen den späteren Cupsieger Werder Bremen reichte es im Waldstadion trotz vieler Torchancen nur zu einem 2:2. Im Wiederholungsspiel in Bremen mußte sich die Eintracht mit 3:6 geschlagen geben.

Mit dem fröhlichen „Stepi" aber war frischer Wind in Frankfurt eingezogen, der die Mannschaft nur ein Jahr später fast bis zum Gewinn der Deutschen Meisterschaft treiben sollte.

602 Spiele – ein Rekord für die Ewigkeit!

Die einmalige Karriere von Karl-Heinz Körbel

602 Bundesligaspiele, zwei dramatische Relegationsspiele gegen den 1. FC Saarbrücken im Frühjahr 1988, 73 DFB-Pokalspiele mit den Triumphen in den Jahren 1974, 1975, 1981 und 1988, 48 Europacupspiele mit dem Gewinn des UEFA-Cups 1981, sechs A-Länderspiele, zehn B-Länderspiele, fünf Amateurländerspiele, 30 Jugendländerspiele, über 300 Freundschaftsspiele und schätzungsweise 4000 Trainingseinheiten.

So einer muß kerngesund sein. Charly war es immer mit einer Ausnahme, als er sich am 5. Mai 1984 mitten im Kampf um den Klassenerhalt im Heimspiel gegen den 1. FC Nürnberg beim 3:1-Sieg, zu dem er zwei Tore beigetragen hatte, das Schienbein brach, in den letzten Bundesligaspielen und in den beiden Relegationsspielen gegen den MSV Duisburg nicht mitwirken konnte.

So einer muß auf die Zähne beißen können. Charly hat es immer getan, spielte unter dem verstorbenen Trainer Gyula Lorant („mein bester Trainer") sogar mit einem Bänderriß, ließ sich die Schmerzen wegspritzen und hat noch heute Lorants Worte in den Ohren: „Ist nicht so schlimm, Charly, mach' Zahnpasta drauf".

So einer muß fair sein. Charly war es, wurde in seiner unglaublichen Laufbahn nie vom Platz gestellt.

602 von 639 möglichen Bundesligaeinsätzen zwischen dem 14. Oktober 1972 und dem letzten Spiel am 15. Juni 1991 beim FC St. Pauli, das macht einen Schnitt von 32,58 Einsätzen von möglichen 34 Spielen pro Saison aus! Und in fast allen diesen Spielen hat er als Manndecker immer im Duell mit den besten Stürmern der Liga und Europas gestanden.

„Das wichtigste aller Spiele war das erste, das Spiel gegen die Bayern. Wenn wir da verloren hätten, wenn der Gerd Müller drei, vier, fünf Tore statt des nur noch bedeutungslosen Treffers kurz vor Schluß bei unserem 2:1-Sieg gemacht hätte, dann hätte es den Bundesligaspieler Charly Körbel vielleicht nie gegeben, dann wäre ich vielleicht gleich wieder in der Versenkung verschwunden", meint Körbel am Ende seiner unvergleichbaren Laufbahn.

24 Mann gehörten damals dem Kader der Eintracht an, als Charly Körbel von Dossenheim nach Frankfurt kam. Nicht einmal ein volles Trainingsspiel hatte er vor seinem Einstand in der Bundesliga mitmachen dürfen. „Erich Ribbeck ließ immer elf gegen elf spielen, ich war unter den zwei, drei Mann, die während dieser Zeit Runden drehen mußten und nur in den letzten Minuten zum Einsatz kamen. Ohne Angst und völlig unbelastet bin ich in mein erstes Spiel gegangen und dann von Null auf 100 durchgestartet", erinnert sich Körbel. Bei einem Turnier in Spanien hatte er sich wenige Wochen zuvor schon ein wenig bewährt, aber als er von Trainer Ribbeck gegen den FC Bayern und gegen Gerd Müller in die Mannschaft geholt wurde, galt dies als eine echte Sensation.

Rückblende: 13. Oktober 1972 in Dossenheim an der südlichen Bergstraße vor den Toren Heidelbergs. Das Trainingspensum dieser Woche hatten die Eintrachtprofis bereits absolviert. Wie üblich hatte Karl-Heinz Körbel auch an jenem Freitag mit der B-Gruppe des Frankfurter Profikaders am Vormittag trainiert. Ehe nachmittags um drei Uhr sich die A-Gruppe zum Abschlußtraining vor dem Heimspiel gegen Bayern München traf, war das 17jährige Talent schon heim an die südliche Bergstraße gefahren. Erst mit der Straßenbahn vom Trainingsplatz am Riederwald zum Hauptbahnhof und dann weiter mit der Eisenbahn nach Dossenheim.

Mit den Kumpels vom dortigen Fußball-Klub beteiligte sich Körbel „nur so aus Spaß", an einem Trainingsspielchen auf dem Sportplatz. „Da sah ich schon von weitem meinen Vater mit seinem knallroten Ford Capri und dem schwarzen Vinyldach heranbrausen." Aufgeregt winkte Karl Körbel seinen Sohn zu sich. „Eintracht Frankfurt hat angerufen. Du sollst sofort ins Trainingslager nachkommen." Ruth Körbel, die Mutter, hatte die Sporttasche schon gepackt. „Verschwitzt wie ich war, fuhr mich mein Vater ins Mannschaftsquartier nach Heusenstamm. Dort fing mich Erich Ribbeck schon am Eingang ab. Friedel Lutz habe sich im Abschlußtraining die Achillessehne gerissen. Was ich davon halte, morgen gegen Gerd Müller zu spielen, fragte mich der Trainer."

„Ich nahm den Charly damals mit ins Trainingslager. Ich war von ihm überzeugt, also habe ich ihn spielen lassen. Dann hat er jedes Spiel gemacht, wenn er nicht zur Jugendnationalmannschaft abgestellt werden mußte. Ich habe ihn als zuverlässigen Spieler geschätzt, der von seinen Anlagen her eher ein Durchschnittsfußballer ist. Charly hat sein Leistungsvermögen früh erreicht und lange gehalten. Man kann sagen, er hat von 17 bis 36 Jahren gleich gut gespielt", plaudert sein erster Trainer, Erich Ribbeck, im Rückblick.

So leicht wie damals hat es heute kein Talent mehr! Das jedenfalls behauptet Karl-Heinz Körbel. „Der Druck ist in den letzten zwei Jahrzehnten unheimlich groß geworden. Friß oder stirb, dazwischen gibt es fast nichts mehr. Mitschwimmen, sich in Ruhe entwickeln, wie das zum Beispiel bei der Eintracht Bernd Hölzenbein, Jürgen Grabowski, Bernd Nickel oder ich am Anfang unserer Laufbahn noch konnten, das ist heute nicht mehr möglich. Andy Möller ist doch das beste Beispiel: ihm gestattet man kein durchschnittliches Spiel, man bejubelt oder verdammt ihn", sagt Körbel zur Entwicklung des Fußballs.

Hoechst

Fast zwei Jahrzehnte war Karl-Heinz Körbel der Turm in der Schlacht. Rechts Armin Kraaz.

Er führt diesen Druck auch auf die Medien zurück: „Früher kamen unter der Woche mal höchstens zwei, drei Reporter beim Training vorbei. Heute wird jeder Schritt geradezu überwacht, jede Spielszene x-Mal im Fernsehen gezeigt und viel mehr interpretiert, als der Fußball überhaupt hergibt".

Als am 15. Juni 1991 der Vorhang über die 28. Bundesligasaison und Körbels 19. Profijahr fiel, da war der Charly irgendwo auch froh, daß Schluß ist. Offiziell hat er seinen Abschied unmittelbar nach dem Spiel in Uerdingen bekanntgegeben. Wenige Tage zuvor, vor dem Spiel beim FC Bayern München, hatte er noch „ein Supergespräch mit Bernd Hölzenbein geführt", in dem der Vizepräsident, dem er eigentlich noch ein weiteres Jahr als aktiver Bundesligaspieler im Eintrachttrikot versprochen hatte, viel Verständnis für seine Entscheidung gezeigt hatte. Auch der Plan, sich in Zukunft „stand by" für den Notfall bereitzuhalten, wurde verworfen.

Der Eintracht aber bleibt Charly erhalten. Schon lange hatte er sich intensiv mit dem Fußballnachwuchs am Riederwald befaßt, seit Sommer '91 packt Charly als A-Jugendtrainer und Assistent von Dragoslav Stepanovic so entschlossen mit an, wie er in 602 Bundesligaspielen seinen Mann gestanden hat.

Die Trainertätigkeit im Jugendbereich war schon seit langer Zeit beschlossene Sache für Karl-Heinz Körbel. „Das ging mir schon seit Jahren durch den Kopf, seit jenem Gespräch mit Trainer Dietrich Weise, der mir einmal gesagt hat, daß die Probleme des deutschen Fußballs im Jugendbereich liegen, weil es dort nur wenige qualifizierte Trainer gibt", sagt Charly, der Dietrich Weise seit dessen zweimaliger Trainertätigkeit am Riederwald schätzt wie kein anderer.

Mit seinem hervorragenden Ruf und mit seiner unvergleichbaren Erfahrung will Karl-Heinz Körbel nun neue Meilensteine setzen, vieles von dem, was ihm der Fußball in über zwei Jahrzehnten gegeben hat, nun den Stars von morgen vermitteln. Mit viel Herz, daran läßt Karl-Heinz Körbel keine Zweifel: „Mit Herz müssen die Kinder und Jugendlichen bei der Sache sein, stolz das Trikot der Eintracht tragen."

Die Entwicklung im Jugendfußball, mit dem sich der Eintrachtkapitän nun schon seit geraumer Zeit auseinandersetzt, gibt ihm zu denken: „Schon bei den 15jährigen wird heute mit zuviel Geld jongliert. Früher kam der Jüngste im Profikader vielleicht einmal in der Woche bei der Massage dran, heute liegt er bei jedem Training auf der Pritsche und findet das selbstverständlich. Die ganze Sache muß wieder mit mehr Herz betrieben werden, dann kommen die Angebote, das Geld und die vielen Vorteile, die dieser Beruf mit sich bringt, ganz von allein".

„Die wirklich Großen haben sich hochgedient", sagt er und verweist zum Beispiel auf Rudi Völler, der sich über Offenbach, 1860 München und den damaligen Bundesligaaufsteiger Bremen hochgearbeitet hat, bevor er als Nationalspieler nach Italien wechselte, schließlich Fußball-Weltmeister und ein Weltstar wurde. Körbel könnte auch auf sich selbst verweisen, auf eine Karriere ohne Skandale und laut erhobene Ansprüche wider manche Verlockungen aus anderen Städten und Ländern, die ihn zum „Mister Eintracht" und zu einem Vorbild des deutschen Fußballs auf einer Stufe mit den Großen aus der alten Zeit wie Fritz Walter und Uwe Seeler erhoben hat.

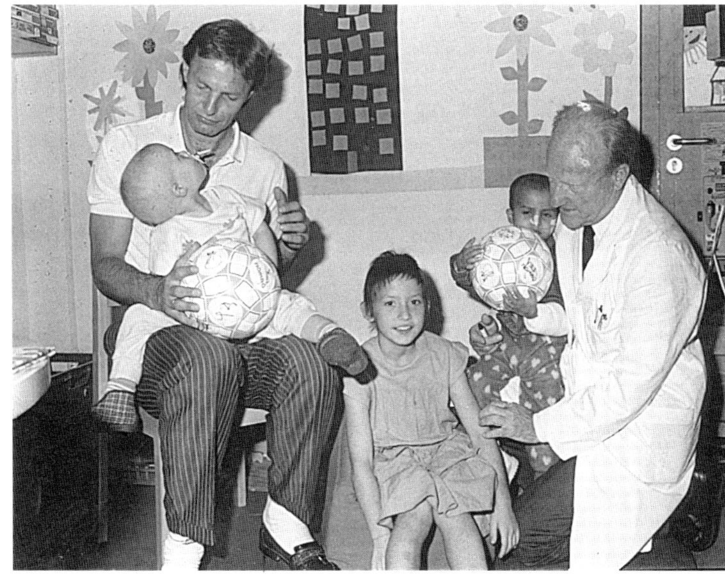

Seit vielen Jahren unterstützt Charly Körbel die Kinder-Krebsstation an der Universitätsklinik Frankfurt, sammelte schon einen sechsstelligen Betrag. Rechts Professor Kornhuber.

Viermal gewann Karl-Heinz Körbel mit der Eintracht den Pokal. Zweimal war Jürgen Grabowski (links), dreimal Bernd Hölzenbein (rechts) dabei, die mit Körbel auch nach dem Triumph von 1988 feierten.

Mit einer großen Gala verabschiedete sich Charly Körbel am 6. Oktober 1991 im Waldstadion von seinen Fans. Bis in den nächsten Morgen wurde gefeiert, und dann stellte Karl-Heinz Körbel fest: „Das war der schönste Tag in meiner Karriere". Dabei waren die Stars von heute und gestern, Prominenz aus Sport und Politik und alle Freunde des Bundesliga-Rekordspielers (602 Einsätze). Begeistert waren (nur) 12.000 Zuschauer von dem 4:4 im Abschiedsspiel zwischen der Eintracht und dem FC Bayern München sowie dem Klasse-Rahmenprogramm im Waldstadion.

Später, im Hotel Kempinski in Gravenbruch, erklärte „Kaiser" Franz Beckenbauer: „Frankfurt sollte Charly ein Denkmal setzen". Präsident Matthias Ohms, der ihn zuvor zum Ehrenspielführer ernannt hatte, würdigte in seiner Festrede die Persönlichkeit Karl-Heinz Körbel, Bundes-Familien-Ministerin Hannelore Rönsch hob ihn als „Vorbild der Jugend" ebenso wie DFB-Schatzmeister Egidius Braun hervor. Münchens Präsident Professor Scherer fand launige Worte und der ehemalige DFB-Trainer Herbert Widmayer, sein Entdecker, stellte fest: „Charly, du hast nie nur mit den Lippen gesprochen, sondern immer vor allem mit dem Herzen."

Karl-Heinz Körbel war von seinem Abschied überwältigt: „So gut, wie mich alle machen, bin ich nicht - fragen Sie meine Frau." Sein besonderer Dank galt dem FC Bayern München als Gegner seines Abschiedsspiels und vor allem seiner Mutter Ruth und seiner Frau Margarethe, „ohne deren Unterstützung ich das alles nicht erreicht hätte."

Mit einem Scheck in Höhe von 50.000 Mark für die an diesem Tag ins Leben gerufene Karl-Heinz Körbel Jugendstiftung zeigte der „treue Charly" auch an seinem Ehrentag besonderes soziales Engagement.

Rekordspieler Körbel. Zu seinem 600. Spiel wurde der Kapitän von Schatzmeister Wolfgang Knispel ausgezeichnet.

Wir möchten, daß Sie sich von unserer Arbeit dieses Bild machen.

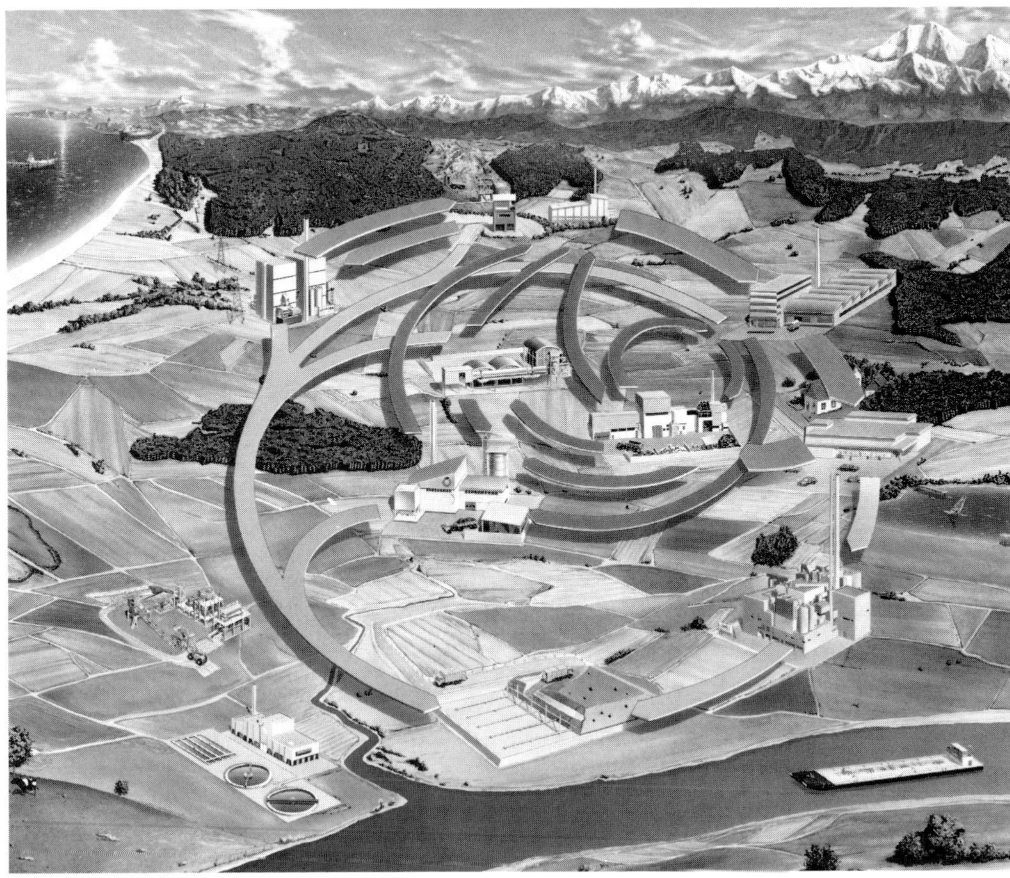

Die Dimension Umwelt im Konzern der Metallgesellschaft.

Es symbolisiert eine Welt, in der alles, was produziert wird, wieder zurück in einen Kreislauf fließt.
Es sagt, daß nichts verlorengehen soll – daß nichts, was heute noch als Segen, morgen schon als Umweltlast empfunden wird.

Diese Leistung bestimmt unser Programm:
Bereitstellung von Spitzentechnologien für eine Industrie, die bereit ist, sich dem System des industriellen Kreislaufs anzuschließen.

METALLGESELLSCHAFT AG

Reuterweg 14, Postfach 10 15 01, W-6000 Frankfurt am Main 1
Telefon: (0 69) 159-0, Telefax: (0 69) 159-2125, Telex: 41225-0 mgfd

Uli Stein: Reiz- und Integrationsfigur

Der Kapitän im 30. Bundesligajahr

Am 29. Mai 1988 war es, als sich im Berliner Olympiastadion der Kreis schloß für Uli Stein. Als Pokalsieger von Berlin war er im Jahr zuvor als Torwart des Hamburger SV ganz unten gelandet. Als Pokalsieger von Berlin feierte er jetzt an diesem Samstag seine endgültige Wiederauferstehung. Als Torwart der Frankfurter Eintracht. Gegen den deutschen Meister Bayern München hatte er mit Hamburgs Pokalsieger-Team am 28. Juli 1987 im Frankfurter Waldstadion das Spiel um den Supercup bestritten. Hier sank die sportliche Schicksalsstufe des früheren Nationalspielers (6 Länderspiele) an jenem Abend auf Null. Sein Faustschlag gegen Jürgen Wegmann. Die Sperre durch das DFB-Gericht. Die fristlose Beurlaubung beim HSV. „In der Bundesliga werde ich nicht mehr spielen", sagte Uli Stein damals.

Immer höchst konzentriert: Uli Stein.

Kein Zweifel - der Mann war am Boden. Doch wie so oft in seiner ungemein wechselvollen Karriere war der Unverwüstlicheste unter den deutschen Torhütern auch damals nur angezählt, nicht ausgezählt. Daß die Eintracht nach siebenjähriger Fußball-Tristesse am Main zehn Monate später den DFB-Pokal gewann, verdankte sie in erster Linie Uli Stein. Im Halbfinale in Bremen hatte er beim sensationellen 1:0-Sieg der Eintracht gegen den späteren Meister SV Werder mit einer Weltklasseleistung die letzten Schatten der Vergangenheit vertrieben. Und als er Ende Mai in Berlin dann den DFB-Pokal in der Hand hielt, waren die Weichen in eine glanzvolle Zukunft in der Bundesliga bei Eintracht Frankfurt gestellt.

Frankfurt im November 1987 - das war für Uli Stein nach seinen eigenen Worten ein Neuanfang am Nullpunkt. „In einer solchen Situation, in der ich mich damals befand, ist man auf Vorschuß angewiesen. Auf Vorschuß an Vertrauen und an Fairneß, und auf die Bereitschaft, zu vergessen und zu vergeben. In Frankfurt wurde mir dies alles vom ersten Tag an entgegengebracht. Ich glaube, ich konnte dieses Vertrauen rechtfertigen", resümiert er über diesen Wendepunkt in seiner großen Karriere. Er erinnert sich noch genau an jenen Samstag im Oktober 1987, als das Telefonat aus Frankfurt kam. „Ich hielt gerade meinen Mittagsschlaf, als Eintracht-Manager Wolfgang Kraus anrief. Meine Frau weckte mich. Als ich wenige Minuten später den Hörer auflegte, sagte ich zu ihr spontan: Das ist es, das mache ich".

Uli Stein machte es. Und was er dabei mit überragenden Leistungen seit nunmehr fünf Jahren machte, war auch eine eindrucksvolle Vergangenheitsbewältigung in eigener Sache. Als er nach Frankfurt kam, galt er als der Fußballprofi in Deutschland mit dem schlechtesten Image, als „Stein des Anstoßes". Doch im Waldstadion und in der Mainmetropole stieg er in den folgenden Spielzeiten vom Verfemten auf zum Volkshelden. Gewiß, Uli Stein war auch bei der Eintracht immer für Wirbel gut. Er schoß auch hier einige Male über das Ziel hinaus, wenn er glaubte, im Interesse der eigenen und der gemeinsamen Sache Dampf ablassen zu müssen. Doch weitaus stärker als die eine oder andere Eskapade in der Kabine war der Eindruck, den er mit seinen reaktionsschnellen Paraden und seinem abgeklärten Strafraumspiel auf dem Rasen hinterließ. Er mag und macht auch heute Zoff. Doch er gehört zu den wenigen Stars in der immer stromlinienförmi-

Kein anderer Torwart erbringt über Jahre so konstante Leistungen wie Uli Stein.

ger gewordenen Szene der Fußballprofis, die sich trauen, den Mund aufzumachen und ohne Rücksicht auf Namen auf Mißstände unverblümt hinzuweisen.

Als Buhmann und als Supermann erwarb er sich in Frankfurt den Ruf eines Torwarts, der alles hält, nur nicht den Mund. In dieser Rolle avancierte er zum Liebling der Eintracht-Fans und zur Galionsfigur der Mannschaft. Vor Frankfurt geächtet, in Frankfurt geachtet - nichts dokumentiert diesen Rollenwechsel deutlicher als das Amt des Kapitäns, das ihm Trainer Dragoslav Stepanovic vor der Saison 1991/92 übertrug. Kapitän der Eintracht ist der seit Jahren überragende Torwart der Bundesliga jetzt auch in ihrer 30. Saison. Mit 38 Jahren bringt er als der älteste Spieler im Jubiläumsjahr der höchsten deutschen Fußballklasse als Kapitän in Frankfurt scheinbar Unvereinbares auf einen Nenner: Uli Stein ist Reizfigur und Integrationsfaktor in einer Person.

Pokale, Pokale ...

1988 gewann die Eintracht zum vierten Male den DFB-Pokal

Lajos Detari setzte sich selbst die Krone auf. Zwei kurze Schritte, dann sauste der Freistoß, den Epp an dem Ungarn verursacht hatte, über die Abwehrmauer und ins Tor. Ein Traumtor, der Pokalgewinn ! 81 Minuten waren im Finale von Berlin am 28. Mai 1988 gespielt, zum vierten Male hatte die Eintracht damit in ihrer Geschichte den DFB Pokal gewonnen, enthusiastisch feierten 20.000 Frankfurter Schlachtenbummler unter den 72.000 Zuschauern im Olympiastadion die Mannschaft. Das schönste Kompliment kam vom Verlierer: „Eine sympathische Mannschaft ist Pokalsieger geworden", stellte Präsident Ottokar Wüst vom VfL Bochum fest.

Bis in den frühen Sonntagmorgen feierte die Mannschaft den Pokalerfolg, immer wieder gingen Uli Stein, Lajos Detari oder Kapitän Karl-Heinz Körbel mit dem Pokal vor das Hotel hinaus zu der jubelnden Schar der Eintrachtfans.

„Dieser Pokalsieg ist von allen der schönste", sagte Karl-Heinz Körbel, der 1975 Schütze des entscheidenden Treffers zum 1:0-Endspielsieg über den MSV Duisburg war. „Es ist der erste Triumph als Kapitän und der wiegt mehr, als wenn du nur Mitspieler bist. Noch nie war mein Wille, unbedingt zu gewinnen, so stark."

Dieser Siegeswille aller Spieler war letztlich entscheidend, nachdem die Mannschaft die erste Halbzeit nahezu verschlafen hatte, die Bochumer den Ton angaben, bei der großen Schwüle aber auch ein Opfer ihres vorgelegten Tempos wurden. Nach der Pause riß die Eintracht das Geschehen fest an sich und bei Abpfiff waren sich alle einig, daß sie das 45. Pokalfinale verdient gewonnen hat.

Die schönste Nachricht drang gleich nach dem Schlußpfiff Lajos Detari über die Lippen, als er vor den Kameras des ZDF verkündete: „Ich bleibe in Frankfurt, natürlich bleibe ich, ich fühle mich doch hier sehr, sehr wohl !" Nicht einmal zwei Monate später zählten die Reden und Worte von Berlin nicht mehr. Für eine Rekordablösesumme von rund 20 Millionen Mark, an der auch der Ungarische Fußball Verband und Detaris Stammverein Honved Budapest beteiligt war, wechselte der Star zu Olympiakos Piräus in die erste griechische Liga. Dort wurde er nicht glücklich, zog 1990 weiter nach Italien, wo er 1991 mit Bologna in die zweite Liga abstieg.

Detaris Traumtor war die Krönung einer Saison, in der die Eintracht in einigen Pokalschlachten über sich hinausgewachsen ist, in der in der Bundesliga aber noch Licht mit Schatten abwechselten, auch wenn die Mannschaft nach vielen Jahren endlich mit dem Abstiegskampf nichts mehr zu tun hatte. Der 9. Tabellenplatz, sechs Punkte mehr als in der vorangegangenen Saison, das dokumentierte auch in der Meisterschaft den Aufbruch einer neuen Mannschaft unter einer neuen Führung.

Doch die Frankfurter Fußballgeschichte wurde in der 25. Bundesligasaison in erster Linie im DFB-Pokalwettbewerb geschrieben.

Superstar Lajos Detari trug schon im ersten Spiel gegen den FC Schalke 04 mit einem Treffer zum 3:2-Sieg dazu bei, daß die Eintracht weiterkam. Andreas Möller, der im Winter zu Borussia Dortmund wechselte, und Frank Schulz erzielten die weiteren Treffer gegen Toni Schumacher. Leichter fiel es in der zweiten Runde mit dem 3:0-Heimsieg über den Zweitligisten SSV Ulm durch Tore von Smolarek und zwei Treffer von Turowski. Im Achtelfinale war bei Fortuna Düsseldorf wieder Lajos Detari gefordert; er schoß das „goldene Tor" zum 1:0-Sieg. Detari traf in einem großen Spiel beim 4:2- Heimerfolg über Bayer Uerdingen im Viertelfinale abermals, Ralf Sievers, Manfred Binz und Wlodzimierz Smolarek schossen die weiteren Treffer. Das Husarenstück vollbrachte die Eintracht dann am 13. April im Halbfinalspiel beim neuen Meister SV Werder Bremen, Torwart Uli Stein zeigte eine Weltklasseleistung, Frank Schulz schloß kurz vor dem Halbzeitpfiff einen Konterzug mit dem entscheidenden Treffer zum 1:0-Sieg ab.

Die Bochumer hatten 24 Stunden vor dem Eintrachtspiel in Bremen schon den Hamburger SV mit 2:0 besiegt und konnten, noch bevor die Eintracht in Bremen antrat, schon ihr Trainingslager in Berlin buchen. Sie zogen in die Sportschule am Wannsee, wo bislang alle in Berlin gekürten Pokalsieger gewohnt hatten. Die Eintracht mußte ausweichen, bezog vor dem Spiel ihr Trainingslager in heimischen Gefilden in der Erbismühle im Taunus, flog erst am Freitag nach Berlin, verbrachte die Nacht vor dem Finale im Hotel Steglitz und feierte anschließend den Triumph im Steigenberger Hotel Berlin.

Im Olympiastadion setzte die Eintracht ihre Endspiel-Serie fort. Wann immer sie sich in den vorangegangenen 14 Jahren in ein Finale vorgekämpft hatte, gewann sie es auch: 1974, 1975 und 1981 den DFB-Pokal, 1980 den UEFA-Cup. Auch die Serie von Trainer Karlheinz Feldkamp hielt. „In Berlin habe ich noch nie ein Spiel verloren, weder als Spieler noch als Trainer", stellte er nach dem Pokaltriumph fest. Den letzten großen Triumph hatte er 1985 im Olympiastadion mit dem 2:1-Pokalsieg von Bayer Uerdingen über Bayern München gefeiert. So schön wie mit der Eintracht in der Nacht vom 28. auf den 29. Mai 1988 hatte „Kalli" damals aber nicht feiern können, und so lobte er denn auf dem Bankett speziell die „Geschäftsstellen-Mannschaft" um Geschäftsführer Peter Röder: „Perfekter kann man eine Feier nicht organisieren, in Berlin hat einfach alles gestimmt !"

Als Detari und Uli Stein auf der Ehrenrunde im Olympiastadion den Pokal hochstreckten, schwoll der Applaus zum Orkan an. Am Abend, auf dem Festbankett, dankte Uli Stein in ei-

Pokalfinale 1988 in Berlin. Der entscheidende Freistoß von Lajos Detari zum 1:0-Sieg über den VfL Bochum.

Mit dieser Mannschaft ging die Eintracht in das Pokalfinale 1988; von links: Körbel, Stein, Schlindwein, Detari, Roth, Turowski, Binz, Kostner, Schulz, Sievers, Smolarek.

ner denkwürdigen Rede der Eintracht „für die Wiederauferstehung, die ich in Frankfurt dank der großen Freundschaft und Unterstützung, die ich angetroffen habe, feiern konnte."

Mit den großen Eintrachtstars von einst wie Alfred Pfaff, Jürgen Grabowski oder Bernd Hölzenbein, die alle nach Berlin gereist waren, war sich auch der deutsche Teamchef Franz Beckenbauer nach dem Finale einig: „Die Eintracht hat ein gutes Finale verdient gewonnen. Die Temposteigerung der Eintracht in der zweiten Halbzeit war ausschlaggebend, genauso die Tatsache, daß mit Lajos Detari der herausragende Fußballer bei der Eintracht spielte."

Der Verkauf von Lajos Detari löste in der zweiten Hälfte des Jahres 1988 riesige Turbulenzen in Frankfurt aus, die nicht spurlos an der Mannschaft vorübergingen. Im Europapokal schrieb die Eintracht außerhalb des Spielfeldes ein einmaliges Kapitel Geschichte. Drei Runden spielte die Mannschaft bis zu ihrem Ausscheiden gegen Pokalverteidiger KV Mechelen mit, in jeder Runde saß ein anderer Trainer auf der Bank.

Gegen Grasshopper Zürich war es in der ersten Runde Hans-Dieter Zahnleiter. Der bisherige Assistent des entlassenen Karlheinz Feldkamp freute sich nach dem Hinspiel, das Grasshopper Zürich nach Basel verlegt hatte, über ein 0:0. Das Beste bei der Rückkehr auf die europäische Fußball-Bühne nach sechseinhalb Jahren war das Ergebnis. Das schwache Spiel, in dem Ralf Sievers in der 77. Minute wegen wiederholten Foulspiels des Feldes verwiesen worden war, war das Ergebnis. Die Leistungen waren nicht europacupwürdig.

Das Rückspiel in Frankfurt erlebten am 5. Oktober 1988 nur 13.280 Zuschauer, mit dem Ungarn Pal Csernai saß schon wieder ein neuer Mann auf der Trainerbank. Dirk Bakalorz schoß die Eintracht mit seinem „goldenen Tor" in die

Viermal gewann Karl-Heinz Körbel mit der Eintracht den Pokal, 1988 in Berlin war er der Kapitän der Mannschaft. Rechts Manfred Binz.

Berlin, Berlin, wir fahren nach Berlin! Eintrachtfans vor der Gedächtniskirche beim Pokalfinale 1988.

Abpfiff, Pokalsieger! Dietmar Roth, Geschäftsstellenmitarbeiter Rainer Falkenhain, Lajos Detari und Wlodzimierz Smolarek bejubeln den Pokalsieg 1988.

nächste Runde, spielerisch war auch diese Partie eine Enttäuschung. Eintrachtspieler Heinz Gründel und Zürichs Stürmer Ugras wurden des Feldes verwiesen.

Ohne „Rotsünder" Gründel, ohne den nach zwei gelben Karten gesperrten Bakalorz und ohne den kurzfristig vom 1. FC Nürnberg verpflichteten Dieter Eckstein, der für den Europacup noch nicht spielberechtigt war, ging es ins Hinspiel der zweiten Runde gegen Sakaryaspor im Waldstadion. Rund die Hälfte der 28.000 Zuschauer waren Türken, und sie veranstalteten auf den Rängen ein Heidenspektakel. Die Eintrachtspieler zeigten sich von der Atmosphäre eines Auswärtsspiels in den eigenen Wänden nicht beeindruckt. Schon zur Pause war durch die Tore von Sievers, Balzis und Studer ein entscheidender Schritt in die dritte Runde getan. Die Türken verkürzten kurz vor Abpfiff zwar auf 1:3, doch zum Rückspiel durfte die Eintracht ganz gelassen reisen. Exakt wie im Hinspiel besorgte Sievers in der neunten Minute das 1:0, die weiteren Treffer durch Binz und Schulz zum 3:0-Erfolg waren Formsache.

Jörg Berger hieß der neue Trainer nach der Winterpause. Mit ihm faßte die Mannschaft in der Bundesliga endlich wieder Tritt, hatte sich vor der dritten Europacuprunde Anfang März schon vom Tabellenende gelöst.

Personalsorgen plagten die Eintracht vor dem ersten Spiel gegen die Belgier. In der Schlußphase mußte sogar Amateurspieler Dietmar Rompel eingesetzt werden. Die Eintracht zeigte eine überzeugende Leistung, doch vor allem Jörn Andersen klebte das Schußpech am Stiefel. 0:0 endete die Partie vor 22.000 Zuschauern. Die Eintracht war zwar unter Jörg Berger weiter ungeschlagen geblieben, doch die Chancen galten vor dem Rückspiel nur noch als sehr gering. In Mechelen folgte denn auch mit einer denkbar knappen 0:1-Niederlage das Aus. Neben Rompel mußte mit Thomas Lasser ein weiterer Amateurspieler eingesetzt werden. Der Abiturient hatte noch am Vormittag des Spieltages eine Arbeit schreiben müssen, war erst unmittelbar vor Spielbeginn in Mechelen eingetroffen. Torwart Uli Stein bot eine überragende Leistung, an der Niederlage aber gab es nichts zu deuteln. Der Überlebenskampf in der Bundesliga aber war zu diesem Zeitpunkt weitaus wichtiger, und er wurde schließlich erfolgreich bestanden.

Übermut und Wehmut in Stuttgart

Übermut und Wehmut wechselten in der langen Nacht von Filderstadt ab, in der viele erst gar nicht den Weg ins Bett fanden, sondern am Sonntagmittag übermüdet zum triumphalen Empfang des Pokalsiegers 1981 auf dem Frankfurter Römerberg fuhren, sich unter die über 10.000 Bürger mengten oder oben im Kaisersaal des Römers den Ehrungen beiwohnten. Stunden nach dem großen 3:1-Sieg über den 1. FC Kaiserslautern vor 71.000 Zuschauern im ausverkauften Stuttgarter Neckarstadion hatten viele mit den Tränen zu kämpfen, als im Hotel „Schinderbuckel" vor den Toren der schwäbischen Metropole die große Siegesfeier begann. Es war ein außergewöhnlicher Tag, der 2. Mai 1981, nicht zu vergleichen mit den ersten Pokalsiegen der Eintracht in den Jahren 1974 und 1975. Denn in der Stunde des großen Erfolges hieß es auch Abschied nehmen von Männern, die die wichtigsten Kapitel in der 82jährigen Vereinsgeschichte der Frankfurter Eintracht geschrieben hatten.

Das Abschiedsgeschenk, eine goldene Taschenuhr, hatte symbolischen Charakter. Bernd Hölzenbeins Uhr in Frankfurt war an diesem 2. Mai, an dem er zum dritten Male mit der Eintracht den Pokal gewonnen hatte, abgelaufen. Schon am folgenden Montag bestieg er mit seiner Frau und den beiden Kindern Sabrina und Sascha die Maschine nach Miami, acht Tage nach dem Stuttgarter Pokalfinale bestritt er sein erstes Spiel im neuen Trikot, für die Fort Lauderdale Strikers. Sechsmal hatte Hölzenbein in den letzten sieben Jahren in einem Endspiel gestanden. Fünf davon, das WM-Finale 1974, das UEFA-Pokal-Finale 1980 und die drei DFB-Pokalendspiele hatte er gewonnen.

Der Abschied. Schöner hätte er für Bernd Hölzenbein nicht sein können. Doch gerade deshalb schwang Wehmut mit, als Präsident Achaz von Thümen, der wenige Wochen später selbst seinen Abschied nahm, die Laudatio auf den scheidenden Kapitän hielt, als Willi Neuberger ans Mikrophon trat und im Auftrag der Mannschaft Bernd Hölzenbein einen Erinnerungsteller überreichte, und erst recht, als der „Holz" selbst ein paar Abschiedsworte fand.

Daß sein Abschied mit diesem Triumph gekrönt wurde, davon war Bernd Hölzenbein schon Wochen vor dem Finale felsenfest überzeugt. 18 Tage vor dem Pokalfinale hatte die Eintracht das Bundesligaspiel auf dem Betzenberg in Kaiserslautern sang- und klanglos mit 0:2 verloren. In den Tagen, in denen die Pessimisten am Main Oberwasser hatten, war es immer wieder Bernd Hölzenbein, der die Mannschaft und die Fans einschwor: „Gerade nach diesem 0:2 bin ich fest davon überzeugt, daß wir das Pokalfinale gewinnen werden. Auf einem neutralen Platz werden wir uns nicht so ängstlich verstecken, dynamischer sein als heute". Doch wie sehr das 38. deutsche Pokalfinale den „Holz" bestätigen würde, hatte er wohl selbst nicht erwartet. In der deutschen Cup-Geschichte nimmt das 81er Finale eine exponierte Stellung ein. „Das war das beste Pokalfinale, das ich in meinem Leben gesehen habe. Die Frankfurter waren eine echte Werbung für den Fußball", schwärmte Nationalspieler Hans Müller vom VfB Stuttgart und sprach damit für 71.000 Augenzeugen und ein Millionenpublikum vor den Fernsehschirmen.

Mit der Frankfurter Eintracht siegte das spielerisch eindeutig bessere Team. Sie widerlegte an jenem 2. Mai all jene Experten, die seit geraumer Zeit davon ausgingen, daß ein Fußballspiel in erster Linie von den Rennern und Kämpfern, die da alles niederbügeln, entschieden wird. „Spielende" Mannschaften hatten schließlich in den nationalen und internationalen Wettbewerben nur noch wenig Grund zum Jubel ge-

Stolz zeigt Kapitän Bernd Hölzenbein den Pokal nach dem Finale 1981. Dreimal wurde der Weltmeister von 1974 mit der Eintracht Pokalsieger.

Der zweite Akt im Doppelschlag: Ronald Borchers läßt Hellström keine Chance. Auch Bongartz kommt zu spät.

habt, die Eintracht bewies im Stuttgarter Neckarstadion, daß es auch anders geht.

Die Spannung in Stuttgart hielt nur 39 Minuten und 45 Sekunden. Da nämlich gelang Norbert Nachtweih ein Spannstoß, der unter Schwärmern als „Traumpaß" verherrlicht wird. Er öffnete damit den Raum für Nationalspieler Ronald Borchers, der entschlossen losmarschierte und dem Schweden Ronnie Hellström im Tor des 1. FC Kaiserslautern mit einem herrlichen Schuß zum 2:0 keine Abwehrchance ließ. Mit diesem Zeitpunkt war das 38. Pokalfinale entschieden, nachdem nur 50 Sekunden vor diesem Treffer Willi Neuberger mit einem satten Dropkick den ersten Streich zum Doppelschlag geführt hatte. Jedem war zu diesem Zeitpunkt klar, daß der Sieger nur Eintracht Frankfurt heißen kann. Den „Pälzer Krischer" schnürte es ab diesem Zeitpunkt die Kehle zu. Über 30.000 waren gekommen, um den Betzenberg nach Stuttgart zu versetzen. Ab der 40. Spielminute bildeten die „roten Teufel" eine schweigende Mehrheit. Selbst der damalige DFB-Trainer Erich Ribbeck, einst in Diensten der beiden Pokalfinalisten, schob den Fans der Pfälzer Teilschuld an der Niederlage zu: „Die Mannschaft des 1. FCK erhielt kaum Unterstützung. Offenbar verlieren die FCK-Fans die Stimme, wenn sie die Pfalz verlassen haben!"

Es war nicht allein der Doppelschlag, der den Pfälzern die

Keine Chance für Ronnie Hellström. Das 3:0 von Bum Kun Cha im Pokalfinale 1981.

Freude über den dritten Pokalsieg. Stehend von links: Pezzey, Manager Klug, Hölzenbein, Borchers, Körbel, Co-Trainer Meyer, Cha, Lorant, Betreuer Hübler, kniend von links: Pahl, Nickel, Nachtweih, Sziedat, Neuberger.

Stimme verschlug. Es war vielmehr die Leichtfüßigkeit, mit der Nachtweih und Cha, Hölzenbein und Borchers alle Hindernisse umgingen, es war die höhere Spielerintelligenz, die von Pezzey und Nickel, Körbel und Neuberger ausging. Variabler war die Eintracht in ihren Aktionen, daß sie am Ball den „Kraftmeiern" vom Betzenberg überlegen sein würde, wußte man schon vorher. Diese glatte Art entmutigte alle, die ihre Sympathien dem 1. FC Kaiserslautern gegeben hatten und die mit jeder Spielminute mehr die Eintracht in ihr Herz schlossen.

Das Trumpf-As im Pokalfinale hieß Bernd Nickel. Lange Bälle auf die Außen, Kurzpaßspiel, wenn's nötig war, wuchtige Freistöße und raffiniert geschlenzte Eckbälle - das Repertoire des Spielmachers schien an diesem Tage unerschöpflich. An seiner Seite wuchs Ronald Borchers zu einer Leistung, wie man sie nur selten von ihm gesehen hatte, die ihn wieder in die Nationalmannschaft zurückführte. Wie Melzer in keiner Phase Nickels Kreise stören konnte, stand Funkel gegen Borchers auf verlorenem Posten. Ronnie leistete Schwerstarbeit im Mittelfeld, stellte zudem die Lauterer Abwehr immer wieder vor Rätsel, wenn er wechselweise mit Michael Sziedat auf der rechten Angriffsseite vorstieß. Er erzielte das wichtige zweite Tor, er lieferte die Flanke zum 3:0, das Bum Kun Cha, wie von der Sehne geschnellt, mit einem herrlichen Kopfball erzielte. Auf der linken Seite klappte das Wechselspiel mit Neuberger und Nachtweih genausogut. In der Mitte spielte Bernd Hölzenbein einen Stoßkeil alter Prägung, stürzte seinen Bewacher Michael Dusek in große Verlegenheiten. Jeder wünschte dem Kapitän das Quentchen Glück, das ihm zu einem Treffer in seinem letzten Auftritt fehlte. Hervorragend auch die Abwehrachse mit Pahl, Libero Pezzey und Vorstopper Körbel. Torwart Jürgen Pahl machte nicht einen Fehler, er strahlte von Beginn an die Ruhe und Sicherheit aus, die sich auf die gesamte Mannschaft übertrug.

Tagelang hatte Trainer Lothar Buchmann an der Taktik für dieses Finale getüftelt. In der Erbismühle im Taunus hatte die Eintracht eine Woche vor dem Finale Quartier bezogen, in den Taunuswäldern wurde im Training noch einmal härteste Knochenarbeit wie in der Vorbereitungsphase auf eine Saison geleistet. Was Lothar Buchmann da ausgetüftelt hatte, wollte den wenigsten in den Kopf, aber der Erfolg bestätigte den Trainer. Er hatte alles exakt auf diesen 2. Mai getimt.

Als die Mannschaft dann oben auf dem Podest stand, hielt es auch ihn nicht mehr länger im Hintergrund. Hinter Kapitän Bernd Hölzenbein als Anführer stellte sich Lothar Buchmann in die vierte Position bei der Gratulationscour durch DFB-Präsident Hermann Neuberger. Und als der „Pott" dann zu ihm weitergereicht wurde, da streckte er ihn mit ganz besonderer Genugtuung der Tribüne entgegen. Von dort prasselte ihm diesmal donnernder Applaus entgegen. Ausgerechnet von jener Tribüne, von wo ihm ein Jahr zuvor noch die gellendsten Pfiffe und übelsten Schmähungen entgegengebracht worden waren. Lothar Buchmann badete genüßlich in dem Glück, es den Stuttgartern, die ihm das Leben auf seinem zweiten Trainerposten in der Bundesliga so schwer gemacht hatten, an der Stätte seiner Schmerzen wieder einmal gezeigt zu haben.

Genugtuung und Wiedergutmachung können im Leben eines Menschen eine nicht zu erfindende Dramaturgie haben. Denn nur in einem Kitschroman ist zu lesen, daß die Stätte der größten Demütigung und Erniedrigung auch zum Ort des stolzesten Triumphs werden kann. Als Trainer des VfB Stuttgart hatten sie ihn verfemt und schließlich davongejagt. Als Coach des neuen Pokalsiegers, der im Viertelfinale eben jenen VfB Stuttgart ausgeschaltet hatte, war er jetzt im Neckar-Stadion der umjubelte Mann der Stunde, selbst wenn die Helden der Volksoper andere Namen trugen. „Ist es Zufall, daß dies heute ausgerechnet hier passiert ist?" machte sich der sonst so realistische Buchmann seine Gedanken, während man ihm ununterbrochen die Hände schüttelte und auf die Schultern klopfte.

Rund 40 Kilometer weiter nördlich hatte er sechs Jahre vorher seinen ersten Titel gewonnen - als Trainer des deutschen Amateurmeisters von 1975, VfR Bürstadt, beim 3:0 über Concordia Hamburg im Endspiel von Ludwigsburg. In Stuttgart und seiner Umgebung wurzelte das sportliche Schicksal von Lothar Buchmann. „Wir danken Ihnen für diese Arbeit", sagte Eintracht-Präsident Achaz von Thümen, ehe er die Pikanterie dieses Pokalsieges ansprach: „Daß dieses Spiel in Stuttgart stattgefunden hat, freut uns alle. Mehr können Sie im Raum Stuttgart nicht erreichen. Sie sollten es jetzt damit genug sein lassen!"

Das nötige Losglück, das zum Einzug in ein Pokalfinale gehört, begleitete die Eintracht auf dem Weg in das Stuttgarter Endspiel. Zweimal kamen die Gegner aus dem Amateurlager, dreimal aus der Zweiten Liga, einmal aus der Bundesliga und vier der sechs Begegnungen bis zum Finale fanden in Frankfurt statt. Verdient waren die Eintrachtsiege allemal, und doch war auch in den letzten Spielen beim 1:0 im Halbfinale über Hertha BSC Berlin, beim 2:1 über den VfB Stuttgart und beim 5:4 beim VfB Oldenburg in den vorangegangenen Runden ein wenig Spielglück dabei.

Im Europapokal wurde in zwei dramatischen Auseinandersetzungen die erste Hürde PAOK Saloniki genommen. Jürgen Pahl war in dieser ersten Runde mit den Spielen am 16. und am 30. September 1981 der Held. 2:0 hatte die Eintracht das Hinspiel durch Tore von Bruno Pezzey und Karl-Heinz Körbel im Waldstadion gewonnen, mit 0:2 das Rückspiel in Saloniki verloren. Der letzte Schuß im notwendig gewordenen Elfmeterschießen machte Jürgen Pahl zum Helden der ersten Europapokal-Runde.

Dieses Elfmeterschießen war ein Drama für sich, wie es selbst Alfred Hitchcock nicht besser hätte inszenieren können. Werner Lorant, Karl-Heinz Körbel, Wolfgang Trapp, Norbert Nachtweih und Bruno Pezzey hatten „ihren Elfer" untergebracht, die Nerven beim dröhnenden „Buuuh" der 35.000 Zuschauer behalten. Aristide Dimopoulos war der letzte Schütze der Griechen in diesem Stechen. Mit dem linken Arm erwischte Pahl den Ball, der hoch über das Tor flog. Totenstille im Hexenkessel, und Jürgen Pahl begegnete der allgemeinen Euphorie mit Gelassenheit: „Ich war halt der Strohhalm, an den sich alle geklammert hatten". Das Glück der letzten Minute - auch in Saloniki hatte es die Eintracht nicht verlassen.

Aber darauf wollte sie es in der zweiten Runde mit den Spielen gegen SKA Rostow am 21. Oktober und am 4. November nicht mehr ankommen lassen. Die 0:1-Niederlage in der UdSSR schuf eine ideale Ausgangsbasis für das Rückspiel, in dem vor 28.000 Zuschauern im Waldstadion wieder Bruno Pezzey den Grundstein für den Einzug in die dritte Runde legte. Schon nach drei Spielminuten hatte er mit einem herrlichen Hackentrick den 0:1-Rückstand aus dem Vorspiel ausgeglichen, Werner Lorant brachte die Eintracht mit einem verwandelten Foulelfmeter in die dritte Runde.

Die dritte Runde sollte zur Endstation werden. 0:2 unterlag die Eintracht am 3. März 1982 bei Tottenham Hotspur durch die Tore von Miller in der 58. und Hazard in der 81. Spielminute. Schon 24 Stunden vor dem Spiel hatte es eine Hiobsbotschaft gegeben, mußte doch Torwart Jürgen Pahl wegen einer Verletzung (eingequetschter Nerv an der Wirbelsäule) passen. Ersatzmann Joachim Jüriens schlug sich hervorragend, aber auch er war ab der 55. Minute gehandicapt. Der überharte Archibald hatte Jüriens das Knie in den Rücken gerammt. Drei Minuten später gelang Miller das 1:0, fortan war an der White Hart Lane die Hölle los. Mit einem tückischen Aufsetzer gelang Hazard neun Minuten vor dem Abpfiff das 2:0.

Exakt 44.000 Zuschauer kamen - wie schon beim Hinspiel in England - auch zur zweiten Partie in das Frankfurter Waldstadion. Sie feierten einen Start der Eintracht nach Maß. Schon in der zweiten Minute schoß Ronald Borchers nach Steilpaß von Norbert Nachtweih das 1:0, nach einer Viertelstunde stand es 2:0. Wieder war Nachtweih von Peryman nicht zu packen, spielte Cha am Elfmeterpunkt frei und der Koreaner ließ Torwart Clemence mit einem satten Schuß keine Abwehrchance. Der Rückstand aus dem Vorspiel war aufgeholt, die Eintracht blieb am Drücker, Falkenmayer und Nikkel hatten mit ihren Distanzschüssen viel Pech. Karl-Heinz Körbel, der im Hinspiel die zweite gelbe Karte im laufenden Wettbewerb gesehen hatte und gesperrt war, orakelte zur Pause: „Jetzt kriegen die noch zwei, drei Stück!" Doch es kam ganz anders. Die Eintracht setzte ihren Sturmlauf auch nach der Pause fort, selbst Libero Pezzey forderte Torwart Clemence zu Glanzparaden heraus. Doch mitten in diesen Sturmlauf hinein der kalte Schlag. Villa legte für Hoddle auf, Torwart Jürgen Pahl, der an diesem Tag seinen 26. Geburtstag feierte, war bei dem Schuß von der Strafraumgrenze die Sicht versperrt. Aus der Traum, ganz tragisch schied die Eintracht nach einem großartigen Spiel aus.

DFB-Pokalsieger 1974: Rohrbach, Nickel, Hölzenbein, Reichel, Kalb, Weidle, Beverungen, Körbel, Trinklein, Kunter, Grabowski (von links).

Der „Doppelschlag" 1974 und 1975

Zu verdienen gab es für die Eintracht in dem Pokalwettbewerb der Saison 1980/81 bei rund 83.000 Zuschauern in den sechs Spielen hin zum Finale angesichts der Einnahmeteilung, Verbandsabgaben und Erfolgsprämien nicht viel. Jedenfalls nicht das, was bei den ersten Pokalsiegen der Jahre 1974 und 1975 in die Kassen der erfolgreichsten deutschen Pokalelf des letzten Jahrzehnts floß. So waren hin zum Düsseldorfer 3:1-Endspielsieg nach Verlängerung über den Hamburger SV am 17. August 1974 folgende Hürden genommen worden: 8:1 bei Tennis Borussia Berlin, 3:2 bei Hessen Kassel, 4:3 nach Verlängerung gegen den 1. FC Köln und 3:2 gegen den FC Bayern München, hatte es gegen Köln und München volle Ränge im Waldstadion gegeben. Auf dem Weg zum Finale gegen den MSV Duisburg am 21. Juni 1975 in Hannover (1:0) wurde die Hürde in Bielefeld mit 3:1 übersprungen, folgten Siege in Solingen (2:1 nach Verlängerung), Mülheim-Styrum (3:0), gegen den VfL Bochum (1:0), Fortuna Köln (4:2) und Rot-Weiß Essen (3:1 nach Verlängerung). Dietrich Weise war der Mann, der als Trainer für diese beiden ersten großen Triumphe der Eintracht nach dem Gewinn der Meisterschaft 1959 und dem Einzug ins Endspiel im Europapokal der Landesmeister 1960 verantwortlich zeichnete.

15 Jahre nach dem Gewinn der Deutschen Meisterschaft mußte die Eintracht 1974 im Düsseldorfer Rheinstadion wie damals gegen Kickers Offenbach wieder über 120 Minuten kämpfen, um den zweiten deutschen Titel ihrer Vereinsgeschichte zu erringen. Das turbulente Tempospiel vor 53.000

Triumphator Jürgen Grabowski (auf den Schultern von Lorenz) nach dem 1:0-Pokalsieg über Duisburg. Rechts Vizepräsident Ernst Berger und Präsident Achaz von Thümen.

DFB-Pokalsieger 1975: Grabowski, Wienhold, Lorenz, Trinklein, Körbel, Beverungen, Weidle, Hölzenbein, Reichel, Neuberger, Nickel (von links).

Zuschauern stand ganz im Zeichen der beiden Torhüter Dr. Peter Kunter und Rudi Kargus. Die Eintracht-Abwehr stand bombensicher, obwohl der nach Berlin gewechselte „Funkturm" Uwe Kliemann nicht mehr eingesetzt werden konnte. Sein Pech war, daß das Finale wegen der Fußball-Weltmeisterschaft in diesem Jahr erst nach der Sommerpause, eine Woche vor dem Start in die Bundesligasaison, ausgespielt werden konnte. Aber Gert Trinklein und Karl-Heinz Körbel spielten im Deckungszentrum einen sicheren Part.

Der schlaksige Libero Trinklein, sicherlich nicht der geborene Torjäger, mogelte sich in der 40. Spielminute an mehreren Hamburgern vorbei und schoß das Führungstor. Der Däne Björnmose sorgte mit seinem Ausgleichstor in der 75. Minute für eine Verlängerung. Bernd Hölzenbein brachte in der 95. Minute mit dem 2:1 die Vorentscheidung, und Auswechselspieler Wolfgang Kraus stellte bei einem Konterangriff gegen die nun bedingungslos stürmenden Hamburger fünf Minuten vor Ende des Spiels den Sieg sicher. Frankfurt gewann als die reifere Mannschaft verdient, und Trainer Dietrich Weise gewann gegen den HSV-Präsidenten Dr. Peter Krohn eine in den Stunden vor dem Spiel abgeschlossene Sektwette. Hermann Gösmann, damals DFB-Präsident, konnte in der übermütigen Stimmung nach dem Pokalgewinn nur Lachen ernten, als er den neuen Deutschen Meister „Eintracht Braunschweig" ehrte.

Im Europapokal aber reichte es nicht zu einem Erfolgszug wie 1959/60. Der AS Monaco wurde in der ersten Runde mit 3:0 und 2:2 ausgeschaltet, aber dann folgte gegen den späteren Europapokalsieger Dynamo Kiew, der damals mit der Nationalmannschaft der UdSSR fast identisch war, das Aus durch die 2:3-Niederlage im Waldstadion und das 1:2 in Kiew. Kunter; Reichel (ab 105. Müller), Trinklein, Körbel, Kalb;

Das „goldene" Tor durch Karlheinz Körbel beim 1:0-Pokalsieg über Duisburg.

Geschwächt ging die Mannschaft 1964 in Stuttgart ins Pokalfinale gegen 1860 München. Höfer, Loy, Lutz, Landerer, Huberts, Schämer, Stinka, Trimhold, Kraus, Lindner, Stein (von links).

Nickel, Grabowski, Weidle (ab 75. Kraus), Beverungen; Hölzenbein, Rohrbach waren beim Pokalsieg dabei.

Nicht einmal zwölf Monate später, am 21. Juni 1975, stand die Eintracht schon wieder im Pokalfinale und setzte sich in Hannover - diesmal gegen den MSV Duisburg - mit 1:0 erneut durch. Vor 43.000 Zuschauern im Niedersachsenstadion war es das große Spiel des Jürgen Grabowski und die große Stunde des Karl-Heinz Körbel, die das Spiel für Frankfurt entschieden. Als der große Regen die drückende Hitze ablöste, schoß Körbel in der 57. Minute das Tor des Tages, nachdem Linders einen Schuß von Bernd Hölzenbein zu kurz abgewehrt hatte. Überragender Mann eines mitreißenden Spiels aber war Kapitän Jürgen Grabowski gewesen, der „wie einst Di Stefano seine Kreise zog" (Kicker). Trotz vieler pessimistischer Prognosen - immerhin galt der MSV Duisburg seit Jahren nur als eine Art „graue Maus" im deutschen Spitzenfußball - hatten beide Mannschaften ein großes Spiel gezeigt. Wienhold; Reichel, Körbel, Trinklein, Neuberger; Beverungen, Weidle, Grabowski, Nickel; Hölzenbein, Lorenz sicherten der Eintracht den zweiten Pokalgewinn.

Weiser ließ Weise die Eintracht beim zweiten Start im Europapokal der Pokalsieger an die Sache gehen. Gegen den FC Coleraine hatte man in der ersten Runde (5:1 und 6:2) wenig Probleme, dann aber sorgte die Eintracht auch international wieder einmal für einen Paukenschlag. In Madrid setzte sie sich gegen Atletico mit 2:1 durch. Dieses Kunststück war noch keiner ausländischen Mannschaft im Europapokal dort gelungen. Die Glanzleistung wurde im Rückspiel in Frankfurt mit einem 1:0-Sieg wiederholt. Im Halbfinale mußte sich die Eintracht dem englischen Cupsieger West Ham United beugen. 2:1 wurde zwar im Waldstadion gewonnen, aber in London gab es eine 1:3-Niederlage. Peter Kunter stand wieder im Tor, nachdem Wienhold in Mönchengladbach nach einem Zusammenstoß mit dem Dänen Jensen im Bundesligaspiel sich das Fußgelenk gebrochen hatte. Allerdings, nie zuvor ging wohl eine Mannschaft so aufgeregt in ein so wichtiges Spiel wie die Eintracht in London, wo man auf der Anfahrt zum Stadion im Berufsverkehr mit dem Bus steckengeblieben war und erst zehn Minuten vor Spielbeginn eintraf.

Am 13. Juni 1964 hatte die Eintracht das erste Mal ein deutsches Pokalendspiel erreicht. In einer unglaublichen Hitzeschlacht bei über 40 Grad Celsius im Schatten des Stuttgarter Neckarstadions gab es eine 0:2-Niederlage gegen den TSV 1860 München. Gerade für die Eintracht wirkte sich diese Hitze besonders ungünstig aus, hatte sie doch Impfstoffe im Körper, da zwei Tage nach dem Finale die große Südafrika-Reise, die schon ein halbes Jahr vorher geplant worden war, begann. Der VfL Wolfsburg, der HSV, Hessen Kassel, der FC Schalke 04 und Hertha BSC Berlin waren die Stationen auf dem Weg in das Endspiel, in dem Wolfgang Solz fehlte. Die Eintracht galt als Favorit, nachdem sie in den Punktspielen jener Saison die „Löwen" im Stadion mit 5:2 geschlagen und aus München ein 1:1 mitgebracht hatte. Aber wegen der Impfungen konnte vor dem Finale nicht trainiert werden, und Willi Huberts wurde ein Opfer der Sonnenschlacht; er kollabierte.

Die Weltmeister der Eintracht

Jürgen Grabowski

Es gibt in Wiesbaden den einen oder anderen, der erinnert sich noch an jenen schönen Frühsommerabend im Jahre 1962, den auch Jürgen Grabowski bis heute nicht vergessen hat. Draußen vor den Toren der hessischen Landeshauptstadt stand die Sonne schon schräg über dem Fabrikpanorama des kleinen Industriestädtchens Biebrich. Die schlanken Schlote und die dickleibigen Zementsilos warfen bereits lange Schatten hinüber zum Dyckerhoff-Sportplatz. Dort wogte das Freundschaftsspiel zwischen dem FV 02 Biebrich und dem SV Wiesbaden in der zweiten Halbzeit hin und her. Plötzlich erhob sich ein siebzehnjähriger schmächtiger Junge von der Biebricher Reservebank, lief sich einige Minuten lang warm, schlüpfte aus seinem Trainingsanzug und betrat für einen ermüdeten Mannschaftskameraden das Spielfeld. Noch keine 30 Sekunden später stand der Auswechselspieler im Mittelpunkt stürmischer Gratulationen: Jürgen Grabowski hatte mit seinem ersten Ballkontakt in seinem ersten Seniorenspiel sein erstes Tor in einer 1. Mannschaft geschossen. Für Jürgen Grabowski sollte sein erstes Erfolgserlebnis den Charakter eines Schlüsselerlebnisses haben. „Von dieser Sekunde an wußte ich, daß der Erfolg mein Wegbegleiter sein wird", interpretierte er seinen gelungenen Einstand. Ein relativ nichtiges Tor hatte ihm gleich am Anfang die Tür zu seinem Selbstbewußtsein geöffnet.

Der Erfolg war Jürgen Grabowski in die sportliche Wiege gelegt worden, gewiß. Viel freilich hätte nicht gefehlt und der Kapitän der Frankfurter Eintracht wäre als die große tragische Figur in die Geschichte des deutschen Fußballs eingegangen. Wäre da nicht jenes andere Tor gewesen, der wichtigste seiner zahllosen Treffer, Jürgen Grabowski wäre wohl nicht der geworden, der er war und der er auch heute noch für viele ist: „Symbol der Eintracht", wie Oberbürgermeister Dr. Wallmann später sagte. Zwölf Jahre nach diesem Debüt begann der Stern, der 1962 aufgegangen war, ohne daß es damals schon jemand wußte, in die Phase seiner stärksten Leuchtkraft einzutreten. Die Beschreibung der Szenerie veranschaulicht am deutlichsten, wie steil es mit Jürgen Grabowski bergauf gegangen war, seitdem er im Jahre 1965 für 10.000 Mark Handgeld, eintausend Mark Grundgehalt und 200 Mark Siegprämie seinen ersten Zwei-Jahres-Vertrag bei der Eintracht unterschrieben hatte. Nicht mehr die Abendsonne hinter dem Dyckerhoff-Sportplatz sondern die mächtige Flutlichtanlage des Düsseldorfer Rheinstadions beleuchtete das Geschehen. Nicht Biebrich gegen Wiesbaden sondern Deutschland gegen Schweden hießen die Kontrahenten. Kein Freundschaftsspiel war's an jenem 30. Juni 1974 sondern die entscheidende Begegnung der zweiten Finalrunde während der 10. Fußball-Weltmeisterschaft. Und nicht 2.000 Zuschauer am Rande der Sportplatzbegrenzung sondern 67.000 unter den hohen Tribünendächern verfolgten das Spiel. Doch wie damals, an jenem Frühsommerabend des Jahres 1962, so erhob sich auch an diesem Juni-Abend des Jahres 1974 wieder der blonde, wenn auch nicht mehr so schmächtige und auch nicht mehr so junge Mann während der zweiten Halbzeit von der Reservebank und lief sich warm. Hinter ihm lag die größte Enttäuschung seiner Laufbahn, als er nach der 0:1-Niederlage gegen die DDR zum Sündenbock erklärt wurde und das Spiel gegen Jugoslawien von der Tribüne mitansehen mußte. Jetzt gönnte Bundestrainer Schön seinem Wiesbadener Landsmann eine allerletzte Chance. Und Jürgen Grabowski nutzte sie. Gerade erst ins Spiel gekommen schoß er wenige Minuten später das Tor zur 3:2-Führung und brachte die deutsche Nationalmannschaft wieder auf die Erfolgsspur zurück, an deren Ende der Gewinn des WM-Titels stand. Ohne dieses Tor wäre es Jürgen Grabowski möglicherweise so ergangen wie zwei Jahre zuvor bei der Europameisterschaft, als er bis ins Halbfinale dabei war und die Nationalelf dann im Endspiel gegen die UdSSR ohne ihn Europameister wurde. Oder wie sechs Jahre später, als die Eintracht mit ihm bis ins UEFA-Pokalfinale gestürmt war und dann ohne ihn den Titel erkämpfte, den er in Frankfurt neben der (immer wieder vergeblich angesteuerten) deutschen Meisterschaft am stärksten ersehnte.

Der Gewinn der Weltmeisterschaft im Jahre 1974 am Tag seines 30. Geburtstages war der größte Triumph seiner Laufbahn. Das UEFA-Pokalfinale der Eintracht am 21. Mai 1980 war dagegen die härteste Prüfung seiner Karriere. 15 Jahre lang hatte Jürgen Grabowski von einem solchen Tag geträumt, seit er am 14. August 1965 gegen den Hamburger SV sein erstes Bundesligaspiel bestritten hatte. Längst waren sie abgetreten, die Loy, Blusch, Landerer, Lutz, Höfer, Lechner, Lindner, Huberts, Sztani und Lotz, die damals bei Grabis Bundesliga-Premiere dabei gewesen waren.

Der Debütant von einst war zu einem genialen Fußballer herangewachsen. Sein Ruhm als Balljongleur, als Supertechniker und Spielmacher war seit langem schon im In- und Ausland manifestiert. Als Symbol der Eintracht stand er für die geniale Inspiration des großen Individualisten, verkörperte er die hohe Schule von brillanter Technik und spontanem Spielwitz. Als engagierter Kapitän hatte er nach seinem 30. Geburtstag und dem WM-Gewinn von München den Begriff vom mündigen Fußballer vorgelebt und sich die Freiheit genommen, als Nationalspieler 1974 abzutreten, „nein" zu sagen, als ihn Bundestrainer Schön 1978 wieder zurückholen wollte, und die Vereinsführung zu kritisieren, wann immer er dies für notwendig hielt.

Als jener Tag aber gekommen war, auf den er 15 Jahre lang bei der Eintracht gewartet hatte, da konnte er wegen einer

Der größte Tag in der Karriere des Jürgen Grabowski. An seinem 30. Geburtstag wurde er am 7. Juli 1974 mit der deutschen Fußball-Nationalmannschaft Weltmeister, väterlich umarmt ihn Bundestrainer Helmut Schön.

Verletzung nicht mitspielen und mußte tatenlos mit zusehen, wie seine Mannschaft im Endspiel gegen Mönchengladbach ohne ihn erntete, was er gesät hatte. Doch Jürgen Grabowski bestand auch diese letzte und schwerste Prüfung, die er in 15 Bundesligaspielzeiten hatte bestehen müssen. Souverän, mit distanzierter Freude und ohne äußere Anzeichen seiner inneren Erregung balancierte der Mann, der in 15 Bundesligajahren nur ganz wenige Male nicht in Form gewesen war, aber immer Format gehabt hatte, nach dem UEFA- Pokalgewinn zwischen dem Stolz der anderen und der eigenen Niedergeschlagenheit, zwischen dem Triumph der Kollegen und der eigenen Traurigkeit, zwischen den Jubelchören der Fans und der Wehmut seiner persönlichen Freude. Plötzlich aber, während die Mannschaft auf der Ehrenrunde war, riefen die 60.000 Zuschauer im Frankfurter Waldstadion minutenlang seinen Namen. „Grabi" winkte zurück in die vollbesetzten Ränge. Zum Dank. Aber auch zum Abschied. In diesem Augenblick war er am 21. Mai 1980 endgültig zurückgetreten: der letzte Trickser, der letzte große Spielmacher aus dem Zeitalter der unvergleichlichen Dirigenten Beckenbauer, Overath, Netzer und Grabowski.

45.000 waren es dann an jenem Mittwochabend, dem 13.11.1980, die sich bei Jürgen Grabowskis Abschiedsspiel zwischen der Eintracht und der Weltmeister-Mannschaft von 1974 zum letzten, ungemein eindrucksvollen Hurra für den „Mister Eintracht" versammelt hatten. Bis auf Breitner und Schwarzenbeck waren die Weltmeister komplett nach Frankfurt gekommen. Sogar Franz Beckenbauer, der Grabi zu Ehren im Waldstadion sein erstes Spiel auf deutschem Boden nach seiner Rückkehr aus Amerika bestritt. Die Kämpen von einst trugen in diesem Spiel die Rückennummern, die sie sechs Jahre vorher beim Endspielsieg über Holland getragen hatten. Overath die 12, Uli Hoeneß die 14, Gerd Müller die 13, Uwe Seeler und Günther Netzer kamen während der zweiten Halbzeit zum Einsatz. Im Vorspiel standen sich zwei Mannschaften ehemaliger Eintracht-Spieler gegenüber, die mit Grabowski ein mehr oder weniger langes Wegstück gegangen waren. Und zum „Nachspiel" traf sich die ganze Gesellschaft zu einem der rauschendsten Feste, die je in Frankfurt stattgefunden haben. Ehrengast der Nacht war Gerd Fröbe, den Grabowski 14 Jahre vorher in Dublin kennengelernt hatte. Grabi bestritt dort ein Spiel, Fröbe drehte dort einen Film. „Die halbe Nacht sind wir beide damals durch die Dubliner Kneipen gezogen. Seitdem sind wir Freunde", berichtete Gerd Fröbe, der um zwei Uhr nachts einen Sonderauftritt für Jürgen gab, als er seine umwerfende Torwart-Pantomime zum besten gab. Lange vorher, in der 74. Minute des Abschiedsspiels hatte Jürgen Grabowski das Spielfeld verlassen, auf dem er länger als ein Jahrzehnt lang als unumschränkter König geherrscht und gezaubert hatte. Alle standen Spalier, der Maier Sepp und Berti Vogts, Beckenbauer, Cullmann, Höttges, Bonhof, Hoeneß, Overath, Gerd Müller, Uwe Seeler, Netzer und die Kollegen von der Eintracht, als der Kapitän in die Kabine ging.

Bernd Hölzenbein und Jürgen Grabowski. Gemeinsam wurden sie 1974 Weltmeister, gemeinsam prägten sie über ein Jahrzehnt lang das Spiel der Eintracht.

Dem Fußball ist der große Dribbelkünstler, der seinen internationalen Ruhm 1970 bei der Weltmeisterschaft in Mexiko als „bester Auswechselspieler der Welt" begründete, bis heute aktiv verbunden geblieben. In der Uwe-Seeler-Traditionsmannschaft und mit diversen Prominentenmannschaften demonstriert er sein noch immer vorhandenes großes Können am Ball. Und auch der Eintracht hat er die Treue gehalten. Bis 1992 gehörte er dem Verwaltungsrat an. Inzwischen hat der Wiesbadener, der mit seiner Ehefrau Helga in Taunusstein-Bleidenstadt eine Agentur der „Gothaer Versicherungsbank" führt, eine neue sportliche Liebe entdeckt: Jürgen Grabowski ist ein begeisterter Golfspieler geworden, der mittlerweile auch im Umgang mit der kleinen Kugel erstaunliche Fertig- und Fähigkeiten vorweisen kann.

Bernd Hölzenbein

Die Uhr, das Abschiedsgeschenk der Eintracht, das ihm am Abend des 2. Mai 1981 nach dem großen 3:1-Sieg im Pokalfinale über den 1. FC Kaiserslautern in Stuttgart vom damaligen Präsidenten Achaz von Thümen überreicht worden war, hatte symbolischen Charakter. Bernd Hölzenbeins Zeit in Frankfurt war an jenem Tag abgelaufen. Unwiderruflich. Zwei Tage später bestieg er mit seiner Frau Jutta und den Kindern Sabrina und Sascha die Maschine nach Miami. Dort bestritt er bereits eine Woche nach seinem letzten großen Sieg mit der Eintracht sein erstes Spiel im neuen Trikot, für die Strikers aus Fort Lauderdale. Für Bernd Hölzenbein hatte diese Uhr aber auch noch einen anderen Stellenwert. Es war das gleiche Abschiedsgeschenk, das die Eintracht wenige Monate vorher auch seinem Vorgänger als Kapitän, Jürgen Grabowski, überreicht hatte.

„Holz" war Weltmeister, Nationalspieler, Pokaltriumphator. Möglicherweise wußte er selbst nie, wie gut er wirklich war, jedenfalls übertrieb er die Bescheidenheit etliche Male, wenn er sich selbst in Jürgen Grabowskis Schatten stellte. In der Geschichte der Eintracht hat er sicherlich eines der größten Kapitel geschrieben. Jürgen Grabowski ist als „Mister Eintracht" in die Annalen des Frankfurter Fußballs eingegangen, Bernd Hölzenbein aber als der mit Abstand erfolgreichste Spieler der Eintracht.

Sechsmal war er in den letzten sieben Jahren seiner Zeit bei der Eintracht in einem Endspiel gestanden. Fünf davon, das WM-Endspiel 1974, die Pokalendspiele 1974, 1975 und 1981 sowie das UEFA-Pokalfinale 1980 hat er gewonnen. Das macht ihm so schnell keiner nach. „Und wenn statt Hoeneß Sie beim Elfmeterschießen gegen die CSSR im EM-Finale den Elfmeter geschossen hätten, wären Sie 1976 auch Europameister geworden", sagte von Thümen bei der Abschiedsfeier in Stuttgart-Filderstadt. Zum letzten Mal hatte Bernd Hölzenbein an jenem Samstag für die Eintracht gespielt, im Pokalfinale 1981 nach 420 Bundesligaspielen, in denen er mit 160 Treffern zum erfolgreichsten Eintracht-Torschützen aller Zeiten geworden war. Beim letzten Mal spielte er noch einmal in der Sturmspitze, jener Position, die er so oft verflucht und in der er doch seine größten Erfolge erkämpft hatte.

Freiwillig war Bernd Hölzenbein im Sommer 1978 als Nationalspieler zurückgetreten. Die WM-Pleite in Argentinien und ihre Begleitumstände hatte ihm die Lust an der Nationalmannschaft genommen. Er wollte von sich aus den Weg freimachen für andere. Nichts und niemand vermochte ihn von seinem Rücktritt aus der Nationalmannschaft abzubringen. Schon gar nicht konnte ihn die Aussicht verlocken, mit einer kurzen Zeit des Weitermachens Jürgen Grabowski als den erfolgreichsten Nationalspieler der Eintracht ablösen zu können. 40 Länderspiele hatte Bernd Hölzenbein bis zum Ende der Weltmeisterschaft in Argentinien absolviert. Fünf Länderspiele, ein knappes Jahr, fehlten noch, um Grabowski (44 Länderspiele) zu überflügeln. „Doch das hätte ich dem Grabi nicht antun können!" Bernd Hölzenbein sagte dies damals im Spaß. Doch er meinte es ernst, als er fortfuhr: „Der Grabi ist der größte Fußballer, den die Eintracht je gehabt hat. Da ist es gut, daß dies auch in der Rangfolge ihrer Nationalspieler zum Ausdruck kommt". So war und ist Bernd Hölzenbein. Immer bescheiden. Stets zurückhaltend. Nie mehr beanspruchend, als ihm seiner Meinung zukommt.

Fünfzehn Jahre spielte Bernd Hölzenbein für die Eintracht, seit er im Jahre 1966 als unbekannter Amateur von Dehrn in der Nähe von Limburg nach Frankfurt gekommen war. In all diesen Jahren gab es Zeiten und auch Gründe, in denen er einen Machtkampf mit Jürgen Grabowski hätte suchen und möglicherweise auch hätte gewinnen können. Doch selbst von jenem Zeitpunkt an, als Grabowski und Hölzenbein als „die Zwei" der Eintracht bezeichnet und nach dem Gewinn der Weltmeisterschaft 1974 in einem Atemzug genannt wurden, beschied sich „Holz" damit, die zweite Geige bei der Eintracht zu spielen. Weil er es so wollte. Aus freien Stücken.

Seit Beginn der Saison 1980/81 war er dann der neue Chef der Eintracht-Mannschaft. Nicht weil er Jürgen Grabowski verdrängt hatte, sondern weil er der Nachfolger des zurückgetretenen Kapitäns geworden war. Nach 441 Bundesligaspielen hatte Grabi seinen Abschied als Spieler genommen. Jetzt war „Holz" an der Reihe. Und da er gewissermaßen der andere Teil des Tandems gewesen war, empfand er die Übernahme des Kapitänsamtes nicht nur als Verpflichtung gegenüber der Mannschaft, sondern auch als Vermächtnis des langjährigen Partners.

Mit 34 Jahren war Bernd Hölzenbein der neue Kapitän der Eintracht geworden. Und auch am Abend seiner Karriere blieb er dem wesentlichsten Merkmal seiner großen Laufbahn treu, die sich vor allem als der Aufstieg eines Spätberufenen darstellt. Was Bernd Hölzenbein wurde, hatte er über lange Anlaufstrecken hinweg erreichen müssen. Seinem Einstieg in die Bundesliga ging eine längere Geduldsprobe in der Amateurmannschaft der Eintracht voraus. 27 Jahre war er bereits, als er am 10. Oktober 1973 in Hannover gegen Österreich sein erstes Länderspiel bestritt. Als er in seinem zehnten Länderspiel 1974 in München Weltmeister wurde, hatte er vorher erst ein Länderspiel über die komplette Spielzeit hinter sich - vier Tage zuvor beim Halbfinale gegen Polen in Frankfurt. 28 Jahre war Bernd Hölzenbein alt, als er zu Beginn der Saison 1974/75 mit dem Sieg im Pokalfinale über den Hamburger SV seinen ersten Titel mit der Eintracht erkämpfte. Und 34 Lenze zählte er bereits, als er 1980 erstmals einen Europapokal gewann.

Hölzenbein hat viele Umwege in Kauf nehmen müssen, um in den kleinen Kreis der größten deutschen Fußballspieler vorzudringen. Mal Zauberer, mal Zauderer, oft hin- und hergerissen zwischen Brillieren und Resignieren stand er sich in der ersten Hälfte der siebziger Jahre bisweilen auch selbst im Wege. In der Nationalmannschaft war er oft ein Lückenbüßer, mußte er es sich gefallen lassen, in die taktische Zwangsjacke gepreßt zu werden und in einer Rolle, die ihm nicht behagte und seinem fußballerischen Naturell nicht entsprach, schlechte Kritiken zu riskieren. Schließlich aber überwand er bei seinem Aufstieg zu einem Topmann der Branche jedes Hindernis. Weil er von Anfang an konnte, was kein anderer (außer Gerd Müller) konnte wie er: Tore schießen aus jeder Lage und in jeder Situation.

Bernd Hölzenbein, das war vor allem der Kunstschütze der Liga, der Spezialist für „krumme" Tore und für späte Treffer, die sooft alles entschieden haben. Dem Weltklassetorwart Ronnie Hellström hatte er in Kaiserslautern in der Saison 1979/80 „ein Ding", so der schwedische Nationalkeeper, „verpaßt, wie ich es noch nie auf so raffinierte Weise gefangen habe" - aus 22 Metern aus vollem Lauf als Bogenlampe mit unwahrscheinlichem Effet in den Winkel gedreht. Das wohl wichtigste Tor der Saison 79/80, das 2:0 gegen Bukarest, das die Verlängerung erzwang und damit den späteren UEFA-Pokaltriumph ermöglichte, erzielte er Sekunden vor dem Ende der normalen Spielzeit - im Sitzen mit dem Kopf. Außer der Hand gibt es wohl kaum einen Körperteil, mit dem Hölzenbein kein Tor erzielt hat. 1976 in Jugoslawien schoß er im EM-Endspiel gegen die CSSR das 2:2 - in der 90. Minute mit dem Hinterkopf. Und sein 150. Bundesligator erzielte er im ersten Spiel der Saison 80/81 in Schalke mit der Backe, als er einen Schuß von Nachtweih reaktionsschnell ins andere Toreck abfälschte.

Als er im allerletzten Spiel jener Saison, dem Pokalfinale von Stuttgart, das Eintracht-Trikot für immer auszog, war dies ein Abschied voller Tränen und Traurigkeit. Der Kapitän hatte ja gar nicht von Bord des Eintracht-Schiffs gehen wollen. Doch da die „Reederei" am Riederwald ihn nicht mehr weiterbeschäftigen wollte, sich mit ihm nicht über einen neuen Vertrag einigen konnte, brach er zu neuen Ufern auf. Von seinen Fans hatte er sich zuvor schon in seinem letzten Heimspiel, seinem letzten von 420 Spielen in der Bundesliga, auf seine einzigartige Weise im Waldstadion verabschiedet: mit zwei herrlichen Toren beim 4:0-Sieg über den 1. FC Köln.

Mit der Landung am 4. Mai 1981 in Miami begann für Bernd Hölzenbein ein neues Kapitel seiner großen Karriere. Erst bei den Strikers in Fort Lauderdale in Florida, danach dann in Memphis und Baltimore. Vier Jahre blieb er mit seiner Familie in den Vereinigten Staaten. Vier Jahre, die seiner großen Persönlichkeit neue und noch schärfere Konturen gaben. „Amerika war das Größte überhaupt. Von diesen Jahren, von diesen Erlebnissen und Eindrücken profitieren meine Frau, meine beiden Kinder und ich noch heute", beurteilt er sein amerikanisches Abenteuer, das ihm und seiner Familie viel mehr gebracht hat als nur das Erlernen einer neuen Sprache.

Bewahrt hat sich Bernd Hölzenbein nach seiner Rückkehr

40 Länderspiele bestritt Bernd Hölzenbein, der Gewinn der Weltmeisterschaft 1974 war der Höhepunkt (Foto rechts).

Der stolzeste Augenblick in seiner Karriere: Bernd Hölzenbein 1974 mit der WM-Trophäe.

aus Nordamerika seine für ihn geradezu typische Spontaneität und Unberechenbarkeit. So war die Verblüffung groß, als er sich im Dezember 1985 dem Südwest-Oberligisten FSV Salmrohr anschloß, um dem Team von der Mosel zum Aufstieg in die Zweite Liga zu verhelfen. Nicht minder groß war die Überraschung in der „Szene", als Hölzenbein im Sommer 1986 bei Viktoria Aschaffenburg anheuerte, als Trainerassistent an der Seite seines Freundes und früheren Eintracht-Kollegen Horst Heese. Für ihn war diese Episode vor allem eine Art Praktikum im Hinblick auf den A-Trainer-Schein, den er zusammen mit Karl-Heinz Körbel ein Jahr später in der Sportschule Hennef erwarb.

„Typisch Holz" war schließlich auch seine Spontanentscheidung, als er sich während einer stürmischen Mitgliederversammlung der Eintracht als Vizepräsident zur Wahl stellte und mit überwältigender Mehrheit in dieses Führungsamt berufen wurde. Sportlich und gesellschaftlich hatte die Eintracht zu jenem Zeitpunkt den absoluten Tiefpunkt erreicht. In dieser Situation wollte sich Bernd Hölzenbein vor der Verantwortung nicht drücken. Der Weltmeister sprang in die Bresche, um die Turbulenzen zu beseitigen, die Abstiegsgefahr zu bannen und die Eintracht aus der Krise zu führen. Mit welch großem Erfolg er dies tat, ist an anderer Stelle in diesem Buch beschrieben.

Der neue Mercedes 500 SEL.

Fünf neue Gründe, Mercedes zu fahren.

► Nicht, daß wir bisher um Gründe verlegen gewesen wären, Ihnen einen Mercedes zu empfehlen. Aber mit der neuen S-Klasse sind erfreulich viele dazugekommen.

► Und das gleich in fünf entscheidenden Bereichen. So tut die neue S-Klasse mehr, als bisher möglich war, für die Handlichkeit beim Fahren, die Zuverlässigkeit bei neuen Technologien, die Entlastung des Fahrers und den Schutz der Insassen und der Umwelt. Ein ausgiebiges Thema, das wir gern näher mit Ihnen erörtern, wenn Sie bei uns vorbeischauen.

► Übrigens haben wir Ihnen weit mehr zu bieten als gute Autos: eine Partnerschaft, die vom grundsoliden Service bis zum schnellen Notdienst reicht, von der Touring-Garantie bis zur MercedesCard.

Mercedes-Benz

Ihr guter Stern auf allen Straßen.

Mercedes-Benz AG
Niederlassung Frankfurt

Theodor-Heuss-Allee 44 - 56	Tel. 0 69 / 7 90 02 50
Frankenallee 137 - 151	Tel. 0 69 / 7 90 03 78
Am Kaiserbrunnen	Tel. 0 69 / 7 90 03 88
Hanauer Landstraße 121	Tel. 0 69 / 40 58 01 40
Heerstraße 66	Tel. 0 69 / 7 60 46 12

Uwe Bein

Von Kickers Offenbach, wohin er sechs Jahre vorher aus seinem Heimatort Heringen bei Bad Hersfeld gekommen war, ging Uwe Bein 1984 weg, um in der Bundesliga Karriere zu machen. Vier Jahre zuvor hatte Offenbachs Fußball-Denkmal Hermann Nuber prophezeit: „Ich gehe jede Wette ein, daß Rudi Völler und Uwe Bein mal die linke Angriffsseite der Nationalelf bilden werden". Über den 1. FC Köln und den Hamburger SV mußte der torgefährliche Supertechniker 1989 an den Main zurückkehren, um als Spielmacher von Eintracht Frankfurt diese Prognose zu verwirklichen.

Gleich in seiner ersten Spielzeit für die Eintracht avancierte er mit seinem Blick fürs Wesentliche bei der Vorbereitung und mit seiner Kaltblütigkeit beim Torabschluß zum Supermann im offensiven Mittelfeld. 29 Jahre war Uwe Bein, als er im Oktober 1989 in der zweiten Halbzeit des WM-Qualifikationsspiels gegen Finnland seinen Einstand in der Nationalmannschaft gab - mit einer sensationellen Leistung an der Seite von Rudi Völler. „Es gibt nur wenige Spieler auf der Welt, die solch entscheidende Pässe in die Tiefe spielen können", schwärmte Teamchef Franz Beckenbauer nach diesem Debüt.

Eine fußballerische Hochbegabung, die früh schon berufen schien, mußte sich lange in Geduld üben, um relativ spät doch noch die Gipfel eines Fußballprofis zu erreichen. 1987 drohte die vielversprechende Laufbahn von Uwe Bein im traurigen Mittelmaß zu versiegen. Nach drei Bänderrissen und der Ausmusterung in Köln wurde der zurückhaltende Schweiger zunächst auch bei seinem neuen Arbeitgeber, dem Hamburger SV als Fehleinkauf bezeichnet. Dann aber platzte bei ihm in Hamburg der Knoten doch noch.

In Frankfurt gewann er in punkto Aggressivität und Zweikampfverhalten neue Tugenden hinzu, ohne seine bekannten Stärken einzubüßen. Der späte Entwicklungsschub bei der Eintracht verhalf ihm zur Nominierung zur WM in Italien. Dort aber blieb dem stillen Star die höchste Erfüllung versagt. Viermal war er bei der Endrunde im deutschen Team von Anfang an dabei. Beim siegreichen Finale von Rom blieb ihm aber nur die Rolle des Zuschauers. Die Rolle des Fernsehzuschauers blieb ihm sogar nur zwei Jahre später, als er gegen Ende einer großartigen Saison mit der Eintracht Bundestrainer Berti Vogts für die EM 1992 in Schweden absagen mußte.

Großen Anteil am späten Höhenflug des eleganten Technikers hat Bernd Hölzenbein. Gegen erheblichen Widerstand im engeren Umfeld hatte der Eintracht-Vizepräsident den offensiven Mittelfeldspieler 1989 für 1,3 Millionen Mark Ablösesumme nach Frankfurt geholt. Erster Effekt der trefflichen Maßnahme: Die Eintracht avancierte mit Uwe Bein als neuem Spielmacher vom Abstiegskandidaten zu einem Spitzenteam der Bundesliga.

Die Verpflichtung von Uwe Bein war für den Weltmeister von 1974 aber nur der erste Schritt zu höheren Zielen. Was Bernd Hölzenbein während 14 Bundesligajahren und 420 Punktspielen für die Eintracht versagt geblieben war, wünscht er sich als verantwortlicher Fußballchef vom Eintracht-Team der neunziger Jahre: die Deutsche Meisterschaft. Zu diesem Zweck holte er Andreas Möller von Borussia Dortmund an den Main zurück, stellte ihn Uwe Bein als kongenialen Partner zur Seite und damit die Weichen an die Spitze der Bundesliga. Bein und Möller ein Traumpaar wie einst Grabowski und Hölzenbein in den siebziger Jahren. Am Ende der Saison 1991/92 war der Titel für dieses neue Traumpaar zum Greifen nahe, ehe er in der letzten Bundesligapartie in Rostock verspielt wurde.

Mit dem Traum von der Meisterschaft platzte im Sommer 1992 dieses neue Traumpaar. Dem Abschied von den Titelhoffnungen folgte der Abschied von Andreas Möller, den es nach Italien zu Juventus Turin zog. „Ich bin drei Jahre zu spät in die Nationalmannschaft gekommen", resümierte Uwe Bein in einer stillen Stunde einmal über seine Laufbahn. Mit Sicherheit hätte er sonst etliche Länderspiele mehr absolviert. Wahrscheinlich hätte er dann auch als Nationalspieler eine größere Lobby im DFB-Team. Und möglicherweise wäre er dann auch, wie die anderen Stars aus dem Team des Weltmeisters, in Italien gelandet. So also ist Uwe Bein ein Beispiel dafür, daß im lärmenden Showbusiness des Profifußballs nicht immer nur die Besten sondern vor allem auch die Lautesten und Schrillsten gefragt sind. Doch auch ohne Möller und international um manche Hoffnung ärmer beweist der geniale Spielmacher in Frankfurt weiterhin, daß er die deutsche Meisterschaft nicht aus den Augen verloren hat.

Meister mit der Eintracht - für Uwe Bein, den „stillen Star" vom Riederwald, wäre es der angemessene Höhepunkt einer Karriere, die einige Male wegen schlimmer Verletzungen schon abzuknicken drohte. So schwer es ihn auch immer wieder bei der Ausübung seines Berufs getroffen hat, die Leichtigkeit seines Spiels hat er darüber nicht verloren. Mit links pflegt er auf dem Spielfeld die meisten und vor allem die schwierigen Dinge zu erledigen.

„Seine Stärke liegt in seiner Ruhe", hat Thomas von Heesen erkannt, mit dem der Nordhesse seit seiner Zeit beim HSV befreundet ist. „In der Ruhe liegt die Kraft" - mit diesem Motto hat Uwe Bein nach einer langen Kletterpartie in der Bundesliga als Nationalspieler der Frankfurter Eintracht doch noch den Gipfel seiner Karriere erreicht. In einem leisen und manchmal beschwerlichen, immer aber doch ganz unangestrengt und ungemein elegant wirkenden Alleingang als Fußballspieler.

Andreas Möller

Von keinem der neuen Stars in der Bundesliga hielt Berti Vogts mehr. Kein Wunder also, daß er seinen Amtsantritt als neuer Bundestrainer mit dem Namen von Andreas Möller verband: „Der Andy wird mein Spielmacher". Ebenso überzeugt wie Berti Vogts war auch Bernd Hölzenbein von Möllers Qualitäten. Deswegen setzte der Eintracht-Vizepräsident alles daran, um den „Frankfurter Bub" nach Frankfurt zurückzuholen. Von dort war Andreas Möller im Dezember 1987 nach Dortmund zur Borussia gewechselt, wo er sein riesiges Talent zur Reife bringen wollte.

Als Dortmunder wurde Möller 1989 DFB-Pokalsieger. In Dortmund gelang ihm am 21. September 1988, 19 Tage nach seinem 21. Geburtstag, beim Länderspiel gegen die UdSSR der Sprung in die Nationalmannschaft. Als Stammspieler reiste der 22jährige zwei Jahre später im Aufgebot von Franz Beckenbauer zur WM nach Italien - und erlebte dort seine bisher größte sportliche Enttäuschung. Von zwei insgesamt 24 Minuten dauernden Kurzeinsätzen gegen Jugoslawien und die CSFR abgesehen, kam er im Team des späteren Weltmeisters nicht zum Zuge.

Bis zu dieser Zäsur in seiner steilen Karriere war Andreas Möller eine Art „Benjamin im Sauseschritt" gewesen, ein fixer Junge, der früh schon wußte, was er wollte, und schnell erreichte, was er sich vorgenommen hatte. Deutscher Jugendmeister mit Eintracht Frankfurt, Vizeweltmeister mit der Junioren-Nationalmannschaft, Kapitän der U 21. Schnelligkeit, Tordrang und perfekte Technik - mit diesen Stärken avancierte der exzellente Angriffsspieler bei Eintracht Frankfurt schon mit 18 Jahren zum Bundesliga-Spieler.

Alle Türen, selbst die zu italienischen Spitzenklubs, standen dem Fußball-Himmelsstürmer offen, ehe es bei der WM zum ersten Knick in der Karriere kam. „In Italien fühlte ich mich ungerecht behandelt. Doch dieses Negativerlebnis ist abgehakt und von mir relativ schnell verarbeitet worden. Berti Vogts gibt mir neue Sicherheit", sah Andreas Möller in seinem Wiederanfang in Frankfurt und in dem Neuanfang des Bundestrainers die große Chance zu einem neuen Start zu höchsten Zielen. Unumstritten als Dirigent und Torjäger bei der Eintracht schaffte Andy dann auch in den Qualifikationsspielen zur Europameisterschaft 1992 in Schweden in der deutschen Nationalelf den Sprung zur festen Größe.

Den nötigen Schub bei seinem dritten Anlauf in die Nationalmannschaft verschaffte sich Andreas Möller selbst. Von Berti Vogts zunächst favorisiert und dann fast ein Jahr lang links liegen gelassen, erkämpfte sich Andy mit einer starken Leistung beim ersten Länderspiel der Saison 1991/92 gegen England im Londoner Wembley-Stadion das Vertrauen des Bundestrainers zurück.

„Andy Möller hat das Zeug zum Superstar", betonte auch Franz Beckenbauer im Sommer 1991, als die Eintracht ihren Höhenflug in der Bundesliga startete. In England und vor allem beim großen 4:1-Sieg über Wales in Nürnberg bewies der Eintracht-Turbo, daß er seine Lehren aus den Erfahrungen der Vergangenheit gezogen hat. Bei der Europameisterschaft 1992 in Schweden erlebte Andreas Möller aber einen erneuten Rückschlag in seiner Karriere als Nationalspieler und wurde am Ende von seinem einstigen Förderer Berti Vogts als „meine größte Enttäuschung bei der EM" bezeichnet.

Verbittert ging der leichtfüßige Techniker nach Italien, wo er nach einem langen Wechsel-Wirrwar jetzt für den Topklub Juventus Turin spielt. Von dort unternimmt er nunmehr den vierten Anlauf zum Nationalteam, nachdem Vogts seinen früheren Lieblingsschüler bei den ersten beiden Länderspielen der Saison 1992/93 „links liegen" gelassen hatte. Wird die WM 1994 in den USA dann endlich „sein" Turnier?

Andreas Möller und Jürgen Kohler. Kollegen in der National-Mannschaft und seit 1992 auch bei Juventus Turin.

Alfred Pfaff

Sie nannten ihn respektvoll „Don Alfredo" und verglichen ihn und seine Spielweise dadurch mit einem der weltbesten Fußballspieler aller Zeiten, mit Alfredo di Stefano von Real Madrid. Dem Vergleich der Fans lag eine historische Parallele zugrunde: was der Argentinier dem königlichen Klub aus der spanischen Hauptstadt bedeutete, das war Alfred Pfaff zur gleichen Zeit für seine Frankfurter Eintracht: Kapitän und genialer Spielgestalter. Unter di Stefano wurde Real Madrid in den fünfziger Jahren die absolute Ausnahmeerscheinung im europäischen Fußball. Alfred Pfaffs Spielideen und Regiekunst machten die Eintracht zu einem Aushängeschild des deutschen Fußballs. Als die Frankfurter im unvergessenen Glasgower Europacup-Finale 1960 Madrid vom Thron zu stürzen sich bemühten, lag das Scheitern dieses Versuchs nicht an der schlechteren Stabführung des Eintracht-Dirigenten, sondern an der etwas besseren Besetzung des spanischen Ensembles.

Den Gewinn der Deutschen Meisterschaft ein Jahr zuvor und der grandiose Eintracht-Sturmlauf durch den Europapokal bezeichnet Alfred Pfaff denn auch als die für ihn persönlich bedeutsamsten Erfolge seiner Fußball-Laufbahn. Mit 15 Jahren feierte Alfred Pfaff 1943 seinen Einstand in der Eintracht-„Ersten". Als er 19 Jahre später endgültig aus dem Adlertrikot schlüpfte, trat ein Großer des deutschen Fußballs ab. Ihm haftete freilich die Tragik an, daß ihm der Weg zum überragenden internationalen Erfolg vom Größten, den der deutsche Fußball je hatte, verbaut gewesen war. „Ich hatte das Pech, Fritz Walter vor der Nase zu haben", begründet Pfaff die Tatsache, daß ein Spieler seiner außerordentlichen Qualitäten es nur auf sieben A-Länderspiele gebracht hatte.

1953 beim 1:1 gegen Norwegen in Oslo begann seine Nationalspieler-Karriere, die drei Jahre später ausgerechnet bei der 1:3-Niederlage gegen die Schweiz in Frankfurt schon wieder zu Ende war. Dazwischen lag der bis 1974 größte Erfolg des deutschen Fußballs, der Gewinn des Weltmeisterschaftsturniers 1954 in der Schweiz. Den Weg dorthin half Alfred Pfaff beim 1:1 in Norwegen ebnen. Beim WM-Turnier selbst mußte er sich mit der Rolle des Edelreservisten begnügen: er kam nur bei der 3:8-Vorrundenniederlage gegen den späteren Endspielgegner Ungarn zum Einsatz.

Ironie seines Fußball-Schicksals ist es, daß das Ende von Alfred Pfaffs internationaler Laufbahn ausgerechnet mit dem Beginn des Eintracht-Aufstiegs in die Reihe der deutschen Fußball-Prominenz zusammenfiel. „Ab 1955 ging es mit der Eintracht bergauf, nachdem sie bis dahin nicht sonderlich in Erscheinung getreten war", erinnert sich Alfred Pfaff.

Über mehrere gute Plazierungen im vorderen Tabellenfeld und den Gewinn der Südmeisterschaft errangen die Frankfurter 1959 schließlich den deutschen Meistertitel. Damals gab es zwei ganz große Jahre der Eintracht. Die klangvollsten deutschen und europäischen Namen wurden seinerzeit von den Riederwäldern ausgewischt. Zigtausende jubelten Alfred Pfaff und seinen Mannen auf Deutschlands und Europas Fußballfeldern zu.

Eine der großen Spielerpersönlichkeiten der Eintracht: Alfred Pfaff.

Wäre der große Fritz Walter (rechts) nicht gewesen, hätte Bundestrainer Sepp Herberger (links) Alfred Pfaff (Mitte) bestimmt mehr als siebenmal in die Nationalmannschaft berufen. Stehend Willi Balles.

Wer „Don Alfredo" heute sprechen will, muß „hinter die sieben Berge" gehen. Dort, in Zittenfelden, einem idyllischen Odenwald-Tal in der Nähe Amorbachs, vermittelt er in seiner schmucken Pension Streßgeplagten und Erholungsbedürftigen jene Ruhe und Entspannung, die der Großstädter Pfaff nach Abschluß seiner Karriere selber suchte. Vom aktiven Fußball hat der unvergleichliche Fußballer vollständig Abschied genommen. Weder in Traditionsmannschaften noch in Prominententeams rennt er heute dem von ihm einst so perfekt beherrschten runden Leder hinterher.

Die große Bundesliga, die seit seinem Abschied alles in ihren Bann zieht, hat auch auf ihn ihre Wirkung nicht verfehlt. Alfred Pfaff gibt ehrlich zu: „Die Bundesliga hätte ruhig ein paar Jahre früher kommen können. Sich keine Gedanken über die spätere Existenz machen zu müssen, nur Fußballspielen und den ganzen Tag sich hegen und pflegen lassen, warum nicht."

Doch Alfred Pfaff ist auch nicht unbekannt geblieben, daß das viele Geld unnachsichtig seinen Tribut fordert: den Erfolg um jeden Preis. Die Abfallprodukte dieser Wechselbeziehung hat „Don Alfredo" schon vor Jahren genau erkannt: „Viele Trainer stecken heute die großen Gelder ein und trimmen dafür die Mannschaft zum Erfolg um jeden Preis. Das geht zu Lasten des schönen Spiels und der Individualität. In den einzelnen Mannschaften gibt es heute nicht mehr so viele gute Spieler wie früher und weitaus weniger Persönlichkeiten." Als Alfred Pfaff diese Feststellung traf, schrieb man das Jahr 1972. Die Bemerkung des großen Frankfurter Fußballspielers war nie aktueller als gerade heute ...

Die Nationalspieler der Vergangenheit

Von Fritz Becker bis Thomas Berthold

Große Spieler und überragende Spielerpersönlichkeiten hatte der Frankfurter Fußball schon in „grauer Vorzeit", als auf der Hundswiese die Frankfurter Kickers und auf dem Platz an der Eschersheimer Landstraße die Viktoria, die beiden Gründervereine der Eintracht, dem Leder hinterherrannten. Auf der Hundswiese, jenem unebenen Vorstadtanger, der die eigentliche Keimzelle des Frankfurter Fußballs ist, geschah kurz nach der Jahrhundertwende etwas schier Unglaubliches. Die Kickers bezwangen die zu jener Zeit immens starken 93er aus Hanau mit 1:0. Walter Bensemann, der zuvor schon an etlichen anderen Stellen in Deutschland dem Fußball auf die Beine geholfen hatte, ehe er nach Frankfurt zu den Kickers kam, schoß das denkwürdige Tor zu jenem unvergessenen Sieg, der in Frankfurt einer ganzen Fußballgeneration Auftrieb gab und Mut machte, ein Tor und ein Sieg, an dem sich noch viele Jahre später die Altvorderen des Frankfurter Fußballs in wehmütiger Erinnerung berauschten.

An jenem Tag stand am Spielfeldrand auf der Hundswiese unter den wenigen Zuschauern ein Schuljunge, der mit aufmerksamen Augen das Geschehen verfolgte. Er hieß Fritz Becker und er sollte Frankfurts erster Nationalspieler werden. „Knäuel" nannten die Kameraden den nur 1,68 m großen Außenläufer und Halbstürmer wegen seiner außerordentlichen Zähigkeit und Härte.

Am 5. April 1908 war in Basel gegen die Schweiz im ersten offiziellen Länderspiel des Deutschen Fußball-Bundes auch gleich ein Frankfurter im Aufgebot vertreten. Und Fritz Bekkers Einstand war aller Ehren wert. Zwar endete, wie die nächsten drei Repräsentativspiele gegen England (1:5), Österreich (2:3) und abermals England (0:9) auch die Premiere mit einer Niederlage. Doch Fritz Becker tat sich beim 3:5 gegen die Eidgenossen als zweifacher Torschütze hervor. Warum es für Fritz Becker nach diesem famosen Einstand nur bei dieser einen Berufung in die Ländermannschaft blieb, ist im Dunkel der Vergangenheit verborgen. Doch für den Frankfurter Fußball war damit auch auf internationaler Ebene ein Anfang gemacht.

Bis 1921 spielte Fritz Becker in der ersten Mannschaft der Kickers, des nach dem Zusammenschluß mit der Viktoria entstandenen Frankfurter Fußballvereins (F.F.V.) und der Turn- und Sportgemeinde Eintracht, die 1920 nach der Fusion des F.F.V. mit der Frankfurter Turngemeinde von 1861 entstanden war. Sein Rücktritt wurde von den damaligen Fußballanhängern als großer Verlust angesehen. Doch Fritz Becker blieb der Sache der Eintracht und des Frankfurter Fußballs in vielen Vorstandsämtern verbunden. So war er unter anderem Platzausschußvorsitzender beim Aufbau des Riederwaldstadions.

Auch die Viktoria hatte in jener Urzeit des Fußballs in Frankfurt ihren Heros. Karl Jockel hieß dieser im wahrsten Sinn des Wortes überragende Sportler. Er war „in aller Augen der beste Mittelläufer, den Frankfurt jemals besaß, und er war ein Mannschaftsführer, wie man ihn kaum wieder findet. Das werden alle bestätigen, die jemals in seiner Mannschaft standen", so steht in der Festschrift zu lesen, die 1929 aus Anlaß des 30jährigen Bestehens der Eintracht herausgegeben wurde.

In die Nationalmannschaft wurde dieser großartige Spieler freilich nie berufen. Statistiker müssen lange suchen, bis sie ihn in einer Repräsentativ-Auswahl finden: 1914 stand Karl Jockel zusammen mit F. Claus von den Kickers in der Auswahl Süddeutschlands beim Spiel gegen die Zentralschweiz. Bis 1929 mußte sich der Frankfurter und der Eintracht-Fußball gedulden, ehe er seinen zweiten Spieler in die Nationalmannschaft abstellen konnte. Mit Franz Schütz, der am 10. Februar 1929, wie zuvor Fritz Becker, gegen die Schweiz seinen Einstand gab, begann die erste große Blütezeit der Eintracht im deutschen und internationalen Fußball. Der 7:1-Sieg der deutschen Mannschaft war für Schütz der Auftakt zu insgesamt 11 Länderspielen.

Der rechte Verteidiger war von Köln zur Eintracht gekommen. Wie so viele aus der Endspielmannschaft des Jahres 1932, war auch Franz Schütz bei der Schuhfabrik ICA Schneider in der Mainzer Landstraße beschäftigt, deren Mitinhaber der damalige Eintracht-Mäzen Walter Neumann war. Dieser erfolgreiche Geschäftsmann hielt wie ein gütiger Vater die Hand über der ersten Mannschaft. Seine Hilfbereitschaft kannte keine Grenzen, für die Spieler der Eintracht war Walter Neumanns Haus stets offen.

Franz Schütz war ein toller Typ, der mit seiner Lebenslust und seinem Temperament für zahlreiche Anekdoten sorgte. In „alten" Eintracht-Kreisen zehrt man noch heute von den Auftritten und „Solopartien" des Franz Schütz im Café „Hanselmann" an der Oper oder im Hotel „Stadt Nürnberg" in der Moselstraße, den damals bevorzugten Treffpunkten der Eintracht-Mannschaft.

Kameradschaft war in diesen großen und erfolgreichen dreißiger Jahren überhaupt bei der Eintracht sehr groß geschrieben. Das wurde noch einmal deutlich, als Franz Schütz im März 1955 in Stuttgart zu Grabe getragen wurde. Ein schweres Herzleiden hatte dem Leben dieses großen Sportsmanns ein Ende gesetzt. Zum Abschied kamen fast alle, die seine große Persönlichkeit schätzengelernt hatten, an das Grab in der schwäbischen Metropole. Zu denen, die am tiefsten um Franz Schütz trauerten, gehörte mit Sicherheit Hennes Stubb.

Stubb und Schütz - das war das erste Frankfurter Gespann in der Nationalmannschaft. Gleich in seinem ersten Länderspiel am 4. Mai 1930 gegen die Schweiz war Hennes Stubb beim 5:0-Sieg in Zürich der linke Eckpfeiler im berühmten Frankfurter Schlußdreieck der Nationalmannschaft, das in jenen Jahren neben ihm und Franz Schütz der großartige Torwart Willibald Kreß von Rot-Weiss Frankfurt bildete.

Sechs ihrer elf beziehungsweise zehn Länderspiele bestritten Schütz und Stubb Seite an Seite als rechter und linker Verteidiger. Gemeinsam wurden sie 1932 Süddeutscher Meister mit der Eintracht und zusammen bildete dieses Duo die Verteidigung beim ersten Eintracht-Endspiel um die Deutsche Meisterschaft, das 1932 nach spannendem Verlauf mit 0:2 gegen Bayern München verloren wurde.

Erst mit 23 Jahren kam Hennes Stubb 1929 zur Eintracht. In der Schülermannschaft der Spielvereinigung 13, einem heute nicht mehr existierenden Altstadtklub, hatte der hochgewachsene Hennes das kleine Fußball-Abc gelernt, ehe er über die Jugend der Germania zu Ostend 07 kam. Als der FSV dann Hennes Stubb anbot, in der dritten Mannschaft mal zu zeigen, was er kann, reagierte die Eintracht prompt mit einer Offerte für die „Erste".

Dieses Angebot war der Anfang einer langen Ehe, in der Hennes Stubb in 15 aktiven Jahren mehr als 550 Spiele für die Eintracht bestritt. „Es war eigentlich gar nicht so einfach, sich in dieser Mannschaft einen Stammplatz zu erkämpfen, denn mit Franz Schütz und Pfeifer spielten damals zwei hervorragende Verteidiger bei der Eintracht", erinnerte sich Hennes Stubb kurz vor seinem Tod im Jahre 1976, als wir ihn in seiner Wohnung über den Dächern der Frankfurter City in der obersten Etage der Töngesgasse 40 das letzte Mal besucht hatten. Der Sprung in die „Erste" der Eintracht gelang dem wuchtigen Abwehrspieler aber ebenso wie in die Nationalmannschaft, in der er vier Jahre lang zum Stamm gehörte und aus der er sich 1934 in Frankfurt auf unvergeßliche Art und Weise verabschiedete.

Was die Fußballfreunde im Grunde nämlich mit dem Namen Hennes Stubb verbinden, war „das Tor": jene Freistoßgranate aus 60 Metern Entfernung ins Tor der Ungarn, mit der Stubb am 14. Januar 1934 im Waldstadion den Grundstein zum 3:1-Sieg gelegt hatte. Dieses Tor machte in seiner Einmaligkeit Länderspielgeschichte.

Doch nicht diesen spektakulären Treffer wertete Hennes Stubb als seinen größten sportlichen Erfolg. Den nachhaltigsten Eindruck hinterließ bei ihm vielmehr jenes Ereignis, das nur sechs Tage nach seinem Nationalmannschaftsdebüt gegen die Schweiz folgte: das Länderspiel gegen England in Berlin. Mit Willibald Kreß von den „Roten" und dem Eintracht-Trio Franz Schütz, Hennes Stubb und Hugo Mantel standen an jenem 10. Mai 1930 vier Frankfurter in der deutschen Mannschaft, die den damals für schier unbezwingbar geltenden Fußball-Lehrmeister England um den legendären David Jack beim 3:3 im Olympiastadion am Rande einer Niederlage hatten. Das Foto von dieser großen Mannschaft um den dreifachen Torschützen Richard Hofmann aus Dresden trug Hennes Stubb in seinen letzten Jahren als einziges Erinnerungsbild an jene Zeit in seiner Brieftasche.

Im Zusammenhang mit dem England-Spiel haben wir es eben erwähnt: bei der Eintracht spielte mittlerweile mit Hugo Mantel ein weiterer Nationalspieler. Ende der zwanziger Jahre war der exzellente Techniker vom Dresdner SC gekommen, für den er 1927 gegen Dänemark sein erstes Länderspiel bestritten hatte. Willi Balles, dem vier Fußball-Generationen bei der Eintracht unendlich viel zu verdanken hatten, und Franz Schütz holten den Seitenläufer am Frankfurter Hauptbahnhof ab. Schütz und Mantel fuhren mit der Pferdedroschke zum Riederwald. Balles mit dem Fahrrad hinterher. So gestaltete sich damals die Ankunft eines Stars in Frankfurt.

Hugo Mantel, der einen phantastischen Flachpaß spielte, für die Eintracht noch vier weitere Länderspiele absolvierte und an der Konstabler Wache eine Gaststätte betrieb, spielte bis zum Ausbruch des Zweiten Weltkriegs für die Eintracht. Gezeichnet von einer schweren Krankheit, fiel er an der russischen Front.

Ebenfalls im Krieg gefallen ist Willi Lindner, der schußstarke Eintracht-Linksaußen jener Jahre, der 1933 in Berlin beim 3:3 gegen Frankreich sein einziges Länderspiel absolvierte. Wie Lindner kam auch Willi Tiefel von Union Niederrad. Mit sieben Länderspielen schrieb der zuverlässige Abwehrspezialist ein kleines Kapitel Nationalmannschaftsgeschichte.

Der DFB veranstaltete nun immer mehr Länderspiele. 1935 kamen erstmals mehr als zehn in einem Jahr zustande. Willi Tiefel war in sechs dieser insgesamt 14 A-Spiele dabei. Zumeist als linker Verteidiger an der Seite von Paul Janes, dem langjährigen Rekordnationalspieler des deutschen Fußballs. Willi Tiefel war beim DeFaKa, damals einem der großen Kaufhäuser auf der Zeil, beschäftigt. Den langen Arm der „dunklen" Fußballmächte lernte die Eintracht schon in jenen Jahren kennen. Eines Tages nämlich kam aus Berlin, wo die DeFaKa-Zentrale residierte, ein Brief, in dem Willi Tiefel seine Versetzung in die Reichshauptstadt mitgeteilt wurde. Der Hintergrund des beruflichen Ortswechsels von Willi Tiefel war freilich sein sportlicher Transfer. Im Berliner DeFaKa- Vorstand saßen einige Mäzene des BSV 92, für den Willi Tiefel dann weiterspielte.

Als Willi Tiefel am 8. Mai 1935 in Dortmund beim 3:1-Sieg gegen Irland in der Nationalmannschaft debütierte, stand jener Mann im Zenit seines Könnens, der ein Vierteljahrhundert lang der erfolgreichste Eintrachtler im DFB-Dreß gewesen war: Rudi Gramlich. Mit 22 Länderspielen, die der gebürtige Offenbacher zwischen 1931 und 1936 bestritt, war er über viele Jahre hinweg der Rekord-Nationalspieler der Eintracht, ehe Jürgen Grabowski ihn in dieser Rolle 1971 ablöste. Und der rechte Läufer vom Riederwald war in der mehr als 80jährigen Länderspielgeschichte des Deutschen Fußball-Bundes bislang der einzige Frankfurter, der mit der Kapitänswürde bedacht wurde.

Zehn Jahre lang spielte Rudi Gramlich für die Eintracht. Mit

Rudi Gramlich

24 Jahren schon wurde er zum Mannschaftskapitän, später gar zum Ehrenspielführer ernannt. In 15 seiner 22 Länderspiele lief er als erster der Nationalmannschaft aufs Spielfeld. Der stolzeste Augenblick war dabei sicherlich, als er das Herberger-Team 1936 bei den Olympischen Spielen in Berlin als Kapitän in die Partie gegen Norwegen führte. Mit diesem Spiel verband sich dann aber auch eine der dunkelsten Stunden des deutschen Fußballs, denn die hochfavorisierte deutsche Nationalmannschaft verlor gegen den Fußball-Zwerg aus Skandinavien mit 0:2 und schied aus dem olympischen Turnier aus. Zwei Jahre zuvor war Rudi Gramlich Teilnehmer bei der WM in Italien gewesen. Doch nur im Spiel gegen Schweden stand er in der deutschen Mannschaft, die später den 3. Platz belegte.

Als Spieler steht er zusammen mit seinen damaligen Nationalmannschaftskollegen Schütz, Mantel, Stubb, Lindner und Tiefel sowie mit nicht weniger klangvollen Namen wie Leis, Trumpler, Kellerhoff, Möbs, Ehmer, Torwart Schmidt, Linksaußen Schaller oder dem Schweizer Nationalspieler Dietrich für die große Zeit des Frankfurter Fußballs in den dreißiger Jahren. Allein in sechs Länderspielen zwischen 1930 und 1933 standen drei Eintracht-Spieler in der Nationalmannschaft. Zusammen mit Willibald Kreß trugen einige Male sogar vier Frankfurter gleichzeitig das DFB-Trikot.

Selbst zu der großen Zeit von Grabowski und Hölzenbein wurde diese Präsenz Frankfurts und der Eintracht in der Nationalmannschaft nicht wieder erreicht. Nur zweimal standen in späteren Jahren drei Eintrachtler in der A-Mannschaft des DFB. Das war am 22. Dezember 1974, als Karl-Heinz Körbel, Bernd Nickel und Bernd Hölzenbein in La Valetta beim mühsamen 1:0-Sieg über Malta beteiligt waren. Am 29. August 1990 waren es dann Andreas Möller, Uwe Bein und Debütant Manfred Binz, die beim 1:1 in Lissabon gegen Portugal die Farben der Eintracht im Nationalteam vertraten.

Nach der Zäsur, die der Ausbruch des Zweiten Weltkriegs setzte, dauerte es bis 1953, ehe die 67. Länderspielberufung für einen Eintracht-Spieler anstand. Eine neue Generation war dabei, eine neue Blütezeit der Eintracht vorzubereiten. Die Ära der Mannschaften um Alfred Pfaff nahm ihren Anfang.

Erich Bäumler

Erich Bäumlers späte Suche nach den ganz großen Erfolgen hatte einen zähen Weggenossen: das Pech. Diesen lästigen „Spielverderber" vermochte der hochbegabte Angriffsfußballer nie abzuschütteln, nachdem er im Jahre 1954 in seiner Heimat Weiden in der Oberpfalz aufgebrochen war, um als 24jähriger bei der Frankfurter Eintracht das große Fußball-Glück zu finden. 15 Einsätze in der Bayern-Auswahl, mit der er von 1952 bis 1954 dreimal hintereinander den DFB-Länderpokal gewonnen hatte, standen zu diesem Zeitpunkt in seiner Erfolgskartei. Der große Sprung, der seine Amateurlaufbahn erfüllen sollte, endete freilich damals schon im Anlauf. Aus dem Olympiaaufgebot für Helsinki 1952 wurde Erich Bäumler in letzter Minute wieder gestrichen.

Unvermutete Stolpersteine wurden dem Oberpfälzer auch vor den entscheidenden Stationen seiner langen Vertrags- und kurzen Nationalspielerkarriere zum Verhängnis. Rund 300 Spiele bestritt er zwischen 1954 und 1960 in der ersten Mannschaft der Frankfurter Eintracht. Es war damals jene Zeit, in der der Traditionsklub vom Riederwald zum Aushängeschild des bundesdeutschen Fußballs heranreifte. Doch als die Frankfurter sich anschickten, in den Jahren 1959 und 1960 die Früchte einer sorgfältigen und behutsamen Saat einzusammeln, gehörte Erich Bäumler nicht zur Erntekolon-

Erich Bäumler verfolgte das Pech auf Schritt und Tritt.

ne. In fast allen Endrundenspielen zur Deutschen Meisterschaft war er im Jahre 1959 im Eintracht-Trikot mitgestürmt, doch den 5:3-Triumph im Berliner Endspiel gegen Kickers Offenbach kostete ein anderer aus.

Ebenso war er danach an fast allen Stationen des einmaligen Eintracht-Erfolgsmarsches durch den Europapokal beteiligt. Doch als Pfaff, Kreß, Loy und die anderen seiner Kameraden ihre Laufbahn im unvergessenen Glasgower Europacup-Finale gegen Real Madrid trotz der 3:7-Niederlage krönten, geschah dies wiederum ohne Erich Bäumler. Eine Lymphdrüsenerkrankung hatte ihn zum erneuten Verzicht gezwungen.

Solcher Verzicht fiel um so schwerer, da ihm doch gerade wegen seines unbeugsamen Willens und Strebens zum Erfolg vor Jahren seine oberpfälzische Heimat zu eng geworden war. „In Frankfurt fällt ein talentierter Spieler eher auf als im Bayerischen Wald", lautete seine simple Rechtfertigung für seinen Wechsel in die Mainmetropole.

In der Tat stand Bäumlers Name auch bald in Herbergers ebenso berühmten wie umfangreichen Notizbuch. Die Chance, die er 1956 im B-Länderspiel gegen Spanien in Barcelona erhielt, nutzte er mit einer guten Leistung und einem Treffer zum 5:2-Sieg. Sein erstes A-Länderspiel, in dem er wenige Wochen später beim 3:1-Sieg gegen Norwegen in Oslo mit einem Torerfolg erneut überzeugt hatte, schien der Anfang einer vielversprechenden internationalen Laufbahn. Tatsächlich sollte dieser Auftritt aber auch zugleich das Ende seiner A-Länderkarriere sein.

Nach seinem zweiten B-Länderspiel, das ihn im gleichen Jahr noch nach Moskau geführt hatte, wurde er während eines internen Tests der Nationalspieler schwer am Knie verletzt. Die Knochenabsplitterung an der Kniescheibe gehört mit zu jenem traurigen Kapital, das Erich Bäumler so zusammenfaßt: „Immer wenn ich dran war, kam irgend etwas dazwischen. Ich habe überall reingeschnuppert und bin dann hinten runtergefallen."

Das Pech, das er mit seinem Abschied von der Eintracht im Jahre 1960 endgültig abgeschüttelt zu haben glaubte, es grinste ganz zum Schluß schließlich doch noch einmal um die Ecke: gerade hatte Erich Bäumler seinen Spind am Riederwald geräumt, da plante die Eintracht jene Weltreise, von der noch heute alle schwärmen, die sie damals mitgemacht hatten.

Nach seinem Abschied vom Riederwald war Erich Bäumler bei etlichen Vereinen zu finden, die im Rhein-Main-Gebiet in den sechziger Jahren einen Namen hatten. Ob Mainz 05, Opel Rüsselsheim, SG Höchst oder andere - für den pensionierten Leiter des Liegenschaftsamtes bei der Stadt Rüsselsheim war der Fußball danach eine wichtige Ergänzung zum Beruf. Vor allem in Rüsselsheim, deren Mannschaft er als Spieler, Spielertrainer und als Trainer von der Bezirksklasse bis in die Regionalliga Süd geführt hatte, stellten sich dann im kleineren Rahmen jene Erfolge ein, die er als Oberliga- und als Nationalspieler so sehr vermißt hatte. Trotz allem Pech schreibt Erich Bäumler dem Fußball die Formung und Bildung seiner Persönlichkeit zu: „Der Geist dieses Mannschaftsspiels hat auch meinen Charakter geprägt. Ohne den Fußball wäre ich nicht der, der ich heute bin."

Thomas Berthold gab mit 20 Jahren sein Debut in der Nationalelf.

Thomas Berthold

Veni, vidi, vici. Drei lateinische Worte standen in großen Buchstaben auf dem Poster, das Thomas Berthold im Juli 1986 nach der Rückkehr von der Weltmeisterschaft in Mexiko von seinen ehemaligen Klassenkameraden der Hohen Landesschule in Hanau geschenkt bekam. Ich kam, ich sah, ich siegte - treffender läßt sich der Aufstieg des damals jüngsten Teilnehmers beim WM-Finale im Azteken-Stadion kaum beschreiben. 21 Jahre war Thomas Berthold alt, als er als Vizeweltmeister mit der deutschen Nationalmannschaft aus Mexiko zurückkehrte. Der Frühstarter aus Frankfurt hatte den ersten großen Höhepunkt seiner Karriere erreicht.

Ein „früher" und ein fixer Junge war Berthold von Kindesbeinen an. Und ein erfolgreicher dazu. Mit fünf Jahren kam er in die Schule, als 14jähriger wechselte er von seinem Heimatverein Wachenbuchen zur Eintracht an den Riederwald und erkämpfte dort mit der B- und mit der A-Jugend die deutsche Meisterschaft. Mit 17 wurde er Profi, mit 18 Stammspieler bei der Eintracht, mit 19 absolvierte er das Abitur und mit 20 gab er, am 29. Januar 1985 in Hamburg gegen Ungarn, sein Debüt in der A-Nationalmannschaft.

21 Länderspiele absolvierte er für Eintracht Frankfurt, ehe er 1987 als einer der jüngsten Legionäre überhaupt nach Italien zu Hellas Verona wechselte. „Sein größtes Kapital ist seine Vielseitigkeit", beurteilte Eintracht-Trainer Dietrich Weise einmal den Jungen, der früh schon mit ausgefeilter Technik, enormer Schnelligkeit, energischem Zweikampfverhalten, Kopfballstärke und großer Übersicht auffiel.

Den hohen Stellenwert von Sport und Spiel bekamen er und seine Schwester Christine, die mit den Hockey-Damen des Hanauer THC und der Eintracht ebenfalls Deutscher Meister wurde, früh schon von den Eltern eingeimpft. Vom Vater, der einst ein exzellenter Skispringer, Fußballer und Schwimmer im Erzgebirge war; und von der aus Gießen stammenden Mutter, die sich sportliche Meriten im Handball, Turnen und Kunstradfahren erworben hatte.

Bei soviel Talent, familiärer Unterstützung und intensiver Förderung in Frankfurt war eine Laufbahn zu Ruhm und Reichtum vorgezeichnet. Sie erfüllte sich im Fußball-Paradies Italien. Im Sommer 1989 wechselte er von Verona zu AS Rom, dem Klub seines Freundes und Hanauer Landsmannes Rudi Völler. Ein Jahr später erreichte er als Weltmeister mit der Nationalmannschaft in Rom den absoluten Gipfel, ehe er 1991 sich als italienischer Pokalsieger aus der „Ewigen Stadt" verabschiedete und zu Bayern München in die Bundesliga zurückkehrte - gerade erst 26 Jahre alt.

Glatt, leicht und wie selbstverständlich sieht Thomas Bertholds Karriere auf den ersten Blick aus. Vor Rückschlägen, teilweise selbstverschuldeten, blieb aber auch er nicht verschont. „Ich bekomme ab und zu immer wieder mal einen auf den Deckel", umschreibt er die Bauchlandungen, die auch einen Höhenflieger wie ihm nicht erspart bleiben.

„Schwer einen auf den Deckel" bekam Thomas Berthold während der WM 1986, als er einer der besten deutschen Spieler bei diesem Turnier, im Viertelfinale gegen Mexiko wegen einer versuchten Tätlichkeit erstmals in seiner Profikarriere vom Platz gestellt und für das Halbfinale gesperrt wurde.

Eine komplizierte Handverletzung und eine schlimme Viruserkrankung warfen ihn zwischenzeitlich weit zurück.

Den schwersten Nackenschlag versetzte sich der hochbegabte Allroundspieler, der stets gegen den Ruf eines „Bruder Leichtfuß" ankämpfen mußte, im Juni 1991 selbst. Von Bundestrainer Berti Vogts gegen erhebliche äußere Widerstände als neuer Libero der Nationalmannschaft durchgesetzt, wurde er beim EM-Qualifikationsspiel in Wales nach einer bis dahin ungemein starken Leistung wegen eines Revanchefouls vom Platz gestellt und von der UEFA für fünf Pflichtspiele gesperrt. Im Klartext bedeutet dies: Berti Vogts mußte mindestens ein Jahr lang und damit auch bei der EM 1992 in Schweden auf Berthold verzichten. Da er während dieser Zeit, vor allem auch bedingt durch Verletzungen, einiges von seiner Klasse und plötzlich sogar seinen Stammplatz verlor, ist sein 50. Länderspiel, das unmittelbar bevorstand, in weite Ferne gerückt. Abgeschrieben hat der flotte Swinger, der immer auch schon ein zäher Ringer war, dieses Jubiläumsspiel aber nicht.

Manfred Binz

Karlheinz Feldkamp hat in seiner mehr als zwei Jahrzehnte währenden Trainer-Laufbahn schon mit vielen Liberos zusammengearbeitet. Abwehrchefs mit großem internationalen sportlichen Profil waren darunter wie Matthias Herget (Bayer Uerdingen), Rolf Rüßmann (Borussia Dortmund) oder Hans-Günter Neues (1. FC Kaiserslautern). „Doch mit keinem hat mir die Arbeit soviel Spaß gemacht wie mit Manfred Binz in Frankfurt. Der Manni ist ein richtiges Rennpferd", erklärte Feldkampf während seiner Zeit als Eintracht-Trainer. Schnelligkeit und Ausdauer, körperliche Robustheit und glänzende Technik, ein gutes Auge und Zweikampfstärke, kaum zu bremsender Offensivgeist und viel Geschick bei der Organisation der Defensive verbindet Manfred Binz so perfekt miteinander, daß Feldkamp schon im März 1988 als Eintracht-Trainer voraussagte: „Der Manni wird ganz groß herauskommen".

Zweieinhalb Jahre später war es soweit! Als erster Debütant des neuen Bundestrainers Berti Vogts gab er im August 1990 seinen Einstand in der Nationalmannschaft - in der zweiten Halbzeit im defensiven Mittelfeld. Einen Monat später war er in Schweden erstmals von Anfang an dabei - und

Manfred Binz kämpft nach 14 Länderspielen um sein Comeback im Nationalteam (Foto rechts).

erntete nach dem 3:1-Sieg in Stockholm als Libero von allen Seiten Lob wie keiner der Beckenbauer-Nachfolger zuvor.

Als 13jähriger war der gebürtige Frankfurter 1979 über VfR Bockenheim und BSC Schwarz-Weiß Frankfurt zur Eintracht gekommen. Mit nur einem Ziel im Kopf: Fußballprofi zu werden. Diesem Ziel ordnete er seine gesamte Lebensweise unter. Mit Zusatztraining und einer speziellen auf Müsli, Nudeln, Geflügel und Vollkornbrot basierenden Ernährung avancierte Binz zu einem Musterprofi. Ein Athlet und Ästhet auf der Libero-Position. Ein besessener Hochleistungssportler auf dem Spielfeld. Ruhig, sachlich und zurückgezogen in seinem Privatleben, das ganz auf seine Familie, seine spanische Frau Maria und seine beiden Söhne Benjamin und Niklas, fixiert ist.

Auf dieser Basis gelang es ihm, auch immer wieder Rückschläge zu verkraften. Zum Beispiel den Nackenschlag in der Nationalmannschaft im Sommer 1991. „Nach oben zu kommen war schwer. Oben zu bleiben wird noch schwerer", orakelte Manfred Binz im November 1990, nachdem er wegen seiner starken Libero-Leistung in Schweden bereits mit Franz Beckenbauer verglichen worden war. Manni, der Libero, traute seinem Glück im Team der Weltmeister noch nicht so recht. Er sollte recht behalten.

Ein halbes Jahr später war Binz als Abwehrchef der Nationalmannschaft nicht einmal mehr dritte Wahl. Bundestrainer Berti Vogts hatte sich auf Thomas Berthold als Libero festgelegt. Als der frühere Eintracht-Star nach fünf Einsätzen als Abwehrorganisator beim EM-Qualifikationsspiel in Wales, wo Binz noch nicht einmal im Aufgebot der Nationalmannschaft stand, wegen einer Tätlichkeit vom Platz gestellt und von der UEFA zu einer Sperre bis zum Sommer 1992 verdonnert wurde, faßte Vogts zunächst Reuter oder Buchwald als Alternativen ins Auge.

Als „Stich ins Herz" empfand der Frankfurter Dauerbrenner diese Rückversetzung. Entmutigen ließ er sich dadurch aber nicht. „Ich muß noch mehr arbeiten und powern". Mit diesem Vorsatz ging er daran, seine leichten Schwächen im Defensivverhalten zu beheben. Prompt honorierte Berti Vogts den Ehrgeiz und die Lernfähigkeit seines früheren U 21-Nationalspielers. Als im Herbst 1991 mit den Bravourtaten gegen die britischen Herausforderer in England und beim Rückspiel gegen Wales eine neue deutsche „Traummannschaft" geboren wurde, gehörte Manfred Binz als Libero wieder zur Anfangsformation.

Nach vorne - so lautet die Marschrichtung des offensivsten aller deutsche Liberos, der Franco Baresi vom AC Mailand als sein großes Vorbild bezeichnet. Nach oben - so lautet die unverrückbare Zielsetzung dieses vom Fußball Besessenen, der seinen Körper als sein größtes Kapital betrachtet und dementsprechend pflegt. Nach vorne - so heißt auch in der 30. Bundesliga sein Motto, nachdem er während der besonders für ihn glücklos verlaufenen Europameisterschaft in Schweden seinen Stammplatz in der Nationalmannschaft verlor.

Ronald Borchers

Der Zufall führte sie zusammen - den Oldie und den Youngster der damaligen deutschen A-Nationalmannschaft. Weil Dieter Burdenski, der Reservetorwart aus Bremen, erkältet war, wurde er von Sepp Maier weg in ein Einzelzimmer verlegt. Und da Karlheinz Förster sich gleich beim ersten Training verletzt hatte und nach Hause fuhr, war plötzlich auch Ronald Borchers ein „Single". So wurden sie damals im November 1978 vor dem Länderspiel gegen Ungarn in Frankfurt Zimmergenossen - der erfahrene Maier Sepp aus München, der gegen Ungarn sein 91. Länderspiel bestritt und drei Monate später 35 Jahre alt wurde, und der junge Ronnie Borchers von der Eintracht, gerade 21 Jahre alt, der gegen die Ungarn auf sein Länderspiel-Debüt hoffte.

„Etwas besseres konnte mir als jungem Spieler doch gar nicht passieren. Der Sepp nahm mir nicht nur mit seiner riesigen Erfahrung sondern mehr noch mit seiner einmaligen Art jede Scheu und jedes Lampenfieber in diesem illustren Kreis von namhaften Bundesliga-Stars", erinnerte sich Borchers später. Auf seine Premiere im Trikot der deutschen Nationalmannschaft hoffte der Ronnie Borchers seinerzeit vergeblich. Bundestrainer Jupp Derwall hatte zwar die Absicht, das große Talent der Eintracht in „seinem" Waldstadion Mitte der zweiten Halbzeit zu seinem ersten Länderspieleinsatz zu verhelfen. Doch der Nebel machte einen dicken Strich durch diesen Plan: in der 60. Minute mußte das Spiel in Frankfurt abgebrochen werden und Ronald Borchers sich noch einen Monat lang gedulden, ehe er am 20. Dezember 1978 in Düsseldorf gegen Malta sein Debüt in der Nationalmannschaft feiern konnte.

Die große Karriere von Sepp Maier ging damals allmählich ihrem Ende entgegen und kam ein halbes Jahr später nach einem Autounfall zum unfreiwilligen Abschluß. In Frankfurt dagegen war der Stern von Ronnie Borchers aufgegangen. Schon als Jugendspieler hochgelobt war ihm nun auch in der Bundesliga der Durchbruch gelungen. Mit seiner Schnelligkeit, seiner ebenso kraftvoll wie elegant vorgetragenen Fußballtechnik hatte erstmals seit der Eingliederung von Wolfgang Kraus in die erste Mannschaft wieder ein Talent aus dem eigenen Nachwuchs im Bundesligateam der Eintracht Tritt gefaßt und sich auf Anhieb auch einen Stammplatz erobert.

Nur zwei Jahre nach Sepp Maiers Abschied war freilich auch die Nationalspieler-Karriere von Ronald Borchers schon wieder zu Ende. Am 24. Mai 1981 bestritt er sein sechstes und bereits letztes Länderspiel beim 4:0-Sieg in Finnland. Viele Experten sind der Überzeugung, daß dies - gemessen an Borchers' großer Veranlagung - eine zu kärgliche internationale Ausbeute sei. Verletzungen, aber auch eine damals nicht immer profihafte Einstellung, verhinderten, daß sich Ronnies Leistungen auf einem Niveau stabilisieren konnten, das seinem Talent entsprach. Dennoch: der langmähnige Liebhaber schneller Autos war an den großen Eintracht-Erfolgen Anfang der achtziger Jahre maßgeblich beteiligt. Am Triumph im UEFA-Pokal mit dem krönenden Endspielerfolg über Borussia Mönchengladbach im Jahre 1980, ebenso wie am Gewinn des DFB-Pokals ein Jahr später, wobei er am 2. Mai 1981 beim Finale gegen den 1. FC Kaiserslautern eines seiner besten Spiele im Frankfurter Trikot überhaupt bestritt und einen Treffer zum 3:1-Sieg beisteuerte.

Drei Jahre später, im Sommer 1984, begannen dann die Wanderjahre des Ronald Borchers. Nach 169 Bundesligaspielen für die Eintracht, in denen er als Supertalent gefeiert und als Bonvivant geschmäht, von Gyula Lorant als Niete einst verstoßen, von Dettmar Cramer als zweiter Rummenigge verehrt und von Otto Knefler als vielversprechender Libero aufgebaut worden war, wechselte er für eine Saison zu Arminia Bielefeld, zog von dort weiter in die Schweiz zu Grasshoppers Zürich und kehrte 1986 in die Bundesliga zum SV Waldhof Mannheim zurück. Die Schwelle zum 30. Lebensjahr hatte Ronnie Borchers bereits überschritten, als er in die Oberliga Hessen zum FSV Frankfurt ging und von dort dann auf die andere Mainseite zu den Offenbacher Kickers wechselte.

Mit 33 Jahren schloß sich der Kreis des Fußballprofis Ronald Borchers. Im Sommer 1991 kehrte der Mitinhaber eines Frankfurter Lokals und glücklich verheiratete Vater eines fünfjährigen Sohns dorthin zurück, wo in den siebziger Jahren sich für ihn die Fußballwelt zu öffnen begann: zu den Amateuren der Frankfurter Eintracht, für die er noch eine Saison spielte.

Ralf Falkenmayer

In jungen Jahren ging alles nach Wunsch, verliefen die Anfangsjahre seiner Fußballkarriere wie geschmiert. Mit den DFB-Junioren wurde er 1981 Europameister. 17 Jahre war Ralf Falkenmayer gerade erst alt, als er im Eintracht-Trikot seinen Einstand in der Bundesliga gab. Als in Deutschland 1984 und 1985 der „Frankfurter Jugendstil" gefeiert und die Eintracht als „Meister von morgen" gehandelt wurde, galt „Falke" als das Aushängeschild dieser Sturm- und Drangzeit. Kein Wunder, daß Franz Beckenbauer gleich bei seinem Amtsantritt als neuer Teamchef den wuschelköpfigen Youngster in die Nationalmannschaft holte. Am 12. September 1984 war das in Düsseldorf gegen Argentinien.

Ralf Falkenmayer, damals gerade 21 Jahre alt, war zwar rein optisch nur eine halbe Portion, doch nicht nur „Kaiser

Ronald Borchers bestritt sechs Länderspiele. Viele Experten hatten ihm eine längere internationale Laufbahn zugetraut (Foto links).

Ralf Falkenmayer bestritt vier Länderspiele für Deutschland.

Franz" hielt ihn als Fußballer für einen ganzen Kerl. Auch bei den folgenden WM-Qualifikationsspielen gegen Schweden im Oktober 1984 und in Portugal im Februar 1985 war der laufstarke „Marathonmann" im Mittelfeld zusammen mit Matthäus und Magath mit von der Partie. Da beide Spiele gewonnen wurden und sich der gelernte Schwimm-Meister aus Niederursel dabei glänzend über Wasser hielt, war es kein Wunder, daß viele Eintracht-Fans in Ralf Falkenmayer bereits Frankfurts Farben bei der WM 1986 in Mexiko vertreten sahen.

Plötzlich aber kam es zum Knick der Karriere. Vier Wochen nach dem Länderspielsieg in Lissabon zog sich Falkenmayer beim Bundesligaspiel in Bremen bei einem Tritt von Frank Neubarth eine schwere Fußverletzung zu. Eine Knochenabsplitterung im Fußgelenk machte mehrere Operationen notwendig und eine fast einjährige Rehabilitation, verbunden mit immer wieder fehlgeschlagenen Comeback- Versuchen, erforderlich. Im April 1986 gab ihm Franz Beckenbauer beim 1:0-Sieg in Basel gegen die Schweiz zwar noch einmal eine Chance. Doch als er dann gegen Brehme ausgewechselt wurde, war „Falkes" Höhenflug als Nationalspieler bereits beendet. Auch bei Eintracht Frankfurt, wo in der Saison 1986/87 nicht viel zusammenlief, war sein Frust schließlich größer als die Freude am Spiel. So wechselte er 1987 zu Bayer Leverkusen, wo Trainer Erich Ribbeck auf ihn große Stücke hielt.

Zwei Jahre später war der schmächtige Dauerrenner aber wieder in der Heimat. Am Rhein in Leverkusen war er nicht heimisch geworden. Seine Frau Antonietta, eine Italienerin aus Sardinien, war mit den Töchtern Jaqueline und Nadine schon einige Monate vorher wieder nach Frankfurt zurückgezogen, zu den Verwandten und Freunden. Wie gerufen kam in dieser Situation die Absicht von Eintracht-Vize Bernd Hölzenbein, das Team mit Profis aus Hessen wieder aufzurüsten. Mit seiner ausgezeichneten Technik, seinem guten Auge und seinem ausgezeichneten taktischen Verständnis stieg Falkenmayer nach seiner Rückkehr zum wichtigsten Mann in der Defensive auf.

Ein bodenständiger Typ, der sich in der Fremde nur sehr schwer durchsetzen kann, - so hat „Falke" sein Nest wiedergefunden. Die Zeiten der schweren Prüfungen und Krisen sind längst schon Vergangenheit. Die Ära als Nationalspieler aber leider auch. Vier A-Länderspiele waren es nur. Ein paar mehr hätten es bei seiner großen Veranlagung und seinem enormen Leistungsvermögen eigentlich sein müssen.

Richard Kreß

Auf seine Art ist er im deutschen Fußball ein bislang einmaliges Phänomen. Mit dem Hochleistungssport begann er in einem Alter, in dem die meisten seiner Zunftgenossen schon ans Aufhören denken. 28 Jahre steckten bereits in seinen schnellen Beinen, als Richard Kreß (geboren am 6.3.1925) 1953 zur Eintracht kam. Seine Laufbahn erfüllte sich in glanz-

Mit 38 Jahren noch in der Bundesliga dabei: Richard Kreß.

vollen Höhepunkten zu einem Zeitpunkt, wo andere bereits ihre ersten Gedanken auf die Lebensversicherung oder ähnliche Formen von Altersvorsorge richten. Und die Fußballschuhe an den berühmten Nagel hing er schließlich in einem Augenblick, als so mancher seiner Jahrgangskameraden die Enkelkinder in den Grünanlagen des Frankfurter Ostparks spazieren führte.

In Sichtweite von dieser Stätte der Erholung liegt jener Ort, an dem der Ausnahme-Fußballer Richard Kreß die Einmaligkeit seiner Karriere begründet sehen will: das Stadion und die Trainingsstätte am Riederwald. „Mir konnte das Training nie hart genug sein. Ich war ein Trainingsbesessener", nennt Richard Kreß als Basis seiner erstaunlichen Karriere.

Großes Talent, eine unverwüstliche Konstitution und diese Besessenheit waren es denn auch, die ihn zu den großen Meilensteinen seiner Fußball-Laufbahn geführt haben: Neun A- und ein Amateur-Länderspiel, der deutsche Meistertitel 1959 mit der Eintracht und die Endspiel-Teilnahme im Europapokal der Landesmeister im Jahre 1960.

„Unter den damals gegebenen Bedingungen bin ich mit dem Erreichten zufrieden", lautet die nüchterne Bilanz des heute 67jährigen. Zufrieden sein kann der Vollblutstürmer vor allem bei Berücksichtigung der erschwerten Umstände, unter denen er zumindest im überregionalen Fußball-Geschäft an den Start gegangen war.

Fußball spielte er schon von Kindesbeinen an in der Schüler- und Jugendmannschaft seines Heimatvereins FV Horas in der Nähe Fuldas, ehe Krieg und Gefangenschaft seine aktive Fußballzeit zunächst einmal unterbrachen. 24 Jahre war Richard Kreß bereits alt, als er wieder anfing, für Horas in der Landesliga Tore zu schießen. 1951 stürmte er erstmals als Repräsentativspieler in der Hessenauswahl, wenig später sprach man außerhalb der Landesgrenzen von seinen außerordentlichen Sprint- und Dribbelqualitäten. 1953 spielte er als Rechtsaußen in der deutschen Amateurnationalmannschaft beim 3:1-Sieg gegen Österreich in Linz, wenige Monate später für die Eintracht in der höchsten deutschen Fußballklasse. In elf Jahren am Riederwald erzielte er in 573 Spielen 186 Treffer für die Eintracht.

In Lissabon gab er 1954 seinen Einstand in der A-Nationalmannschaft. Diesem Debüt folgte dann aber eine fast sechsjährige Länderspielpause, ehe im Oktober 1960 seine Nationalspielerkarriere beim WM-Qualifikationsspiel in Nordirland erst richtig begann. Ein Jahr später freilich bestritt er in Augsburg beim 2:1-Sieg über Griechenland bereits wieder sein neuntes und letztes Länderspiel. Vorausgegangen war die Teilnahme an sämtlichen Qualifikationsspielen der Nationalmannschaft für die WM in Chile.

Daß Augsburg die Endstation seiner Länderspiel-Laufbahn sein würde, wollte der Rechtsaußen damals selbst nicht glauben! „Für Chile hatte ich mir große Hoffnungen gemacht, zumal mir die WM-Teilnahme von Bundestrainer Herberger damals fest versprochen worden war."

Diese Enttäuschung schien den Daheimgebliebenen in den folgenden Jahren nur noch mehr in seinem Engagement mit der Eintracht zu bestärken. Es ist kein Zufall, wenn Richard Kreß in einem Rückblick einmal gestand: „Die schönsten Stunden habe ich nicht im Kreis der Nationalmannschaft, sondern mit der Eintracht verbracht."

Mit den Adlerträgern hat er denn auch fast alles erreicht, wovon ein Spitzenspieler träumt. 1959 wurde er mit der Eintracht im denkwürdigen Berliner Endspiel gegen die Offenbacher Kickers Deutscher Meister. Diesem Triumph folgte ein viele Jahre lang in Deutschland beispielloser Siegeszug durch den Europapokal der Landesmeister. Als Richard am 18. Mai 1960 beim Glasgower Cup-Finale vor 128.000 begeisterten Zuschauern im traditionsreichen Hampdon-Park gegen die weltberühmten Stars von Real Madrid als 35jähriger Rechtsaußen seine unwiderstehlichen Bahnen zog und auch noch das Führungstor für die Eintracht erzielte, hatte sich seine Laufbahn erfüllt. Die 3:7-Niederlage gegen die weltbeste Vereinsmannschaft aller Zeiten vermochte an dieser Tatsache nichts zu ändern.

„Mit der Eintracht habe ich die ganze Welt gesehen", spricht Richard Kreß eines der für ihn positivsten Ergebnisse seines Engagements mit den Frankfurtern an, mit denen er 1962 auf Weltreise gegangen sowie Einladungen nach Rußland, Asien, Afrika und Amerika gefolgt war. Fern der Heimat, im südwestafrikanischen Windhuk, geschah es auch, daß „Old Richard" 1964 sein letztes Spiel in der Frankfurter Bundesligamannschaft absolvierte. Als fast 39jähriger hatte er zuvor noch in 17 Bundesligaspielen mitgemacht.

Für die Eintracht schlägt sein Herz heute noch mit der gleichen Intensität wie während seiner elf Stürmerjahre am Riederwald. Die vielen Dias, die ihm hin und wieder die Brücke schlagen helfen zu seiner großen Ära, sie fordern ihn auch heute noch zu mancher Reflexion heraus: „Als es mit der Bundesliga 1963 losging, da habe ich doch an meinem Leistungsvermögen zu zweifeln begonnen. Trainer Oßwald und die Mannschaftskameraden überredeten mich dann aber wieder, und es lief ja auch die letzten zwei Jahre gar nicht schlecht."

„Methusalem" nannten ihn die Fans auf den Rängen manchmal in liebevollem Respekt. Was nun tatsächlich das beflügelnde Elixier für den unvergleichlichen Erfolg seiner späten Jahre war, weiß der bescheidene Richard Kreß im Grunde auch nicht: „Ich war mir manchmal selbst ein Rätsel."

Thomas Kroth

Seine Karriere war ein einziger Zickzack-Kurs - geographisch und auch sportlich. Von Erlenbach, seinem Heimatort in der Nähe Aschaffenburgs ging der gebürtige Mainzer Thomas Kroth 1975 als 16jähriger mainabwärts zu den Offenbacher Kickers. Drei Jahre später holte ihn der 1. FC Köln in die Bundesliga. Zurück vom Rhein an den Main ging es im November 1982, als Eintracht Frankfurt den Libero und Mittelfeldspieler verpflichtete. Zweieinhalb Jahre spielte der gelernte Industriekaufmann für die Riederwälder, ehe er im Sommer 1985 in den hohen Norden zum Hamburger SV wechselte. 1988 zog es ihn schließlich wieder ein Stück südwärts nach Westfalen zu Borussia Dortmund, wo seine Karriere nach 256 Bundesligaspielen zu Beginn der neunziger Jahre in der Amateurmannschaft ausklang.

Thomas Kroth bestritt unter Teamchef Franz Beckenbauer sein einziges Länderspiel.

Unübersehbare Zacken nach oben wie nach unten weist aber auch die Erfolgskurve des Fußballprofis Thomas Kroth auf. Technisch hochveranlagt und bestens ausgebildet, ausgestattet mit einem guten Auge, großem taktischen Verständnis und einem knallharten Schuß galt der Mann aus Unterfranken an allen seinen Profistationen als vielseitig verwendbarer Spieler und vorbildlicher Profi, der mit seiner pflegeleichten Art eigentlich keinem seiner vielen Trainer Sorgen oder Probleme bereitete. Dennoch waren es gerade die Trainer, die das Auf und Ab seiner wechselvollen Karriere maßgeblich bestimmten.

Bei den Kickers in Offenbach spielte er sich unter den Fittichen seines damaligen Trainers Hermann Nuber in die Jugendnationalmannschaft, für die er insgesamt 19 Länderspiele absolvierte. Bei einem dieser internationalen Auftritte in Israel fiel er dem damaligen Kölner Chefcoach Hennes Weisweiler und dessen Assistenten Hennes Löhr auf, die das Talent zum neuen deutschen Meister holten. Im gleichen Sommer fanden auch Pierre Littbarski und Bernd Schuster den Weg aus Berlin beziehungsweise Augsburg zum Kölner Meisterteam. An ihrer Seite erlebte Thomas Kroth nach einer einjährigen Lehrzeit ein erstes Hoch als Profispieler, das auch nach dem Wechsel der Trainingsleitung von Weisweiler zu Hedergott anhielt.

Dann aber wurde Rinus Michels auf die Kölner Kommandobrücke geholt. Mit Kroth ging es unter dem Holländer fortan steil bergab. DFB-Trainer Berti Vogts aber war von den Qualitäten des frustrierten Kölners weiterhin überzeugt. Er berief ihn nach wie vor in die damalige U 21. Bei Thomas Kroths zwölften und letzten U 21-Länderspiel, dem Finale um die Europameisterschaft am 12. Oktober 1982 gegen England in Bremen, war auch der damalige Frankfurter Trainer Branco Zebec im Weserstadion. Vier Wochen später machte Kroth sein erstes Bundesligaspiel für die Eintracht.

In Frankfurt avancierte die gebürtige „Jungfrau" (26.8.1959) schnell zu einer festen Größe. Hier erlebte er den Gipfel auf der Achterbahn seiner Fußball-Laufbahn. Gleich zum ersten Länderspiel der Beckenbauer-Ära erschien er im September 1984 im Aufgebot für das Länderspiel gegen Argentinien. Vier Monate später ermöglichte ihm „Kaiser Franz" seinen ersten Einsatz als A-Nationalspieler - in der zweiten Halbzeit beim Länderspiel gegen Ungarn in Hamburg. „Um sich als richtiger Nationalspieler zu fühlen, dazu gehört mehr als nur ein 45minütiger Einsatz gegen die Ungarn", hoffte Thomas Kroth damals auf weitere Einsätze und auf die WM 1986 als höchstes sportliches Ziel. Er hoffte vergeblich.

Eine Reihe von Verletzungen warf den Blumen-Liebhaber zurück. Hinzu kam eine rätselhafte Funkstille, die plötzlich zwischen ihm und Zebec-Nachfolger Dietrich Weise entstanden war. Sein Vertrag mit der Eintracht wurde nicht verlängert. Thomas Kroth zog weiter zum HSV, in die Stadt und in das Stadion, wo er für die Eintracht sein erstes und einziges A-Länderspiel bestritt. Was Bestand hatte über die Frankfurter Tage hinaus, ist die große Freundschaft zu Ralf Falkenmayer, den er 1984 seinem eigenen persönlichen Berater Rüdiger Schmitz aus Köln empfahl. Viele Beobachter sehen in dieser Kontaktvermittlung den Grund für den Bruch im Verhältnis zu Trainer Dietrich Weise.

Friedel Lutz nahm an der WM 1966 in England teil.

Friedel Lutz

Als er den Sprung in die erste Mannschaft endlich geschafft hatte, verschlug es Friedel Lutz fast den Atem. Der Satz in die Stammformation der Frankfurter Eintracht sollte von Beginn der Saison 1958/59 an zum Beginn einer rasenden Erfolgsfahrt werden. In 47 Meisterschafts-, Pokal- und Freundschaftsspielen hintereinander blieb der Renommierklub vom Main damals ungeschlagen. Die wichtigste Station auf diesem Erfolgsmarsch durch die deutsche Fußball-Landschaft war zweifellos das Berliner Olympiastadion, wo die Eintracht 1959 im hessischen Bruderkampf gegen Kickers Offenbach mit 5:3 die Deutsche Meisterschaft gewann.

Dieser Titelgewinn hatte für die Frankfurter eine Konsequenz, die Friedel Lutz zu seinem, wie er sagt, größten Vereinsspiel führte: den Triumphzug durch den Europapokal der Landesmeister mit dem unvergessenen Endspiel 1960 in Glasgow gegen Real Madrid. Die Eintracht verlor zwar diese einmalige Partie mit 3:7. Doch auch ein Sieg hätte bei dem blonden Abwehrspezialisten die Erinnerung an diese 90 Minuten nicht lebendiger halten können. Auf der Welt gab es damals keinen besseren Linksaußen als den Spanier Gento. Der pfeilschnelle Hakenschläger wurde für den damals 21-jährigen Friedel Lutz (geboren am 21.1.1939) zur ganz großen Bewährungsprobe seiner so vielversprechenden Laufbahn.

Als er 13 Jahre später nach genau 200 Bundesligaspielen seine aktive Laufbahn beendete, war er der letzte Zeuge jener großen Zeit. Sein Blick zurück trifft freilich nicht nur Glück. Gewiß, da waren die zwölf Länderspiele mit der A-Nationalmannschaft, zu denen der hochgewachsene Verteidiger zwischen 1960 und 1966 vorwiegend als Abwehrgespann mit dem Kölner Karl-Heinz Schnellinger berufen worden war. Und da war die WM-Teilnahme 1966 in England, wo Friedel Lutz beim 2:1-Sieg über die UdSSR im Halbfinalspiel mithalf, das Endspiel gegen den Gastgeber zu erreichen.

Doch schon bei jenem WM-Turnier machten sich die ersten leisen Vorboten jener heimtückischen Fußverletzung bemerkbar, die seine Bundesliga-Karriere so sehr beeinflussen und beeinträchtigen sollte und die er bis heute noch nicht richtig losgeworden ist. Er, der sich 1962 schon einmal einen Schädelbruch zugezogen und sich zwei Jahre später den Arm so sehr ausgekugelt hatte, daß eine schwierige Operation an der Schulter unumgänglich war, plagte sich mit einer langwierigen und schmerzhaften Entzündung an der Achillessehne ausgerechnet zu jenem Zeitpunkt herum, als er die Früchte seiner von Zähigkeit, Umsicht und enormer Grundschnelligkeit gekennzeichneten Abwehrtaten ernten wollte.

Friedel Lutz wechselte nach der WM in England zum damals amtierenden Deutschen Meister 1860 München. Doch nach einer Saison mit nur elf Bundesligaeinsätzen war er 1967 wieder in Frankfurt. Nach zwei Operationen, die ihm lediglich drei Bundesligaspiele in der Saison 1967/68 gestatteten, mußte er auch hier zunächst durch ein tiefes Tal hindurch. Als er mit 34 Jahren aber sechs Jahre später abtrat, war er in Frankfurt zu einer Institution geworden. Mit dem zuverlässigen Abwehrchef, der er viele Jahre war, ging ein Stück Eintracht in den Ruhestand als Profi.

In Prominentenspielen ist Friedel Lutz, der einst auf den Wiesen seiner Heimatgemeinde Bad Vilbel zum Fußball gefunden und in der B-Jugend der SG Niedererlenbach erstmals Vereinsluft geschnuppert hatte, ehe er 1955 als A-Jugendlicher zur Eintracht kam, auch heute noch anzutreffen. Auch wenn die Achillessehne noch immer Schmerzen und Kummer bereitet, einen wie ihn läßt der Fußball nicht los.

Bernd Nickel

Eine Karriere wie die von Bernd Nickel hätte ein schöneres und etwas würdevolleres Ende verdient. Doch die Verhältnisse bei der Eintracht waren nicht so, damals im Mai 1983. Nach 17 Jahren im Trikot von Eintracht Frankfurt wurde der Mann, den sie wegen seiner legendären Tore den Kosenamen „Dr. Hammer" verliehen hatten, im letzten Heimspiel jener Saison verabschiedet. Mit einem Blumenstrauß der billigeren Sorte und einem warmen Händedruck.

Ein Präsident, der die Verabschiedung hätte vornehmen können, stand nicht zur Verfügung, da die Eintracht auf dem Höhepunkt der damaligen Führungskrise von einem Notvorstand geleitet wurde. Und ein sentimentales Gefühl wie Melancholie kam im Waldstadion nicht auf, da die Eintracht an jenem trüben Nachmittag gegen Werder Bremen auch noch mit 0:1 verlor. Nach Jürgen Grabowski, der 1980 im Jubel des UEFA-Cup-Gewinns ging und dem ein offizielles Abschiedsspiel gegönnt wurde, und nach Bernd Hölzenbein, der 1981 während der Siegesfeier nach dem großen Stuttgarter Pokalfinale gegen den 1. FC Kaiserslautern mit „großem Bahnhof" und etlichen Tränen verabschiedet wurde, war nun der letzte aus dem ruhmreichen Dreigestirn der siebziger Jahre gewissermaßen durch die Hintertüre abgeschoben worden. „Aus wirtschaftlichen Gründen", so die offizielle Version, habe man den 34 Jahre alten Mittelfeldspieler nicht mehr halten können.

Was bleibt, nachdem Bernd Nickel gegangen war, sind zwei eindrucksvolle Zahlen: 426 Bundesligaspiele und 141 Bundesligatore. Diese Zahlen, sie stehen für eine große Karriere. Und diese Karriere wurde geprägt durch eine beispiellose Arbeitsgemeinschaft. Durch die Zusammenarbeit mit Jürgen Grabowski, dem kongenialen Partner für die Doppelpässe auf dem Spielfeld und jahrelangen Partner im Doppelzimmer bei den Auswärtsspielen. Was Bernd Nickel im Fußball wurde, ist er, der stämmige Star aus dem Westerwald verhehlt es nicht, vor allem in der Partnerschaft mit „Grabi" geworden. In mehr als zehn Jahren gemeinsamer Tätigkeit für die Eintracht haben sie in mehr als 300 Bundesligaspielen zusammen mehr als 200 Tore geschossen.

Als Jürgen Grabowski 1980 abtrat von der großen Fußballbühne bewies der Spielmacher und Scharfschütze Bernd Nickel, daß er als Spieler aber auch auf eigenen Füßen stehen kann. Nicht zuletzt seiner Regiekunst war der Gewinn des DFB-Pokals im Jahr 1981 zu verdanken. Der begnadete Schütze und hochveranlagte Spielgestalter hätte sich aber

Bernd Nickel war nur ein A-Länderspiel vergönnt. In der Amateur-Nationalelf ist er der erfolgreichste Torschütze aller Zeiten.

wohl kaum mit den Triumphen des UEFA-Cup-Siegs und dreier DFB-Pokal-Gewinne schmücken können, wäre er nicht auch gleichzeitig ein harter Kämpfer gewesen. Wohl nur wenige Profis waren so oft schwer verletzt wie er. 1978 riß gleich zweimal die Achillessehne am rechten Fuß. Einige Jahre vorher hätten ihn rätselhafte Schmerzen im Bein fast zur Aufgabe der Karriere gezwungen. Und auch in den achtziger Jahren blieb er bis zum Ende seiner Karriere, das er 1984 nach einem zehnmonatigen Abstecher zu Young Boys Bern in der Schweiz erlebte, nicht verschont.

Leicht hatte es „Dr. Hammer" auch beim Frankfurter Publikum nicht, dessen erklärter Liebling er nur selten gewesen war. Doch mit seinen krachenden Torschüssen, vehementen Freistößen und spektakulären Pässen brachte er die Fans immer wieder auf seine Seite. „Schön ist es auf der Welt zu sein, sprach der Nickel zu dem Hölzenbein", sangen sie an großen Eintracht-Tagen draußen im Waldstadion.

Doch selbst nach den größten Eintracht-Tagen hatte Bernd Nickel, der als 17jähriger aus seinem Westerwälder Heimat-Dorf Eisemroth nach Frankfurt gekommen war und zunächst als Amateur spielte, schlechte Karten bei Bundestrainer Helmut Schön. 41 Länderspiele bestritt er in der Amateur-Nationalmannschaft, deren Statistik ihn mit 18 Treffern noch immer als besten aller Torschützen ausweist. Bis 1972 stellte er sich dem DFB als sogenannter Olympia-Amateur zur Verfügung und wurde erst nach den Olympischen Spielen von München offiziell Profi. Obwohl er danach immer wieder mit länderspielreifen Leistungen beeindruckte, konnte sich Schön dennoch nie zu einer Berufung des Frankfurter Mittelfeld-Strategen durchringen. Dirigenten wie Netzer oder Overath oder später auch Flohe wurden vom damaligen Bundestrainer höher eingeschätzt. So mußte schon Jupp Derwall, damals der etatmäßige Coach der Amateur-Nationalmannschaft, einmal für den erkrankten Helmut Schön als Aushilfsbundestrainer einspringen, damit Bernd Nickel wenigstens zu einem Einsatz in der A-Nationalmannschaft kam - als Einwechselspieler in der zweiten Halbzeit beim letzten Länderspiel des Weltmeister-Jahres 1974 am 22. Dezember auf Malta.

Vom Fußball ist der am 15. März 1949 geborene heutige Inhaber von einem Sportgeschäft auch nach dem Ende seiner Profikarriere nicht losgekommen. Seit 1986 ist er, ausgestattet mit einer Lizenz der Europäischen Fußball-Union (UEFA), offiziell als Spielevermittler tätig. Und auch zur Eintracht hat der seit einem Vierteljahrhundert in Frankfurt wohnhafte Bernd Nickel nach seiner Heimkehr aus der Schweiz gleich wieder zurückgefunden. Mit seinem noch immer guten und in Fußballerkreisen klangvollen Namen öffnet er als Anzeigenvertreter der „Eintracht-Zeitung" so manche Türen. Sein schmuckloser Abschied als Spieler vom Riederwald hatte zwar für kurzfristige Verstimmung gesorgt, schloß aber eine baldige Versöhnung erfreulicherweise nicht aus.

Peter Reichel war zweimal für Deutschland im Einsatz.

Peter Reichel

Die 100-m-Strecke legte er in seinen besten Jahren in etwas mehr als 11 Sekunden zurück. Doch Peter Reichel war in jener Eintracht-Mannschaft, mit der er 1974 und 1975 zweimal den DFB-Pokal gewann, nicht nur der Schnellste auf dem Rasen. Er war zumeist auch der Schnellste unter der Dusche. Wenn die anderen sich nach dem Training wohlig unter dem Warmwasserstrahl räkeln konnten, hieß es für Reichel sich zu sputen. Wenn die Kollegen Profifußballer auf der Massagebank sich die müde Muskulatur wieder fit haben kneten lassen, stürmte Peter Reichel bereits an den wartenden Autogrammjägern vorbei zu seinem Auto. Wenn Grabowski und Co. nach Trainingsschluß Pause oder gar schon Feierabend hatten, war Reichel schon wieder an der Arbeit. Denn Peter Reichel war zu seiner aktiven Zeit ein Mann mit zwei Berufen: Fußballprofi bei der Eintracht sowie Sport- und Mathematiklehrer an der Eduard-Spranger-Schule in Frankfurt-Sossenheim.

Ob im Trikot der Eintracht auf den Bundesligaplätzen oder als Privatmann im zivilen Look: Reichel hatte es immer eilig. Um sechs Uhr morgens war für ihn die Nacht, um halbzehn Uhr abends spätestens der Tag zu Ende. Dazwischen lag alltäglich die Bewältigung eines Interessenkonflikts zwischen Schule und Stadion, zwischen Direktor und Trainer, zwischen Zuschauern und Kindern, Kollegen und Kameraden, zwischen Lehrerzimmer und Mannschaftskabine.

Seit dem Sommer des Jahres 1975 brachte Peter Reichel fast gleichzeitig seinen Schülern Geometrie und Algebra und seinen Gegenspielern das Fürchten bei. Das eine wie das andere tat er mit permanent wachsendem Erfolg. Im November des Jahres 1976 absolvierte der Lehramtsreferendar Reichel sein zweites Staatsexamen. Im April desselben Jahres bestritt der Bundesligaspieler Reichel in Madrid gegen Spanien sein zweites A-Länderspiel. Vier Monate vorher hatte der Verteidiger beim 5:0 in der Türkei seinen Einstand in der Nationalmannschaft gegeben.

Die Prüfung in Istanbul bestand er mit Auszeichnung. Und auch das Examen als Lehrer absolvierte er mit Bestnoten. Was Peter Reichel einmal anfing, führte er auch immer zu einem guten Ende.

Es gab und gibt nur wenige in der Bundesliga, die sich mit gleichem Ernst wie Reichel zwei Berufen widmen. Eiserner Wille und spartanische Disziplin verhinderten dabei bei ihm eine Kollision der Interessen und damit eine Landung zwischen beiden Stühlen. Sechs Uhr morgens Aufstehen, Frühstück, Abmarsch in die Schule, Unterricht, halb zehn Uhr Fahrt zum Training, Schweißvergießen auf dem Übungsplatz, zurück zur Schule, Unterricht bis ein Uhr mittags, Heimfahrt, Mittagessen, einstündige Ruhepause, Vorbereitung des Unterrichts am nächsten Tag, manchmal eine weitere Trainingseinheit, um halb zehn Uhr abends fallen die Augen von allein zu - dies war in Stichworten ein ganz normaler Wochentag im Doppelleben Peter Reichels.

Fußball zu spielen lernte er als Elfjähriger beim VfB Gießen. Doch was er sich eigentlich schon immer als Hobby wünschte, geriet sehr schnell zum Ernst des Lebens, weil Reichel der Erfolgreichste unter den jugendlichen Hobbykickern in Gießen war. Seine Spiele in den hessischen und süddeutschen Jugendauswahlmannschaften, vor allem aber seine 16 Einsätze in der DFB-Jugendauswahl, ließen die Eintracht-Späher schnell auf das Talent aus Mittelhessen aufmerksam werden. Mit 18 Jahren unterschrieb er denn auch in Frankfurt einen Profivertrag.

Mit 27 Jahren trat er im Sommer 1978 von der Bundesligabühne ab und ließ sich reamateurisieren. Das Hickhack um seine Vertragsverlängerung, die zeitweise Rückversetzung unter den Trainern Gyula Lorant und Dettmar Cramer auf die Reservebank haben ihm diesen Entschluß erleichtert. Wie sehr er im Grunde aber noch benötigt wurde, beweist die Tatsache, daß Trainer Otto Knefler den später noch als Libero in der Amateurmannschaft spielenden Abwehrspezialisten noch in der Saison 1978/79 in die Bundesligamannschaft hin und wieder zurückholte.

Unter dem Strich bleibt für Peter Reichel die Genugtuung, in 223 Bundesligaspielen, in denen er als Verteidiger neun Tore erzielt hatte, zu einem der besten Abwehrspieler in der Bundesliga aufgerückt zu sein. Sein Trainer Dietrich Weise lobte einmal: „Der Peter war einer meiner vielseitigsten Spieler, mit dem ich in der Abwehr alles machen kann. Mit seiner Intelligenz, seinem Mut zum kalkulierten Risiko, seinem Schneid und seiner Kampfbereitschaft kam er auch bei unserem Publikum gut an."

Der Lehrer Peter Reichel war also immer auch ein Musterschüler. Heute sagt er: „Es ist eine persönliche Befriedigung, als Fußballer und als Student das geschafft zu haben, was man sich vorgenommen hat."

Wolfgang Solz

Man muß von der Idee des Sports im allgemeinen und der des Fußballs im besonderen schon eine ganze Menge mitbekommen und verarbeitet haben, um am Ende einer Karriere so gelassen und objektiv über deren Höhepunkte reflektieren zu können, wie dies Wolfgang Solz zu machen pflegt. Zweimal trug der „Brasilianer" der Frankfurter Eintracht, wie er wegen seiner geschmeidigen und technisch perfekten Spielweise genannt wurde, das Trikot der Nationalmannschaft. Doch weder 1962 beim 2:2 im Stuttgarter Neckarstadion gegen Frankreich noch zwei Jahre später bei der 3:4-Niederlage gegen die CSSR in Ludwigshafen spielte Solz mit dem Erfolg, wie ihn der Bundestrainer und ganz besonders auch er selbst erwartet hatten. Beide Male stand der gebürtige Frankfurter auf Linksaußen und beide Male hatte er Verteidiger als direkte Gegenspieler, die danach in der Europa-Auswahl spielten.

Doch neben der Klasse der direkten Kontrahenten macht Wolfgang Solz auch ebenso eigene Unzulänglichkeiten für seine nicht allzu befriedigende Nationalspieler-Laufbahn verantwortlich. „Um ein international wirklich erfolgreicher Linksaußen zu werden, dafür fehlte mir die notwendige Grundschnelligkeit." Dennoch nahm er den Kampf gegen die scheinbar übermächtige Konkurrenz auf dem Linksaußenposten in der Nationalmannschaft, Charly Dörfel vom Hamburger SV, unverdrossen auf. Biß, Zähigkeit und ein ungewöhnlich guter Blick für die jeweilige Situation waren das Asphaltgemisch auf der Erfolgsstrecke dieses eleganten Dribbelkünstlers und schlitzohrigen Filigrantechnikers. Nicht zuletzt deswegen verlief diese Strecke denn auch von Anfang an glatter und geradliniger als die so manch anderer, die man zu den Großen des deutschen Fußballs zählt.

Wolfgang Solz wurde ob seiner perfekten Technik der „Brasilianer" genannt.

Als Siebenjähriger begann er 1947 bei Union Niederrad mit dem Fußballspielen. Die Hessen- und süddeutsche Jugendauswahl waren die ersten Erfolgsstationen, ehe er im Jahre 1957 erstmals in das Trikot einer deutschen Nationalmannschaft schlüpfen konnte. Beim FIFA-Jugendturnier trug er es mit ganz besonderem Stolz, schließlich war die Zugehörigkeit zu einem kleinen Verein noch nie ein Freifahrtschein in die Nationalelf.

1958 dann holte ihn die Eintracht. In über 400 Spielen machten sie einander zu einem Qualitätssiegel im deutschen Fußball. Mit 46 Toren in 113 Bundesligaspielen nimmt Wolfgang Solz heute in der ewigen Bundesliga-Statistik der Eintracht-Torjäger noch immer einen führenden Platz ein. Genau ein Jahrzehnt spielte Wolfgang Solz für die Riederwälder. In diesen Jahren erlebte er den Umbruch des bezahlten Fußballs in Deutschland, die Einführung der Bundesliga und die Behandlung ihrer Kinderkrankheiten hautnah mit. Und ein Profi ist Solz in diesen Jahren wahrlich geworden.

Als Linksaußen und, erfolgreicher noch, in der halblinken Angriffsposition sah Wolfgang Solz mit der Eintracht „bis auf Australien die ganze Welt". „Diese einmaligen Reisen mit der Eintracht waren allein die Sache wert, daß ich Fußball gespielt habe", will Wolfgang Solz die Eindrücke aus Asien, Amerika und Afrika gewertet wissen.

Mehr noch als die bunte Vielfalt der zahllosen optischen Eindrücke macht Wolfgang Solz aber die Erfahrungen des Gemeinschaftserlebnisses während seiner 30 Fußballjahre für das verantwortlich, was er heute ist. „Ich könnte mir ein Leben als Einzelgänger gar nicht vorstellen. Der Fußball hat mir nicht nur in geschäftlicher Hinsicht Horizonte eröffnet, die mir ohne ihn wohl immer verschlossen geblieben wären."

Sport und Beruf haben sich bei dem 52jährigen (geboren am 12.2.1940) Mitinhaber einer Versicherungsgeneralagentur immer hervorragend und beispielhaft ergänzt. „Auf dem Spielfeld lernte ich jenen Mut zur Selbständigkeit, der heute die Entscheidungen meines Alltags bestimmt. Wer im Spitzenfußball auf der steten Suche nach dem Erfolg war, der weiß, daß auf jedes Tief ein Hoch kommt und findet sich dementsprechend mit den Realitäten ab. Diese Gewißheit hilft einem, auch im Berufsleben unausweichliche Durststrecken zu überwinden."

Wer Fußball wie er gespielt hat, der weiß, daß es keine gemachten Nester gibt. Die Karriere des Wolfgang Solz, der elf Jahre bei Union Niederrad, zehn Jahre bei Eintracht Frankfurt, drei Jahre bei Darmstadt 98 und danach als Spielertrainer und Trainer die Spvgg. Bad Homburg zur Deutschen Amateurmeisterschaft geführt hat, beweist, daß man auch im und mit dem Fußball an vielen Lebensfronten etwas erreichen kann. Mut, Ausdauer und ein unerschütterlicher Optimismus waren dabei die Stützpfeiler, die sein Talent zum Tragen brachten.

Erwin Stein bestritt sein einziges Länderspiel für Frankfurt. Allerdings nicht für die Eintracht, sondern noch als Amateur für Griesheim 02.

Erwin Stein

Es liegt ein dicker Brocken Widersinn in der Karriere Erwin Steins. Der einstige Torjäger des Frankfurter Vorortvereins Griesheim 02 zählt zu den wenigen, denen der Sprung in die A-Nationalmannschaft von der Basis des Amateurs aus gelungen ist. Als freilich der frischgebackene A-Nationalspieler diese Basis verließ, um sich fortan als Vertragsspieler durch den damaligen Deutschen Meister Eintracht Frankfurt seine Qualitäten als Torschütze vom Dienst honorieren zu lassen, war er plötzlich kein Mann mehr für die Nationalmannschaft.

„Als Amateur ja, als Vertragsspieler nein", unterwarf Bundestrainer Sepp Herberger zu jener Zeit Erwin Stein zwei verschiedenen Beurteilungskriterien. Niemandem wollte freilich dabei einleuchten, am allerwenigsten Erwin Stein selber, weshalb der spektakuläre Einstand, den der Amateur Stein in der Nationalmannschaft gegeben hatte, nicht auch vom Vertragsspieler Stein hätte fortgeführt werden können. Zur Erinnerung: 0:1 lag die deutsche Mannschaft im Hamburger Volksparkstadion zurück. Da erinnerte sich der Bundestrainer noch rechtzeitig der Schußkraft des neben ihm auf der Ersatzbank sitzenden Hessenligaspielers aus Frankfurt-

Griesheim und schickte ihn in der zweiten Halbzeit für den Schalker Berni Klodt ins Spiel. Mit einem prächtigen Tor zum 1:1-Endstand rechtfertigte Erwin Stein an diesem 20. Mai 1959 nicht nur das in ihn gesetzte Vertrauen, nach einer weiteren großartigen Sololeistung wäre dem Retter des Unentschiedens fast noch der an diesem Tag für unmöglich gehaltene Siegtreffer gegen die Polen geglückt.

Die Kritiken bestätigten denn auch, daß sich seine internationale Karriere in der A-Nationalmannschaft fortzusetzen schien, die Erwin Stein wenige Monate zuvor in der Amateurnationalmannschaft begonnen hatte. Sechs Tore in drei Amateur-Länderspielen gegen Holland, England und die Schweiz hatten Sepp Herberger veranlaßt, den Torjäger der Hessenliga und der Hessenauswahl in seinen A-Kader zu holen. Ebenso wie der Bundestrainer war aber auch die Eintracht an dem antrittsschnellen Vollblutstürmer interessiert. Sie suchte einen Vollstrecker und Toremacher für den bevorstehenden Wettbewerb im Europapokal der Landesmeister. Mit acht Treffern im Europapokal, darunter zwei Toren gegen den damals weltbesten Mittelläufer Santamaria im Glasgower Finale gegen Real Madrid (3:7), bewies Erwin Stein denn auch, daß er sich auch unter erschwerten Bedingungen durchsetzen konnte.

Ruhm und Ehre wollte in jenem Jahr freilich auch die deutsche Amateur-Nationalmannschaft bei den Olympischen Spielen in Rom erringen. Diese Interessenlagen waren aber nicht miteinander in Einklang zu bringen. Sie wurden vielmehr zu einer Kollision, für die Stein später büßen mußte.

Der am 10.6.1935 geborene Mittelstürmer entschied sich für die Eintracht - und damit, wie sich herausstellen sollte, nichtsahnend gegen die Fortsetzung seiner Nationalspieler-Laufbahn. Sepp Herberger nämlich verzieh Stein dessen Wechsel ins Vertragsspielerlager so kurz vor Olympia nicht. Der Bundestrainer blieb unversöhnlich, zumal Steins Übergang ins bezahlte Fußball-Lager zu einer Initialzündung in der Amateur-Nationalmannschaft wurde: Dörfel, Hornig, Keller und andere unterschrieben gleich nach ihm Verträge bei Oberligamannschaften. Die Amateur-Nationalmannschaft war kurz vor Rom ihrer Korsettstangen beraubt.

Für diese Situation konnte Erwin Stein allerdings nicht verantwortlich gemacht werden. „Alle warteten damals auf den ersten, der einen Vertrag unterschreiben würde, um dann sagen zu können, wenn der nicht mehr spielt, dann auch ohne mich. Für mich erwies es sich als schlecht, den Anfang gemacht zu haben. Ich hatte die Einladung für den nächsten Herberger-Lehrgang schon in der Tasche. Doch über Nacht wurde ich dann ausgeladen und nie mehr wieder in die Nationalmannschaft geholt", erinnert sich Erwin Stein an die Folgen seiner damaligen Entscheidung. Nutznießer sollte die Frankfurter Eintracht werden, für die er zahllose Tore schoß.

Daß sein Abschied von den Riederwäldern im Jahre 1966 nicht in bester Eintracht über die Bühne ging, hat Erwin Stein mittlerweile überwunden. Die Eintracht befand sich damals gerade in der Schweiz, als ihrem Mittelstürmer der Kündigungsbrief von Präsident Rudi Gramlich ins Haus geflattert kam. „Keiner hatte damals weder vorher noch hinterher irgendein Wort darüber gesagt. Wenn man sieben Jahre für eine Mannschaft gespielt hat, ist man doch kein Wandervogel, der solch ein trauriges Ende verdient hat", urteilte der Torjäger, der seine Karriere 1969 als Spielmacher beim SV Darmstadt 98 beendete. Insgesamt aber ist Erwin Stein, dessen großes Hobby später die Reiterei wurde, mit dem zufrieden, was er vor allem im gegnerischen Strafraum erreicht hat: „Im Grunde war meine Laufbahn zufriedenstellend. Es gibt welche, die haben weniger erreicht."

Hans Weilbächer

Hans Weilbächer nach seinem einzigen Länderspiel im Mai 1955 in Hamburg mit dem Nordiren Farrel (links).

Man schrieb das Jahr 1951, als die „Späher" der Frankfurter Eintracht in Hattersheim einem heißen Tip nachgingen. Fortan waren Hans Weilbächers Tage in Hattersheim gezählt. Sein Wechsel zum Riederwald war nur noch eine Formsache. In den Jahren, als der „blonde Hans" zu einem Begriff im Frankfurter Fußball wurde, da hat man von der Entstehung der Bundesliga noch nichts geahnt. Der stämmige Weilbächer war in jeder Beziehung ein Vorläufer jener Fußballklasse, in der nicht nur Ruhm, sondern auch Reichtum winken sollte. Der heute 58jährige Verbinder war noch ein Typ von echtem Schrot und Korn, ein Überbleibsel aus jener Zeit, als der Begriff „Kameradschaft" auch im Spitzenfußball noch einen hohen Stellenwert hatte. Er weiß noch von der Zeit zu berichten, als die „Neuen" bei der Eintracht erst einmal „den Hintern eingewichst" bekamen. Und er denkt noch immer an jenen Erlaß von Trainer Paul Oßwald, der bei der Vorbereitung zur Deutschen Meisterschaft im Jahre 1959 in Berlin im Trainingslager hinter dem Waldstadion striktes Bierverbot erteilte. Doch da die Eintracht-Stars anno 1959 nicht ohne ihr Beruhigungsbier ins Bett gehen wollten und zudem ein besonders herzliches Verhältnis zur Küchenchefin hatten, kam es vor, daß die Bedienung beim Abendessen die Kannen an den Spielertischen nicht mit Tee, sondern mit Gerstensaft gefüllt servierte.

Geschadet hat es jedenfalls nichts. Schließlich gelang der Eintracht ja in jenem Jahr mit dem Gewinn der Deutschen Meisterschaft der größte Erfolg ihrer Vereinsgeschichte. Dieses Endspiel in Berlin, in dem der Triumph mit dem 5:3 über Offenbach perfekt gemacht wurde, bezeichnet Hans Weilbächer denn auch als die Sternstunde seiner Karriere. Und bis heute unvergessen sind ihm auch die beiden Supersiege gegen die Glasgow Rangers (6:1 und 6:3) sowie das Glasgower Endspiel gegen Real Madrid.

Der stolzeste Tag seiner Laufbahn, während der er in 13 Jahren 570 Spiele für die Eintracht bestritt, war jedoch jener Tag, als er am 28.5.1955 in Hamburg unter Bundestrainer Sepp Herberger beim 2:1-Sieg über Irland seinen Einstand in der A-Nationalmannschaft feierte. Vorausgegangen waren zwei Amateur-Länderspiele jeweils gegen Frankreich in den Jahren 1953 und 1954. Und es folgten zwei Berufungen in die B-Nationalmannschaft zu den Begegnungen mit Ungarn und Luxemburg. Doch eine Einladung in den Elitekreis von Seppl Herberger erhielt Hans Weilbächer niemals wieder. Vielleicht lag es daran, daß in jenen Jahren ein Überangebot hervorragender Techniker für die Verbinder-Positionen bereitstand. Und Hans Weilbächer war nun einmal kein Filigranfußballer auf dem Spielfeld, sondern vielmehr ein unermüdlicher Dauerläufer und zäher Kämpfer mit großem Einsatz und einem harten Schuß. Für die heutige Bundesliga wäre ein Verbinder mit den Tugenden eines Hans Weilbächer geradezu eine Modellfigur: stabil, hart, schnell und auch vielseitig verwendbar.

Daß er, um mit seinen Fußball-Tugenden ans große Geld heranzukommen, zehn Jahre zu früh geboren sei, fuchste den blonden Mittelfeldrecken nie. Bei der Eintracht wurde Weilbächer, dessen Bruder Josef in der Saison 1964/65 vier Bundesligaspiele für die Eintracht absolvierte, ehe er zu den Kickers nach Offenbach wechselte, zu einem Muster an Vereinstreue.

Auch die ehemaligen Kollegen aus der Nationalmannschaft waren gekommen, als Karl-Heinz Körbel mit dem Spiel zwischen der Eintracht und dem FC Bayern München mit den Stars von gestern und heute den Abschied von seiner großen Laufbahn nahm. In dieser Laufbahn waren dem Bundesliga-Rekordspieler nur sechs Länderspiele vergönnt. Mit 20 Jahren bestritt Charly am 22. Dezember 1974, drei Wochen nach seinem Geburtstag, in La Valetta sein erstes Länderspiel beim 1:0-Sieg über Malta in der EM-Qualifikation. 1975 war Körbel dann bei der 0:2-Niederlage in England, beim 1:1 in Bulgarien, beim 1:1 gegen Holland in Frankfurt, beim 2:0-Sieg in Österreich und beim 1:1 gegen Griechenland weitere fünf Spiele hintereinander dabei. Es war wohl Franz Beckenbauer, der auch zum frühen Ende der Nationalmannschafts-Karriere von Karl-Heinz Körbel beitrug, denn der „Kaiser“plädierte zu jener Zeit für seinen Münchner Vereinskollegen Georg Schwarzenbeck auf der Position des Vorstoppers. Karl-Heinz Körbel, dessen große Laufbahn auf den Seiten 84 bis 88 beschrieben ist, sah in den 19 Jahren seiner Karriere mit der Eintracht die ganze Welt. Unser Foto zeigt den „treuen Charly“ bei seiner Abschiedsgala am 6. Oktober 1991 mit Tony Yeboah, Franz Beckenbauer, Bernd Hölzenbein und Uli Hoeneß.

Unvergeßliche Sternstunden

Von legendären Endspielen und legendären Mannschaften

Ein einziger Pfiff genügte, um durchaus vernünftige Leute vor Fußball-Begeisterung verrückt spielen zu lassen. Es war der Schlußpfiff im Endspiel um die Deutsche Meisterschaft zwischen der Frankfurter Eintracht und den Offenbacher Kikkers am 28. Juni 1959 im Berliner Olympiastadion. Drei Minuten zuvor hatte Feigenspan nach tollem Sprint und Zuspiel von Kreß eines der dramatischsten Endspiele der deutschen Fußball-Geschichte mit dem Tor zum 5:3 für die Eintracht entschieden. Es war die 117. Spielminute, nachdem es am Ende der regulären Spielzeit wie schon zur Halbzeit 2:2 gestanden hatte.

Ein erregender Kampf vor 75.000, unter ihnen der Regierende Bürgermeister von Berlin, Willy Brandt, war zu Ende. Alles, was man erhofft hatte, war sogar noch weit übertroffen worden in jenem dramatischen Endspiel, das die Eintracht als die glücklichere Elf gewann. Zu Freudensprüngen waren die Sieger fast nicht mehr in der Lage, glücklich sanken sie sich in die Arme. Die Kickers durften mit ebensoviel Stolz vom Platz gehen, aber sie haderten mit Schiedsrichter Asmussen aus Flensburg über jenen Elfmeter aus der 91. Spielminute, der durch Ekko Feigenspan zum 3:2 für die Eintracht geführt hatte. Leidenschaftlich protestierten selbst die neutralen Berliner Zuschauer gegen diese Entscheidung, und Kickers Mittelläufer Heinz Lichtl, der jenen Elfmeter an Richard Kreß verursacht hatte, beteuerte immer wieder: „Ich schlug den Ball weg, ohne in diesem Augenblick Berührung mit einem Eintrachtspieler gehabt zu haben. Dann erst kam Kreß an mir vorbei und ließ sich fallen."

Artur Kohlberger schrieb damals in der Frankfurter Abendpost: „Selbstbewußt und selbstsicher spielte die Eintracht auf gegen einen Gegner, der alle spielerischen und kämpferischen Reserven mobilisierte, der mehr gab, als er geben konnte, der teilweise die Grenzen seiner Leistungsfähigkeit sprengte und der am Schluß an der spielerisch besseren, an der gescheiteren, eleganteren Elf scheiterte, einfach scheitern mußte. Jeden anderen Gegner als den Derby-Partner aus Offenbach hätte die überragende Eintracht an diesem Tag in Grund und Boden gespielt. Daß sie gerade in einem Derby so selbstbewußt und so zielstrebig aufspielte, daß sie nicht umfiel, als die Kickers, von unerhörtem Elan und Kampfgeist angetrieben zweimal zum Ausgleich und kurz vor Ende der Verlängerung zu einem 3:4-Anschluß kamen, beweist ihre echte Klasse. Die Mannschaft steht im Augenblick in Deutschland über allen anderen Vereinen. Drei Sterne hatten die Riederwälder, alle drei standen im Angriff. Es waren ihre Spielträger Pfaff, Lindner, Sztani, drei Persönlichkeiten, denen die Kickers nur einen Gerd Kaufhold entgegenzusetzen hatten."

Die Zuschauer hatten an jenem 28. Juni 1959 noch nicht richtig Platz genommen, da führte die Eintracht bereits mit 1:0. Lichtl war der einzige Offenbacher, der vor dem 10-Sekunden-1:0 der Eintracht den Ball berührte. Von ihm prallte das Leder zu Sztani, der mit dem rechten Fuß aus kurzer Entfernung einschoß. Lindner, der den Ball vom Anstoß an zu Kreß geleitet hatte, der an der Außenlinie die ganze Kickers-Mannschaft übersprintete, waren die Wegbereiter gewesen, die Eintracht schnell ihrer hohen Favoritenrolle gerecht geworden. Trainer Cuvaj hatte die Kickers immer wieder vor einer solchen Überrumpelung gewarnt - vergeblich.

Aber während die Kickers-Fans regelrecht erstarrt waren, zeigten die Kickers-Spieler keine Wirkung. Präzise verwertete Berti Kraus einen langen Paß von Wade an dem herausstürzenden Loy vorbei. 1:1, es waren gerade sechs Minuten gespielt. Die atemlose Torehatz ging weiter. Höfer erkämpfte mit einem couragierten Vorstoß einen Eckball. Lindner führte aus, Feigenspan wuchtete den Ball per Kopf ins Netz, Kikkers-Torwart Zimmermann reklamierte vergeblich Foulspiel. 2:1 nach 13 Minuten. Streiten aber ließ sich auch über das 2:2 der Offenbacher nur acht Minuten später, als Preisendörfer aus abseitsverdächtiger Position Loy im zweiten Versuch bezwang. Erst der erneute Gleichstand ließ den tobenden offenen Schlagabtausch etwas abebben, aber an Niveau und Tempo verlor das Spiel bei brütender Hitze nicht.

2:2 stand es auch nach 90 Minuten noch, zum siebten Male in der deutschen Fußball-Geschichte mußte ein Endspiel verlängert werden. 30 Minuten zusätzliche Spielzeit, eine Strapaze für Spieler und Anhänger, denen die Hemden im Brutofen des Olympiastadions längst auf dem Körper klebten. Der Elfmeter, der durch Eigenspan nur eine Minute nach Beginn der Verlängerung verwandelt wurde, verwandelte das Stadion in einen Hexenkessel, brachte die Städte Frankfurt und Offenbach für lange Zeit in eine Art Kriegs- und Krisenstimmung. Fünf Minuten später erhöhte Sztani auf 4:2, doch schon im Gegenzug stellte Gast mit dem dritten Offenbacher Tor die alte Spannung wieder her. Preisendörfer hatte die große Ausgleichschance auf dem Fuß, aber dann konterte die Eintracht kühl gegen die hitzig anrennenden Kickers und entschied durch Feigenspan drei Minuten vor Schluß alles.

„Deutschland kann stolz sein auf seinen neuen Deutschen Meister! Gerade weil die Eintracht sich den Titel nicht - wie häufig prophezeit wurde - spielend, sondern kämpfend mit taktischer Kälte eroberte. Warum wir der Eintracht auch diesen Triumph gönnen? Weil er einen Siegeszug krönte, wie ihn nur die ganz Großen der Fußballgeschichte aufzuweisen hatte", schrieb der „Kicker" damals und „Der Sport" (Ham-

2:1 durch Ekko Feigenspan schon nach 13 Spielminuten im Berliner Endspiel.

burg) urteilte: „Das deutsche Fußball-Endspiel 1959 war ein Thriller, ein erregendes, sportliches Drama. Die Unverbrauchtheit der Jugend Eintrachts triumphierte über die Erfahrung Offenbachs."

Längst vor dem Endspiel nämlich hatte man nur noch von der Eintracht gesprochen. Wie sie war zuvor kein anderer Verein durch die Endrunde gestürmt: 7:2 in Bremen vor 42 000 Zuschauern, 2:1 gegen Köln vor 80 000, 3:2 gegen Pirmasens vor 32 000, 4:2 in Köln vor 30 000, 6:2 in Ludwigshafen gegen Pirmasens vor 55 000, 4:2 gegen Bremen vor 25 000 lauteten die letzten Stationen vor dem Endspieltag.

Loy; Eigenbrodt, Höfer; Stinka, Lutz, Weilbächer; Kreß, Sztani, Feigenspan, Pfaff und Lindner setzten dann in Berlin das i-Tüpfelchen auf diese tolle Saison. Zimmermann; Waldmann, Schultheiß; Keim, Lichtl, Wade; Kraus, Nuber, Gast, Kaufhold und Preisendörfer bildeten im Olympiastadion die Offenbacher Mannschaft.

Frankfurt glich ab dem Nachmittag des 28. Juni einem Tollhaus. Über 300 000 Männer, Frauen, Kinder waren nach Schätzung der Polizei in der 650 000 Einwohner großen Stadt auf den Beinen. Über der Stadt lag eine ohrenbetäubende Jubelglocke, als die Mannschaft mit ihrem Meistermacher Paul Oßwald von Oberbürgermeister Werner Bockelmann auf dem Balkon des Römers geehrt wurde; selbst dem pfiffigen Alfred Pfaff standen die Tränen in den Augen. Die so nüchtern geltenden Frankfurter bereiteten einen überwältigenden Empfang bei der Triumphfahrt der Mannschaft durch die Innenstadt, und zur Meisterschaftsfeier im Zoo-Gesellschaftshaus erschienen überraschend die Mainzer Hofsänger. Das „So ein Tag, so wunderschön wie heute ..." schallte noch monatelang weiter, denn nun startete der Deutsche Meister Eintracht Frankfurt zu einem internationalen Höhenflug, wie ihn noch keine andere deutsche Vereinsmannschaft vorher geschafft hatte.

Im Europapokal erreichte sie kampflos die zweite Runde, da ihr erster Gegner, Kuopion Palloseura, auf die Teilnahme an diesem Wettbewerb verzichtet hatte. Im Achtelfinale war Young Boys Bern, von dem Deutschen Albert Sing betreut, der erste Gegner. Ohne den erkrankten Jugoslawen Ivica Horvat, der schon im Berliner Endspiel nicht eingesetzt werden konnte, und ohne Ekkehard Feigenspan, der nach dem Berliner Triumph zu München 1860 gewechselt war, spielte die Eintracht in Berlin. Neu in der Mannschaft stand Amateur Erwin Stein, der vom Nachbarn Spvgg. Griesheim zur Eintracht gwechselt war. Weilbächer, Stein, Bäumler mit einem Elfmeter und Flutlicht-Meier, der den Zusatz vor seinem Namen erhalten hatte, da er bei Flutlichtspielen immer besonders aufblühte, erzielten die Tore. Im Rückspiel tat man sich beim 1:1 im Waldstadion nicht mehr weh. Im Viertelfinale sorgte Flutlicht-Meier kurz vor Schluß noch für den 2:1-Heimsieg vor 35 000 Zuschauern gegen den Wiener Sportklub, das Aus drohte. Nach einem dritten Spiel sah es aus, als die Wiener im Rückspiel lange 1:0 durch Hof führten, aber

Die Mannschaft, die den Titel holte. Betreuer Etzold, Bäumler, Stinka, Sztani, Lindner (kniend).

Höfer, Pfaff, Eigenbrodt, Trainer Oßwald, Weilbächer, Lutz, Schymik, Bechthold (stehend von links), Lindner, Loy, Feigenspan (knieend).

Der von Feigenspan verwandelte Elfmeter zum 3:2 kurz nach Beginn der Verlängerung verwandelte das Stadion in einen „Hexenkessel". Kickers-Torwart Zimmermann ohne Chance.

Stein gelang noch das 1:1, das den Einzug in das Halbfinale bedeutete.

Wieder schaute ganz Fußball-Deutschland auf die Eintracht, identifizierte sich die Nation mit den Frankfurtern, die nun gegen den großen Favoriten Glasgow Rangers antreten mußten. Lange vorher war das Waldstadion schon ausverkauft, und der 13. April 1960 wurde zu einem Tag, der ganz Frankfurt noch einmal in den totalen Fußballrausch versetzte, sprach man von einem Spiel, das wie ein Traum erschien.

So wie befürchtet, spielten die schottischen Profis in der ersten Halbzeit auf: schnell, hart, clever. Stinka hatte die Eintracht zwar in Führung gebracht, aber schnell war durch einen Elfmeter ausgeglichen worden. Doch dann demonstrierte die Eintracht Fußball, wie man ihn besser nicht mehr spielen kann, landete jeder Paß beim Nebenmann, ohne daß erst hingeschaut wurde, erhob sich Alfred Pfaff mit seinen Ideen zum Gladiator und legte mit zwei Toren selbst den Grundstein zum Erfolg. Lindner schoß die nächsten zwei Tore. Stein das 6:1, im Stadion standen sie längst alle auf den Bänken, und in Schottland wollte niemand diese unglaubliche Geschichte dieser unvergeßlichen Nacht glauben.

6:1 - das Endspiel war praktisch schon erreicht, aber die Schotten schworen bittere Rache für das Rückspiel am 5. Mai 1960 im Ibrox-Park, wo die Eintracht mit ihrem fast noch sensationelleren 6:3-Sieg den Schotten das „Wunder von Frankfurt" erst erklärlich machten. Selbst die Spieler der Glasgow Rangers bildeten nach dieser Partie ein Spalier für die Eintracht, die Fußball wie aus dem Märchenbuch geboten hatte.

Pfaff und Zarraga (in der Mitte Schiedsrichter Mowat aus Schottland) beim Wimpeltausch vor dem Finale gegen Real Madrid.

Ein toller Auftakt: 1:0 durch Richard Kreß gegen Real Madrid.

128 000 Zuschauer im Hampden Park zu Glasgow standen am 18. Mai 1960 wie eine Mauer hinter der Eintracht, die im Finale auf die Ausnahmemannschaft dieses Jahrzehnts traf, Real Madrid. 1956 im erstmals ausgespielten Europapokalwettbewerb gegen Stade Reims, 1957 gegen den FC Florenz, 1958 gegen den AC Mailand und 1959 wieder gegen Stade Reims hatten die Mannen um Di Stefano schon die wertvollste Vereinstrophäe gewonnen, und jetzt hatten sie noch einen Puskas in ihren Reihen.

Gar nicht so schlecht sah es zunächst für die Eintracht aus, die nach 20 Minuten durch Richard Kreß auf Maßflanke von Erwin Stein sogar 1:0 führte. Was wäre gewesen, wenn Flutlicht-Meier seine günstige Chance zum 2:0 verwertet hätte? Noch zweiunddreißig Jahre später wird über diese Frage immer wieder diskutiert. Dafür schoß Di Stefano, der an diesem Abend eines seiner größten Spiele zeigte, das 1:1 und drei Minuten danach das 2:1. Puskas, der 1954 in der ungarischen Wundermannschaft bei der Weltmeisterschaft in der Schweiz spielte, schoß das 3:1 - das Endspiel war schon zur Halbzeit entschieden. Puskas, der insgesamt vier Treffer erzielte, und Di Stefano, der die anderen drei Tore beisteuerte, sorgten für einen 7:3-Kantersieg, dem Erwin Stein zwei Treffer zum 2:6 und 3:7 noch entgegensetzte. Mit der Eintracht war ein neuer Stern am Fußballhimmel aufgegangen, Einladungen aus der ganzen Welt gingen ein, Frankfurt machte sich auf Weltreisen.

Loy; Lutz, Höfer; Weilbächer, Eigenbrodt, Stinka; Kreß, Lindner, Stein, Pfaff und Meier hatten für den größten Triumph in der Geschichte der Frankfurter Eintracht gesorgt.

In einem deutschen Endspiel hatte die Eintracht schon knapp drei Jahrzehnte zuvor, 1932, gestanden. Bayern München war vor 60 000 Zuschauern im Nürnberger Stadion der

Gegner. Die Eintracht mußte den Ausfall ihres ausgezeichneten Linksaußen Kellerhof beklagen. Sechs Wochen zuvor hatte die Eintracht in Stuttgart die Münchner noch mit 2:0 im Spiel um die Süddeutsche Verbandsmeisterschaft geschlagen, im Endspiel nahmen die Bayern aber genau mit diessem Resultat Revanche.

„Das war schon keine Fußballveranstaltung mehr, das war ein Volksfest, dem die Natur alle Gunst schenkte ... Unübersehbar war der Zug der Zehntausende auf den Anmarschstraßen zum Stadion, imponierend der gewaltige Wagenpark von der elegantesten Limousine bis zum ältesten Lastwagen. Die großen Lastwagen führten dabei häufiger Musikkapellen mit ... Immer dichter, immer beängstigender wurde der Verkehr in den Straßen, und als dann gegen 11 Uhr die Sonderzüge aus allen Richtungen eintrafen, da entwickelte sich bald ein Bild von solchem Leben und Treiben, daß man meinen konnte, man sei auf dem Kölner Karneval oder auf dem Münchner Oktoberfest. Immer stärker wurde die Begeisterung; singend zogen die Trupps durch die Straßen. Oberbayerische Trachten und die vielen Tausende von Fähnchen in den bayerischen Farben Weiß-Blau und den Frankfurter Streifen Rot-Weiß machten das Bild ungemein farbig", berichtete damals die Offenbacher Zeitung. Negativ wurde angemerkt, daß um 16 Uhr, als die Mannschaften einliefen, von der Frankfurter Stadtverwaltung niemand vertreten war.

Nach 35 Minuten gingen die Bayern in Führung. Stubb

Erwin Stein hielt die Niederlage schließlich in Grenzen. Sein zweites Tor (rechts Lutz, in der Mitte Kreß) ...

wehrte einen Schuß zur Ecke ab. Den Eckball von Bergmaier schlägt Schütz zu kurz ab. Leis kann den Schuß von Krumm nur noch per Hand abwehren. Schiedsrichter Birlem verhängt Elfmeter, Rohr verwandelt gegen Torwart Schmitt. Das Spiel wird härter. Haringer und Möbs werden verwarnt, Dietrich scheidet vorübergehend wegen einer Magenverstimmung aus. Zweimal stellte die Eintracht in der zweiten Halbzeit den Angriff um, Möbs, der zwischenzeitlich für fünf Minuten wegen Verletzung ausgeschieden war, vergab die beste Ausgleichschance. Eine Viertelstunde vor Schluß die Entscheidung. Krumm überspielt die Eintracht-Verteidiger, steht mit dem Rücken zum Tor, schießt aber mit einer geschickten Drehung scharf gegen die Innenkante des Torpfostens, von wo aus der Ball ins Netz springt. Man sprach vom denkwürdigsten deutschen Endspiel, das bis dahin zur Austragung gelangt war.

„Die Bayernmannschaft präsentierte sich in vorzüglicher Form, während die Eintracht zweifellos unter einer sichtbaren Depression stand. Sie verkalkulierte sich in ihrer Taktik, führte gegen alle Gewohnheiten ihren Kampf defensiv, statt wie gewohnt zunächst auf Sieg zu streben und dann den einmal erzielten Vorsprung zu halten", schrieben die Kritiker damals, Mantel und Stubb wurden Vorwürfe gemacht, da sie nach dem Elfmetertor schon resigniert hätten.

... und sein drittes Tor bei der 3:7-Niederlage gegen Real Madrid.

Süddeutscher Meister 1953. Bechtold, Dziwoki, Krömmelbein, Schieth, Heilig, Pfaff, Ebeling, Kudras (stehend von links), Wloka, Henig, Jänisch, Trainer Windmann (kniend von links).

Berühmt wurde die Rundfunkreportage von Paul Laven an jenem 12. Juni 1932. Für den jungen Paul Oßwald war es trotz der Niederlage der erste große Erfolg in seiner gerade begonnenen Trainertätigkeit. Willi Pfeifer, einer jener Spieler, die von den Frankfurter Fußballfeldern nicht wegzudenken waren, wirkte in diesem Endspiel nicht mehr mit, das die Eintracht in folgender Besetzung bestritt: Schmitt; Schütz, Stubb, Gramlich, Leis, Mantel; Schaller, Trumpler, Ehmer, Dietrich, Möbs.

1930, im Endspieljahr 1932 und 1953, mit einer ganz anderen Generation, holte sich die Eintracht vor 1959 noch den Titel eines Süddeutschen Meisters. Nach zwanzigjähriger Pause hatte die Eintracht unter Trainer Kurt Windmann und dem unermüdlichen, gemütlichen Spielausschußvorsitzenden Willi Balles 1953 den Titel gewonnen, nachdem man drei Jahre zuvor noch Abstiegskandidat war. Die Namen dieser erfolgreichen Mannschaft sind heute noch den meisten Frankfurter Fußball-Anhängern geläufig. Helmut Henig stand im Tor, Adolf Bechtold, Ernst Kudras spielten damals in der Verteidigung. Kurt Krömmelbein, Hans Wloka, Werner Heilig bildeten die Läuferreihe, Erich Dziwoki, Hubert Schieht, Joachim Jänisch, Alfred Pfaff und Erich Ebeling den Angriff. Als Ersatzspieler gehörten Heinz Kaster, Hermann Hesse und Heinz Dokter zum Aufgebot.

Sprungbrett für große Karrieren

Am Riederwald machten sich viele Trainer einen Namen

Den Job in Frankfurt hätte er auch unentgeltlich übernommen. Schließlich hatte Dragoslav Stepanovic sieben Jahre lang darauf gewartet. Ganz unten hatte er als Trainer angefangen, nachdem er die Prüfung zum Fußball-Lehrer bestanden und damit die Qualifikation als Bundesliga-Trainer erworben hatte. FV Progres Frankfurt, ein von Jugoslawen gegründeter B-Klasse-Verein, war seine erste Trainer-Station. Sechs Jahre arbeitete er danach in der Oberliga. Erst in Hessen, von 1985 bis 1987 beim FSV Frankfurt, danach bei Rot-Weiss Frankfurt von 1988 bis Januar 1991 und schließlich ein Vierteljahr bei Eintracht Trier im Südwesten.

Dann kam der Abend des 13. April 1991. Am Nachmittag hatte die Eintracht das Bundesliga-Heimspiel gegen den Hamburger SV mit 0:6 verloren. Die Mannschaft, die Jörg Berger im Jahr zuvor auf den dritten Platz in der Endabrechnung geführt hatte und die in die neue Saison als einer der Meisterschaftsfavoriten gestartet war, fiel auf den 7. Platz zurück. Die Qualifikation für den UEFA-Pokal-Wettbewerb, das Mindestziel in dieser Spielzeit, war zehn Spieltage vor Saisonschluß ernsthaft in Gefahr geraten. Und innerhalb der Mannschaft drohten die alten Grabenkämpfe und Streitigkeiten wieder aufzuflackern. In dieser Situation fühlte sich das Präsidium zum Handeln aufgefordert. Bernd Hölzenbein, der Vizepräsident, nahm die Sache kurz entschlossen in die Hand. Er griff an jenem Abend des 13. April 1991 zum Telefon und wählte den Anschluß von Dragoslav Stepanovic.

Mit Stepanovic hatte er von 1976 bis 1978 gemeinsam für die Eintracht gespielt. Seitdem sind die beiden dicke Freunde. Die fernmündliche Vertragsverhandlung war eine Sache von Sekunden. Über Modalitäten und finanzielle Konditionen wurde nicht gesprochen. Innerhalb von zehn Sekunden wurde der am 30.8.1948 im jugoslawischen Rekovac geborene Temperamentsbolzen und Stimmungsmacher zum Nachfolger des vorzeitig entlassenen Jörg Berger bestellt. Es war für Stepanovic die Heimkehr an den Riederwald. „Sieben Jahre lang habe ich mich auf diesen Tag vorbereitet", erklärte er ungeachtet der Tatsache, daß er mit 6.000 Mark Monatsgehalt als der mit Abstand billigste Bundestrainer den Einstieg in die höchste Klasse geschafft hatte. Die Haßtiraden einiger Fanatiker, die die Verpflichtung eines prominenten Trainers mit großem Namen erwartet hatten, störten ihn nicht, als er beim ersten Training die Mannschaft übernahm.

Früher, als Spieler, war er mit einem silbergrauen Mercedes 300 am Riederwald vorgefahren. Eleganter Zweireiher mit Nadelstreifen, dezente Krawatte, schwarzer Diplomatenkoffer, Kamelhaarmantel - so erschien er in den siebziger Jahren zur Arbeit. Passend zur Stadt. Wie einer der Yuppies von der Frankfurter Börse. Schon damals hatte „Stepi", wie er als Spieler schon vom ersten Tag an genannt wurde, eines seiner größten Talente erkennen lassen: die pädagogische Fähigkeit, seine Umgebung bei Laune zu halten.

13 Jahre nach seinem Abschied als Spieler fuhr er nun als Trainer am Riederwald vor: in einem alten Golf Diesel, der fast 200.000 Kilometer auf dem Tacho hatte. Seinen Sinn für ein modisch-elegantes Outfit hat er nicht verloren. Die Stadionbesucher in der Bundesliga kennen ihn mittlerweile nur im feinen Zwirn, in dem er, scheinbar teilnahmslos neben der Auswechselbank stehend, während der 90 Minuten permanent mit dem Anzünden von Zigarillos beschäftigt ist. Und noch verfeinert, geradezu perfektioniert hat das schnauzbärtige Schlitzohr seine pädagogische Fähigkeit, sein Umfeld, das heißt, seine Mannschaft bei Laune zu halten und auf die nötige Betriebstemperatur zu bringen.

„Die komplizierteste Mannschaft der Bundesliga", so sein Vorgänger Jörg Berger, hat Dragoslav Stepanovic praktisch über Nacht zu einem Freundeskreis gemacht. „Freunde und Freude, und immer nur die ganze Mannschaft zählt", lautet „Stepis" Maxime. Einordnen, aber nie dem anderen unterordnen. „Wer der Mannschaft schädlich ist", sagt „Stepi", mit allen Spielern vom ersten Tag an per Du, „den putze ich ab." Einer wie er, der sich knochenhart alles erarbeiten mußte, läßt sich durch Einzelgänger nicht von seinem Weg abbringen. Und vorspielen kann dem „Stepi" keiner etwas. Dafür hat er als Nationalspieler und Weltauswahlspieler, als Profi in Belgrad, Frankfurt und Manchester, als Amateurtrainer bei vier Vereinen zuviel erlebt, kennt alle Schliche des Fußballs.

Dabei hätte er, wäre es nach dem Vater gegangen, nie Fußball gespielt. Mit 14 Jahren kickte er für OFK Belgrad, ohne daß es der Vater wußte, lief jeden Tag zweimal sechs Kilometer hin und zurück zum Training. Insgesamt 24 Kilometer, „weil ich für den Bus keine Kohle hatte". Mit 16 lernte „Stepi" seine Frau Jelena kennen, 1969 haben die beiden geheiratet. Gezittert haben sie damals, der Berufsschüler Dragoslav und die technisch-medizinische Assistentin Jelena. „Stepi" schwänzte über ein Jahr lang nahezu pausenlos für den Fußball die Schule. Jelena stempelte die Atteste ab. Bis herauskam, daß die Ärztin schon vor zwei Jahren verstorben war, auf deren Namen die Atteste ausgestellt waren. Trotzdem kam „Stepi" in der Schule durch, und als der erste Vertrag bei OFK Belgrad unterschrieben wurde, wollte selbst der Vater mit. „Stepi" verbot es ihm, nahm auch später in seiner gesamten Laufbahn nie die Dienste eines Beraters in Anspruch. Die standen spätestens ab 1971 Schlange, als Stepanovic erstmals zum jugoslawischen „Fußballer des Jahres" gewählt wurde.

Trainer war für ihn damals noch kein Thema. Erst in Frank-

Dragoslav Stepanovic

furt, unter dem verstorbenen Gyula Lorant, setzte er sich mit seiner nächsten Karriere auseinander. „Nach jedem Training habe ich aufgeschrieben, was Lorant gesagt hat, was in der Kabine passiert ist, eben ein richtiges Tagebuch geführt. Und irgendwann sagte ich mir: Stepi, du wirst Trainer."

Stepis Glück war Bernd Hölzenbein. „Der wußte aus dem Bauch heraus: Dein Freund Stepi packt's". Dank „Holz" ist „Stepi" wieder im Profilager gelandet, zurückgeholt vom Tresen in „Stepis Treff". Für Stepanovic ist Fußball wirklich das Leben, auf dem Trainingsplatz von morgens neun bis abends sechs, immer in der verwaschenen blauen Trainingskluft. „Mit Spielbeginn ist die Arbeit getan", behauptet Stepanovic.

Im Frühherbst 1991 wurde Stepanovic' Vertrag um das Dreifache seiner bisherigen Bezüge aufgebessert und bis zum 30. Juni 1993 verlängert. „Stepi" hatte die Mannschaft erneut in den UEFA-Cup-Wettbewerb und mittlerweile an die Spitze der Bundesliga-Tabelle geführt. Er selbst avancierte innerhalb eines halben Jahres mit seinem lustigen Jugo-Hessisch und seiner geradlinigen Art zu einer der populärsten Figuren in der Fußballszene und die Eintracht mit der freien Entfaltung ihrer Spielkunst zu einer der beliebtesten Mannschaften in der Bundesliga. Der „Spiegel" attestierte ihm als „einer Art Hoherpriester des Fußballs" auf Anhieb jenes Händchen, das aus Feindseligkeit Freundschaft macht". Und Max Merkel entdeckte nach Jahren, in denen in der Bundesliga „nur noch Ministranten die sportliche Verantwortung sich unter den Nagel rissen", an Dragoslav Stepanovic „endlich wieder einen Charakter".

Die Übernahme des „Traumjobs", auf den sich Stepanovic „sieben Jahre lang vorbereitet hatte", beweist einmal mehr: Trainer am Riederwald ist seit jeher einer der begehrtesten Jobs im Fußball-Geschäft. Als die Eintracht Ende 1978 die Nachfolge für den aus gesundheitlichen Gründen ausgeschiedenen Otto Knefler ausschrieb, gingen binnen weniger Tage rund 50 Bewerbungen ein.

Paul Oßwald und später Dietrich Weise kamen gleich zweimal an den Riederwald. Paul Oßwald, der populärste Trainer am Main. Von 1928 bis 1938 und von 1958 bis 1964 zeichnete er für die Geschicke verantwortlich; dazwischen war er zwölf Jahre lang in Offenbach tätig. In seine Ära fielen die größten Erfolge der Vereinsgeschichte. Als junger Mann trat Oßwald mit 24 Jahren 1928 erstmals bei der Eintracht an, die nach erfolglosen Jahren gerade die Mainbezirksmeisterschaft gewonnen hatte. Unter Oßwald, dem Volksschullehrer aus Saalfeld, der in Berlin bei Carl Diem an der Deutschen Sporthochschule sein Examen als Diplom-Sportlehrer gerade erst abgelegt hatte und zur ersten Generation deutscher Diplom-Sportlehrer gehörte, wurde dieser Titelgewinn gleich dreimal hintereinander wiederholt, in den Jahren 1929/30 und 1931/32 die Süddeutsche Meisterschaft gewonnen und 1932 sogar bis in das Endspiel um die Deutsche Meisterschaft gegen den FC Bayern München (0:2 in Nürnberg) eingezogen.

Der damalige Reichstrainer Dr. Otto Nerz hatte Oßwald ausgebildet, und einer seiner Kommilitonen war der spätere Bundestrainer Sepp Herberger. Oßwald, der als Student bei Minerva Berlin spielte, kam durch Empfehlung von Nerz an den Main, erst für neun Monate auf Probezeit bei einem Gehalt von 450 Mark. „Ein junger Mann, durch und durch Sportsmann, mit himmelstürmenden Plänen im Kopf, nahm die Geschicke der Mannschaft in die Hand", charakterisierte Ernst Nebhut einst Paul Oßwald.

Der Trainer stürzte sich in Frankfurt voll in die Arbeit, betreute gleich 17 Mannschaften, auch die Handball-Damen, bei denen er seine spätere Frau Wilma kennenlernte. Aus der „Probezeit" wurde eine zehnjährige Tätigkeit in Frankfurt, in der Oßwald zwischen 1933 und 1935 auch als DFB-Trainer im Südwestbercich wirkte.

Kurt Windmann war es vor allem, der zusammen mit dem bewährten Willi Balles den Fußball nach dem Zweiten Weltkrieg in Frankfurt wieder richtig ins Rollen brachte. Schon Weihnachten 1950 wurde eine Flugreise nach Spanien unternommen, in Madrid vor 50.000 Zuschauern ein unerwarteter 4:3-Sieg gegen Atletico gefeiert. Schon am nächsten Tag gab es in Sevilla eine 3:5-Niederlage. Kurt Windmann, der perfekt französisch und englisch sprach, leitete auch mit Balles und dem damaligen stellvertretenden Vorsitzenden Christian Kiefer im Mai 1951 die Amerikareise, die mit großen Erfolgen verbunden war.

1958 kehrte Paul Oßwald an den Riederwald zurück, und es war schon eine Art Ironie des Schicksals, daß er ausgerechnet ein Jahr später mit der Eintracht im Endspiel um die Deutsche Meisterschaft auf Kickers Offenbach traf, die er zwölf Jahre lang aufgebaut und geführt hatte.

Unter Oßwald wurde die Eintracht 1959 Deutscher Meister, zog Monate später in das Endspiel um den Europapokal der Landesmeister und 1964 in das Pokalendspiel gegen 1860 München (0:2 in Stuttgart) ein. Zwei Herzinfarkte zwangen ihn zur Pause. Bei den Kickers und bei der Eintracht, dort zusammen mit Elek Schwarzt, gab er später noch einmal Kurzgastspiele. Der Jugoslawe Ivica Horvat, der wegen einer schweren Erkrankung seine aktive Laufbahn hatte beenden müssen und im 59er-Endspiel nicht mehr mitwirken konnte, arbeitete unter Oßwald als Assistent und trug 1964 selbst die Verantwortung. Später arbeitete er noch als Jugendtrainer am Riederwald, bevor seine große Trainerlaufbahn erst richtig begann.

Paul Oßwald

Ein prominenter Mann wurde 1965 verpflichtet: Elek Schwartz, der Benfica Lissabon ins Europapokalfinale 1965 geführt hatte. Der gebürtige Ungar, bis zu seinem 40. Lebensjahr noch Spielertrainer in Frankreich (Cannes, Straßburg, Paris) und als Trainer in Marseille, Lyon, Annemasse, Cannes, Draguigan, Monaco und Le Havre in seinen „französischen Jahren" tätig, später auch sieben Jahre lang Trainer der Nationalmannschaft Hollands, war für einen Stilwandel verant-

Elek Schwartz

wortlich. Das „Vier-zwei-Vier" wurde unter ihm zum Schlachtruf, er hatte die Eintracht vom WM-System befreit, war einen richtungsweisenden Schritt für die ganze Bundesliga gegangen, die mit den Jahren dieses System übernahm.

In seine Ära fiel die Saison 1966/67, in der die Eintracht hauchdünn am Titel vorbeischrammte, nachdem sie sich bis zum letzten Spieltag einen erbitterten Kampf mit dem Meister Eintracht Braunschweig gelieferte hatte. Bernd Hölzenbein, Bernd Nickel und Jürgen Grabowski begannen unter ihm ihre große Karriere.

Mit der Verpflichtung von Erich Ribbeck im Sommer 1968 gehörte die Eintracht zu den Vereinen, die einer neuen Trainergeneration Tür und Tor für eine Karriere öffnete. Mit 31 Jahren war Erich Ribbeck der jüngste Bundesligatrainer. Die halbe Mannschaft war etwa so alt wie Ribbeck, er hatte sich mit Leuten auseinanderzusetzen, die schon Nationalspieler waren, als er noch bei Weisweiler die Schulbank drückte. Ribbeck, der selbst nie auf solche Karrieren hatte zurückblicken können, ließ sich aber nie von seinem Kurs abbringen, schreckte auch nicht vor unpopulären Maßnahmen zurück, ging kerzengerade seinen Weg. Er versuchte, aus der verspielten Eintracht eine Kampftruppe zu machen, ließ Huberts und Jusufi ziehen, holte dafür einen Horst Heese, der vor keinem Kampf zurückschreckte.

Der junge Ribbeck setzte sich gegen viele Widerstände durch, aber selbst als die Eintracht 1971 bis zur letzten Sekunde um den Klassenerhalt bangen mußte, stand seine Ab*lösung nie zur Debatte. Frankfurt war für ihn das Sprungbrett für eine große Trainer-Karriere, die sich 1973 in Kaiserslautern mit größeren Erfolgen als am Riederwald fortsetzte, die ihn zwischen 1978 und 1984 in Diensten des DFB als Trainer der Amateur- und B-Nationalmannschaft sowie als Assistent von Bundestrainer Jupp Derwall vor ebenso große Probleme wie in seinen schönen Frankfurter Jahren stellte und die schließlich 1988 in Leverkusen mit dem Gewinn des UEFA-Pokal gekrönt wurde. Danach hatte Ribbeck dem Trainerjob schon abgeschworen, doch als in der Saison 1991/92 der abstiegsbedrohte FC Bayern rief, wurde der harte Erich noch einmal weich.*

Wie Paul Oßwald arbeitete auch Dietrich Weise in zwei Amtszeiten, von 1973 bis 1976 und zwischen 1983 und 1986 als Eintracht-Trainer. Als er 1973 Erich Ribbeck ablöste, vollzog sich eine unheimliche Wandlung. Zwei DFB-Pokalsiege, zwei sehr gute Bundesligazeiten standen während der ersten Weise-Ära zu Buche. Und doch war er nie der Mann, der sich wie ein Triumphator feiern ließ. Die Fans trugen ihn nie auf den Schultern, Anfeuerungen für ihn kannte man in Frankfurt nicht. Nichts war ihm mehr zuwider als die sogenannten „Schaumschläger" in diesem Geschäft, ohne Effekt-

Dietrich Weise

hascherei bewältigte er in Ruhe sein Pensum hervorragend, machte keine Versprechungen und hielt dadurch mehr als viele andere.

Die Leidenschaft, mit der der gebürtige Thüringer seine Arbeit anging, merkte man ihm nur in Extremsituationen an, und selbst da fuhr er nur selten aus seiner Haut heraus. 1958 war er mit 3000 Ostmark in der Tasche in die Bundesrepublik gekommen, und er hatte noch nicht viel mehr, als er 1966 unter dem ganz seiner Natur widersprechenden hemdsärmeligen Lehrmeister Gyula Lorant in Kaiserslautern die Rolle des Trainerassistenten einnahm. Statt eine Stellung als Leitender Angestellter einer Großfirma anzunehmen, entschied er sich für die erst weitaus unsichere Karriere eines Trainers. „An denen werden sie noch viel Freude haben", meinte Lorant ironisch zu Weise, als dieser zur Eintracht wechselte. Lorant sollte einmal mit seiner Voraussage richtig gelegen haben, allerdings genau im gegenteiligen Sinn. Denn Freude hatte Weise tatsächlich „an denen", und doch fühlte sich der Mann, der ein völlig neues Bild des Trainers in Frankfurt prägte, am Ende seiner ersten Amtszeit bei der Eintracht nicht mehr richtig wohl. Er, der erstmals im deutschen Profifußball eine Art Trainer-Manager verkörperte, ging nach Düsseldorf, als man ihm in seine Bereiche als „Technischer Direktor" zunehmend von verschiedenen Seiten einzugreifen versuchte.

Eine perfekte Mannschaft, die drei Jahre lang ihr großes Können gezeigt hatte, hinterließ der ruhige, nachdenkliche Mann seinem Nachfolger.

Hans-Dieter Roos, unter Weise Assistent, wurde in Alleinverantwortung in das Bundesligawasser geworfen. Er bestand die Prüfung nicht. Der Assistent, nun in der Chef-Rolle, konnte sich nicht die notwendige Autorität verschaffen, es ging steil bergab. Am 8. November 1976 entließ die Eintracht mit Hans-Dieter Roos erstmals einen Trainer.

Es kam Gyula Lorant, der, wie Karl-Adolf Scherer im Sport-Informations-Dienst schrieb, „für einen Spieler wie Grabowski ein Schlag ins Gesicht, die Beleidigung eines fußballerischen Schöngeistes" ist. So dachten viele in diesen Tagen, aber gerade Lorant und Grabowski waren es später, die sich besonders gut verstanden.

Erst einmal wollte niemand an diese Verpflichtung glauben, noch nicht an jenem Samstagabend nach der 1:4-Niederlage gegen Borussia Dortmund unter Roos, als sich von der Frankfurter „Fußball-Informations-Börse", dem „Grauen Bock" im Apfelweinviertel Sachsenhausen, wie ein Lauffeuer die Nachricht verbreitete, daß Lorant der neue Trainer der Eintracht werden soll. Über den Besitzer dieses Lokals, Gottlieb Elsässer, der sich ein besonders guter Freund des 1981 verstorbenen Gyula Lorant nennen durfte, hatte Eintracht-Schatzmeister Jakobi am Samstagabend zweimal versucht, den Trainer zu erreichen, der schon am Nachmittag die Eintracht im Waldstadion begutachtet hatte und beim Stande von 1:3 die Tribüne mit der Meinung verließ: „Der neue Trainer bei Eintracht Frankfurt bin ich." Der Ungar mit dem deutschen Paß wurde doch noch an jenem Samstagabend in seinem Wohnort Endingen am Kaiserstuhl erreicht, der Vertrag 24 Stunden später unter Dach und Fach gebracht.

Der einstige Stopper aus der ungarischen Wunderelf kämpfte zunächst verbissen gegen alle Urteile, die über ihn bestanden, schien ein völlig anderer Mensch geworden. 21 Spiele hintereinander blieb die Eintracht bis zum Ende jener Saison, in der es nur unmittelbar nach Lorants Antritt in Bremen noch eine Niederlage am 13. November 1976 gegeben hatte, unbesiegt. Sie stellte damit einen neuen „Bundesligarekord" auf, erreichte noch den UEFA-Pokalwettbewerb.

Nur ein Jahr später, Anfang Dezember 1977, war der „Wundermann" mit seinem Latein am Ende. Zwar hatte er in UEFA-Pokal und Meisterschaft mit den beiden 4:0-Siegen über den FC Bayern München gerade noch große Erfolge gefeiert, aber er war längst nicht mehr unumstritten und sein Auftreten mit dem eines Großvereins vom Ansehen der Frankfurter Eintracht schon lange nicht mehr in Einklang zu bringen. Lorant zog die Konsequenz selbst, wechselte in einer Nacht- und Nebel-Aktion zum FC Bayern München, von wo aus wenige Tage später Dettmar Cramer an den Riederwald kam.

Gyula Lorant

Cramer, Weltenbummler und sicherlich einer der größten Rhetoriker in Sachen Fußball, wurde die Geister, die Gyula Lorant noch vor der Saison 1977/78 gerufen hatte, als er vom erklärten Ziel Meisterschaft sprach, nicht los. „Angst ist bei mir unterentwickelt", sagte Cramer bei seinem Amtsantritt, doch in dieser Hinsicht mußte er einen neuen Entwicklungsprozeß in Frankfurt durchmachen. Die Mannschaft rutschte unter ihm endgültig in ein Formtief. Ob er die Mannschaft falsch angepackt hatte oder ob das alles die Folgen des Lorantschen Wirkens waren, darüber wurde später noch lange gestritten. Cramer blieb nur ein halbes Jahr, vor Beginn der Saison 1978/79 zog er für sich Konsequenzen und folgte dem Ruf der Öl-Scheichs nach Saudi-Arabien.

Mit der Verpflichtung von Otto Knefler durch den neuen Manager Udo Klug schien im Sommer 1978 endlich Ruhe einzukehren. Der „eiserne Otto" verstand zu überzeugen, zu begeistern. „Ich ziehe den Hut vor unserem Trainer. Wie er sich bei uns durchgebissen hat, daß kann nur ein zäher Typ mit viel Erfahrung auf dem Buckel", drückte Nationalspieler Bernd Hölzenbein nach wenigen Wochen seine Hochachtung vor dem neuen Trainer aus. Das war vor dem Pokalspiel am 23. November beim SV Werder Bremen, nach dem Otto Knefler auf der Heimfahrt nach Dortmund mit seinem Pkw schwer verunglückte. Aus gesundheitlichen Gründen mußte Knefler im Dezember 1978 schweren Herzens Abschied nehmen. Acht Jahre später, im Oktober 1986, starb Otto Knefler an den Spätfolgen dieses Unfalls.

Am 8. Januar 1979 kam mit Friedel Rausch der Typ, den sich schon eine ganze Fußball-Generation an den Main gewünscht hatte. Er, selbst jahrelang Bundesligaspieler in Schalke 04, war sofort eine Respektperson, und doch noch ein wenig der Kumpel geblieben, so wie man ihn im Westen

Fünf Bundesligatrainer: für Erich Ribbeck, Friedel Rausch und Lothar Buchmann (von links) war die Eintracht eine wichtige Anfangsstation ihrer Karrieren. Neben ihnen Kuno Klötzer und Udo Lattek.

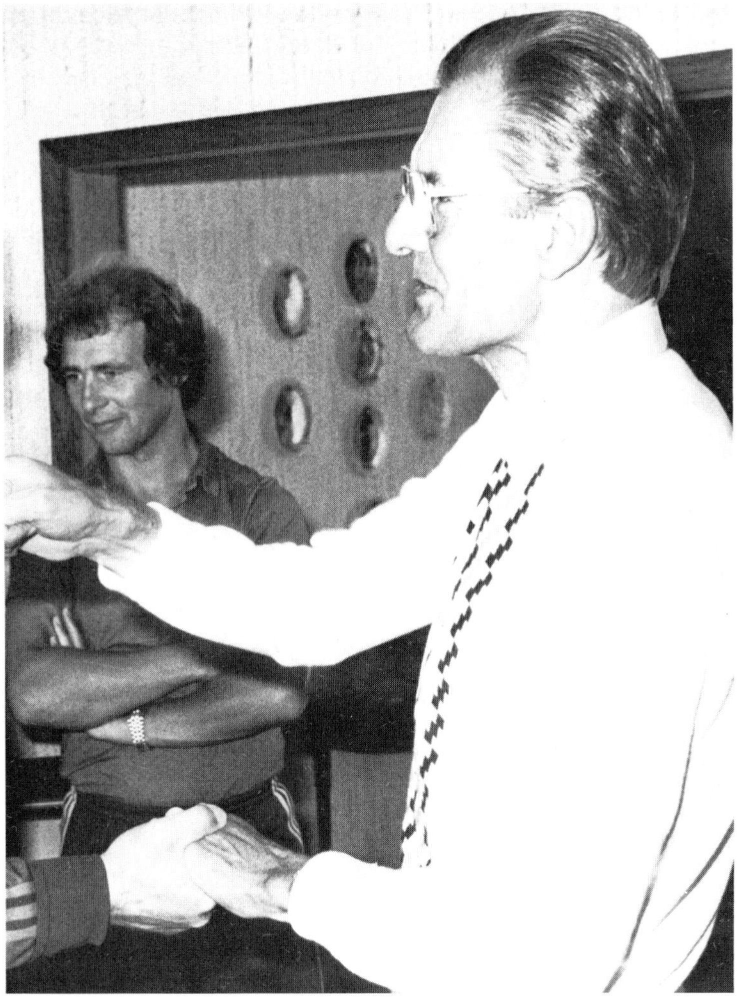

Otto Knefler

kannte. Erst war er nur als eine Art Notnagel geholt worden, nur bis zum Ende der Saison 1978/79 vertraglich gebunden.

„Ich wäre ein Narr und ein schlechter Trainer, wenn ich nicht an die Meisterschaft denken würde", verkündete er bei seinem Amtsantritt, und das klang großspurig. Immerhin betrug der Rückstand zur Tabellenspitze bei seinem Antritt sechs Punkte, aber plötzlich redete auch Frankfurt vom Titelgewinn, nachdem die ersten sieben Spiele unter Rausch ohne Niederlage überstanden wurden. Es spricht für Rauschs pädogogischen Fähigkeiten, daß er nach der 1:2-Heimniederlage gegen den VfB Stuttgart, die alle Illusionen raubte, und trotz des riesigen Verletzungspechs doch noch mit der Mannschaft den Einzug in den UEFA-Pokal schaffte. „Die Fähigkeit, mit seiner Begeisterung eine Mannschaft mitzureißen, ist keine Masche. Es ist mehr. Auf dem Trainingsplatz springt dieser Funke selbst noch auf die Zuschauer über", urteilte Grabowski über den Trainer.

Rausch war nicht vom intellektuellen Habitus eines Dettmar Cramer oder eines Dietrich Weise, aber er war auch nicht ein Rauhbein wie Gyula Lorant. „Er kennt unsere Sprache, weil er selbst im knallharten Bundesligageschäft gestanden hat", sagten die Spieler über ihn, und eben aus diesen Gründen schien Friedel Rausch, der einst Assistent und dann Nachfolger von Max Merkel bei Schalke 04 war, die richtige, ideale „Trainer-Mischung" für die Eintracht zu sein. Eine Prise Lorant und ein Schuß Weise, gepaart mt jugendlichem Elan. Verständlich, daß dieser Typ eines Trainers nur mit ganz großen Zielen vor den Augen die Saison 1979/80 anging.

Doch das hohe Lobeslied auf Friedel Rausch wurde im Verlauf der Saison 1979/80 zum Trauermarsch, obwohl an ihrem Ende am 21. Mai 1980 der größte Triumph in der Geschichte der Eintracht und der größte persönliche Erfolg in der Laufbahn des Friedel Rausch mit dem Gewinn des UEFA-Pokals standen. Hader hatte es schon vor dem Start in die Saison im Trainingslager in Konstanz zwischen Rausch auf der einen und Jürgen Grabowski und Bernd Nickel auf der anderen Seite gegeben. Es sei dahingestellt, ob dieses Reizklima auch seine positiven Seiten hatte, vielleicht stimulierend wirkte. Der Meisterschaftszug fuhr nach einem hervorragenden Saisonstart jedenfalls frühzeitig ohne die Eintracht ab, im DFB-Pokal endeten die Träume in der vierten Runde in Stuttgart. Um in der folgenden Saison in einem europäischen Wettbewerb zu verbleiben, mußte die Eintracht den UEFA-Pokal gewinnen. Dieses Ziel beharrlich vor Augen, zogen Trainer und Spieler trotz einiger Widersprüche an einem Strang. Der UEFA-Cup-Gewinn auf der einen, der enttäuschende neunte Platz in der Meisterschaftsrunde auf der anderen Seite führten bei ständigen Reibereien im Sommer 1980 zur Trennung, nachdem Friedel Rausch wenige Wochen zuvor seinen Vertrag schon verlängert hatte. 18 Monate hatte der Stil des „Muntermachers" gezogen, der auch nach seinem Wechsel in die Türkei zu Fenerbahce Istanbul nie ein schlechtes Wort über die Eintracht verlor. „Es war eine großartige Zeit", meint er rückblickend. Großartig - ein Wort, das in seinem Vokabular an exponierter Stellung steht. Großartig, wie zum Beispiel sein Titelgewinn mit dem FC Luzern 1989 in der Schweiz.

Wie schon beim Trainerwechsel Lorant/Cramer folgte auch auf Friedel Rausch mit Lothar Buchmann ein Coach, der genau den Gegentyp seines Vorgängers verkörperte. Nur zu gerne war der ehemalige Spielertrainer des VfR Bürstadt und Trainer des SV Darmstadt 98 und des VfB Stuttgart dem Ruf der Eintracht gefolgt und aus dem Schwabenland ins Hessische zurückgekehrt.

Leicht war es ihm bei seinem Amtsantritt gewiß nicht gemacht worden. Die Trennung von dem volksnahen Rausch hatten viele Fans dem damaligen Präsidium noch nicht verziehen, ihren Ärger projizierten sie auf Buchmann. Wenn auch auf ganz andere Art, als sein Vorgänger, so überzeugte Lothar Buchmann seine Skeptiker schnell. Im Trainingslager in Wildhaus/Schweiz kamen seine sachliche Art, seine Analysen, sein abwechslungsreiches Trainingsprogramm, sein

Lothar Buchmann

gutes taktisches Verständnis bei der Mannschaft an. Sie zog von Beginn an mit, obwohl Lothar Buchmann sicher alles andere als ein bequemer Trainer ist, der auch der Konfliktsituation nicht ausweicht. Unter Buchmann wurde in der Saison 1980/81 das Soll mehr als erfüllt. Er führte die Mannschaft mit dem fünften Platz in der Endabrechnung wieder in das Spitzenfeld der Bundesliga zurück, obwohl vom ersten Tag an ein Berg an Problemen zu bewältigen war. Jürgen Grabowski hatte nach seinem Abtritt ersetzt werden müssen, Bum Kun Cha fiel nach dem schweren Foul des Leverkuseners Gelsdorf schon am dritten Spieltag für Wochen aus, noch länger zwang Bernd Nickel ab diesem Spieltag eine Verletzung zur Pause. Gründe dafür, daß die Eintracht schon in der dritten Runde des UEFA-Pokals überraschend gegen den FC Sochaux ausscheiden mußte.

Doch ein Pokal wurde auch unter Lothar Buchmann an den Main geholt. Auch dank seiner taktischen „Kunstgriffe" schon in der Vorbereitungszeit auf das Finale gewann die Eintracht am 2. Mai 1981 zum dritten Mal den DFB-Pokal durch einen 3:1-Sieg über den 1. FC Kaiserslautern, der als leichter Favorit vor diesem Endspiel angesehen worden war. Auf dem Höhepunkt seiner bisherigen Laufbahn verschaffte Buchmann der Pokalsieg auch in anderer Hinsicht Genugtuung, denn er wurde genau an der Stätte errungen, mit der ihn einige unangenehme Erinnerungen verbinden: Im Stuttgarter Neckarstadion.

Obwohl mit dem dritten Tabellenplatz am Ende der Saison 1979/80 erfolgreicher als sein im Schwabenland beliebter Vorgänger und Nachfolger Jürgen Sundermann, war Lothar Buchmann beim VfB Stuttgart nicht glücklich geworden. Als Trainer hatten sie ihn dort beschimpft und verfemt und schließlich nach nur einjähriger Dienstzeit wieder weggeschickt. Zwölf Monate später war er als Coach des neuen Pokalsiegers Eintracht Frankfurt, der im Viertelfinale dank Bruno Pezzeys Kopfballtor in der 90. Minute zum 2:1-Sieg ausgerechnet den VfB Stuttgart ausgeschaltet hatte, der umjubelte Mann im Neckarstadion.

Nach dem großen Pokaltriumph in Stuttgart begann bei der Eintracht dann aber eine Dekade der Turbulenzen. Ruhe und Kontinuität, in den Jahrzehnten zuvor zwei Markenzeichen und Qualitätsbegriffe für die Trainer-Arbeit am Riederwald, sollten sich in den kommenden Jahren immer wieder mal in ihr Gegenteil verkehren. Nur fünf Wochen nach dem Gewinn des DFB-Pokals wurde Manager Udo Klug, obwohl noch mit einem Vertrag bis 1983 ausgestattet, am 9. Juni 1981 völlig überraschend gefeuert. Das fünf Tage vorher gewählte neue Führungsduo des Vereins, Präsident Axel Schander und Vizepräsident Hermann Höfer, hatte sofort für Schlagzeilen gesorgt.

Schon zu jenem Zeitpunkt wurde auch über Lothar Buchmanns Ablösung als Trainer spekuliert. Mitten in einer hektischen Saison zog Buchmann schließlich von sich aus die Konsequenzen aus seiner Vermutung, daß er nicht mehr das uneingeschränkte Vertrauen des Präsidenten genieße: Ende Januar 1982 kündigte er an, daß er seinen am Ende jener Spielzeit auslaufenden Vertrag nicht verlängern werde. Das Hickhack um seine Person spiegelte sich schließlich auch in der sportlichen Bilanz nieder: gescheitert im DFB-Pokal an Fortuna Düsseldorf in der zweiten Runde und im Europapokal an Tottenham Hotspurs im Viertelfinale, wurde mit dem achten Bundesliga-Tabellenplatz am Ende auch das Mindestziel, die Qualifikation für den UEFA-Pokal, verfehlt.

Während Lothar Buchmann im Sommer 1982 auf die andere Mainseite zu den Offenbacher Kickers wechselte, begann bei der Eintracht das Trainer-Karussell zu rotieren wie noch nie zuvor in ihrer langen Geschichte. Acht Trainer verschliß Eintracht Frankfurt in den folgenden sieben Jahren, Helmut Senekowitsch, Branko Zebec, Dietrich Weise, Timo Zahnleiter, Kalli Feldkamp, noch einmal Zahnleiter, Pal Csernai und Jörg Berger drückten zwischen Sommer 1982 und Dezember 1989 die Klinke der Riederwald-Geschäftsstelle einander in die Hand. Bezeichnend für die Situation im Frühsommer 1982 war die Suche nach dem Buchmann-Nachfolger.

Der erste Kandidat, Dietrich Weise, war nicht zu haben. Der Deutsche Fußball-Bund weigerte sich, den bei ihm angestellten Fußball-Lehrer aus dem Vertrag zu entlassen. Der zweite Kandidat, Hennes Weisweiler, hörte sich in seinem Haus in Neuß bei Düsseldorf das Frankfurter Angebot bei Kaffee und

Kuchen an und lehnte es nach einigen Tagen Bedenkzeit dankend ab. Der dritte Kandidat, Branco Zebec, schmeckte wegen seines Hangs zu harten Alkoholika den Herren vom damaligen Verwaltungsrat nicht und fiel deswegen unter den Tisch. Und Vaclav Jezek, der vierte Kandidat, konnte als Nationaltrainer der CSSR das für die Bundesliga notwendige Trainerdiplom nicht vorweisen. Seine Verpflichtung scheiterte am ausdrücklichen Veto des DFB-Vorstands. In dieser Situation fiel die Wahl des Eintracht-Präsidiums schließlich auf Helmut Senekowitsch. Schon damals meldeten einige Experten Zweifel an, ob die fünfte Wahl der Eintracht-Bosse tatsächlich die beste Wahl gewesen sei. Dennoch war der frühere österreichische Nationaltrainer voller Selbstbewußtsein überzeugt: „Ich bin hier erste Wahl". Das war am 1. Mai 1982, am Tag der Vertragsunterzeichnung.

Viereinhalb Monate später blieb „Seki", wie der charmante Steiermärker freundschaftlich genannt wurde, keine Wahl mehr. Auf dem Parkplatz vor der Haupttribüne am Riederwälder Trainingsgelände fuhr der Mannschaftsbus zum folgenden Auswärtsspiel ab. Nach wenigen Metern blieb das Fahrzeug noch einmal stehen. Bruno Pezzey, der Kapitän, stieg aus, kam um das Heck herum, hob die Hand zum Abschiedsgruß in die Höhe und sagte zu seinem Landsmann: „Mach's gut, Trainer". Dieser erwiderte das Servus des Liberos: „Viel Glück, Bruno". Dann setzte sich der Bus wieder in Bewegung. Aus dem Rückfenster winkten ein paar Spieler. Danach entschwand das Gefährt mit der Mannschaft Richtung München, wo die Eintracht am nächsten Tag dem FC Bayern mit 0:4 unterlag und auf dem vorletzten Tabellenplatz nur durch das bessere Torverhältnis vom Schlußlicht Leverkusen getrennt war. Zurück am Riederwald blieb Helmut Senekowitsch mit dem „Laufpaß" in der Hand. Nur 78 Tage nach seinem Amtsantritt am 1. Juli, vor dem sechsten Spieltag der Saison nach vier Bundesliga-Niederlagen und dem Pokal-K.o. in der ersten Runde beim SV Waldhof Mannheim, war die Dienstzeit des Grazers in Frankfurt beendet. Am 17. September 1982 war das, dem Tag der Vertragskündigung.

Der unheimlich schnelle Abgang von Helmut Senekowitsch, die Suche nach und die Trennung von dem Trainer, waren im Sommer 1982 exemplarisch für den Zustand des traditionsreichen Vereins. Hektik, Chaos und Verzweiflungsaktionen waren an der Tagesordnung. UEFA-Pokalsieger 1980, DFB-Pokalsieger 1981, Abstiegskandidat 1982 - gestern noch auf hohen Rossen, heute durch die Brust geschossen. Mit dem Kurzgastspiel von Senekowitsch begannen in Frankfurt sieben magere Bundesliga-Jahre der Eintracht, in denen sie - von einem Zwischenhoch unter Kalli Feldkamp während der Saison 1987/88 abgesehen - immer am Rande des Abgrunds standen. Selbst namhafte Erfolgstrainer wie Branko Zebec, Dietrich Weise oder Pal Csernai konnten nicht für Stabilität, Kontinuität und Ruhe sorgen.

Auf seiner Suche nach dem rechten Weg und dem richtigen Mann landete das Präsidium zunächst bei Branko Zebec. Um 11.05 Uhr am 19. September, einem Sonntag und keine 48 Stunden nach der Entlassung von Helmut Senekowitsch, wurde jener vermeintlich starke Mann verpflichtet, nach dem sich angesichts des allseitigen Autoritätsverfalls und der immer größer werdenden sportlichen und finanziellen Misere alle sehnten. Welchen Kredit der Verein in der Öffentlichkeit mittlerweile verspielt hatte, bewies der Minusrekord von sage und schreibe 21.000 Zuschauern, die zu den drei Bundesliga-Heimspielen unter Senekowitsch insgesamt gekommen waren. Wenn noch einer diesen Verein am Rande des Ruins, diese Mannschaft an der Kante des Abgrunds vor dem Sturz ins Bodenlose retten würde, dann der eisenharte Branko Zebec, so hieß es damals in der Eintracht-Szene.

Als jugoslawischer Weltklassespieler, als Meistermacher beim FC Bayern München und Hamburger SV, an weiteren erfolgreichen Bundesliga-Trainerstationen beim VfB Stuttgart, in Braunschweig und in Dortmund hatte er sich den Ruf eines exzellenten Fachmanns und einer absoluten Autoritätsperson erworben. In den letzten Jahren waren aber auch seine Alkoholprobleme immer deutlicher hervorgesickert. Doch Präsident Axel Schander und seine Vorstandskollegen setzten auf die sportlichen Empfehlungen und überhörten die gesundheitlichen Warnungen. Als am Ende der Saison 1982/83 nach den ersten neun Monaten seiner Amtszeit Zwischenbilanz gezogen wurde, stand mit dem zehnten Tabellenplatz und 29 Punkten zwar das schwächste Abschneiden seit dem Spieljahr 1970/71 (Rang 15 mit 28 Zählern) zu Buche. Branko Zebec hatte aber immerhin das Kunststück fertig gebracht, die Eintracht aus höchster Abstiegsnot ins sichere Mittelfeld zu führen. Doch ehe ihn die Fans als Retter feiern konnten, setzte sich dieser große Mann mit seiner Alkoholkrankheit selbst außer Kraft. Bei der Eintracht wurde das heikle Thema zwar als absolutes Tabu behandelt. Die Ausfallerscheinungen des Trainers wurden aber immer offenkundiger.

Als mitten in dieser Krisenzeit im Sommer 1983 aus finanziellen Gründen der Generationswechsel forciert und nach dem Abschied von Grabowski und Hölzenbein nun auch noch Nickel, Pezzey, Cha und Neuberger weggingen, war der nächste Trainerwechsel geradezu programmiert. Am 17. Oktober war es soweit. Nach der 1:4-Niederlage in Bochum platzte selbst Kapitän Karl-Heinz Körbel, ansonsten die Loyalität in Person, der Kragen. „So geht es nicht mehr weiter. Ich mache das nicht länger mit". Die Eintracht und ihr Trainer waren am Ende. Branko Zebec mit seiner Gesundheit, die Mannschaft in der Tabelle. Bei der Trennung in beiderseitigem Einvernehmen, eine branchenübliche Floskel, die diesmal der Wahrheit entsprach, bewies ein großer Mann des Fußballs allerdings noch einmal jenes Format und jene Souveränität, die seinen Arbeitsstil über soviele Jahre geprägt hatten. Wie ein Gentleman trat Branko Zebec an jenem Montag vormittag vor die Mannschaft: dunkelblauer Anzug, weißes Hemd, dezente Krawatte. Zuvor hatte er in einem Gespräch mit dem Präsidium freiwilig auf alle Bezüge verzichtet, die ihm aus sei-

Branco Zebec

nem bis Juni 1984 laufenden Vertrag zugestanden hätten. Für Arbeit, die er nicht mehr leisten konnte, wollte er nicht bezahlt werden. Welch eine Geste ! Dann redete er zu den Spielern: „Ich mache den Weg frei für einen Nachfolger. Vielleicht kann er die Eintracht mit Hilfe des psychologischen Effekts retten, wie es mir im Vorjahr gelang. Ich wünsche euch alles Gute. Meine Wünsche kommen wirklich von Herzen".

Mit diesem unheimlich starken Abgang verabschiedet sich Branko Zebec vom Streß der Bundesliga. Von seiner Krankheit konnte er sich damit aber nicht befreien. Zu tief hatte sie sich in seinen Körper schon hineingefressen. Branko Zebec' Abschiedworte an die Eintracht-Spieler an jenem 17. Oktober sollten seine letzte Ansprache als Trainer gewesen sein. Mit seiner Frau Dusica und seiner Tochter blieb er in Frankfurt wohnhaft. Im Frühjahr 1987 gab es für ihn an der Seite von Trainer Timo Zahnleiter noch einmal ein unverständliches Kurzgastspiel als Berater der Eintracht-Mannschaft. Doch das Feuer in ihm war schon erloschen. Hin und wieder fuhr Branko Zebec nach Zagreb, seine Heimatstadt. Dort starb er am 26. September 1988. Ein großer Spieler, ein außergewöhnlicher Trainer, ein Besessener des Fußballs. Er wurde nur 59 Jahre alt.

Während das neue Präsidium - seit Ende April in der Besetzung mit Präsident Klaus Gramlich, Vizepräsident Harald Böhm und Schatzmeister Wolfgang Knispel im Amt - händeringend nach Zebec' Nachfolger suchte, stellten sich Jugendtrainer Klaus Mank und Jürgen Grabowski als Übergangslösung auf der Trainerbank zur Verfügung. Nach einem 1:1 im Heimspiel gegen Mönchengladbach und vor allem nach der 0:7 Abfuhr in Köln wurde jedoch Handlungsbedarf immer dringender. Am Tag nach dem Debakel in Köln fiel allen bei der Eintracht ein riesiger Stein vom Herzen: Dietrich Weise begann am 30. Oktober seine zweite Amtszeit in Frankfurt, nachdem er zuvor beim 1. FC Kaiserslautern ausgestiegen war. Der Fußballpädagoge übernahm die Mannschaft dort, wo Branko Zebec sie hinterlassen hatte: auf dem letzten Tabellenplatz.

Sechs Punkte, 17 Tore und 32 Gegentreffer - das war die Ausgangsbasis, von der Dietrich Weise am 13. Spieltag zur erhofften Aufholjagd aufbrach. Der Anfang war recht vielversprechend: beim 0:0 gegen Bayern München blieb Frankfurt erstmals in dieser Saison ohne Gegentor; und beim torlosen Unentschieden in Nürnberg erkämpfte die Eintracht ihren ersten Auswärtspunkt. Dann aber sollte sich bewahrheiten, was Weise bei seinem Amtsantritt andeutete: „Ich bin kein Hexenmeister", warnte er vor übertriebenem Optimismus. Tatsächlich gestaltete sich die Aufholjagd denn auch als ein quälend langsamer Prozeß. Am Ende der Vorrunde war gerade erst der vorletzte Tabellenplatz erreicht. Vier Monate mußten sich die Eintracht und ihr neuer Trainer gedulden, ehe nach sechs Unentschieden und drei Niederlagen der erste Sieg unter Dietrich Weise gefeiert werden konnte. Ausgerechnet im prestigeüberladenen Mainderby gegen Kickers Offenbach wurde ein großer 3:0-Sieg herausgeschossen, mit dem die Eintracht am 22. Spieltag auf den drittletzten Tabellenplatz vorstieß.

Drittletzter waren die Frankfurter schließlich auch am Ende dieser turbulenten Saison, womit die Aufregung mit dem Gang in die notwendig gewordenen beiden Relegationsspiele gegen den MSV Duisburg ihren Höhepunkt erreichte. Mit 5:0 wurde der Dritte aus der Zweiten Liga im Wedaustadion besiegt. Nur noch Formsache war das Rückspiel im Waldstadion, wo beim 1:1 der Beginn einer neuen Ära gefeiert wurde.

Was Dietrich Weise bei seinem Amtsantritt vorgefunden hatte, war ein Trümmerhaufen. Die Mannschaft auf dem Nullpunkt. Das Image des Vereins schwer beschädigt. Die Klubführung verunsichert. Was Weise aber auch vorfand, war das jüngste Team der Bundesliga. Und dies vor allem machte die Eintracht zu einem Fall für Dietrich Weise. Das schnelle Tagesgeschäft mit dem spektakulären Erfolg entspricht nicht dem Verständnis dieses Trainers von seiner Aufgabe. Entwicklungen vorbereiten, sie einleiten, korrigieren und forcieren, Ergebnisse als Früchte von Saat, Hege und Pflege - dies vor allem entspricht der sanften und sachten Art des Sach-

Dietrich Weise arbeitete zweimal erfolgreich am Riederwald.

sen, der kein Mann für alle Fälle ist. In Frankfurt sah er seine Aufgabe und seine Stunde gekommen. Eine junge unverdorbene „Rasselbande" um Teenies und Twens wie Armin Kraaz, Thomas Berthold, Martin Trieb, Thomas Kroth, Ralf Sievers, Harald Krämer, Uwe Müller und Ralf Falkenmayer - das war der „Teig", den er nach seinen Vorstellungen kneten und formen konnte. Mit sanfter Hand begann er unermüdlich, die leistungshemmenden Blockierungen zu beseitigen und die mysteriösen Verkrustungen in der Mannschaft aufzulösen. Dazu gehörte beispielsweise auch der permanente Gedankenaustausch mit dem Direktor des 19jährigen Unterprimaners und Bundesliga-Vorstoppers Armin Kraaz über die schulische Entwicklung. Nicht zuletzt das Schauspiel heiterer Gelassenheit, das Weise nach so deprimierenden Rückschlägen wie gegen Uerdingen, Mannheim oder Braunschweig bot, war es, das für Entkrampfung sorgte und eine psychologische Sofortwirkung mit der Wende zum Positiven in seiner Mannschaft auslöste.

Als „Mannschaft der Zukunft" und als „Meister von morgen" wurde die Eintracht der Saison 1984/85 bezeichnet. Weises Ausstrahlung und Überzeugungskraft auf seine jungen Spieler sorgte in Frankfurt für einen eindrucksvollen Solidarisierungsprozeß zwischen den Fans und dem Team. Der 12. Tabellenplatz am Ende der ersten kompletten Weise-Saison wurde 1985 als Signal des Aufbruchs gewertet. Doch „Meister" ist die Eintracht „morgen" unter Weise nicht geworden. Und ein Jahr später war die „Mannschaft der Zukunft" mit dem enttäuschenden 15. Tabellenplatz am Ende der Saison 1985/86 schon wieder Vergangenheit. Der Vertrag mit Dietrich Weise wurde zwar um ein Jahr verlängert - doch nur unter der Bedingung, daß der Trainer in Zukunft einen schärferen Kurs fahren würde. Der einfühlsame Pädagoge sollte sich in einen harten Hund verwandeln. In einem Klima von wachsender Ungeduld, Besserwisserei und schleichendem Mißtrauen konnte dies nicht gutgehen. Härte, Entschlossenheit und Konsequenz zeigte Weise denn auch vor allem, als es im Dezember 1986 zur Trennung kam. Der ihm bislang als Spieler unterstellte Wolfgang Kraus war ihm als Manager vorgesetzt worden. Um Gesicht und Status zu bewahren, riskierte Dietrich Weise seine Stellung und setzte den Spieler Kraus vor die Tür. Provokation und Gegenprovokation endeten am 3. Dezember 1986 mit der Beurlaubung jenes Mannes, dem sie zwei Jahre vorher am Riederwald am liebsten ein Denkmal errichtet hätten.

15:19-Punkte und der 14. Tabellenrang sowie eine Mannschaft, in der mit Ausnahme des Glückskaufes Wlodzimierz Smolarek mehr Durchschnitt als Klasse versammelt war - so gestaltete sich Weises Erbe, das zu Beginn der Winterpause sein bisheriger Assistent Timo Zahnleiter übernahm. Der zweite Mann hatte bereits zu Beginn des Jahres 1986 schon einmal an erster Stelle in der sportlichen Verantwortung gestanden, als er seinen Chef während der Zwangspause wegen dessen Darmoperation im Februar vertrat und damals 5:1 Punkte holte. Daß der frühere Stürmer beim VfR Mannheim, 1860 München und AEK Athen nur eine Übergangslösung sein würde, wurde bereits zwei Wochen nach der Trennung von Dietrich Weise deutlich. Da nämlich unterschrieb - umgeben von großem Gepränge im „Frankfurter Hof" - Karlheinz Feldkamp am 15. Dezember einen am 1. Juli 1987 beginnenden Zwei-Jahres-Vertrag. Dem Statthalter wurde die undankbare Rolle zwischen gestern und morgen zugemutet, als Mann, der Weise beerbt hat und den Platz für Feldkamp freihalten mußte. Er hatte eine verkorkste Saison voller Ärgernisse und Mißverständnisse zu Ende zu bringen. Die Alarmglocken schrillten von Woche zu Woche immer lauter. Mit Hängen und Würgen wurde der 15. Platz am Saisonende gehalten.

Wie Branko Zebec im September 1982 und Dietrich Weise im Oktober 1983 begann auch Karlheinz Feldkamp im Sommer 1987 dort, wo die Eintracht eigentlich nie wieder landen wollte: am Nullpunkt.

Kalli Feldkamp hatte zwar aus der Distanz seines Uerdinger Arbeitsplatzes in den Monaten, die seiner Vertragsunterzeichnung folgten, die Weichen für die neue Saison gestellt. Zehn neue Spieler wurden mit seiner Zustimmung geholt. Darunter war er für 3,6 Millionen Mark Ablösesumme verpflichtete Ungar Lajos Detari als Frankfurts bis dahin teuerster Bundesliga-Spieler. Doch aller Anfang war auch für den Mut-und Muntermacher aus dem Ruhrpott schwer. Mit 1:7-Punkten stand die Eintracht nach vier Spieltagen auf dem letzten Tabellenplatz. Dann aber ging es kontinuierlich nach oben. Erst recht, als auf Feldkamps Anraten kurz vor Vorrundenende Uli Stein als Torwart geholt wurde. Mit dem einstigen „enfant terrible" wurden auf Anhieb 6:0-Punkte bei einer Trefferquote von 8:1-Toren geholt. Lajos Detari erhielt von Feldkamp alle Freiheiten und rechtfertigte das Vertrauen des Trainers, als er vor allem während der Rückrunde das Frankfurter Publikum mit seinen Tricks und Toren verzauberte. Als nach 34 Spieltagen abgerechnet wurde in der Bundesliga, befand sich die Eintracht mit dem 9. Rang erstmals seit sechs Jahren wieder auf einem einstelligen Tabellenplatz. Und ganz am Ende dieser Saison wurde Kalli als der König gefeiert. Mit 1:0 gewann sein Team in Berlin das deutsche Pokalfinale gegen Bochum. Dank Feldkamp schwebte ganz Frankfurt nach sieben mageren Jahren wieder einmal im siebten Himmel.

Als Signal für den Aufbruch zu neuen Ufern wurde dieser Pokalsieg als Krönung des Feldkamp-Jahres bei der Eintracht gewertet. „Wer nach einem solchen Sechser im Lotto den Gewinn nicht abholt, ist selbst schuld", lautete die Vorausschau von Bernd Hölzenbein. Der ein halbes Jahr später zum Vizepräsidenten gewählte Weltmeister formulierte den Vorsatz, mit neuen Verstärkungen als notwendige Partner für die Zentralfigur Lajos Detari auch in der Bundesliga Anschluß zu finden an die alten Erfolgszeiten, um beim im nächsten Jahr anstehenden Jubiläum des 90jährigen Vereinsbestehens wieder im Einklang zu stehen mit der großen Tradition. Doch der 28. Mai 1988 in Berlin sollte für längere Zeit der

Karlheinz Feldkamp

letzte Feier-Tag bei Eintracht Frankfurt gewesen sein. Völlig überraschend mußte wenige Wochen nach dem Pokalgewinn nicht die erhoffte Ergänzung zu, sondern der Nachfolger für Lajos Detari gefunden werden. Exakt zehn Tage vor dem Start der Saison 1988/89 verschwand der geniale Ballzauberer und Spielmacher aus Ungarn aus dem Trainingslager am Timmendorfer Strand auf Nimmerwiedersehen zu Olympiakos Piräus. Anstatt des prophezeiten Aufbruchs zu neuen Ufern stand der Eintracht in der Bundesliga das Wasser plötzlich wieder bis zum Hals. Drei Spieltage nach Saisonbeginn befanden sich die Frankfurter mit drei Niederlagen dort, wo sie so oft in den vergangenen Jahren gestanden haben: am Tabellenende.

Was diesmal die Situation aber ganz besonders erschwerte: nicht nur die Mannschaft lag am Boden, auch Kalli Feldkamp lag krank im Bett. Die lädierte Bandscheibe des Erfolgstrainers sollte zur Drehscheibe des abermals rotierenden Trainerkarussells werden. Der damals 54 Jahre alte Fußball-Lehrer sollte als Chefcoach, wie sich herausstellte, nicht wieder an den Riederwald zurückkehren. Bettlägrig und wegen des Detari-Transferns sichtlich amtsmüde („Mit Lajos wurde der Mannschaft das Herz herausgerissen") ging der charismatische Trainer auf Distanz zur Eintracht und überließ nach dem Fehlstart von 0:6-Punkten seinem Assistenten Timo Zahnleiter die Trainingsleitung und Mannschaftsführung. Zum dritten Mal in der Rolle des Lückenbüßers verantwortlich für die Bundesligatruppe konnte Zahnleiter die Talfahrt mit 5:5-Punkten aus den fünf Spielen unter seiner Leitung wenigstens abbremsen. Und mit einem Unentschieden bei Grasshopper Zürich legte er in Basel beim Hinspiel im Europapokal der Pokalsieger den Grundstein für das Weiterkommen in die nächste Runde. Das Vertrauen des Präsidiums für eine Rolle als zukünftiger offizieller Cheftrainer konnte sich der „Notnagel" damit aber nicht erkämpfen.

Am 13. September 1988 holte die Vereinsführung zum Doppelschlag aus: nach dem Heimspiel gegen den SV Waldhof Mannheim wurde die Trennung von Trainer Kalli Feldkamp

Timo Zahnleiter

und von Manager Wolfgang Kraus offiziell bekannt gegeben, die beide noch bis zum 30. Juni 1989 unter Vertrag standen. Der Mannschaft wurde bei einer nächtlichen Spielersitzung im Offenbacher Tourhotel gleichzeitig Pal Csernai als neuer Trainer vorgestellt. Timo Zahnleiter trat als Assistent wieder ins zweite Glied zurück. Kalli Feldkamp verabschiedete sich wenige Monate später von Deutschland nach Ägypten, ehe er 1990 in die Bundesliga geradezu triumphal zurückkehrte, den 1. FC Kaiserslautern von einem Abstiegsplatz zum Gewinn des DFB-Pokals und 1991 zur Deutschen Meisterschaft führte.

In Frankfurt sollte der neue Chefcoach aus Ungarn, der zuvor in der Bundesliga mit Bayern München Meister geworden und in Dortmund kläglich gescheitert war, die wegen der Olympischen Spiele in Seoul notwendig gewordene Unterbrechung des Bundesligaspielbetriebs nutzen, um die Mannschaft taktisch und moralisch weiter aufzurüsten. Das Unternehmen endete mit einem Desaster. 1:9-Punkte standen nach den ersten fünf Spielen unter dem bei der Darstellung seines Outfits ebenso eleganten wie bei der Durchsetzung seiner Arbeitsmethoden so brutalen Magyaren zu Buche. Sechs Punkte und vier Tore erzielte die Eintracht mit Pal Csernai in dessen Amtszeit bei den neun Spielen bis zum Vorrundenende.

Mit seiner absoluten Prinzipientreue, der bisweilen arroganten Art seiner öffentlichen Selbstdarstellung und schließlich mit seiner erschreckenden Erfolgslosigkeit avancierte der im privaten Kreis ungemein höfliche und gepflegte Grandseigneur zum Angstgegner der eigenen Mannschaft und zum Buhmann des Publikums. Hohn und Häme und am Ende der blanke Haß schlugen ihm, wie er sagte, am Ende von den Zuschauern entgegen. Eine Woche nach dem Beginn der Winterpause war das Kapitel „Pal Csernai" nach genau 90 Tagen zu Ende. Wie in der Führungsetage so war auch auf der Trainerbank der fliegende Wechsel das typische Erscheinungsbild in diesem düsteren Eintracht-Herbst. Am 12. Dezember war es in einem Münchner Hotel, als Matthias Ohms, der dritte Präsident in den drei Monaten von Csernais Amtszeit, dem „Mann mit dem Halstuch" die Kündigung in die Hand drückte. Sechs Tage später wurde Jörg Berger verpflichtet, der vierte Trainer in jener hektischen Saison.

Nur noch 8.000 Zuschauer beim letzten Spiel der Vorrunde, ein neues Präsidium, ein neuer Manager (Jürgen Friedrich) und eine völlig verunsicherte Mannschaft, in der rund um die beiden 34jährigen Uli Stein und Karl-Heinz Körbel, die letzten stabilen Säulen, nichts mehr funktionierte, dazu ein Trainer aus der zweiten Liga, der in der Öffentlichkeit als „zweite Wahl" beargwöhnt wurde - das war die Basis, auf der Jörg Berger nach seinem Wechsel vom SC Freiburg am 3. Januar 1989 seine Arbeit begann.

Für die Eintracht, mehr aber noch für Jörg Berger selbst sollte 1989 ein einziges Wechselbad der Gefühle werden. Zehn Jahre zuvor war der einstige Juniorennationaltrainer der DDR in den Westen geflohen. Frankfurt war hier seine erste Station gewesen. Jetzt kehrte er wieder zurück an den Main. Ein Jahr auf der Achterbahn begann, an dessen Anfang die Eintracht ein scheinbar rettungsloser Abstiegskandidat und am Ende ein hoffnungsfroher Titelaspirant in der Bundesliga war.

Pal Cernai

Der sportliche Tiefpunkt war am 17. Juni erreicht, als die Frankfurter im letzten Bundesligaspiel dieser Saison in Hannover mit 0:1 zurücklag und auf der Anzeigentafel im Niedersachsenstadion die 1:0-Führung der Stuttgarter Kickers aufleuchtete. „Zu jenem Zeitpunkt waren wir abgestiegen. Doch Charly Körbel öffnete den Sargdeckel mit seinem Ausgleichstreffer wieder und es folgte die erfolgreiche Relegation gegen den 1. FC Saarbrücken, den Dritten aus der zweiten Liga, bei der ich um zehn Jahre gealtert bin", wie Berger damals sagte.

Zehn Wochen später waren die Verhältnisse in der Bundesliga von dem Trainer „zweiter Wahl" auf den Kopf gestellt. In den fünf Punktspielen des August 1989 blieb die Eintracht erstmals in diesem Jahrzehnt einen ganzen Monat lang ungeschlagen und stand nach sechs Spieltagen der neuen Saison auf dem ersten Platz in der Tabelle. Und als die Vorrunde am 18. November mit dem besten Spiel des Jahres, dem 5:3-Sieg beim 1. FC Köln, zu Ende ging, feierten die Fans die Eintracht mit „standing ovations".

In seiner Privatsphäre erlebte Jörg Berger in diesem „schlimmen, schönen Jahr", wie er bilanzierte, die Geburt seiner Zwillinge Romy und Julia am 12. Mai im Offenbacher Stadtkrankenhaus mit; am 1. Juni schloß er in Prag in einem Hotel an der Moldau Ron, seinen Sohn aus erster Ehe, in die Arme, den er zehn Jahre lang nicht gesehen hatte; und am 9. November hörte der einstige DDR-Bürger während der Fahrt zum Pokalspiel zwischen Kaiserslautern und Köln mitten in einem Stau auf der Autobahn bei Gernsheim im Autoradio die Nachricht vom Fall der Mauer. Am 7. Dezember verlängerte das Präsidium seinen Vertrag bis zum Juni 1992. Und als Eintracht Frankfurt die Saison 1989/90 mit dem 3. Tabellenplatz - wie schon 1964 und 1975 die beste Plazierung ihrer Bundesliga-Geschichte - abschloß, stand Jörg Berger, die ursprünglich „zweite Wahl" als Trainer in der ersten Reihe der Bundesligacoachs. Elf Monate später stand er auf der Straße.

Ausgerechnet die Maßnahme, von der sich die gesamte Eintracht-Szene den Schub zum deutschen Meistertitel versprach, sollte für Jörg Berger zum Verhängnis werden. Im Sommer 1990 holte Vizepräsident Bernd Hölzenbein das Eintracht-„Eigengewächs" Andreas Möller von Borussia Dortmund zurück und verpflichtete gleichzeitig dessen Freund und Berater Klaus Gerster als neuen Manager. In dem

Jörg Berger

Dragoslav Stepanovic und „seine rechte Hand" Rainer Falkenhain von der Geschäftsstelle.

feinen Gestrüpp aus Intrigen und undurchschaubaren Interessen, das in den Monaten danach immer stärker wucherte, fand sich Berger immer weniger zurecht. Im krampfhaften Bemühen, Stärke zu demonstrieren, hieb er immer häufiger auf die falsche Pauke, verlor dadurch immer mehr den Zugriff auf die Mannschaft und wurde schließlich das Opfer eines unübersehbaren Abnutzungseffekts. Das Feuer, das er als Bundesliga-Retter von 1989 und als Powermann des Jahres 1990 entfachen konnte, erstickte im Frühjahr 1991 im Dikkicht neuer Intrigen; ihm gelang es nicht mehr, die von Eifersucht und Futterneid blockierten Energien in der Mannschaft freizusetzen. Ohne Rückhalt in der Mannschaft und in der Vereinsführung stand er in diesem Lehrstück für die Demontage und Selbstdemontage eines Trainers schließlich zwischen allen Fronten. Nach der 0:6-Heimniederlage gegen den Hamburger SV lieferte er mit einer verbalen Attacke gegen Präsidium und Manager die Munition für seinen Abschuß auch noch selbst: am 13. April 1991, die Eintracht stand auf dem 7. Tabellenplatz, wurde er gefeuert.

Die Ära von Dragoslav Stepanovic begann und damit auf Anhieb eine neue Blütezeit der Eintracht, in der die Mannschaft am letzten Spieltag der Saison 1991/92 noch als Favorit für die Meisterschaft gehandelt wurde, ehe sie mit großem Pech aber auch wegen eigener Versäumnisse bei der 1:2-Niederlage in Rostock den Titel noch verspielte. Dennoch: die in Rostock so maßlos enttäuschte Eintracht erwies sich unter „Stepi" als die erfolgreichste in allen Bundesligajahren seit 1963. Ihr Pech: die persönliche Rekordzahl von 50 Punkten reichte nicht zum Titel. Größe zeigte nach der bittersten Niederlage dieser großen Saison vor allem aber Dragoslav Stepanovic. „Wer gewinnen will, muß auch verlieren können". Mit diesem Leitsatz ihres Trainers ging die Eintracht in ihr 30. Bundesligajahr.

Bundesliga-Trainer der Eintracht

01.07.1963	-	17.04.1964	Paul Oßwald
18.04.1964	-	30.06.1965	Ivica Horvath
01.07.1965	-	30.06.1968	Elek Schwartz
01.07.1968	-	30.06.1973	Erich Ribbeck
01.07.1973	-	30.06.1976	Dietrich Weise
01.07.1976	-	08.11.1976	Dieter Roos
09.11.1976	-	30.11.1977	Gyula Lorant
09.12.1977	-	30.06.1978	Dettmar Cramer
01.07.1978	-	31.12.1978	Otto Knefler
08.01.1979	-	30.06.1980	Friedel Rausch
01.07.1980	-	30.06.1982	Lothar Buchmann
01.07.1983	-	17.09.1982	Helmut Senekowitsch
19.09.1982	-	17.10.1983	Branko Zebec
30.10.1983	-	03.12.1986	Dietrich Weise
04.12.1986	-	30.06.1987	Timo Zahnleiter
01.07.1987	-	14.09.1988	Karlheinz Feldkamp
15.09.1988	-	12.12.1988	Pal Csernai
18.12.1988	-	13.04.1991	Jörg Berger
seit 14.4.1991			Dragoslav Stepanovic

Mit Yeboah nun erstmals ein Afrikaner ...

Die Stars aus der Fremde fast immer ein Volltreffer

In der deutschen Industrie und Wirtschaft sind ausländische Arbeitnehmer seit vielen Jahren unentbehrlich. Und auch der deutsche Ligafußball ist seit Jahrzehnten ohne Spieler aus dem europäischen Ausland nicht mehr denkbar. Die Eintracht aus Frankfurt gehört hierbei zu den ersten, die ihre Mannschaften mit Stars aus fremden und für damalige Zeiten auch fernen Ländern verstärkte. Es liegt gleichsam in der Natur der Eintracht, daß sie in über 90 Jahren ihres Bestehens nicht nur offen nach überall hin, sondern auch offen für jedermann war.

So geistern bereits durch die Ahnengalerie der Eintracht und ihrer Vorläufer Namen ausländischer Spieler, denen großes Fußball-Format nachgesagt wurde. Bei der Viktoria spielte beispielsweise ein gewisser Cecil Nichols, von dem es heißt, er habe um die Jahrhundertwende als Spielführer auf der Hundswiese seinen Mitspielern einiges vom englischen Fußball beizubringen versucht.

1920 war nach der Fusion zwischen dem Frankfurter Fußball-Verein und der Frankfurter Turngemeinde von 1861 die Frankfurter Turn- und Sportgemeinde Eintracht entstanden, als ein Ungar die immer größer werdende Schar der Fußball-Zuschauer auf dem gerade fertiggestellten Sportplatz am Riederwald in seinen Bann schlug. Peter Szabo vom MTK Budapest war ein Außenstürmer, der mit seinen Tricks und Kapriolen ein echter Publikumsliebling war.

Einige Jahre vor dem Zugang von Peter Szabo zur Eintracht hatte ein anderer Landsmann des Budapesters, der Ungar Weisz, für einen Riesenwirbel im Frankfurter Fußball gesorgt. Im Jahre 1913 stand der F.F.V., aus dem die Eintracht ja hervorgegangen ist, vor dem Gewinn der Süddeutschen Meisterschaft. Auf dem Terminplan befand sich das Spiel in Fürth. Und dort trug sich dann Ungeheuerliches zu. Als die Gäste die Heimfahrt nach Frankfurt antraten, war Weisz nicht mehr dabei. Die Überredungskunst der Fürther hatte den ungemein antrittsschnellen und schußstarken Sturmführer des F.F.V. während der Saison zum Bleiben in Fürth veranlaßt.

Ein einziger Punkt fehlte danach schließlich den Frankfurtern zur „Süddeutschen", die die Stuttgarter Kickers vor dem Frankfurter Fußball-Verein, dem VfR Mannheim und Fürth gewannen. „Mit Weisz wären wir Meister geworden", waren die Fußballanhänger in Frankfurt damals überzeugt. Als Weisz dann mit Fürth zum Rückspiel nach Frankfurt kam, stürmte ein Gönner des F.F.V. in der Halbzeitpause auf den Platz und verlangte von dem Ungar das Geld zurück, dessen Gegenwert er mit seinem vorzeitigen Wechsel nach Fürth schuldig geblieben war.

Nach Peter Szabo kam im Jahre 1925 jener Ausländer zum Riederwald, mit dem die Eintracht ihre größten Jahre zwischen den beiden Weltkriegen erlebte. Das damalige Vorstandsmitglied Albert Sohn fuhr am 14. Dezember 1924 extra nach Stuttgart, um beim Länderspiel Deutschland gegen Schweiz Walter Dietrich von Servette Genf unter die Lupe zu nehmen. Bis zum Ende des Jahres 1933 spielte der 14malige Schweizer Nationalspieler und zweifache Olympiateilnehmer für die Eintracht, die mit ihm eine wahre Blütezeit erlebte: Zweimal Süddeutscher Meister und 1932 im Endspiel um die Deutsche Meisterschaft gegen Bayern München!

Walter Dietrich war ein technisch versierter und ungemein laufstarker Allroundspieler, der vorwiegend als Halblinker und Mittelstürmer, aber auch als Seitenläufer eingesetzt wurde. Seine größte Stärke aber war sein Kopfball. Er war der beste Kopfballspieler, den die Eintracht in jenen Jahren besaß.

Der Schweizer Walter Dietrich war sicherlich die überragende Erscheinung unter den ausländischen Eintracht-Spielern vor dem Zweiten Weltkrieg. Ihrer ungarischen Tradition blieben die Riederwälder aber auch nach dem Kriege treu. So konnte es geschehen, daß Istvan Sztani am Ende der fünfziger Jahre zur schillerndsten Figur im Frankfurter Fußball wurde.

Zusammen mit dem jugoslawischen Stopperhünen Ivica Horvat spielte Sztani in der Saison 1957/58 erstmals für die Eintracht. Nach dem Ungarn-Aufstand im Jahre 1956 war der dunkelhaarige, elegante Supertechniker über die Schweiz nach Deutschland gekommen. In seiner ungarischen Heimat hatte er 20mal in der Junioren-Nationalmannschaft gespielt und galt als eines der größten Talente des Landes. Dem am 19.3.1937 geborenen Fußballkünstler, der in Ungarn immer in der Provinz für Ozd gespielt hatte, lagen zahlreiche Angebote aus der Hauptstadt Budapest vor. Doch die Mutter ließ ihren 18jährigen Sohn nicht ziehen.

Ehe er für die Eintracht spielen konnte, mußte er erst eine zweijährige Sperre abbrummen. Doch das Warten hat sich für die Frankfurter gelohnt. Seinen vielen großartigen Spielen setzte er am 28. Juni 1959 im Endspiel um die Deutsche Meisterschaft die Krone auf. Zwei Treffer erzielte er in Berlin gegen die Offenbacher Kickers.

Nach dieser großen Saison ging Istvan Sztani nach Belgien zu Standard Lüttich, mit dessen Angebot die Eintracht einfach nicht mithalten konnte. In der Saison 1960/61 war der Ungar Torschützenkönig der ersten belgischen Division. 1965 holte Eintracht-Präsident Rudi Gramlich den einstigen Liebling des Frankfurter Publikums wieder an den Main zurück. Doch in der Bundesliga fand der inzwischen fast 30jährige nicht mehr zu seinen überragenden Leistungen der fünfziger Jahre zurück. In drei Jahren kam er nur auf 21 Bundesligaspiele, in denen er 3 Treffer erzielte.

Istvan Sztani war mit zwei Treffern im Endspiel 1959 gegen Offenbach maßgeblich am Sieg beteiligt.

War das Endspiel 1959 für Istvan Sztani der absolute Höhepunkt seiner Zeit bei der Eintracht, so war es für Ivica Horvat der deprimierende Abschluß. Zwei Jahre lang hatte der kompromißlose Abwehrchef, der dem deutschen Publikum seit der WM 1954 in der Schweiz mit seinem erlösenden Selbsttor im Spiel Deutschland gegen Jugoslawien (2:0) bestens bekannt war, auf diesen Tag mit der Eintracht hingearbeitet. Doch als der 32jährige Jugoslawe dann miternten wollte, was er zuvor so bravourös mitgesät hatte, da mußte er passen. Beim 2:1-Sieg im Endrundenspiel gegen den 1. FC Köln war er am 31. Mai noch dabei. Dann machte ihn eine Verletzung kampfunfähig.

Als vier Jahre später auch bei der Eintracht die Bundesliga eingeläutet wurde, da war er wieder dabei: erst als Trainerassistent und dann, nach Paul Oßwalds gesundheitsbedingtem Abtritt, als Cheftrainer.

Istvan Sztani und Ivica Horvat - ein Ungar und ein Jugoslawe - waren also entscheidende Wegbereiter zum größten Triumph in der Eintracht-Geschichte, dem Gewinn der Deutschen Meisterschaft.

Und zwei große Spieler aus dem Ausland waren es auch, die der Eintracht über die Klippen der ersten Jahre hinweghalfen, als 1963 mit der Gründung der Bundesliga der Fußball in Deutschland in neue Dimensionen vorstieß: Willi Hu-

Auch Willi Huberts hielt hundertprozentig, was man sich von ihm versprochen hatte.

berts und Fahrudin Jusufi - ein Österreicher und wiederum ein Jugoslawe.

Zwei Tage vor Ende der Wechselfrist unterschrieb Willi Huberts im Sommer '63 einen Vertrag bei der Eintracht. Den damals 25jährigen Österreicher umgab der Flair des weitgereisten Fußball-Profis. Drei Jahre zuvor hatte der Grazer geglaubt, ihm würde in der Enge seiner steiermärkischen Fußball-Stube die Decke auf den Kopf fallen. So meldete er sich beim Grazer AK ab und zog hinaus in die Welt. Erst nach New York und danach nach Rom.

Wäre 1963 nicht das Stuttgarter Fußball-Idol Rolf Geiger aus dem italienischen Mantua zum VfB heimgekehrt, Willi Huberts wäre wohl nie bei der Eintracht gelandet. Denn mit den Schwaben war der Willi schon handelseinig geworden, mit der einzigen Einschränkung für den Fall von Geigers Rückkehr. Geiger kam, Huberts mußte weiterziehen und wurde für die Eintracht zum großen Volltreffer.

In sieben Jahren avancierte er mit 213 Spielen und 65 Toren für lange Zeit zum Bundesliga-Rekordmann der Rieder-

Die Jugoslawen im Eintracht-Trikot waren fast immer ein Volltreffer. Fahrudin Jusufi war im Waldstadion Publikums-Liebling.

wälder. Der vielseitige Nationalspieler aus Österreich, mit dem die Eintracht 1964 bis ins Pokalendspiel vorgedrungen war und der nach dem Ende seiner Karriere in Frankfurt als Trainer in Graz und Linz arbeitete, war sicherlich einer der populärsten unter den Frankfurter Bundesliga-Stars.

Unvergessen wird mit Sicherheit aber auch der jugoslawische Publikumsliebling Fahrudin Jusufi bleiben, der zwischen 1966 und 1970 die Fans im Waldstadion zu dem Vergleich veranlaßte: „Wir brauchen keinen Beckenbauer, wir haben einen Ju-Ju-Jusufi." Fahrudin Jusufi, das war das pralle Fußball-Leben, verpackt in herzerfrischendes Offensivspiel. Kaum einer vermochte die Massen im Stadion draußen im Stadtwald so mitzureißen wie dieser temperamentvolle Jugoslawe, wenn er als Verteidiger auf der rechten Seite schier unwiderstehlich vom eigenen zum gegnerischen Strafraum auf und davonzog.

Als er 1966 zur Eintracht kam, brachte er beste Referenzen mit. 57mal spielte er in Jugoslawiens Nationalmannschaft. In Rom erkämpfte er sich 1960 mit den „Jugos" die olympische Goldmedaille. Im selben Jahr stand er in der jugoslawischen Mannschaft, die in Paris das erste Endspiel um die Europameisterschaft für Nationalmannschaften gegen die Sowjetunion erst in der Verlängerung mit 1:2 verlor. Und zwei Jahre später war er WM-Teilnehmer in Chile, wo 1962 Jugoslawien die deutsche Mannschaft mit 1:0 aus dem Turnier warf. Als „Fahri" 1970 seine große Laufbahn ebenso wie Huberts bei der Eintracht beendete, hatte er die Vorschußlorbeeren, die sich in Frankfurt mit diesen Erfolgen verbanden, vollauf gerechtfertigt.

Willi Huberts und Fahrudin Jusufi, das waren zwei, die hundertprozentig gehalten hatten, was man sich bei der Eintracht von ihnen versprochen hatte.

Anton Tutschek aus Österreich, der in der Saison 1964/65 nur siebenmal zum Einsatz kam und dabei drei Tore erzielte, der türkische Trickser auf Linksaußen, Ender Konca, der als 25facher Nationalspieler zwischen 1971 und 1973 in 36 Bundesligaspielen siebenmal ins Schwarze traf, und der österreichische Nationalspieler Thomas Parits, der von 1971 bis 1974 bei 74 Bundesliga-Einsätzen 18 Treffer erzielte, komplettierten die Ausländer-Riege der Eintracht, bis zu der Zäsur im Jahre 1974.

Kam die Eintracht bis dahin nur einmal, in der Saison 1970/71 ohne Ausländer aus, so verzichtete Trainer Dietrich Weise von 1974 bis 1976 gleich zwei Jahre lang auf jeglichen Fußball-Gastarbeiter. Kontrakte mit Ausländern waren in vielen Fällen immer mehr zu Hau-Ruck-Verpflichtungen geworden. Nur kurzfristig aber planen zu können, widersprach Weises Wesen, für den die Verpflichtung eines Ausländers stets mit einem finanziellen Risiko verbunden war. 1974 und 1975 war die Eintracht unter Dietrich Weise zweimal DFB-Pokalsieger geworden. Ohne Ausländer ...

Kaum hatte freilich Weise im Sommer 1976 seine Koffer in Frankfurt gepackt und war nach Düsseldorf gegangen, stand im Herbst bereits wieder der erste Ausländer in der Eintracht-Mannschaft. Mit dem 29jährigen Dragoslav Stepanovic wurde abermals ein Jugoslawe mit einem großen Fußballernamen an Land gezogen. 44mal spielte er in Jugoslawiens A-Mannschaft, zweimal wurde er in die Europa-Auswahl berufen, zweimal zum „Spieler des Jahres" in seinem Heimatland gewählt. „Stepi" fühlte sich in Frankfurt pudelwohl. Darum war er wohl am traurigsten und zog gar nicht erst von der Mainmetropole fort, als er 1978 nach Worms zur Wormatia weiter transferiert wurde. Wer ahnte damals schon, daß „Stepi" eines Tages Trainer am Riederwald werden sollte?

Kein anderes Ausländer-Duo verhalf der Eintracht zu größeren Triumphen als Bruno Pezzey und Bum Kun Cha. Mit diesen beiden wurde 1981 zum dritten Mal der DFB-Pokal erkämpft. Und mit Pezzey und Cha verbindet sich der größte internationale Erfolg in der Eintracht-Geschichte überhaupt: der Gewinn des UEFA-Pokals im Frühjahr 1980. Bruno Pezzey und Bum Kun Cha - zwei Ausnahmekönner aus dem Ausland, wie sie die Eintracht in dieser Zusammensetzung noch nie besessen hatte! Fans und Journalisten brachten die beiden mit dem Besten, den der deutsche Fußball vorzuweisen hat, in einen sprachlichen Zusammenhang. „Beckenbauer vom Bodensee" nannten sie den aus Bregenz stammenden Österreicher, weil er als Libero mit ähnlicher Souveränität wie der „Kaiser" auftrumpfte. „Beckenbauer von Asien", so bezeichneten sie den Koreaner, der mit 141 Länderspielen als Rekordnationalspieler seines Landes nach Frankfurt kam und im asiatischen Fußball ähnlich dominierend war wie Franz Beckenbauer in Deutschland und Europa.

Der Einstand des Stürmers aus Ostasien war geradezu sensationell. Die stärksten Verteidiger der Liga zitterten und wurden schwach, wenn Cha wie ein fernöstlicher Taifun in seiner ersten Saison in Deutschland über die Bundesliga-Spielfelder wirbelte. Ungemein schwer tat sich dagegen Bruno Pezzey, um nach seinem Wechsel von Innsbruck im Sommer 1978 in der Bundesliga Fuß zu fassen. In der ersten Saison hatte er bei der Eintracht erhebliche Probleme, die richtige Position und die notwendige Form zu finden. Im zweiten Jahr in Frankfurt konnte er wegen zwei längerfristiger Sperren sowie einer schweren Magenerkrankung, die er sich während eines Eintracht-Gastspiels an der Elfenbeinkünste zugezogen hatte, nur 14 von 34 Bundesligaspielen mitmachen. Weil er zwei Drittel des Punktspielprogramms versäumen mußte, wurde die anfangs hochgewettete Eintracht 1980 nur Neunter in der Bundesliga. Weil er alle Europapokalspiele aber mitmachen konnte, gewann Frankfurt im gleichen Jahr den Cup. Eine statistische Feststellung, die Pezzeys Wert verdeutlicht.

1983 verließen Bruno Pezzey und Bum Kun Cha - zusammen mit Bernd Nickel, der nach Bern wechselte, und mit Willi Neuberger, der seine Laufbahn beendete - die Eintracht. In Bremen und in Leverkusen waren sie weiterhin noch einige Jahre mit großem Erfolg in der Bundesliga tätig. Als sie gingen, ging es mit der Eintracht bergab. Nicht zuletzt deswegen, weil die beiden Ausländerpositionen einige Jahre lang nicht

Bruno Pezzey - der „Beckenbauer vom Bodensee".

Bum Kun Cha - der „Beckenbauer von Asien".

mit Spielern von gleicher Klasse besetzt werden konnten.

Jan Svensson wurde im Sommer 1983 verpflichtet, ein sympathischer und sehr zuverlässiger Schwede, der in drei Jahren bei der Eintracht in 96 Bundesligaspielen 16 Tore erzielte. Chas Weltklasse, die sich mit 46 Treffern in 122 Punktspielen für Frankfurt nur ungenau ausdrückt, konnte der gelernte Landschaftsgärtner aus Norrköping aber ebensowenig erreichen wie der zur gleichen Zeit zum Riederwald gekommene Cesary Tobollik.

Der pfeilschnelle Linksaußen avancierte mit seinen Tricks und Kabinettstückchen auf Anhieb zum Publikumsliebling. Doch der Mann aus Mielec war nicht nur ein lustiger Spaßvogel, er war auch ein eiskalter Pokerspieler. Im Juli 1983 hatte er sich nach dem Intertotospiel in Graz von seinem damaligen Verein Wisla Krakau abgesetzt und war auf einigen Umwegen nach Frankfurt gekommen. Im Dezember erreichte das damalige Eintracht-Präsidium nach persönlicher Vorsprache in Warschau die Freigabe vom polnischen Verband. Danach sorgte Tobollik mit spektakulären Spielzügen auf dem Rasen aber auch mit verblüffenden Schachzügen beim Verhandlungspoker für Schlagzeilen. Mit einem aufsehenerregenden Trick verabschiedete sich Tobollik im Sommer 1985 von Frankfurt - manövrierte sich damit selbst ins sportliche Abseits. Um seine Ablösesumme zu senken und ein späteres Handgeld für sich zu erhöhen, „parkte" er sich selbst für ein Jahr beim Zweitligisten Viktoria Aschaffenburg und ging danach für einige Jahre zum RC Lens nach Frankreich. Er verdiente damit zwar viel Geld, doch die Geltung, die seinem großen Talent angemessen wäre, erreichte er nach seinem Weggang von Frankfurt nicht mehr.

Mit Tobollik begann, einer Zeiterscheinung in der Bundesliga entsprechend, auch über die Eintracht eine Polen-Welle zu rollen. Bogdan Kwiecien, der sich nach Annahme der deutschen Staatsbürgerschaft Wolfgang April nannte, Jaroslaw Biernat und Janusz Turowski, der fünf Jahre bei den Riederwäldern unter Vertrag stand, waren die nächsten Fußball-Übersiedler. Ein Mann von großem internationalem Format komplettierte von 1986 an für zwei Jahre das polnische Profikontingent in Frankfurt: Wlodzimierz Smolarek. Mit zwei Toren gegen Düsseldorf feierte der Linksaußen aus Lodz ein glänzendes Bundesliga-Debüt im Waldstadion. Tolle Kritiken wechselten sich danach mit totalen Leistungseinbrüchen bei Polens „Fußballer des Jahres" 1986 ab. Dann aber profitierte auch „Smoli", wie der schlitzohrige Linksaußen genannt wurde, von dem wohl größten Glücksgriff, den die Eintracht bei ihren Auslandstransfers überhaupt je getätigt hatte. Lajos Detari!

Am 6. Juni 1987 landete der ungarische Nationalspieler in Frankfurt. Am 12. Juli 1988 verließ er die Eintracht wieder - in einer Nacht-und-Nebel-Aktion aus dem Trainingslager am Timmendorfer Strand direkt nach Piräus. Innerhalb von zwölf Monaten avancierte der Ballkünstler aus Budapest zum Superstar der Bundesliga. Als „Lachnummer" anfangs geschmäht, danach als „Hallenkönig" gefeiert, entpuppte sich

Jan Svensson, der symphatische Schwede, war drei Jahre ein sehr zuverlässiger Stürmer.

Cezary Tobollik und Bogdan Kwiecien gaben nur kurze Gastspiele in Frankfurt.

Wlodzimierz Smolarek, der Nationalspieler aus Polen, war ein überaus schlitzohriger Stürmer.

Janusz Turowski, Junioren-Nationalspieler aus Polen, nahm in Frankfurt die deutsche Staatsangehörigkeit an.

David Mitchell war der erste Australier in der Bundesliga.

der „Csardasfürst" von der Donau zur größten Frankfurter Fußball-Attraktion der achtziger Jahre. Mit einem Kunstschuß zum 1:0-Sieg über Bochum im Endspiel von Berlin machte er die Eintracht am 28. Mai 1988 zum vierten Mal zum DFB-Pokalsieger. Sechs Wochen später war er, allen gegenteiligen Beteuerungen zum Trotz, weg. Die Eintracht tröstete sich nach dem gigantischsten Bundesliga-Transfer aller Zeiten, bei dem Olympiakos Piräus fast 20 Millionen Mark bezahlen mußte, mit der Rekordablösesumme von zwölf Millionen Mark. Lajos Detari, der ungarische Fußballmagier, zauberte nur ein Jahr lang im Waldstadion. Doch denen, die ihn dort am Ball erlebt haben, wird er unvergessen bleiben.

Die Stars aus der Fremde, die mit einem Teil der Detari-Millionen geholt wurden, konnten den Spiel- und Toremacher verständlicherweise nicht ersetzen. Weder Peter Hobday, der Engländer, der nach einem schweren Autounfall seine Karriere beenden mußte, noch Jörn Andersen, der blonde Norweger. Dem vom 1. FC Nürnberg gekommenen Mittelstürmer gelang nach einem schwachen ersten Jahr allerdings eine

Lajos Detari verzauberte nur ein jahr die deutschen Fußballfans.

eindrucksvolle Wiedergutmachung, als er 1990 mit 18 Treffern als erster Ausländer Torschützenkönig der Bundesliga wurde - und nach Düsseldorf weiterwanderte.

In Düsseldorf wurde Jörn nicht glücklich. Im September 1991 kehrte der Stürmer nach Frankfurt zurück und feierte einen großartigen Wiedereinstand. Gleich im ersten Spiel erzielt Andersen beim 3:3 in München einen Treffer und war auch im nächsten Auswärtsspiel beim VfB Stuttgart wieder zur Stelle, wo er mit seinem Schuß zum 1:1 den Weg zum 2:1-

Jörn Andersen wurde 1990 als erster Eintrachtspieler Bundesliga-Schützenkönig.

Anthony Yeboah: athletisch, schnell, kopfballstark und beidfüßig. Einer der besten Stürmer in der Bundesliga.

Augustine „Jey-Jey" Okocha schaffte in der 30. Bundesligasaison den Sprung aus der Amateurelf in die Bundesliga.

Sieg ebnete. Die Eintracht hatte Andersen zunächst nur von Düsseldorf ausgeliehen. Voraussetzung für eine endgültige Rückkehr an den Riederwald war, daß Jörn die deutsche Staatsangehörigkeit annimmt. Mit deutschem Paß erhielt Andersen dann einen neuen Vertrag in Frankfurt.

Die Lücke, die Andersen bei seinem Fortgang im Sommer 1990 hinterlassen hatte, sollte Anthony Yeboah schließen. Die „schwarze Perle" aus Ghana hatte die Eintracht ein Jahr zuvor in der Relegation mit dem 1. FC Saarbrücken fast aus der Bundesliga geschossen. Nach zahllosen Europäer, nach dem Asiaten Bum Kun Cha und nach Dave Mitchell, dem ersten Australier in der Bundesliga, der 1986 und 1987 insgesamt 35 Bundesligaspiele für die Eintracht bestritt, war fortan auch Afrika in der Galerie der Ausländer am Riederwald vertreten. Der athletische, schnelle, kopfballstarke und beidfüßig schußstarke Anthony Yeboah sollte sich schnell als Volltreffer erweisen. „Es gibt keinen besseren Stürmer in der Bundesliga", urteilte Trainer Dragoslav Stepanovic, dem es vorbehalten blieb, in der 30. Bundesligasaison mit dem 19 Jahre jungen Augustine „Jey-Jey" Okocha aus Nigeria einen weiteren Afrikaner aus dem Hut zu zaubern, der auf dem besten Weg zu einem Star ist.

Ein schwerer Stand im Ehrenamt

Die Führungskräfte am Riederwald

Als er antrat und sich stellte, wurde es still im Saal. Binnen weniger Minuten nutzte Matthias Ohms an jenem 29. November 1988 seine Chance, wie ein Profi Profil zu gewinnen. Der damals 44 Jahre alte Devisenmakler fand in der Kongresshalle in seiner Vorstellungsrede zu einer gelassenen Tonlage, die auf Anhieb deutlich machte, daß hier ein Mann mit kühlem Sachverstand an sein Ziel kommen wollte. 991 Mitglieder, wohl nie herrschte auf einer Versammlung in der langen Geschichte der Eintracht ein größerer Andrang, waren zur Fortsetzung jener berüchtigten Mitglieder-Versammlung am 14. November im Frankfurter Palmengarten gekommen, in deren Verlauf ein Mitglied einen Ordner sogar zu Boden geschlagen hatte.

Nach monatelangem Ränkespiel war der Verein in jenem Herbst in eine tiefe Krise geraten, standen die Bundesligafußballer tief im Abstiegskampf, als am zweiten Montag im November das Präsidium um Dr. Klaus Gramlich abgewählt wurde. Matthias Ohms, der schon Jahre zuvor als Verwaltungsrat der Eintracht vor allem wegen seiner Freundschaft mit Dr. Gramlich dem Verein mit einer persönlichen Bürgschaft vor der drohenden Lizenzverweigerung durch den Deutschen Fußball Bund gerettet hatte, sagte später über diese Versammlung: „Es hat mir wehgetan, wie Klaus Gramlich mit Schimpf und Schande davongejagt wurde". Auf unterstem Niveau hatten sich die Kritiker in jener Zeit bewegt, mit ihrer Darstellung den gesamten Verein in Verruf gebracht.

An jenem 14. November, genauer gesagt am frühen Morgen des 15.11.1988 um 1:26 Uhr, wählten die Mitglieder Dr. Joseph Wolf zum neuen Präsidenten von Eintracht Frankfurt. Spontan entschied sich in dieser Nacht Bernd Hölzenbein,

Seit vier Jahren bilden Wolfgang Knispel, Matthias Ohms und Bernd Hölzenbein (v. l.) das Präsidium von Eintracht Frankfurt.

Blendend verstehen sich Trainer Dragoslav Stepanovic und Präsident Matthias Ohms.

Dr. Joseph Wolf nimmt die Glückwünsche zu seiner Wahl als Präsident entgegen, nur acht Tage später trat er von seinem Amt wieder zurück.

der Weltmeister von 1974, zur Kandidatur für das Amt des Vizepräsidenten und wurde um 1:57 Uhr mit überwältigender Mehrheit gewählt. Der langjährige Schatzmeister Wolfgang Knispel lehnte auf dieser Versammlung eine erneute Kandidatur ab, und es fand sich auch kein anderer Kandidat. So mußte Versammlungsleiter Helmut Weintraud die Versammlung unterbrechen und auf einen zunächst unbestimmten Zeitpunkt zur Fortführung vertagen.

Die Turbulenzen am Main aber hielten an. Dr. Joseph Wolf, der in der Saison 1977/78 als Hauptgeschäftsführer für die Eintracht gearbeitet hatte, sah sich einer im Frankfurter Sport beispiellosen Kampagne ausgesetzt. Nach nur acht Tagen trat der neue Präsident von seinem Amt zurück. Dr. Wolf resignierte im Kampf gegen die Übermacht seiner Gegner, die - nach seinen Worten - „nach Dallas- und Denver- Manier" in seiner Vergangenheit gewühlt hatten. „Zum Wohle und im Interesse von Eintracht Frankfurt höre ich auf. Der Verein braucht Ruhe und darf nicht gespalten werden. Ich bin sicher, daß mich die Mitglieder in meinem Amt bestätigen würden. Doch es würde keine Ruhe geben", sagte Dr. Wolf bei seinem respektablen Abschied.

Viele Zweifel hatten Matthias Ohms vor seiner Kandidatur am 29. November geplagt, in diesen turbulenten Zeiten das Amt des Präsidenten in Frankfurt zu übernehmen. Mitglieder aus Verwaltungsrat und Beirat des Vereins bauten den gebürtigen Hannoveraner auf, nach dem Motto: „Du schafftst das schon". Die Mitglieder wählten Matthias Ohms schließlich mit überwältigender Mehrheit, nachdem der Kandidat ihnen klare Pläne im Gegensatz zu seinen Mitbewerbern Klaus Mank, der ehemalige Vizepräsident, und Axel Schander, der schon einmal Präsident des Vereins war, vorgelegt hatte.

Mit Matthias Ohms und dem bereits zwei Wochen zuvor gewählten Bernd Hölzenbein erklärte sich auch der langjährige Schatzmeister Wolfgang Knispel wieder zur Kandidatur bereit. Obwohl er der Versammlung nicht beiwohnen konnte, wurde Wolfgang Knispel mit überwältigender Mehrheit gewählt.

Unter dem neuen Führungstrio ging es in den nächsten vier Jahren mit dem Verein steil bergauf. Matthias Ohms und Wolfgang Knispel standen vor allem für die wirtschaftliche Gesundung des Vereins, Fußball-Experte Bernd Hölzenbein für den sportlichen Aufschwung, der vier Jahre später fast im Gewinn der Deutschen Meisterschaft gipfelte. Nach dem schlimmen Herbst 1988 dauerte es allerdings geraume Zeit, bis die Eintracht wieder Reputation erlangt hatte.

Über fünf Jahre lang hatte zuvor Dr. Klaus Gramlich dem Verein vorgestanden. Der Sohn des ehemaligen Nationalspielers Rudi Gramlich war in wirtschaftlich schwierigen Zeiten in die Stapfen seines Vaters getreten, der lange Jahre Präsident der Eintracht war und zu den Gründungsvätern der Bundesliga im Jahre 1963 gehörte. Am 30. Mai 1983 wählten die Mitglieder Dr. Gramlich zum Präsidenten. Ein Jahr zuvor, am 27. Mai 1982, war Wolfgang Knispel zum Schatzmeister gewählt worden. Alarmierend war der Schuldenstand des Vereins, als sich der Steuer- und Finanzexperte Wolfgang Knispel zur Verfügung stellte. Dr. Gramlich, Wolfgang Knispel und Vizepräsident Dr. Harald Böhm, der im Alter von nur 39 Jahren am 2. Juni 1985 einem Krebsleiden erlag, sahen die wirtschaftliche Konsolidierung des Vereins als ihre vorrangige Aufgabe an. Natürlich ging das auf Kosten der sportlichen Substanz, doch ohne die einschneidenden Maßnahmen, die dieses Präsidium traf, wäre der Entzug der Lizenz und die Zwangsversetzung der Profimannschaft in den Amateurbereich nicht zu verhindern gewesen. Populär konnten diese Maßnahmen natürlich nicht sein. Mit Ignoranz ging bisweilen die Öffentlichkeit über den zeitweise besorgniserregenden Stand der Verbindlichkeiten des Vereins hinweg und kritisierte die Vereinsführung, wenn denn wieder einmal ein Star verkauft werden mußte.

Der Deutsche Fußball Bund dagegen erachtete den von der Eintracht beschrittenen Weg als beispielhaft. Nicht ohne Grund gehört Dr. Klaus Gramlich noch heute dem DFB-Ligaausschuß an, in dem er sich ganz speziell mit den Fragen der Wirtschaftlichkeit der Lizenzvereine beschäftigt und zu den Gutachtern gehört, die jedes Jahr über die Lizenzvergabe für die deutschen Profivereine entscheiden. Klaus Mank,

Schatzmeister Wolfgang Knispel (Mitte) gehört schon seit einem Jahrzehnt dem Präsidium an. Links der ehemalige Vizepräsident Klaus Mank, rechts der ehemalige Präsident Dr. Klaus Gramlich.

der einst erfolgreiche Jugendtrainer der Eintracht, wurde nach dem Tod von Dr. Harald Böhm als Vizepräsident in das Präsidium gewählt. Ohne Zweifel gehörte Klaus Mank zu jenen, die viel „Herzblut" in die Sache einbrachten.

Axel Schander hieß der Vorgänger von Dr. Klaus Gramlich. Auch dem am 25. Mai 1981 gewählten Präsidium unter Schander gehörte mit Hermann Höfer ein ehemaliger Spieler (Mitglied der Meisterelf von 1959) als Vizepräsident an, Dieter Bartl hieß der Schatzmeister, dem nur wenige Monate später Peter Heinz folgen sollte. „Es gibt im Leben Momente, wo man eben nicht nein sagen darf", meinte Schander, der bei seiner Wahl mit 42 Jahren einer der jüngsten Männer an der Spitze des Traditionsvereins war. Noch vier Wochen vor seiner Wahl wußte Schander, der sich in Kreisen der Kultur und des Sports unter anderem als Vorsitzender des Tennis- Bezirks Frankfurt, als Mitveranstalter großer Tennis-Turniere und als Faschingsprinz der Kampagne 1980/81 einen guten Namen in der Mainmetropole geschaffen hatte, nichts von seinem Glück. Monatelang hatten die Führungsgremien der Eintracht im Frühjahr 1981 sondiert, ohne den - ihrer Meinung nach - richtigen Kandidaten für die Nachfolge des scheidenden Achaz von Thümen zu finden.

„Ich hatte vorher nicht im entferntesten daran geglaubt, was mich in diesem Amt erwartet", gestand Schander wenige Wochen nach seiner Wahl.

Mit seinem Amtsantritt ließ Schander keinen Zweifel daran, daß die Fußball-Bundesligamannschaft, die allein Gewinne erwirtschaften kann, in jeder Hinsicht absolute Priorität genießt. Doch im gleichen Atemzug bekannte er sich auch für den Breitensport in den vielen Abteilungen des Traditionsvereins. Wohlgemerkt für den Breitensport, denn der Spitzensport ist nur in den wenigsten Fällen in der Lage, sich selbst zu finanzieren.

Mit Hermann Höfer wählte die Mitglieder-Versammlung wie mit seinen Vorgängern Dieter Lindner und Dr. Peter Kunter einen echten Fußball-Fachmann als Vizepräsident zur Seite. Der ehemalige Amateur-Nationalspieler, Mitglied der Meistermannschaft der Eintracht von 1959 und noch in den ersten Bundesligajahren ihr Spielführer kümmerte sich nicht nur um finanzielle, sondern auch um soziale Probleme. Die Verbundenheit Höfers mit der Eintracht mußte fast konsequenterweise zu seinem Engagement in dieser Führungsposition führen. In der Position des Vizepräsidenten hatte er sich darangemacht, das zu realisieren, was er sich keine allzu lange Zeit vorher als ständiger Besucher der Heimspiele im Waldstadion ersehnt hatte. „Ich wünsche mir, daß endlich wieder mehr Ruhe in den Verein kehrt." Dafür stand Hermann Höfer fast rund um die Uhr so eisern seinen Mann, wie man ihn eineinhalb Jahrzehnte lang als Abwehrrecke der Ligamannschaft der Frankfurter Eintracht gekannt hatte. Sein Amt übte Höfer allerdings nur ein Jahr aus, dann folgte - ebenfalls nur für ein Jahr - Wolfgang Zenker als Vizepräsident.

Axel Schanders Vorgänger trat auf einem weiteren Höhepunkt der Vereinsgeschichte ab. Achaz von Thümen, der einstige Kanzler der Frankfurter Johann-Wolfgang-Goethe- Universität, erlebte in seiner achtjährigen Amtszeit die größten Triumphe mit: 1980 Gewinn des UEFA-Pokals, 1974, 1975 und am 2. Mai 1981 den Gewinn des DFB-Vereinspokals. „Vornehm und ein bißchen langweilig, mit unterkühltem Engagement und großer Distanz", beschrieb ein Journalist einmal von Thümen, der den Verein im Stil eines Edelmannes zu führen versucht hatte. Als langjähriger Eintracht-Fan und Vorsitzender des Verwaltungsrates der Riederwälder hatte von Thümen sich 1973 für den vakant gewordenen Präsidentenstuhl beworben. Als glühender Anhänger der Eintracht drängte ihn das Herz, als oberster Kontrolleur des Klubs riet ihm sein Hirn, den Job auf dem Chefsessel zu übernehmen. Als einfacher, sparsamer und bescheidener Mann betrat der aus der Mark Brandenburg stammende blaublütige Akademiker die Bühne.

Die Verhältnisse im deutschen Profifußball hatten auch einen so feinsinnigen Menschen wie Achaz von Thümen in den Jahren seiner Präsidentenschaft verändern können. Die erste überraschende Entdeckung in seinem gewohnten Per-

Zwei Jahre war Axel Schander Präsident der Eintracht. Rechts Branko Zebec.

sönlichkeitsbild machten Beobachter der Eintracht-Szene, als im Herbst 1976 Gyula Lorant als Trainer am Riederwald die Arbeit aufnahm. Da Preußen vor allem auch Pragmatiker sind, akzeptierte der Präsident den hemdsärmeligen Pußtasohn - wenn auch unter Zurückstellung persönlicher Bedenken. Lorant wurde zu seiner ersten großen Herausforderung. Von Thümen nahm sie an, wie er sich danach so mancher Herausforderung stellte. War er 1973 noch auf den Präsidentenstuhl geklettert, weil er gerufen wurde und keine Alternative da war, so verteidigte er sein Amt 1977 mit Kampfeslust und ungeheuerem Engagement ebenso wie er dies ein Jahr später tat, als er sich auf einer erstmals einberufenen außerordentlichen Mitgliederversammlung gegen eine ebenso laut- wie mitgliederstarke Opposition durchzusetzen vermochte.

Vor Achaz von Thümen stand Albert Zellekens, der „Turner im Streite", drei Jahre lang an der Spitze der Eintracht. Zunächst nach Rudi Gramlichs Rücktritt von 1970 an für ein Jahr als kommissarischer, danach von 1971 bis 1973 als gewählter Präsident. Als erfolgreicher Turner in jungen Jahren war A.Z. zeit seines Lebens ein Verfechter des Leistungsgedankens. Mit seiner Dynamik, seinem Lebensmut und seiner Rastlosigkeit hatte er kein Verständnis für die verstaubten Regularien und überkommenen Traditionen einiger seiner Turnbrüder, bei denen er sich mit so mancher ebenso spontanen wie effektiven Entscheidung allzuoft unbeliebt machte.

Unter Zellekens wurde im Frankfurter Sport und auch bei der Eintracht so mancher Staub aus den Turnhallen und von den Sportplätzen geblasen. Nicht nur als Präsident bei der Eintracht, sondern auch als Bundeskunstturnwart und als Schatzmeister des Deutschen Turner-Bundes und des Internationalen Turnverbands saß er an den Schalthebeln der Macht, die er höchst wirkungsvoll zu bedienen verstand.

Vor allem Albert Zellekens ist es zuzuschreiben, daß Turner und Sportler nach 42jähriger Trennung im Jahre 1968 mit der Fusion der Sportgemeinde Eintracht und der Turn- und Fechtgemeinde Eintracht in der Eintracht Frankfurt e.V. wieder zusammenfanden. Als der erfolgreiche Unternehmer am 27. Juni 1978 einer schweren Krankheit erlag, gab ihm eine schier unübersehbare Trauergemeinde das letzte Geleit.

Erster in der Troika der Bundesliga-Präsidenten war mit Rudi Gramlich ein ausgesprochener Fußball-Fachmann. Der am 14. März 1988 im Alter von 71 Jahren verstorbene Ehrenpräsident war nicht nur ein Könner auf dem grünen Rasen, auf dem er in zehn Jahren für die Eintracht 22 Länderspiele bestritt. Rudi Gramlich war vor allem auch ein Experte am grünen Tisch.

„Mit 24 Jahren fing es an, daß ich mehr als nur ein Spieler war", sagte er uns einmal. Als Kapitän der Eintracht übernahm er sein erstes Amt als Fußball-Funktionär. Es sollte zum Ausgangspunkt auch einer steilen Karriere als „Verwaltungs-Fußballer" werden, die den Kaufmann aus Neu-Isenburg über die verschiedensten Ämter und Funktionen bis in das Präsidium des Deutschen Fußball-Bundes führte.

Der Gewinn des UEFA-Pokals 1980 fiel in die Ära von Präsiden Achaz von Thümen.

Rudi und Klaus Gramlich. Sowohl der Vater als auch der Sohn waren Präsidenten der Eintracht.

Der einstige Kapitän der Nationalmannschaft und Ehrenspielführer der Eintracht gehörte von 1958 bis 1963 dem Vertragsspielerausschuß des DFB an und wurde in dieser Funktion einer der Wegbereiter der Bundesliga. So zählte er denn auch von 1964 bis 1967 zu den Mitgliedern des Bundesligaausschusses, ehe er von da an bis 1974 der Vorsitzende dieser mächtigen Institution war. Von 1968 bis 1974 war Rudi Gramlich Mitglied des DFB-Vorstands und gehörte schließlich von 1972 bis 1974 dem DFB-Präsidium an. Als der Deutsche Fußball-Bund am Pfingsten 1975 seinen 75. Geburtstag feierte, ehrte er bei diesem Anlaß Rudi Gramlich mit der höchsten Auszeichnung, die ein Funktionär erreichen kann: er ernannte Gramlich zum Ehrenmitglied.

Der Eintracht stand Rudi Gramlich zwei lange Epochen vor. Das erste Mal zwischen 1939 und 1949, und schließlich von 1955 bis 1970. Mit dem Namen des ehemaligen Ehrenpräsidenten der Eintracht verbinden sich viele der stolzesten Erfolge: 1932 die Teilnahme am deutschen Endspiel gegen Bayern München, 1959 der Gewinn der Deutschen Meisterschaft im Endspiel von Berlin mit 5:3 gegen Offenbach, 1960 der Vorstoß bis ins Europapokalfinale der Landesmeister, in dem die Eintracht mit 3:7 gegen Real Madrid unterlag, und 1964 das Erreichen des deutschen Pokal-Endspiels, als 1860 München mit 2:0 gewann.

Der Eintracht-Fußball der letzten Jahrzehnte wäre freilich höchst unvollständig beschrieben, würde man jenen Mann vergessen, der an der Eintracht und am Fußball hing wie nur wenige: Ernst Berger. Seit seinem zehnten Lebensjahr gehörte der Sohn eines begeisterten Turners der Eintracht an, in deren Jugend und später, mit 16 Jahren schon, in deren 1. Mannschaft er als Rechtsaußen gespielt hat.

Nach dem Krieg wirkte der Direktor des Thyssen-Konzerns mehr als 20 Jahre an exponierter Stelle bei der Eintracht. Auch in seine Amtszeit als Vorsitzender des Spielausschusses, den er 1955 von Willi Balles übernahm, fielen die Triumphe von Berlin 1959 und der nachfolgenden Europapokalstationen. Später war er dann im Verwaltungsrat und bis 1977, als er Achaz von Thümen im Kampf um die Präsidentschaft unterlag, als Vizepräsident für den Verein tätig.

Ernst Berger, der am 20. Januar 1978 im Alter von 62 Jahren viel zu früh und ganz plötzlich einem Herzversagen erlag, war bekannt für seine unbeugsame Haltung und die kompromißlose Art, mit der er seine Meinung vertrat. Für die Eintracht war er bereit, sich aufzureiben.

Jahrelang für die Finanzen verantwortlich: Gerd Jakobi.

Ein entscheidendes Kapitel schrieb auch der ehemalige Schatzmeister Gerhard Jakobi, der von 1971 bis zum Sommer 1979 für die Finanzen verantwortlich gezeichnet und in dessen Amtszeit sich der Etat von rund drei Millionen auf zehn Millionen Mark mehr als verdreifacht hatte. Ein solcher Haushalt will geführt und verwaltet sein. Gerd Jakobi tat es auf ebenso verdienstvolle Weise wie der Steigenberger-Hotelkonzern-Manager Dr. Hartmut Knöpke, der von 1968 bis 1971 Schatzmeister war. Unter diesen beiden Finanzexperten begann bei der Eintracht die Computer-Ära. Das komplette Zahlenwerk der Eintracht wird heute in diese Computer eingefüttert, längst schon behandelt das Finanzamt den nunmehr 93 Jahre alten Klub wie ein Wirtschaftsunternehmen.

Viele andere bedeutende Persönlichkeiten hat die Eintracht in ihrer über 90jährigen Geschichte an der Spitze gehabt. Männer wie Dr. Wilhelm Schöndube, der von 1920 bis 1927 der erste Vorsitzende der gerade entstandenen Frankfurter Turn- und Sportgemeinde Eintracht war und der diesen Klub durch die schweren Nachkriegsjahre geführt hat. Männer wie den Grafen Eugen von Beroldingen, der aus Stuttgart kam und Leiter des Frankfurter Flughafens war. Unter der Ägide des welt- und redegewandten Grafen kamen die großen Erfolge der dreißiger Jahre zustande. Männer wie Rudolf Hetebrügge, unter dessen Vorstandschaft der F.F.V. nach 1911 zu einem Großverein heranwuchs. Männer wie Adolf Metzner, ein berühmter Leichtathlet der Eintracht, der später eine Professur als Mediziner erhielt und der jahrelang bis kurz vor seinem Tod den Sportteil der renommierten Wochenzeitung „Die Zeit" redigierte. Oder ein Mann wie Dr. Anton Keller, der von 1949 bis 1955 Vorsitzender der Eintracht war und in dessen Amtszeit nicht nur die Süddeutsche Meisterschaft 1955 erkämpft, sondern auch die Zeit der Heimatlosigkeit nach dem Zweiten Weltkrieg mit der Wiedererbauung der Riederwaldtribüne beendet wurde.

Der Kreis verantwortungsvoller Männer, die über Geschikke entscheiden oder mitbestimmen, ist mit den Jahren stets größer geworden. Viele Persönlichkeiten des öffentlichen Lebens gehörten und gehören den Kontrollinstanzen des Vereins an. Männer wie die ehemaligen Frankfurter Oberbürgermeister Wolfram Brück oder Dr. Walter Wallmann, der ehemalige FDP-Fraktionsvorsitzende im Deutschen Bundestag, Wolfgang Mischnick, Egon Steigenberger, Rudolf Sölch, Gerhard Jakobi, Erhard Bouillon oder, aus dem Bereich des Sports, Weltmeister Jürgen Grabowski. Zehn Persönlichkeiten wurden im Oktober 1992 mit Ilse Bechthold, Joachim Erbs, Peter G. Heinz, Dieter Lindner, Jürgen Schlag, Dr. Helmut Trapp, die bereits diesem Gremium angehörten, sowie den „Neulingen" Peter Amend, Gerrit Niehaus, Peter Röder und Helmut Woelki in den Verwaltungsrat gewählt.

Doch mit ehrenamtlichen Kräften allein ist die Arbeit in einem Verein der Größenordnung von Eintracht Frankfurt schon lange nicht mehr zu bewältigen. Schon ab 1954 arbeitete der verstorbene Ehrenringträger Willi Ewald als Ge-

Unter Peter Röder wurde die Geschäftsstelle modernisiert und funktionalisiert.

schäftsführer. Sein Nachfolger wurde Jürgen Gerhardt, der nun schon nahezu ein Vierteljahrhundert am Riederwald arbeitet, wo er ab 1977 neue Vorgesetzte bekam. Im Frühjahr 1977 beschloß das Präsidium, die bis dahin von Jürgen Gerhardt geleitete Geschäftsstelle um einen hauptamtlichen Manager zu erweitern. Dr. Joseph Wolf war der erste, der das neue schwierige Aufgabengebiet übernahm, in dem die Eintracht noch keinerlei praktische Erfahrung besaß. Seine Amtszeit währte nur wenige Monate. Von Juni 1978 war mit Udo Klug ein Mann Manager des Vereins, der als langjähriger Trainer von Darmstadt 98 und Kickers Offenbach auch aus der praktischen Arbeit des Profi-Alltags kam. Die Trennung von Udo Klug im Sommer 1981 kam zunächst als eine Absage an die künftige Bekleidung einer Manager-Position gleich.

Der ehemalige Verwaltungsrats-Vorsitzende Peter Röder übernahm im Sommer 1984 die Aufgabe des Geschäftsführers. In seiner Ära wurde die Geschäftsstelle Riederwald modernisiert und funktionalisiert, endlich präsentierte sich der Verein nun auch in diesem Bereich erstklassig. Manager für den Bereich Profifußball engagierte der Verein ab Mitte der achtziger Jahre. Langfristig arbeitete keiner von ihnen am Riederwald. Weder Wolfgang Kraus noch Jürgen Friedrich, die beide einst Spieler der Eintracht waren, noch Klaus Gerster, der sich vor allem auch als Berater seines Freundes verstand, des Nationalspielers Andreas Möller. Peter Röder, der heute wieder dem Verwaltungsrat angehört, übergab sein Amt 1990 an Reiner Schäfer. Ihn hielt es nur zwei Jahre am Riederwald, wo er vor allem mit den Abteilungen und den Fanclubs sehr eng kooperierte. Schäfer klagte über „mangelnde Kompetenzen" und verlängerte seinen Ende 1992 auslaufenden Vertrag mit der Eintracht nicht mehr. Der neue Mann, der im Januar 1993 den umfassenden Aufgabenbereich am Riederwald übernehmen wird, bringt große Erfahrung mit. Der 38 Jahre alte Diplom-Betriebswirt Detlef Romeiko arbeitete bereits bei drei Großvereinen: beim TSV Hagen 1860, Fortuna Düsseldorf und bis Ende 1992 beim VfL Bochum.

Rainer Schäfer war bis Ende 1992 Geschäftsführer.

Bernd Hölzenbein und Matthias Ohms dürfen nicht nur mit den Leistungen der Aktiven, sondern auch mit ihrer eigenen Arbeit für die Eintracht zufrieden sein.

Die Eintracht in aller Welt

Internationale Spiele schon zu Beginn des Jahrhunderts

Wenn jemand eine Reise tut, so kann er was erzählen. Die Reise-Erzählungen der Eintracht könnten ganze Bände füllen. Rund um die Welt reisen heute nahezu alle Profimannschaften. Fußball-Europa ist mit Einführung der Wettbewerbe im Europapokal der Meister (seit 1955), der Pokalsieger (seit 1960) und den UEFA-Cup (seit 1971, vorher Messecup seit 1957) seit über drei Jahrzehnten zusammengerückt.

Die Eintracht allerdings ging schon auf Reisen, als dies noch ein echtes Abenteuer war. Ihre Weltoffenheit und ihre Reiselust war und ist einer der markantesten Charakterzüge. Wie kaum eine andere deutsche Mannschaft pflegte sie schon vor Jahrzehnten internationale Begegnungen und den Kontakt in alle Welt. Berühmte Teams aus dem Ausland traten schon zu Beginn des Jahrhunderts in Frankfurt an. Wie ganz wenige deutsche Teams zog es die Eintracht schon früh hinaus in die Ferne. Die Eintracht war und ist auf allen Erdteilen ein immer wieder gern gesehener Gast.

Berühmt gewordene internationale Spiele ziehen sich wie ein roter Faden durch die Eintracht-Geschichte. Das war bereits schon am 1. Juni 1907 so, als die Viktoria mit der ersten internationalen Begegnung, die in den Eintracht-Annalen aufgeführt ist, ihren Sportplatz an der Eschersheimer Landstraße einweihte. Gallia Paris war damals der Gegner, der von den Mannen um Karl Jockel mit 5:0 bezwungen wurde. Und auch als die nächste Heimstatt der Eintracht-Ahnen, der Platz an der Roseggerstraße, fünf Jahre später vom inzwischen durch die Fusion zwischen Kickers und Viktoria entstandenen Frankfurter Fußball-Verein getauft wurde, stand eine renommierte internationale Mannschaft Pate. 2:2 trennten sich seinerzeit Quik Haag und der F.F.V., als die Musteranlage an der Roseggerstraße mit Aschenbahn, Reservefeldern, Tribüne und Vereinsheim ihrer Bestimmung übergeben wurde.

Daß die Eintracht dennoch aber in erster Linie immer bemüht war und ist, für eine Einladung ins Ausland sich mit einer besonderen Leistung zu bedanken, erfuhr beispielsweise auch Besiktas Istanbul. Der türkische Erstligist hatte die Frankfurter im August 1978 zu seinem 75. Geburtstag an den Bosporus geladen. Die Eintracht brachte als Präsent den 30.000 Zuschauern eine wahre Galavorstellung bei ihrem 6:1-Sieg über das Geburtstagskind mit. Jürgen Grabowski lieferte am „Goldenen Horn" ein Spiel, das die Zuschauer von den Sitzen riß. Mit Sprechchören und permanenten Szenenapplaus feierten sie die Eintracht und ihren Kapitän. Der Frankfurter Fußball-Zauber hatte auch im Land der Märchen aus Tausendundeiner Nacht seine Wirkung nicht verfehlt.

Die absoluten Höhepunkte der internationalen Begegnungen vor dem 1. Weltkrieg waren zwei Spiele in Frankfurt. Da trat irgendwann in der Urzeit des Frankfurter Fußballs, so um 1906 oder 1907 herum, die berühmte englische Profimannschaft Newcastle United auf dem längst wieder verschwundenen Platz der Hermannia gegen eine Stadtauswahl Frankfurt an. Ernst Nebhut, der verstorbene Mitbegründer der Frankfurter Schule des deutschen Sportjournalismus, beschrieb dieses Ereignis so:

„Als die längsgestreiften Jerseys der berühmten englischen Profimannschaft auftauchten, herrschte damals andächtiges Schweigen. Und niemand glaubte, daß gegen die Verteidigung aus „Gottes eigenem Fußballand" ein Tor möglich sei. Fritz Becker schoß zwei gegen die englischen Tausendkünstler. War das wirklich so unfaßbar? Mehr als das, denn Fritz Becker war damals noch Schüler. Ein deutscher Schüler gegen englische Profis. Nur wer die Zeit kannte, ermißt die Ungeheuerlichkeit, die in dieser Tatsache liegt."

Jener Fritz Becker war es, der 1908 im ersten Länderspiel des Deutschen Fußball-Bundes überhaupt gegen die Schweiz zwei Tore und dabei den ersten Treffer der deutschen Länderspielgeschichte erzielte.

Das andere große Ereignis jener Jahre, das den Fußball-Anhängern am Main so unter die Haut ging und in wahre Begeisterung versetzte, war ebenfalls ein Gastspiel eines englischen Profiteams. Bradford City kam mit der Empfehlung eines unmittelbar vorausgegangenen 4:0-Siegs über Belgiens Nationalmannschaft am 20. Mai 1914 an die Roseggerstraße. Alle, die dabei waren, sollen diesen Tag nie wieder vergessen haben, heißt es. Doch lassen wir noch einmal Ernst Nebhut zu Wort kommen:

„Es war ein leuchtender Tag an der Roseggerstraße. Die Briten wurden nach allen Regeln mit 3:1 ausgespielt. Der unvergeßliche Rudy Schlüter schoß alle drei Tore. Festlich schön, so blieb die Stunde allen in Erinnerung, die den Sieg über Bradford wie in einem Traum erlebten. Besonders denen, die vielleicht mitten in dem großartigen Spiel noch einmal an das Steppengras der Hundswiese zurückdachten. An jenem Sonnentag leuchtete hell auf, was später erst einmal in Vollendung sichtbar werden sollte: der kommende Eintracht-Stil. Jahre danach sollten ihm elf begnadete Spieler seine beste Form geben. Aber damals klopfte es schon an: das raumgreifende Spiel mit den klaren und schönen Zügen."

Nach dem ersten Weltkrieg, als Nordstern Basel am 1.1.1921 das Eis der sportlichen Isolation gebrochen hatte, kam der internationale Spielverkehr bei der Eintracht erst richtig ins Rollen. In den 18 Jahren zwischen 1921 und dem Ausbruch des 2. Weltkrieges 1939 trug sie 48 internationale Begegnungen aus.

Er hat mehr als jeder andere Eintrachtler von der Welt gesehen. Betreuer Anton Hübler, zwischen Bernd Nickel (links) und Willi Neuberger auf der Hongkong-Reise.

Sie spielte gegen Mannschatten aus Ägypten, Argentinien und den USA, aus Frankreich, Italien, Jugoslawien, Luxemburg, Holland, Österreich, Schweiz, Schweden, Spanien, Tschechoslowakei, Ungarn und Uruguay; die Eintracht trat in jenen Jahren in Paris und in Amsterdam, in Cannes, in Esch, in Marseille und in Montpellier, in St. Gallen, in Zürich und in Prag an. Vom Stil der Eintracht, vom Fußball made in Frankfurt wurde in den dreißiger Jahren in ganz Europa gesprochen.

Den Eintracht-Adler über die Meere und Kontinente trugen die Fußballer nach dem Ende des 2. Weltkriegs. Wieder hatte die Schweiz die Jahre sportlicher Einsamkeit nach dem verlorenen Krieg beendet. Der FC Basel war es, der am 21. August 1949 im Rahmen der Jubiläumsfeierlichkeiten aus Anlaß des 50jährigen Bestehens der Eintracht den internationalen Sportverkehr der Adlerträger wieder eröffnete. Was danach folgte, stellte alle seitherigen Auslandsaktivitäten Frankfurter Fußballer in den Schatten.

Mit einem Schlag wieder im internationalen Fußball-Geschäft war die Eintracht, als die Meldung von ihrem sensationellen 4:3-Sieg bei der spanischen Spitzenmannschaft Atletico Madrid um die Welt ging. Am Heiligen Abend des Jahres 1950 traten die Riederwälder erstmals nach dem 2. Weltkrieg wieder im Ausland an. Eine Flugreise führte sie nach Spanien, wo der amtierende Landesmeister Atletico Madrid der erste Gegner war.

Schon bei der Ankunft erlebten die durch Krieg und Nachkriegszeit zerschundenen und gedemütigten Frankfurter mit großen Augen, was ein Weltklub ist. Da war alles gleich einige Nummern größer, glänzender, schillernder und eindrucksvoller als in der zerstörten Heimatstadt. Und dann das Spiel, in dem vor 50.000 temperamentvollen Zuschauern elf relativ unbekannte staunende Frankfurter elf selbstsicheren spanischen Weltstars um den Wunderstürmer Ben Barek gegenüberstanden. Doch der vermeintliche David brachte den angeblichen Goliath zu Fall. Trainer Kurt Windmanns Mannschaft stürzte den hohen Favoriten und kam zu einem überraschenden 4:3-Sieg.

Der Wert dieses Sieges an der internationalen Fußball-Bör-

Mit der Eintracht in aller Welt: Physiotherapeut Lutz Meinl (links) und Mannschaftsarzt Dr. Georg Degenhardt.

se wurde auch nicht durch die folgende 3:5-Niederlage einen Tag später beim FC Sevilla geschmälert. Die Eintracht hatte den Durchbruch geschafft und war wieder zu einer festen Größe im internationalen Fußball geworden.

Noch kein halbes Jahr später flog die Eintracht als zweite deutsche Oberligamannschaft nach dem Hamburger SV in die USA. Auf Einladung des Deutsch-Amerikanischen Fußball-Bundes (DAFB) setzte die Ligamannschaft am 2. Mai 1951 zum großen Sprung in die Vereinigten Staaten an, wo sie unter der Leitung des Spielausschußvorsitzenden Willi Balles in acht Spielen zum Botschafter des deutschen Fußballs werden sollte. Die Reise durch die USA war eine von beiden Seiten geführte, damals beispiellose Goodwill-Tour, während der den von der Gastfreundschaft und den gigantischen Verhältnissen fast geblendeten Eintrachtlern eine unglaubliche Welle der Sympathie zuflog. Mit den Gagen und Spenden, die auf Vermittlung des DAFB-Vorsitzenden und Eintracht-Ehrenmitglieds August Steuer zustande kamen, wurde der Grundstein zur neuen Tribüne am Riederwald gelegt.

Weihnachten 1952 verbrachten die Riederwälder in Ägypten, wohin sie als erste deutsche Fußballmannschaft eingeladen wurden. Nach einem Empfang durch General Nagib blieben sie in vier Spielen (zwei Siege und zwei Unentschieden) im Land der Pyramiden ungeschlagen.

Weitere Reisen folgten nach der Schweiz, nach Polen, Österreich, Belgien und nach Holland, ehe der Eintracht die Ehre einer weiteren Premiere zuteil wurde: als erste deutsche Mannschaft wurde sie als frischgebackener Deutscher Meister 1959 in die Sowjetunion eingeladen. Nach einer 1:5-Niederlage zum Auftakt gegen Kishinew folgten drei Siege gegen Kiew, Leningrad und gegen eine finnische Auswahl.

1961 gewann die Eintracht vor mehr als 100.000 Zuschauern bei den Glasgow Rangers mit 3:2 und siegte beim amtierenden Europapokalsieger Benfica Lissabon mit dem gleichen Ergebnis, ehe am 15. Mai 1962 zur ersten Weltreise gestartet wurde, die bis dahin jemals eine deutsche Fußballmannschaft unternommen hatte.

Die Reise um den Globus führte die Eintracht-Delegation, die von Präsident Gramlich, Spielausschußvorsitzenden Ernst Berger, Jugendleiter Kübert und Trainer Paul Oßwald geleitet wurde, über Athen, Kairo, Bangkok, Kuala Lumpur, Hongkong, Tokio und Honolulu nach den USA, wo die Frankfurter in San Franzisko, Vancouver, Winnipeg, Toronto und New York spielten. In zehn Spielen gab es sieben Siege, zwei Niederlagen (gegen die englischen Profis von Sheffield United) und ein Unentschieden.

„Mitunter ist das Spiel nur der Anlaß für die Reise, für den Wunsch, Land und Leute zu entdecken", schrieb der Frankfurter Sportjournalist Herbert Neumann über diese Weltreise. So hielt es die Eintracht eigentlich immer. Gewiß, die vielen Einladungen, die ihr aus aller Welt auf den Tisch geflattert kamen, waren in erster Linie Verpflichtung für fußballerische Großtaten. Doch wo immer die Eintracht hinfuhr, ihre Reisen beschränkten sich nie nur auf das Spiel im Stadion und den Aufenthalt im Hotel.

So hielten sie es auch, als sie 1964 nach Südafrika flog, um als erste deutsche Nachkriegsmannschaft am Kap der Guten Hoffnung anzutreten und dort alle sechs Spiele zu gewinnen. So war es auf einer zweiten Ägypten-Reise im Jahre 1965, einem Ostasien-Trip 1966, einer Schottland-Fahrt 1969 oder bei einer Spanien-Tournee 1973.

In Ostasien wurden neue eindrucksvolle Absätze in dem Kapitel „Eintracht in aller Welt" geschrieben. So erlebte die Eintracht im Juni 1980 in der Heimat ihres südkoreanischen

Polens Staatspräsident Lech Walensa begrüßte Präsident Matthias Ohms und die Eintrachtspieler persönlich beim Freundschaftsspiel in Danzig.

Stürmerstars Bum Kun Cha einen ihrer triumphalsten und ereignisreichsten Auslandsaufenthalte. In Seoul, Pusan oder Incheon löste sie wahre Begeisterungsstürme aus, in deren Mittelpunkt natürlich immer wieder Cha stand. In vier Spielen gab es gegen die Nationalmannschaft und regionale Auswahlteams vier Siege. 100.000 Mark erhielt die Eintracht für dieses Gastspiel, von dessen Begleitumständen alle Teilnehmer schier überwältigt waren.

Große Kasse machte die Eintracht auch ein Jahr später, bei einem Fünf Tage-Trip nach Hongkong. Von dem dortigen Erstligisten S.C.A.A. Hongkong kassierte sie mit 70.000 Mark die höchste Gage, die sie jemals für ein einziges Spiel ausgehandelt hatte. Am Rande des Frankfurter 1:0-Sieges standen eindrucksvolle Impressionen in dieser fernöstlichen Fünf-Millionen-Metropole.

Im Januar 1980 weilte die Eintracht bei einem großen Turnier in Abidjan an der afrikanischen Westküste. Mit den Niederlagen gegen den französischen Erstligisten Nancy (0:2) und die Nationalmannschaft der Elfenbeinküste (3:4 nach Elfmeterschießen) erlebte sie dort einen ihrer wenigen krassen Mißerfolge bei Freundschaftsspielen im Ausland. Nach dem Gewinn des UEFA-Pokals und dem DFB-Pokalsieg im Jahre 1981 flatterten Einladungen aus aller Welt in die Geschäftsstelle am Riederwald, die die Eintracht nach Israel sowie im November 1981 nach Dubai und ins Scheichtum Kuwait führten.

Mit den folgenden mageren Jahren in der Bundesliga war die Eintracht auch international weniger gefragt. Auslandsreisen waren nun zumeist mit einem Trainingslager verbunden. Südfrankreich, Portugal und Florida wurden in den Wintermonaten zur Vorbereitung auf die Rückrunde genutzt.

Zwei große internationale Freundschaftsspiele gab es in jüngerer Zeit. Zehn Jahre „Solidarität", das Jubiläum der unabhängigen Gewerkschaft in Polen, führte die Eintracht 1990 nach Danzig. Lech Walensa begrüßte vor dem Anpfiff die Spieler der Eintracht persönlich per Handschlag, anschließend wurde das Spiel gegen Polens Nationalteam mit 3:1 gewonnen.

Einen 3:1-Sieg feierte die Eintracht auch im August 1992 in Tokio im Freundschaftsspiel gegen Japans Meister Yomiuri. Die Begegnung fand auf Kunstrasen statt, auch hier wurden die Hände vor dem Anpfiff geschüttelt: ein Neffe des Kaisers begrüßte die Spieler. 51.500 Zuschauer im ausverkauften „Tokyo Dome" sangen vor dem Anpfiff die Nationalhymne mit und feierten die Eintracht nach ihrem Sieg durch die Tore von Axel Kruse, Tony Yeboah und Thomas Reis. Der Frankfurter Fußball-Zauber hatte wieder einmal seine Wirkung nicht verfehlt.

Krönung durch Schaubs goldenen Schuß

Die Geschichte der Eintracht im UEFA-Cup seit 1972

Als im Frankfurter Waldstadion der Vorhang gefallen war, drängte kaum einer zu den Ausgängen. Zehn, 15 Minuten verharrten die meisten der knapp 60 000 Zuschauer vor und auf ihren Plätzen. Sie konnten sich nicht satt sehen an ihrer Mannschaft, die da unten auf dem Rasen den UEFA-Pokal gewonnen und überreicht bekommen hatte. Zu lange hatten die Fußballfans der Eintracht auf die Erlösung warten müssen. In diesem Spiel und überhaupt. Das Auditorium im Waldstadion, es sorgte in jener Nacht des 21. Mai 1980 nach dem Abpfiff des UEFA-Pokalfinales zwischen der Eintracht und Borussia Mönchengladbach für ein noch nie erlebtes Szenarium. Zehntausende tobten und brüllten vor Begeisterung. Als wollten sie zum Augenblick sagen: „Verharre doch, du bist so schön". Fast 60 000 waren in grenzenlosem Jubel über ihre Mannschaft vereint, die sie zuvor schon so oft verflucht und verdammt hatten. In jenen Minuten nach dem Abpfiff war alles vergeben und vergessen, die Launen und die Eskapaden der Eintracht, mit der sie ihre Fans Jahr für Jahr vergeblich auf einen solch großen internationalen Triumph hatte warten lassen.

Die zwei Gesichter der Eintracht, sie waren schließlich gerade zwei Wochen vorher beim ersten Teil dieses UEFA-Pokalfinales deutlich geworden. Da hatte die Mannschaft auf dem Mönchengladbacher Bökelberg beim Hinspiel eine fußballerische Galavorstellung gegeben, hatte gezaubert und getrickst und völlig verdient mit 2:1 in Führung gelegen, um dann in der Schlußviertelstunde doch noch ein Opfer ihrer plötzlichen Überheblichkeit zu werden und als 2:3-Verlierer vom Platz zu gehen. Doch dies und soviele andere Ausrutscher der Vergangenheit waren nun wiedergutgemacht. Dieser 1:0-Sieg, mit dem die Eintracht zum ersten Mal in ihrer langen Geschichte einen Europapokal gewann, war Rehabilitation und Reinwaschung zugleich. Und so schlug der Ärger um, folgte dem großen Frust die große Lust, bildeten die 60 000 noch lange nach dem Abpfiff die faszinierende Kulisse einer bittersüßen Vorstellung.

Da waren die unglücklichen Mönchengladbacher auf der einen Seite. Ganze neun Minuten hatten dem Titelverteidiger gefehlt, um zum dritten Mal den UEFA-Pokal zu gewinnen. Und da waren auf der anderen Seite die glückseligen Frankfurter. Doch auch bei ihnen lagen Jubel, Ärger und Wehmut eng beieinander. Bernd Hölzenbein war später bei der Siegesfeier restlos sauer, als er erfahren hatte, daß ausgerechnet er, der Kapitän, von Trainer Rausch eigentlich ausgewechselt werden sollte. Da war das erneute Pech von Verteidiger Helmut Müller, der nach den beiden (gewonnenen) DFB-Pokalendspielen 1974 und 1975 auch diesmal von Anfang an wegen Verletzung zuschauen mußte. Und da war Jürgen Grabowski, der 15 Jahre lang auf einen solchen Tag gewartet hatte, jetzt aber, da sich seine einmalige Karriere erfüllen sollte, den größten Triumph in der Vereinsgeschichte wegen einer Verletzung nur als Zuschauer miterleben konnte.

Da war aber auch Fred Schaub, der Glücksjunge, der mit seinem goldenen Schuß diesen großen Tag erst möglich gemacht hatte. In der 77. Minute war er als Einwechselspieler ins Spiel gekommen. Vier Minuten später hatte er das alles entscheidende Tor geschossen. Als die Mannschaft nach dem Abpfiff des belgischen Schiedsrichters Ponnet auf die Ehrenrunde ging, da wurden die Bilder wieder wach, die Erinnerungen an die einzelnen Stationen des Eintracht-Triumphzuges durch den UEFA-Pokal.

An die große Partie im ersten Finale, als die Eintracht in Mönchengladbach trotz der 2:3-Niederlage und allem Ärger wegen der Überflüssigkeit dieses Ergebnisses sich als Sieger fühlen konnte. An die rauschende Ballnacht im Halbfinale gegen Bayern München, als mit einem 5:1-Sieg nach Verlängerung die 0:2- Niederlage aus dem Hinspiel wettgemacht woren war. Wie mag es in diesen Minuten wohl in Harald Karger ausgesehen haben, dessen Stern in der Verlängerung des Bayern-Spiels endgültig aufgegangen war und der mit fünf Toren der erfolgreichste Eintracht-Schütze in diesem UEFA-Pokalwettbewerb war. Jetzt stand er wegen einer Verletzung, die er sich beim Hinspiel in Mönchengladbach zugezogen hatte und die ihn, wie sich herausstellen sollte, letztlich seine Karriere kostete, „in Zivil" auf dem Siegerpodest. Jetzt, bei der Ehrenrunde der Mannschaft, wurden die Erinnerungen wieder lebendig an die beiden Viertelfinalspiele gegen Brünn (4:1 und 2:3) und an das Fußball-Feuerwerk in der dritten Runde gegen Feyenoord Rotterdam, als Grabowski und Co. den einstigen Europa- und Weltcupsieger mit 4:1 wegputzten, so daß die 0:1-Niederlage im Rückspiel ohne Folgen bieb.

Und angesicht der jubelenden Spieler wurde einem plötzlich bewußt, daß es eigentlich nur wenige Sekunden und das wohl kurioseste Tor in der Nachkriegsgeschichte des Frankfurter Fußballs waren, die die Weichen zu diesem Triumph gestellt hatten. Hätte damals am 7. November 1979 der schwedische Schiedsrichter Fredriksson das Rückspiel der zweiten Runde gegen Dinamo Bukarest in der 90. Minute abgepfiffen, hätte es keine Fußballshow gegen Rotterdam, keinen Galaabend gegen Bayern München und nicht diese Begeisterung über den Gesamtsieg gegen Mönchengladbach gegeben. Der skandinavische Unparteiische pfiff an jenem 7. November jedoch erst in der 91. Minute ab. Dadurch hatte Bernd Hölzenbein die Zeit und die Möglichkeit mit einem Kopfballtor im Sitzen Sekunden vor Schluß das 2:0 zu erzielen und

LIEBER KAISER, HIER IST DER WAHRE KING.
PUMA KING, der Klassiker unter den Fußballschuhen, ist jetzt noch besser. Durch die Verarbeitung von hochwertigem Pittards-WR-100-Leder trocknet er viel schneller, bleibt gleichbleibend weich und behält dauerhaft seine Paßform.
TURN IT ON. PUMA

damit die Verlängerung zu erzwingen, in der Bernd Nickel dann alles klar machte.

Doch beginnen wir mit der Beschreibung des Triumphzugs der Eintracht durch den UEFA-Cupwettbwerb der Saison 1979/80 am Anfang, mit dem ersten Spiel am 19. September beim FC Aberdeen. Mit großem Selbstbewußtsein behaupteten sich die Frankfurter an jenem Abend in der gefürchteten „Hölle von Aberdeen". Nicht die Schotten, sondern die Eintracht machte das Spiel, nachdem ein letzter Test am Tag des Spiels ergeben hatte, daß die angeschlagenen Grabowski und Körbel doch spielen konnten. „Grabi" war denn auch ein souveräner Regisseur, der von Anfang an die Fäden in die Hand nahm. Neben ihm ragten Neuberger als Libero und die koreanische Neuerwerbung Bum Kun Cha als nie zu bremsender Stürmer heraus. Cha sorgte dann auch in der 13. Minute für die 1:0-Führung der Gäste, die die Schotten in der 53. Minute ausglichen. Als Aberdeen danach alles auf eine Karte setzte, erwies sich Klaus Funk im Tor als großer Rückhalt. Mit diesem 1:1 war das Vordringen in die 2. Runde praktisch schon gesichert. Ein einziges Tor benötigte die Eintracht im Rückspiel 14 Tage später. Die Frankfurter hielten sich exakt an diese Rechnung, wenn sie die 17 000 Zuschauer im Waldstadion auch schon früher hätten erlösen können, als es Bernd Hölzenbein schließlich mit seinem Treffer in der 50. Minute tat. In der Eintracht-Mannschaft, in der der für Bundesligaspiele wegen seines Fernsehfouls an dem Leverkusener Gelsdorf gesperrte Bruno Pezzey nur mit einer Sondergenehmigung des DFB spielen durfte, begann in diesen beiden Partien gegen Aberdeen der sensationell steile Aufstieg von Bum Kun Cha in die Weltklasse.

Zum ersten Spiel der nächsten Runde mußte die Eintracht zum rumänischen Vertreter Dinamo Bukarest reisen. Dort hatte sie 88 Minuten lang sehr gute Aussichten, die dritte Runde zu erreichen. Der überragende Klaus Funk war bis dahin nämlich nur durch einen Elfmeter von Multescu in der 20. Minute bezwungen worden. Doch zwei Minuten vor Schluß trat Verteidiger Helmut Müller in der hektischen Schlußoffensive der Gastgeber im eigenen Strafraum über den Ball. Klaus Funk, der in Bukarest das wohl beste Spiel seiner Dienstzeit in Frankfurt gemacht und bei drei Pfosten- und Lattenschüssen von Dinamo auch das Glück des Tüchtigen gehabt hatte, wehrte Tevis Schuß noch einmal ab und lenkte Augustins Nachschuß mit einer tollen Reaktion an den Innenpfosten. Doch von dort sprang der Ball dem Eintracht-Torhüter an den Kopf und prallte ins Tor. „Dieser Treffer hätte nicht fallen dürfen. Jetzt wird es beim Rückspiel in Frankfurt ganz schwer", orakelte Trainer Friedel Rausch.

Der Eintracht-Coach sollte recht behalten. Die Frankfurter gingen zwar mit einem begeisternden Sturmlauf 14 Tage später auf die Verfolgungsjagd. Doch ähnlich wie Funk in Bukarest stand diesmal Dinamo-Torwart Stefan im Blickpunkt des Geschehens. 20 000 Zuschauer mußten bis zur 73. Minute warten, ehe Cha diesen großartigen Keeper erstmals überwinden konnte. Die ersten Zuschauer machten sich bereits auf den Heimweg, da unterlief Stefan in der 91. Minute Sekunden vor dem Abpfiff der einzige Fehler. Einen harmlos aussehenden hohen Ball ließ er fallen, was eigentlich ohne Folgen gewesen wäre, wenn vor seinen Füßen nicht Bernd Hölzenbein nach einem Ausrutscher auf dem Boden gesessen hätte. Der Eintracht-Torjäger, bekannt für kunstvolle und unmögliche Tore, reckte instinktiv den Kopf zum Ball und stieß ihn zum 2:0 über die Linie. Woran keiner mehr geglaubt hatte, war eingetreten: die Eintracht hatte die Verlängerung erzwungen, in die die Rumänen wegen des in der 90. Minute erfolgten Platzverweises für Multescu nur mit zehn Mann gehen konnten und in der Nickel nach nur drei Minuten Spielzeit mit dem 3:0 die Eintracht doch noch in die dritte Runde schoß.

Die Eintracht hat es am schwersten, war die einmütige Meinung, als zwei Tage nach dem Krimi gegen Bukarest in Zürich das Achtelfinale ausgelost wurde. In der Runde der „letzten 16" war der bundesdeutsche Fußball noch durch fünf Vereine vertreten. Von denen bekam die Eintracht mit dem ehemaligen holländischen Weltcup- und Europapokalsieger Feyenoord Rotterdam in der Tat den dicksten Brocken zugelost. Mit fünf Siegen für den VfB Stuttgart (2:0 bei Grasshoppers Zürich), Mönchengladbach (2:0 über Uni Craiova), Eintracht Frankfurt, Bayern München (2:0 gegen Roter Stern Belgrad) und 1. FC Kaiserslautern (2:0 bei VTK Diosgyör) hatte die Bundesliga einen ihrer größten Tage im UEFA-Pokal. Die überragende Leistung an jenem denkwürdigen 28. November des Jahres 1979 gelang ohne Zweifel der Eintracht. In einem wahren Fußballfest fegte sie den holländischen Renommierklub Feyenoord, der bis dahin in 36 Punktspielen hintereinander unbesiegt gewesen war, förmlich vom Platz und war noch überlegener als es das 4:1 am Ende ausdrückte. Die Frankfurter hatten an diesem Abend lauter Stars in ihren Reihen, in denen Grabowski, Pezzey, Nachtweih und der eingewechselte Lottermann eine Menge Glanzlichter setzten. Mit seinem Kampfgeist, seiner Technik und seinem Tordrang übertraf der Koreaner Cha aber noch seine Kollegen und bot eine Weltklasseleistung. Ein Frankfurter allerdings blieb der große Pechvogel: Bernd Nickel zog sich nach einer halben Stunde einen Bänderriß zu und fiel wieder viele Wochen lang aus. Zu jenem Zeitpunkt hatte die Eintracht in dieser rauschenden Ballnacht, von der die 40 000 Zuschauer noch lange schwärmten nach Toren von Cha und Nickel bereits mit 2:0 in Führung gelegen. Verteidiger Helmut Müller und Stefan Lottermann erhöhten später auf 4:0, ehe den Holländern fünf Minuten vor dem Abpfiff das Ehrentor gelang.

Nach den Rückspielen vierzehn Tage später wurde der UEFA-Pokalwettbewerb im übrigen Europa dann endgültig zum Bundesliga-Cup umgetauft. Erstmals war ein einziger nationaler Verband mit fünf Mannschaften unter den letzten Acht vertreten, da alle fünf Bundesligisten ihren Vorsprung aus den Hinspielen hatten verteidigen können. Bitterernst und knüppelhart ging es dabei im Rotterdamer „Kuip" zu. Doch die Eintracht behauptete ihren 4:1-Vorsprung aus dem

Bruno Pezzey erzwang im UEFA-Cup-Halbfinale mit zwei Treffern, hier das 2:0, gegen den FC Bayern die Verlängerung, in der die Münchner endgültig aus dem Rennen geworfen wurden.

Viele entscheidende Tore köpfte Karl-Heinz Körbel für die Eintracht. Fast wäre ihm auch im UEFA-Cup-Finale gegen Borussia Mönchengladbach ein Treffer geglückt. Torwart Wolfgang Kneib wehrte den Kopfball mit einer glänzenden Parade ab.

Mit dem UEFA-Cup auf Ehrenrunde. Von links: Lorant, Nickel, Hölzenbein, Pezzey, Pahl, Schaub, Cha.

Hinspiel am Ende doch leichter als erwartet. Das 1:0 für die Holländer, das Peters in der 90. Minute erzielte, war nicht einmal ein Schönheitsfehler. In einer taktisch cleveren und spielerisch überzeugenden Eintracht-Elf ragte Torwart Klaus Funk als Turm in der Schlacht heraus, imponierte Bruno Pezzey als großartiger Abwehrorganisator und kämpferisches Vorbild.

Der Auslosung für das Viertelfinale blickten die Frankfurter mit bangen Herzen entgegen. „Bloß keinen Rivalen aus der Bundesliga", war ihr Wunsch. Fortuna hatte die Eintracht denn auch tatsächlich erhört, als am 16. Januar 1980 in Rom die Lose gezogen wurden und Zbrojovka Brünn als Gegner feststand. Unmittelbar vor dem Hinspiel, das am 5. März im Frankfurter Waldstadion stattfand, erhielt die Euphorie der Eintracht jedoch einen herben Dämpfer. Ihr Paradesturm mit Cha, Hölzenbein und Karger stand praktisch nicht zur Verfügung. Bum Kun Cha und Bernd Hölzenbein kamen wegen Verletzung überhaupt nicht zum Einsatz. Harald Karger konnte nur durch eine Sonderbehandlung wenige Minuten vor dem Anpfiff fitgespritzt werden. Prompt benötige die Eintracht eine länger Anlaufzeit, um die Tschechoslowaken in den Griff zu bekommen. Nachtweih und Lorant mit einem verwandelten Foulelfmeter sorgten für einen knappen 2:1-Vorsprung zur Pause. In den zweiten 45 Minuten drehten die Frankfurter mit Nachtweih und Grabowski als überragende Spieler dann aber gewaltig auf und schufen sich durch Treffer von Nickel und Karger ein sicheres 4:1-Polster für das Rückspiel.

In Brünn stand Frankfurts Weiterkommen nur 18 Minuten lang in Gefahr, Horny hatte die Gastgeber zwar nach zehn Minuten schon mit 1:0 in Führung gebracht. Doch zum Entsetzen der 45 000 Zuschauer und zur Freude der 500 Schlachtenbummler aus der DDR, die die Eintracht im ausverkauften Stadion anfeuerten, gelang Harry Karger sieben Minuten später schon der Ausgleichstreffer. Zbrojovka waren damit alle Zähne gezogen. Danach beherrschte die Eintracht ihren Gegner nach Belieben, ging durch Neuberger in der 77. Minute in Führung, ehe Leichtsinn und Konzentrationsschwäche der Gäste den Tschechen in der 89. und 90. Minute noch einen schmeichelhaften 3:2-Sieg bescherten.

Am anderen Tag hatten die Fans in ganz Europa nur ein Thema: der deutsche Fußball, der dem „Rest von Europa" langsam unheimlich geworden war. Mit dem FC Bayern München, der den 1. FC Kaiserslautern aus dem Rennen geworfen hatte, dem VfB Stuttgart, Borussia Mönchengladbach und der Eintracht war der UEFA-Pokal zu einer reinen Bundesliga-Angelegenheit geworden. Selbst die Engländer, die in diesem Wettbewerb jahrelang dominierten, haben ihn nie so total beherrscht wie nunmehr die Bundesliga. Standen schon im Vorjahr drei bundesdeutsche Mannschaften im Halbfinale, so waren München, Stuttgart, Gladbach und Frankfurt diesmal völlig unter sich.

Die Eintracht, zum dritten Mal in ihrer Geschichte in einem europäischen Halbfinale, mußte am 9. April zum FC Bayern München, so bestimmte es das Los. Von großer Europapokalstimmung war jedoch an jenem Abend im Münchner Olympiastadion nichts zu spüren. Nur 15 000 Zuschauer ließen jeden Hauch von Atmosphäre vermissen. In einem Spiel, das von taktischer Disziplin geprägt war, bissen sich die Bayern eine Halbzeit lang an Bruno Pezzeys Abwehr die Zähne aus. Dann sorgte der Bayern-Joker Janzon für mehr Druck, den Hoeneß und Breitner mit einem verwandelten Foulelfmeter nach der Pause zum 2:0-Sieg nutzten.

Dieser Vorsprung ließ die Münchner zuversichtlich dem Rückspiel in Frankfurt entgegenblicken, zumal in der Frankfurter Mannschaft einige Handicaps aufgetreten waren. Jürgen Grabowski war verletzt und hatte schon beim Rückspiel in Brünn nicht mehr mitgespielt. In Frankfurt ahnte zu jenem Zeitpunkt noch kein einziger Fußballanhänger, daß der geniale Regisseur und virtuose Ballkünstler am 3. März beim Hinspiel gegen Brünn sein 40. und letztes Europapokalspiel bestritten hatte. Zum anderen war das Wechselspiel der Frankfurter Torleute, in der Bundesliga in jenen Wochen eines der großen Dauerthemen, mittlerweile voll in Gang gekommen. Klaus Funk, in den ersten UEFA-Pokalspielen noch in überragender Form, leistete sich immer häufiger kapitale Fehler. Aber auch sein interner Konkurrent Jürgen Pahl war nicht immer frei von Schwächen. Trainer Friedel Rausch konnte und wollte sich nicht für einen entscheiden, dem er bedingungslos vertraute, und verunsicherte damit beide. Im Hinspiel gegen Brünn stand Pahl im Tor, beim Rückspiel erhielt Funk wieder eine Chance, der auch beim ersten Spiel in München noch einmal berücksichtigt wurde. Beim Rückspiel gegen die Bayern war am 22. April dann wieder Jürgen Pahl an der Reihe.

80 Minuten lang drohte dieses Spiel in den taktischen Schemata beider Mannschaften zu ersticken. Zum Glück hatte die Eintracht jedoch einen Bruno Pezzey in ihren Reihen. Er hatte sich auf internationaler Ebene mit großartigen Leistungen für seine beiden langfristigen Bundesligasperren in dieser Spielzeit voll rehabilitiert und war der überragende Spieler beim Frankfurter Triumphzug durch den UEFA-Pokalwettbewerb. Gegen die Bayern erzwang er jetzt in 80 zunächst ereignisarmen Minuten mit zwei Toren die Verlängerung, in der das Waldstadion dann zum Tollhaus wurde. Spät, aber nicht zu spät hatte die Eintracht das Visier geöffnet. Mit Harald Karger für Verteidiger Horst Ehrmanntraut hatte Trainer Rausch in der 83. Minute einen dritten Stürmer gebracht, der in einem unglaublichen Endspurt zum entscheidenden Mann wurde. In der 103. Minute jagte „Schädel-Harry" eine Vorlage von Nickel volley ins Netz. Die Ereignisse überschlugen sich. Eine Minute später nämlich bejubelten die 10 000 Bayern-Anhänger unter den 50 000 Zuschauern Dremmlers Treffer zum 1:3, der die Bayern ins Finale gebracht hätte. Doch in der 107. Minute dieses atemberaubenden Krimis war wieder Harald Karger zur Stelle, als er einen Freistoß von Nikkel einköpfte. Die Eintracht war jetzt wieder im Endspiel, und diesmal endgültig, was Lorant mit einem verwandelten Foul-

Harald Karger war der große Mann in der Verlängerung des Halbfinales im UEFA-Pokal. Zwei Tore erzielte „Schädel-Harry“ beim 5:1-Sieg über Bayern München. Hier sein alles entscheidender Treffer zum 4:1.

elfmeter kurz vor Schluß noch untermauerte. Als die Eintracht zum Sturm geblasen hatte, gingen die Bayern unter - 5:1 ! Pezzey und Körbel waren die herausragenden Leute der Eintracht, Cha einmal mehr ihr bester und Karger ihr wirkungsvollster Stürmer sowie Nickel ihr kluger Regisseur.

Fast auf den Tag genau 20 Jahre nach dem denkwürdigen Endspiel gegen Real Madrid am 18. Mai 1960 in Glasgow stand die Eintracht zum zweiten Mal in einem Europapokal-Finale, das diesmal in zwei Partien gegen Borussia Mönchengladbach ausgetragen wurde. In einer Partie, die von vielen Experten als das beste Spiel des gesamten Wettbewerbs bezeichnet wurde, kämpfte Borussia Mönchengladbach die in fast allen Belangen etwas bessere Eintracht in den letzten 13 Minuten auf dem Bökelberg noch nieder. Durch Tore von Harald Karger und Bernd Hölzenbein hatte Frankfurt bis zur 77. Minute mit 2:1 geführt. Die Eintracht war Herr der Lage dank der guten Organisation von Bruno Pezzey in der Abwehr, dank des spielerisch eindrucksvollen Mittelfelds mit Lorant, Borchers, Hölzenbein und Nickel, dank der überragenden Form von Torwart Jürgen Pahl. Durch ihren besten Spieler Lo-

UEFA-Cup-Gewinner 1980: Ehrmanntraut, Cha, Neuberger und Nachtweih (v. l.).

thar Matthäus und durch Kulik, der das erste und das letzte Tor der Gladbacher erzielte, kam die Borussia im Endspurt aber doch noch zum Ausgleich und schmeichelhaften Siegtreffer.

Die besseren Karten für das Rückspiel am 21. Mai hatte aber dennoch die Eintracht in der Hand. Und sie reizte diese Karte aus. Im ausverkauften Waldstadion widerstand die clevere Abwehr der Gladbacher 81 Minuten lang dem Ansturm der Frankfurter. Dann aber fand der Auswechselspieler Fred Schaub die Lücke und führte die Eintracht mit seinem „goldenen Schuß" zum größten Triumph in ihrer nunmehr 82jährigen Geschichte. Borussia, der Verteidiger des UEFA-Pokals, war entthront. Knapp 60 000 Zuschauer feierten die neuen UEFA-Cup-Könige. Fred Schaubs Tor zum 1:0-Sieg brachte ihm und jedem seiner Mitspieler je 20.000 Mark Prämie.

Dieser Triumph war ohne Zweifel der Höhepunkt der höchst wechselvollen Frankfurter UEFA-Pokal-Geschichte. Begonnen hatte dieser Wettbewerb 1955 als sogenannter Messepokal, der zunächst den Stadtmannschaften der klassischen europäischen Messestädte vorbehalten war und sich ursprünglich über einen Zeitraum von drei Jahren erstreckte. Von 1961 an wurde die Veranstaltung dann alljährlich mit immer größerer Beteiligung von Klubmannschaften ausgespielt. Seit 1971 steht dieser Wettbewerb schließlich unter

Das Tor, das das UEFA-Pokalfinale entschied! Fred Schaub erzielte es in der 81. Minute gegen Mönchengladbach.

der Leitung der Europäischen Fußballunion und heißt seitdem UEFA-Pokal. Im Messepokal war die Eintracht insgesamt viermal am Start, wobei sie in der Saison 1964/65 in der ersten Runde am FC Kilmarnock (3:0 und 1:5) scheiterte. Zwei Jahre später stießen die Frankfurter bis ins Halbfinale vor, wo dann Dinamo Zagreb, der spätere Endspiel-Gewinner, Endstation war. Nach einem 3:0-Sieg im Heimspiel gab es im Rückspiel eine 0:4-Niederlage nach Verlängerung. In der Saison 1967/68 kam die Eintracht ebenfalls nicht über die erste Runde hinaus: Nach einem 0:1 im Waldstadion unterlag sie mit 0:4 bei Nottingham Forest im Rückspiel. Mehr Stehvermögen bewies sie bei ihrer letzten Messepokalteilnahme in der Saison 1968/69: Nachdem in den ersten beiden Runden Wacker Innsbruck (2:2 und 3:0) sowie Juventus Turin (0:0 und 1:0) ausgeschaltet worden waren, ging's im Achtelfinale nach Spanien zu Atletico Bilbao. Nach der knappen 0:1-Niederlage im Baskenland schien Frankfurt für das Rückspiel in einer guten Ausgangsposition, doch vor eigenem Publikum erreichte die Mannschaft nur ein 1:1.

1972 begann dann die UEFA-Pokal-Historie, die bislang sieben Teilnahmen der Eintracht verzeichnet. Doch wie zuvor schon im Messepokal erwies sich auch jetzt eine britische Mannschaft als unüberwindliche Anfangshürde. Kevin Keegan legte mit einem Abseitstor, das der italienische Schieds-

Trainer Friedel Rausch und die UEFA-Cup-Helden Pezzey, Grabowski, Lorant, Neuberger, Ehrmanntraut, Cha, Schaub, Pahl und Funk.

UEFA-Cup-Gewinner 1980, stehend von links: Co-Trainer Schulte, Masseur Schmidt-Rönnau, Pezzey, Grabowski, Ehrmanntraut, Cha, Funk, Müller, Gruber, Nachtweih, Karger, Borchers; vorne v. l.: Hölzenbein, Trainer Rausch, Neuberger, Körbel, Schaub, Pahl, Nickel, . . .

richter Lo Bello großzügig anerkannte, an der ausverkauften Anfield Road den Grundstein zum 2:0-Sieg. Beim Rückspiel in Frankfurt scheiterte die Eintracht, die auf die vier Stammspieler Lutz, Rohrbach und vor allem Grabowski und Parits verzichten mußten, mit einem eindrucksvollen Sturmlauf an Liverpools Torwart Clemence. Trotz vieler Chancen stand es am Ende 0:0. Das war's auch schon.

Fünf Jahre später nahmen die Frankfurter, die zwischenzeitlich im Europapokal der Pokalsieger auf internationalem Parkett gespielt hatten, einen neuen Anlauf im UEFA-Pokal. Einem leichten Aufgalopp über Maltas Vertreter Sliema Wanderers folgten zwei Siege über den FC Zürich, wobei vor allem das klare 3:0 beim Hinspiel in der Schweiz Aufsehen erregte. Die dritte Runde gestaltete sich zu einem der großen Höhepunkte in Frankfurts Europacup-Geschichte mit einem Kuriosum. Das 4:0 im Hinspiel gegen den FC Bayern München feierte die Eintracht als einen ihrer strahlendsten Siege auf internationaler Ebene. Grabowski, Hölzenbein, Kraus und Libero Skala erzielten die Tore für eine Mannschaft, die von Trainer Gyula Lorant gecoacht wurde. Beim Rückspiel 14 Tage später in München saß Lorant als Trainer auf der Bayern Bank, nachdem er in einer spektakulären Nacht- und-Nebel-Aktion vom Main an die Isar gewechselt war. Den Münchenern nutzte es wenig: sie verloren auch das Rückspiel gegen Frankfurt mit 1:2, wobei Frankfurts Sturm-Duo Wenzel und Hölzenbein mit zwei späten Torerfolgen in der 83. und 86. Minute Bayerns Frühstart durch Karl-Heinz Rummenigge in der zweiten Minute zunichte machten. Jürgen Grabowski fungierte an jenem Abend als Spielertrainer. Beim folgenden Bundesligaspiel in Saarbrücken war mit Dettmar Cramer dann jener Mann als neuer Trainer in Amt und Würden, der zuvor noch beim FC Bayern das 0:4-Debakel gegen Frankfurt zu verantworten hatte. Wie den Bayern in dieser Saison so brachte der eloquente und erfahrene Fußballexperte aber auch der Eintracht nach seinem Kommen an den Riederwald kein Europapokal-Glück. Im Viertelfinale gelang es zwar vor eigenem Publikum mit einem imponierenden Kraftakt einen 0:2-Rückstand zur Pause in der zweiten Hälfte mit zwei Toren von Bernd Hölzenbein und einem Treffer von Wolfgang Kraus noch in einen 3:2-Sieg umzuwandeln, wobei die Einwechselung von Dragoslav Stepanovic mitentscheidend für den Umschwung war. Doch im Rückspiel kassierte die Eintracht bei ihrem zweiten Zürich-Besuch in dieser Saison eine 0:1-Niederlage. Die beiden Auswärtstreffer der Grasshopper beförderten die Frankfurter ins Aus.

Nach dem Gewinn des UEFA-Pokals im Jahr 1980 reihte sich bei den weiteren Teilnahmen an diesem Wettbewerb nun aber Enttäuschung an Enttäuschung. Als Titelverteidiger erreichte die Eintracht nach Erfolgen über Schachtjor Donezk und den FC Utrecht 1980/81 zwar die dritte Runde. Doch der K.o. gegen den FC Sochaux stand dann in keiner Rechnung. Nach einer starken Leistung im Hinspiel versäumten die Hessen beim 4:2 einen weitaus höheren Sieg. Wie 1978 gegen Grasshopper Zürich wurde ihnen nun auch diesmal die Regel der höheren Anzahl von Auswärtstreffern bei Punkt- und Torgleichheit nach Hin- und Rückspiel zum Verhängnis, als sie in Frankreich auf glattem Schneeboden mit 0:2 ausrutschten.

Zehn Jahre dauerte danach die UEFA-Pokal-Abstinenz der Eintracht. Maßlos groß war die Enttäuschung, als sie bei ihrem Wiedereinstand auf der europäischen Pokalbühne mit dem 0:5-Desaster bei Bröndby Kopenhagen eine ihrer schlimmsten Niederlagen überhaupt erlebte. Vor den Augen von Bundestrainer Berti Vogts wurde die in der Bundesliga zu diesem Zeitpunkt noch unbesiegte Eintracht bei dieser Blamage für den deutschen Fußball von den frischen und frechen Dänen geradezu vorgeführt. „Ich bin entsetzt und schockiert über das Klima innerhalb der Mannschaft. Es herrscht ein maßloser Futterneid", befand Vizepräsident Bernd Hölzenbein über das Team von Trainer Jörg Berger, das sich nach dem 3. Tabellenplatz in der Bundesliga am Ende der Saison 1989/90 und der folgenden Rückkehr von Nationalspieler Andreas Möller auch im UEFA-Cup viel vorgenommen hatte. Beim Rückspiel im Waldstadion wurde zwar mit einem 4:1-Sieg Schadensbegrenzung und mit einer guten Leistung Versöhnungsarbeit beim Publikum geleistet. Das insgeheim erhoffte „Wunder von Frankfurt" fand aber nicht statt. In der ersten Runde platzten die UEFA-Pokal-Träume.

Schmucklos war ein Jahr später auch der Einstand von Dragoslav Stepanovic als neuer Eintracht-Trainer im Europapokal. In der Bundesliga konnte der pfiffige Serbe mit seinen erfrischenden und oft unkonventionellen Methoden der Mannschaft zwar einen neuen kräftigen Schub geben. Im UEFA-Cup verfehlte Stepis Frischzellenkur aber zunächst einmal ihre Wirkung. In der ersten Runde wurden gegen den krassen Außenselter Spora Luxemburg mit 6:1 und 5:0 die programmierten Siege gefeiert. Damit hatte die Eintracht allerdings schon ihr Pulver verschossen. In der zweiten Runde gelang gegen das belgische Durchschnittsteam von AA Gent weder im Hin- noch im Rückspiel ein Treffer. Im Gegenteil: ein klassisches Kontertor durch Vandenbergh zerstörte im Rückspiel die vermeintlich so günstige Ausgangsbasis des torlosen Unentschiedens aus dem Vorspiel. Erneut war die Eintracht im UEFA-Pokal frühzeitig gescheitert, ehe sie im folgenden Spieljahr während ihrer 30. Bundesliga-Saison einen weiteren Anlauf in diesem Wettbewerb nehmen konnte.

Zu einem Fernseh-Millionenspiel waren die europäischen Wettbewerbe inzwischen geworden. Schon in der ersten Runde des Wettbewerbs 1992/93 gab es für die Live-Übertragungen der Spiele der deutschen Mannschaften jeweils 1,8 Millionen Mark Honorar. Angesichts dieser Summe fiel es der Eintracht nicht schwer, schon in der ersten Runde eine Erfolgsprämie in Höhe von 15.000 Mark pro Spieler auszusetzen.

Widzew Lodz hieß der Gegner, in der ersten Runde ging es nach Polen. Die Eintracht, glänzend mit drei Siegen und zwei Unentschieden in die Bundesliga gestartet, schien in Lodz

Traumfußball erlebten 11.200 Zuschauer im Waldstadion und Millionen vor den Fernsehern am 30. September, nach einer Traumgala feierte die Eintacht mit 9:0 den höchsten Sieg in ihrer Europapokal-Geschichte. „Black and White" hieß die große Nummer - Anthony Yeboah und Axel Kruse, die beiden Sturmspitzen, schossen um die Wette. Vier Volltreffer landete Yeboah, dreimal schlug Kruse zu, schon zur Halbzeit stand es 6:0. Uwe Rahn und Uwe Bein, die nach auskurierten Verletzungen im Verlauf der Partie ins Rennen geschickt wurden, setzten mit ihren Toren die Schlußpunkte. Vizepräsident Bernd Hölzenbein sprach nach diesem Spiel von der „größten sportlichen Sensation meines Lebens. Ein Schlüsselerlebnis für die Zukunft der Eintracht auf internationaler Ebene".

Uwe Rahn, 1987 Fußballer des Jahres, kam 1992 zur Eintracht.

von allen guten Geistern verlassen. Jozkowiak und Koniarek, der schon in der Zweiten Bundesliga in Deutschland für Essen gespielt hatte, schossen die Polen schon in der ersten halben Stunde mit 2:0 in Führung. Mit einer Weltklasse-Parade verhinderte Uli Stein bei einem Schuß von Koniarek aus kürzester Distanz das 0:3. Ralf Falkenmayer mußte zur Pause in der Kabine bleiben. Eine Kopfverletzung, die er sich bei einem Zusammenprall zugezogen hatte, sollte sich später als Schädelfraktur erweisen. „Falke" konnte bis zum Ende des Jahres 1992 kein Spiel mehr bestreiten. Der junge Dirk Wolf kam für den erfahrenen Falkenmayer und mit ihm zog frischer Wind ein. Anthony Yeboah besorgte in der 68. Spielminute nach feiner Vorarbeit von Marek Penksa, der Junioren-Nationalspieler aus der CSFR hatte vor Beginn der Saison einen Vertrag in Frankfurt erhalten, den Anschlußtreffer. Dirk Wolf gelang sechs Minuten vor dem Abpfiff das 2:2 - eine glänzende Ausgangsbasis für das Rückspiel in Frankfurt war geschaffen.

Marek Penksa spielte in der Juniorenauswahl der CSFR. Dem jungen Mittelfeldspieler wird eine große Zukunft vorausgesagt.

Erst mit 28 Jahren kam Stürmer Edgar Schmitt vom Oberligaverein Trier nach Frankfurt.

Mit dem Einzug in die zweite Runde, in der es nun zwei Millionen Mark Fernsehhonorar gab, war die Eintracht wirtschaftlich praktisch saniert. Galatasaray Istanbul hieß der nächste Gegner, die Türken versprachen ein Fußballfest im Waldstadion, die Aussichten auf ein Weiterkommen wurden in Frankfurt allgemein als gut erachtet. 40.000 Zuschauer, unter ihnen weniger als 10.000 deutsche Fußballfans, sorgten am 21. Oktober im Waldstadion für ein Heidenspektakel. Ein Auswärtsspiel für die Eintracht, bei dem die Emotionen in negativer Hinsicht überschwappten. Zahlreiche Raketen schossen die türkischen Zuschauer ab, der schottische Schiedsrichter McGinlay drohte sogar mit Spielabbruch. Die Europäische Fußball Union ahndete die Ausschreitungen Wochen später mit saftigen Geldstrafen. Über 10.000 Schweizer Franken mußte die Eintracht zahlen, über 50.000 der Istanbuler Verein, dessen Anhänger die tumultartigen Szenen verursacht hatten.

Die Fußballer aus Istanbul überraschten alle. 0:0 endete die Partie zur Enttäuschung der Eintracht, die kaum ein Mittel gegen die kompakte Galatasaray-Abwehr um den deutschen Libero Falko Götz fand und deren Torjäger Tony Yeboah gegen den deutschen Manndecker Reinhard Stumpf, der einst in Offenbach und Kaiserslautern gespielt hat, keinen Stich machte. Vor dem Rückspiel in Istanbul am 4. November hatte die Eintracht am 12. Spieltag der Bundesliga die erste Niederlage hinnehmen müssen. Schon vor dem 1:4 am Sonntagabend in Karlsruhe hatte es gekracht, nachdem die Mannschaft eine Geheimsitzung ohne Trainer Dragoslav Stepanovic abgehalten hatte. Atmosphärische Störungen also vor der Partie in Istanbul vor 40.000 fanatischen Zuschau-

Dirk Wolf etablierte sich in der Saison 1991/92 in der Bundesliga und wurde Junioren-Nationalspieler.

Mit 35 jahren kehrte Rudi Bommer 1992 noch einmal in die Bundesliga zurück. Dabei bewies der ehemalige Nationalspieler, daß er noch nichts verlernt hat.

ern, die sich allerdings weitaus fairer verhielten als beim ersten Spiel in Frankfurt. Ein fataler Querschläger von Axel Kruse brachte den Türken schon nach sechs Spielminuten durch Tüteneker, der einst beim FC Bayern München spielte, das Führungstor. Der Ausgleich hätte der Eintracht schon zum Einzug in die nächste Runde gereicht, doch trotz Feldüberlegenheit und bester Chancen für Binz und Kruse gelang auch in diesem zweiten Spiel kein Torerfolg. So stand das bittere Aus erneut in der zweiten Runde und feierten die Türken begeistert ihren deutschen Trainer „Kalli" Feldkamp, der 1988 mit der Eintracht deutscher Pokalsieger geworden war. Wie schon zwei Jahre zuvor - nach dem Desaster in Kopenhagen - sollten noch viele Tage ins Land ziehen, bis der große Streit der Mannschaft mit dem Trainer und der Vereinsführung, die das Verhalten der Spieler ebenfalls mißbilligt hatte, einigermaßen beigelegt war. Harte Arbeit im Bundesliga-Alltag stand nun wieder im Vordergrund, ein neuer Anlauf Richtung Europapokal-Teilnahme 1993.

Anton Hübler – ein Leben für die Eintracht

Die „treue Seele" im Hintergrund

Er gehört zur Eintracht wie der Ball zum Fußballspiel: Anton Hübler. Mehr als die Hälfte seines Lebens hat er nun schon im Dienst der Eintracht, und dabei vor allem als der gute Geist der ersten Mannschaft, am Riederwald verbracht.

Der Begriff „Zeugwart" wird Anton Hübler nur bedingt gerecht. Natürlich kümmert sich Toni um die Schuhe und Stollen, um die Strümpfe und Trikots, das ist seine eigentliche und tägliche Arbeit. Aber darüber hinaus ist er Berater und Tröster, Helfer, Freund und Beichtvater der Spieler in den vielen kleinen und doch oft so entscheidenden Dingen des Lebens und des täglichen Miteinanders.

Streit hat der Toni noch mit keinem am Riederwald gehabt, was er auch seinem Prinzip verdankt, „nie etwas in die Kabine hinein- und nie etwas aus ihr herauszutragen".

Mit der Eintracht ist Toni in vier Jahrzehnten um die ganze Welt gereist, sah, bis auf Australien, alle Kontinente, war in allen europäischen Ländern, selbst in Albanien. Drei Reisepässe sind zugestempelt mit den Sichtvermerken ferner Länder.

Toni Hübler erinnert sich genau an den Tag, als er seine Arbeit am Riederwald aufnahm. Es war der 11. September 1954. Quasi durch eine Notlüge kam er an den Riederwald. „Und wie !" rutschte ihm damals auf die Frage des Sachbearbeiters auf dem Arbeitsamt heraus, ob er sportbegeistert sei. Sicherlich, der gelernte Gärtner hatte Handball gespielt, aber im Fußball war er stets nur Zuschauer. Am Riederwald fing Toni Hübler 1954 als Gärtner an. Fast jeder Baum, der sich heute am Riederwald reckt, wurde von ihm gepflanzt.

Der Job, der Anton Hübler zu einem bekannten Mann unter

Seit zwei Jahrzehnten kennen sich Toni Hübler und Charly Körbel.

Toni Hübler und seine Lebensgefährtin Christel Nobbe auf dem Oktoberfest in München.

Generationen von Fußballspielern gemacht hat, war damals noch dem unvergessenen Eintracht-Original „Karlche Schildger" reserviert, der Anton Hübler wie einen Sohn behandelte. Schildger, und das ist mehr als eine Episode, starb am Riederwald, in den Umkleidekabinen, die sein Reich waren. Anton Hübler, der damals schon sein Amt übernommen hatte, hielt ihn in den Armen.

Fußball-Besessenheit gehört dazu. Toni bringt sie auf. 24 Kilometer legt er täglich von Urberach an den Riederwald zurück. Heute, in seinem Mercedes, ist das relativ einfach. Aber es gab Zeiten, da fuhr der Toni morgens mit der Eisenbahn los und kam um halb elf Uhr abends erst zurück. Anton arbeitete mit 22 Trainern zusammen, Dragoslav Stepanovic ist der 23., Probleme hatte keiner mit ihm und umgekehrt.

„Mein bester Mitarbeiter", sagte schon der verstorbene Ehrenpräsident Rudi Gramlich über Hübler. 1959, als die Eintracht in Berlin die Deutsche Meisterschaft gewann, kümmerte sich Hübler fünf Tage lang um den Vater des ungarischen Stars Istvan Sztani, der in den Tagen vor dem Finale gegen Kickers Offenbach Quartier in Ost-Berlin bezogen hatte, dort morgens von Toni abgeholt und abends wieder zurückgebracht wurde. Auf Malta wurde er einmal als Präsident der Eintracht angesehen, nahm die Geschenke der Gastgeber entgegen. Viele Geschichten könnte Toni erzählen, der die Stars von einst wie Alfred Pfaff und Richard Kress, wie Bernd Nickel und Bernd Hölzenbein, wie Jürgen Grabowski und Willi Neuberger ebenso wie Bundesliga-Rekordspieler Karl-Heinz Körbel in seinem Freundeskreis weiß.

Toni ist der einzige „Aktive" am Riederwald, der schon beim Titelgewinn 1959 mit von der Partie war. Und bevor er in den Ruhestand geht, möchte Toni noch einmal eine Meisterschaft mit der Eintracht feiern.

Am 27. März 1993 wird Toni Hübler (63) eine Schallmauer durchbrechen, die ein Spieler nie erreichen kann und weder ein Funktionär oder Trainer erreicht hat. An diesem Tag „bestreitet" der Zeugwart von Eintracht Frankfurt sein 1000. Bundesligaspiel. Seit dem Start der Bundesliga am 14. August 1963 ist Toni immer dabei. Sorry, es gab fünf Ausnahmen. Zweimal nahm sich Toni einen freien Tag: bei der Hochzeit seiner Kinder Petra und Gerhardt; ja und dann fehlte er noch bei drei Spielen nach einem schweren Autounfall. Zwei Jahre will er noch dranhängen, dann ist er 65 und 40 Jahre für Eintracht Frankfurt im Einsatz.

Olympiasieger, Weltmeister und deutsche Meister

Die erfolgreichen Aktiven aus den Abteilungen

Den „Adler" in alle Welt tragen aber auch Mitglieder der elf Abteilungen, die mit dem Fußball nichts zu tun haben. Bevor überhaupt die Fußballer ihren heutigen Bekanntheitsgrad erreicht hatten, waren etwa die Leichtathleten international längst „in". Deutsche Meister und Rekordhalter stellte die Eintracht praktisch jährlich, weit über 150 deutsche Titel wurden bis heute gewonnen.

Zu Weltruf verhalf dem Namen Eintracht Frankfurt von ihnen Tilly Fleischer. Sie errang den größten Einzelerfolg, den je ein Mitglied des Vereins verbuchen durfte. 1936 umbrandete sie im Berliner Olympiastadion bei den Olympischen Spielen der Jubel der 100 000, als sie den Speer 45,18 Meter weit warf, damit Olympischen Rekord aufstellte und die Goldmedaille gewann. Welt-, Europa- und deutsche Rekorde stellten die Leichtathleten in acht Jahrzehnten auf, Tilly Fleischer aber war die einzige, die olympisches Gold gewann. Die vielseitige Tilly Fleischer gehörte auch im Kugelstoßen und Diskuswerfen der Extraklasse an, lief in der Sprintstaffel und spielte Handball.

Die Läufer waren das eigentliche Aushängeschild der Eintracht. Dr. Friedrich-Wilhelm Wichmann nahm bei den Olympischen Spielen 1928 in Amsterdam am 200-Meter-Lauf teil, 1932 in Los Angeles waren Ernst Geerling im 100-m-Lauf, Dr. Adolf Metzner im 400-m-Lauf und in der 4 x 400-m-Staffel, Willi Welscher im 110-m-Hürdenlauf neben der damals schon am Speerwurf teilnehmenden Tilly Fleischer dabei. Tilly Fleischer errang im Speerwurf mit 43,15 m die Bronzemedaille, Willi Welscher kam im Hürdenlauf auf den sechsten Platz, Dr. Adolf Metzner mit der Staffel auf den undankbaren vierten Platz. 1936 in Berlin vertraten neben Tilly Fleischer auch Gerd Hornberger (100 m und 4 x 100-m-Staffel), Willi Welscher (110-m-Hürden), Doris Eckert (80-m-Hürden) und Fußballer Rudi Gramlich die Eintracht. Gerd Hornberger gewann mit der Staffel die Bronzemedaille, Doris Eckert lief bis auf den sechsten Platz.

Wer auf nationaler Ebene einen Staffel-Wettbewerb gewinnen wollte, der mußte erst einmal an den Frankfurtern um ihren Trainer Otto Boer, den sie auch den „Wechselprofessor" nannten, vorbei. Der „Frankfurter Wechsel" wurde in der ganzen Welt kopiert, Namen wie Welder, Söhngen, Wichmann, Geerling, Eldracher, Troßbach, Welscher und der Europameister Metzner und Hornberger waren jedem ein Begriff. Den Weltrekord für Vereinsstaffeln hielt die Eintracht lange. Den ersten Rekord hatte freilich wieder ein Athlet aus dem Bereich der technischen Disziplinen an den Main geholt. Schon 1901 warf Otto Müller den Hammer auf 22,44 Meter. Otto Semler von der Eintracht verbesserte diesen Rekord schon ein Jahr später auf 29,78 Meter. Grünewald, Sollmann und Schunk liefen 1904 mit 1,12:2 Minuten deutschen Rekord in der 3 x 200-m-Staffel. Der Kugelstoßer Georg Brechenmacher darf aus dieser Zeit nicht vergessen werden.

Heinz Ulzheimer zeichnete dafür verantwortlich, daß die Eintracht nach dem Zweiten Weltkrieg ein großes Kapitel der Rekordlisten über die Mittelstrecken ausfüllte. Über 800 Meter gewann er bei den Olympischen Spielen 1952 in Helsinki in 1:49,7 Minuten ebenso die Bronzemedaille wie mit der 4 x 400-m-Staffel. Acht deutsche Titel und der Sieg bei den amerikanischen Hallenmeisterschaften 1953 in New York über 1000 Yards kamen hinzu.

In den sechziger Jahren baute Hans Stahl die große Geher-Tradition auf. Nermerich, Müller, Wesch, Magnor, Schuster gewannen unzählige Titel, und bis auf Schuster waren diese Athleten auch bei den Olympischen Spielen von Mexiko und München dabei. Selbst als 1971 die LG Frankfurt gegründet wurde, fühlte sich die Eintracht stark genug, ihre Selbständigkeit zu erhalten. Die Läuferin Sylvia Schenk und die Werferin Marion Becker sorgten für weitere Titel, und Birgit Friedmann, die am 1. Juli 1978 über 1500 m in Dortmund mit 4:06,0 Minuten einen Juniorenweltrekord aufstellte, setzte die große Tradition der Eintracht-Leichtathleten fort. 1980 wurde Friedmann die erste Weltmeisterin über 3000 Meter.

Drei Aktive der Eintracht nahmen 1988 an den Olympischen Spielen in Seoul teil. Dort gewann Bodo Kuhn mit der 4 x 100-m-Staffel und die deutsche Meisterin G abi Lesch ging über 800 m an den Start. Drei Jahre später erlief Sabine Richter in Tokyo mit der 4 x 100-m-Staffel bei der Weltmeisterschaft den dritten Platz. Doch wie Gabi Lesch und die deutsche Cross-Meisterin Steffi Kallensee machte sie sich schließlich vergeblich Hoffnungen auf die Teilnahme an den Olympischen Spielen in Barcelona.

Die große Turnabteilung sah es nie als ihr unbedingtes Ziel an, nur den Leistungssport zu fördern, vielmehr verkörperte sie schon in frühen Jahren als eine der wichtigsten Bewegungen des Sports den Breitensportgedanken. Aber auch die Turner hatten Aktive in ihren Reihen, die internationale Erfolge verbuchen durften. Heinrich Berger und Josef Lindner gewannen 1905 beziehungsweise 1909 beim nordamerikanischen Bundesfest. Georg Pfeiffer gelang das 1926 auch. Ernst Winter wurde 1934 Weltmeister am Reck, gehörte 1936 der deutschen Olympiariege an, die 13 Goldmedaillen gewann. Das wichtigste Kapitel für das Turnen in Frankfurt aber schrieb Albert Zellekens, der durch sein tatkräftiges Wirken große Verdienste für die Eintracht, den Sport in der Stadt Frankfurt und den Deutschen Turnerbund erwarb.

Mehrmals gehörten die Turner der Bundesliga an, aus der sie 1992 wieder abgestiegen sind. Seit Jahren stand dabei

Tilly Fleischer, Olympiasiegerin 1936 im Speerwerfen. Bis heute ist sie der einzige Goldmedaillen-Gewinner der Eintracht.

der Name von Ulf Schweikhardt im Blickpunkt, der unter anderem 1988 Deutscher Meister im Pferdsprung wurde.

Deutsche Spitze verkörpern seit Jahren die Hockeyspieler, vor allem die Damen und die weibliche Jugend. 1991 wurde die deutsche Damenmeisterschaft auf dem Feld gewonnen, zahlreiche Titel heimsten die Nachwuchsmannschaften ein, seit Jahren gehören Spielerinnen der Eintracht den Auswahlmannschaften des Deutschen Hockey Bundes an. Dagmar Bremer nahm 1988 an den Olympischen Spielen teil. Karlheinz Trapper, Harald Ulrich, Horst Vogel und die Geschwister Enz waren es früher, die am meisten für den Hockeysport taten. Nun trägt die Abteilung seit Jahrzehnten die Handschrift ihres langjährigen Leiters Kurd-Roland Roesler und des erfolgreichen Trainers und Sportwarts Jürgen Fiedler.

Die Eissport-Abteilung stand vor allem durch die Eishokkeycracks im Mittelpunkt. 1969 und 1970 wurde schon in der Bundesliga gespielt, über Jahrzehnte erhielt der verstorbene Günther Herold das Eishockey durch großes persönliches Engagement in Frankfurt. 1991, nach sechs Jahren Bundesliga, wurde mit dem Eishockey ein Schlußstrich gezogen. Die Bundesliga hatte über die Jahre Millionen an Verbindlichkeiten erwirtschaftet, schließlich stand sogar die Existenz des Profifußballs wegen dieser Schulden auf dem Spiel. Die Eissport-Abteilung besteht weiter, sehr engagiert sind die Eisstockschützen, die ebenfalls Mannschaften in der Bundesliga stellen.

Sehr erfolgreich ist auch die Basketball-Abteilung. Hervorragend ist die Jugendarbeit, sowohl die Herren als auch die Damen gehörten schon mehrmals der Bundesliga an.

In der Bundesliga spielten auch die Volleyballer mehrmals. Die Nachwuchsförderung gilt als hervorragend, zahlreiche Mannschaften nehmen in hohen Leistungsklassen am Spielbetrieb teil.

Erstklassig waren auch die Tischtennisspieler, das Unternehmen Bundesliga auf Dauer aber nicht zu finanzieren. Sieben Mannschaftsmeisterschaften holten die Damen, die nach 1948 ein Jahrzehnt lang die Szene beherrschten. Hanne Schlaf, die 1957 das Silberne Lorbeerblatt verliehen bekam, und ihr ebenfalls verstorbener Ehemann Jupp, der sogar Präsident der Europäischen Tischtennis-Union war, bestimmten das nationale und internationale Tischtennis-Geschehen entscheidend mit. Spieler wie Klaus Schmittinger und Heiner Lammers sorgten bis in die achtziger Jahre hinein für große Erfolge.

Auch die Rugbyspieler, die 1940 und 1965 die deutsche Vizemeisterschaft errangen, gehörten der Bundesliga an. Sie pflegen internationale Kontakte wie kaum eine andere Abteilung.

Das letzte große Talent der Box-Abteilung war Reiner Hartmann, der Anfang der achtziger Jahre die deutsche Meisterschaft gewann und große internationale Kämpfe bestritt. Die größte Zeit der kleinsten Abteilung liegt aber schon länger zurück. Erich Walther wurde 1954 Deutscher Meister im Halbmittelgewicht, die Staffel mit Rosenberg, Büttner, Schneider und Schilling galt als äußerst schlagkräftig.

Als das gesellschaftliche Bindeglied darf sich die 1921 gegründete Tennis-Abteilung betrachten, die gerade in jüngster Zeit wieder große Initiativen entwickelt hat. 1978 wurde am Riederwald die Dreiplatz-Halle eröffnet. Zehn Jahre zuvor hatte man die deutsche Mannschaftsmeisterschaft gewonnen. 1980 gewinnen die Senioren die deutsche Mannschaftsmeisterschaft, Laci Legenstein wird im Doppel und Mixed Senioren-Europameister, dieses Kunststück gelingt 1981 auch Adalbert Hussmüller und Günter Hermann. Männer dieser Abteilung wie Alexander Loulakis, Günter Heilig, Werner Feyer oder Helmut Krämer spielten stets eine führende Rolle im Gesamtverein.

Die Handball-Abteilung arbeitet vor allem in der Breite sehr engagiert. 1923 wurden die Damen deutscher Meister auf dem Turnfest in München, wiederholten den Titelgewinn 1943 und waren bis in die sechziger Jahre hinein, als Annemie Kübert Nationalspielerin war, sehr erfolgreich.

Nicht unerwähnt bleiben dürfen natürlich die Erfolge der Amateur- und Jugendabteilung Fußball. Seit zwei Jahrzehnten spielen die Senioren in der Oberliga, nahmen an den Spielen um die deutsche Amateurmeisterschaft teil. Die A-Junioren gewannen dreimal die Deutsche Meisterschaft, die B-Jugend trumpfte ebenfalls dreimal auf.

Die Eintracht in der Statistik

Alle Bundesligaspiele der Eintracht

Saison 1963/64

24.8.63	Eintracht – 1. FC Kaiserslautern	1:1
31.8.63	Meidericher SpV. – Eintracht	3:1
7.9.63	Eintracht – 1. FC Nürnberg	2:3
14.9.63	Hamburger SV – Eintracht	3:0
21.9.63	Eintracht – Eintracht Braunschweig	3:0
5.10.63	Borussia Dortmund – Eintracht	3:0
12.10.63	Eintracht – 1. FC Köln	2:1
19.10.63	VfB Stuttgart – Eintracht	0:0
26.10.63	Hertha BSC Berlin – Eintracht	1:3
9.11.63	Eintracht – FC Schalke 04	4:2
16.11.63	Werder Bremen – Eintracht	4:1
23.11.63	Eintracht – TSV 1860 München	5:2
30.11.63	Eintracht – Preußen Münster	3:0
7.12.63	1. FC Saarbrücken – Eintracht	0:4
14.12.63	Eintracht – Karlsruher SC	0:3
11.1.64	1. FC Kaiserslautern – Eintracht	1:1
25.1.64	1. FC Nürnberg – Eintracht	1:0
8.2.64	Eintracht – Meidericher SpV.	2:2
15.2.64	Eintracht Braunschweig – Eintracht	0:3
22.2.64	Eintracht – Borussia Dortmund	2:1
29.2.64	1. FC Köln – Eintracht	1:1
7.3.64	Eintracht – VfB Stuttgart	3:2
14.3.64	Eintracht – Hertha BSC Berlin	4:0
21.3.64	FC Schalke 04 – Eintracht	1:2
29.3.64	Eintracht – Hamburger SV	2:2
4.4.64	Eintracht – Werder Bremen	7:0
11.4.64	TSV 1860 München – Eintracht	1:1
18.4.64	Preußen Münster – Eintracht	1:3
25.4.64	Eintracht – 1. FC Saarbrücken	3:1
9.5.64	Karlsruher SC – Eintracht	1:2

Saison 1964/65

22.8.64	Eintracht – FC Schalke 04	2:2
29.8.64	TSV 1860 München – Eintracht	0:1
5.9.64	Eintracht – Werder Bremen	0:2
12.9.64	Meidericher SpV. – Eintracht	1:3
19.9.64	Eintracht – Karlsruher SC	0:7
26.9.64	Hertha BSC Berlin – Eintracht	1:3
10.10.64	Hamburger SV – Eintracht	2:1
17.10.64	Eintracht – 1. FC Köln	1:4
24.10.64	Borussia Dortmund – Eintracht	1:3
7.11.64	Eintracht – 1. FC Nürnberg	1:1
14.11.64	Hannover 96 – Eintracht	3:2
21.11.64	Eintracht – Borussia Neunkirchen	1:0
28.11.64	VfB Stuttgart – Eintracht	1:2
5.12.64	Eintracht – Eintracht Braunschweig	2:2
12.12.64	1. FC Kaiserslautern – Eintracht	0:1
19.12.64	FC Schalke 04 – Eintracht	1:1
2.1.65	Eintracht – TSV 1860 München	4:1
9.1.65	Werder Bremen – Eintracht	2:2
23.1.65	Eintracht – Meidericher SpV.	2:3
30.1.65	Karlsruher SC – Eintracht	3:1
13.2.65	Eintracht – Hertha BSC Berlin	3:0
20.2.65	Eintracht – Hamburger SV	2:1
6.3.65	1. FC Köln – Eintracht	3:4
20.3.65	Eintracht – Borussia Dortmund	0:2
27.3.65	1. FC Nürnberg – Eintracht	0:0
3.4.65	Eintracht – Hannover 96	3:3
10.4.65	Borussia Neunkirchen – Eintracht	4:0
30.4.65	Eintracht – VfB Stuttgart	2:3
8.5.65	Eintracht Braunschweig – Eintracht	3:2
15.5.65	Eintracht – 1. FC Kaiserslautern	1:2

Saison 1965/66

14.8.65	Eintracht – Hamburger SV	2:0
21.8.65	Bayern München – Eintracht	2:0
28.8.65	Eintracht – 1. FC Nürnberg	1:2
4.9.65	Hannover 96 – Eintracht	4:1
11.9.65	Eintracht – 1. FC Kaiserslautern	6:0
18.9.65	VfB Stuttgart – Eintracht	0:0
2.10.65	Eintracht – Meidericher SpV.	2:0
16.10.65	1. FC Köln – Eintracht	1:0
20.10.65	Eintracht – Werder Bremen	1:0
23.10.65	TSV 1860 München – Eintracht	4:2
30.10.65	Eintracht – FC Schalke 04	4:1
6.11.65	Eintracht – Eintracht Braunschweig	4:1
20.11.65	Borussia Neunkirchen – Eintracht	1:6
27.11.65	Eintracht – Tasmania 1900 Berlin	4:0
4.12.65	Karlsruher SC – Eintracht	4:0
11.12.65	Eintracht – Borussia Mönchengladbach	3:1
8.1.66	Hamburger SV – Eintracht	0:1
15.1.66	Eintracht – FC Bayern München	0:0
19.1.66	Borussia Dortmund – Eintracht	3:0
29.1.66	1. FC Nürnberg – Eintracht	0:0
5.2.66	Eintracht – SV Hannover 96	0:1
12.2.66	1. FC Kaiserslautern – Eintracht	5:2
26.2.66	Eintracht – VfB Stuttgart	3:2
5.3.66	Meidericher SV – Eintracht	0:0
12.3.66	Eintracht – 1. FC Köln	0:0
19.3.66	Werder Bremen – Eintracht	3:2
26.3.66	Eintracht – TSV 1860 München	5:2
2.4.66	FC Schalke 04 – Eintracht	3:2
23.4.66	Eintracht – Borussia Neunkirchen	1:2
26.4.66	Eintracht Braunschweig – Eintracht	2:2
30.4.66	Tasmania 1900 Berlin – Eintracht	0:3
14.5.66	Eintracht – Karlsruher SC	1:0
21.5.66	Borussia Mönchengladbach – Eintracht	1:2
28.5.66	Eintracht – Borussia Dortmund	4:1

Saison 1966/67

20.8.66	Bayern München – Eintracht	1:2
27.8.66	Eintracht – 1. FC Köln	4:0
3.9.66	Fortuna Düsseldorf – Eintracht	2:4
10.9.66	Eintracht – Eintracht Braunschweig	0:1
17.9.66	SV Hannover 96 – Eintracht	2:1
24.9.66	Eintracht – VfB Stuttgart	4:0
1.10.66	Karlsruher SC – Eintracht	3:2
8.10.66	Eintracht – Meidericher SV	1:0
15.10.66	Borussia Mönchengladbach – Eintracht	0:0
22.10.66	Eintracht – FC Schalke 04	4:2
29.10.66	Rot-Weiß Essen – Eintracht	1:1
5.11.66	Eintracht – 1. FC Kaiserslautern	1:1
12.11.66	1. FC Nürnberg – Eintracht	0:1
26.11.66	Eintracht – Hamburger SV	1:3
3.12.66	Eintracht – Werder Bremen	4:1
17.12.66	Eintracht – TSV 1860 München	3:3
7.1.67	Eintracht – FC Bayern München	2:1
21.1.67	1. FC Köln – Eintracht	1:4
28.1.67	Eintracht – Fortuna Düsseldorf	3:0
4.2.67	Borussia Dortmund – Eintracht	3:1
11.2.67	Eintracht Braunschweig – Eintracht	3:0
18.2.67	Eintracht – Hannover 96	3:3
25.2.67	VfB Stuttgart – Eintracht	3:0
4.3.67	Eintracht – Karlsruher SC	5:1
11.3.67	Meidericher SV – Eintracht	0:0
18.3.67	Eintracht – Borussia Mönchengladbach	1:0
1.4.67	FC Schalke 04 – Eintracht	1:1
15.4.67	Eintracht – Rot-Weiß Essen	5:0
22.4.67	1. FC Kaiserslautern – Eintracht	1:1
29.4.67	Eintracht – 1. FC Nürnberg	1:4
13.5.67	Hamburger SV – Eintracht	0:2
20.5.67	Werder Bremen – Eintracht	3:0
27.5.67	Eintracht – Borussia Dortmund	3:3
3.6.67	TSV 1860 München – Eintracht	2:1

Saison 1967/68

19.8.67	VfB Stuttgart – Eintracht	4:0
26.8.67	Eintracht – Werder Bremen	5:3
2.9.67	1. FC Kaiserslautern – Eintracht	1:1
9.9.67	Eintracht – 1. FC Nürnberg	1:2
13.9.67	MSV Duisburg – Eintracht	0:1
16.9.67	Eintracht – Alemannia Aachen	1:1
23.9.67	SV Hannover 96 – Eintracht	2:1
30.9.67	Eintracht – FC Bayern München	2:3
14.10.67	Borussia Dortmund – Eintracht	2:1
21.10.67	Eintracht – Karlsruher SC	2:0
28.10.67	Borussia Neunkirchen – Eintracht	2:2
4.11.67	Eintracht – Hamburger SV	1:1
11.11.67	Eintracht – 1. FC Köln	1:2
18.11.67	Borussia Mönchengladbach – Eintracht	1:1
25.11.67	Eintracht – Eintracht Braunschweig	2:0
2.12.67	TSV 1860 München – Eintracht	5:0
9.12.67	Eintracht – FC Schalke 04	2:2
13.1.68	Werder Bremen – Eintracht	2:0
20.1.68	Eintracht – 1. FC Kaiserslautern	5:2
3.2.68	1. FC Nürnberg – Eintracht	0:2
10.2.68	Eintracht – MSV Duisburg	3:2
17.2.68	Alemannia Aachen – Eintracht	2:1
2.3.68	Eintracht – SV Hannover 96	3:0
9.3.68	FC Bayern München – Eintracht	3:0
16.3.68	Eintracht – Borussia Dortmund	4:1
23.3.68	Karlsruher SC – Eintracht	0:1
30.3.68	Eintracht – Borussia Neunkirchen	4:1
3.4.68	Eintracht – VfB Stuttgart	4:0
6.4.68	Hamburger SV – Eintracht	0:1
20.4.68	1. FC Köln – Eintracht	5:1
27.4.68	Eintracht – Borussia Mönchengladbach	3:1
11.5.68	Eintracht Braunschweig – Eintracht	0:0
18.5.68	Eintracht – TSV 1860 München	2:1
25.5.68	FC Schalke 04 – Eintracht	0:0

Saison 1968/69

17.8.68	Eintracht – Hertha BSC Berlin	2:0
24.8.68	Alemannia Aachen – Eintracht	4:2
31.8.68	MSV Duisburg – Eintracht	1:1
4.9.68	Eintracht – Eintracht Braunschweig	0:1
7.9.68	VfB Stuttgart – Eintracht	2:0
14.9.68	Eintracht – Bayern München	1:1
21.9.68	Werder Bremen – Eintracht	0:1
28.9.68	Eintracht – Borussia Dortmund	1:1
5.10.68	1. FC Köln – Eintracht	2:1
19.10.68	Eintracht – 1. FC Nürnberg	3:0
26.10.68	Kickers Offenbach – Eintracht	4:2
30.10.68	Eintracht – Borussia Mönchengladbach	1:1
2.11.68	SV Hannover 96 – Eintracht	1:2
9.11.68	Eintracht – 1. FC Kaiserslautern	2:2
16.11.68	TSV 1860 München – Eintracht	1:0
30.11.68	Eintracht – Hamburger SV	2:2
7.12.68	FC Schalke 04 – Eintracht	2:0
18.1.69	Eintracht – Alemannia Aachen	0:1
25.1.69	Eintracht – MSV Duisburg	2:1
1.2.69	Eintracht Braunschweig – Eintracht	1:0
8.2.69	Eintracht – VfB Stuttgart	3:0
22.2.69	Bayern München – Eintracht	2:0
1.3.69	Eintracht – SV Werder Bremen	2:1
8.3.69	Borussia Dortmund – Eintracht	0:1
11.3.69	Hertha BSC Berlin – Eintracht	2:0
15.3.69	Eintracht – 1. FC Köln	1:2
22.3.69	1. FC Nürnberg – Eintracht	1:0
29.3.69	Eintracht – Kickers Offenbach	3:2
19.4.69	Borussia Mönchengladbach – Eintracht	2:3
26.4.69	Eintracht – SV Hannover 96	0:0
17.5.69	1. FC Kaiserslautern – Eintracht	2:2
24.5.69	Eintracht – TSV 1860 München	3:0
31.5.69	Hamburger SV – Eintracht	1:4
7.6.69	Eintracht – FC Schalke 04	1:0

Saison 1969/70

16.8.69	Rot-Weiß Oberhausen – Eintracht	3:1
23.8.69	Eintracht – FC Schalke 04	2:1
30.8.69	Bayern München – Eintracht	2:1
6.9.69	Eintracht – Borussia Mönchengladbach	1:2
13.9.69	Eintracht – Rot-Weiß Essen	2:1
27.9.69	1. FC Kaiserslautern – Eintracht	2:0
4.10.69	Eintracht – Borussia Dortmund	2:0
11.10.69	Eintracht Braunschweig – Eintracht	3:1
15.10.69	Eintracht – Werder Bremen	2:1
25.10.69	MSV Duisburg – Eintracht	1:1
1.11.69	Eintracht – TSV 1860 München	4:3
8.11.69	Alemannia Aachen – Eintracht	2:1
15.11.69	Eintracht – Hertha BSC Berlin	1:1
29.11.69	VfB Stuttgart – Eintracht	4:0
6.12.69	Eintracht – 1. FC Köln	0:0
13.12.69	SV Hannover 96 – Eintracht	1:1
20.12.69	Eintracht – Hamburger SV	2:2
10.1.70	Eintracht – Rot-Weiß Oberhausen	5:1
17.1.70	FC Schalke 04 – Eintracht	0:0
31.1.70	Borussia Mönchengladbach – Eintracht	1:2
7.2.70	Rot-Weiß Essen – Eintracht	1:1
14.2.70	Eintracht – 1. FC Kaiserslautern	2:1
28.2.70	Eintracht – Eintracht Braunschweig	0:0
3.3.70	Eintracht – FC Bayern München	2:1
7.3.70	Werder Bremen – Eintracht	3:2
14.3.70	Eintracht – MSV Duisburg	0:1
28.3.70	Eintracht – Alemannia Aachen	6:2
4.4.70	Hertha BSC Berlin – Eintracht	2:0
11.4.70	Eintracht – VfB Stuttgart	4:0
15.4.70	Borussia Dortmund – Eintracht	2:1
18.4.70	1. FC Köln – Eintracht	1:2
21.4.70	TSV 1860 München – Eintracht	1:1
30.4.70	Eintracht – SV Hannover 96	3:3
3.5.70	Hamburger SV – Eintracht	5:1

Saison 1970/71

15.8.70	Eintracht – Hamburger SV	0:0
22.8.70	SV Hannover 96 – Eintracht	1:2
28.8.70	Eintracht – Arminia Bielefeld	1:1
5.9.70	1. FC Kaiserslautern – Eintracht	2:0
12.9.70	Eintracht – FC Bayern München	0:1
19.9.70	Rot-Weiß Oberhausen – Eintracht	0:0
23.9.70	Eintracht – FC Schalke 04	1:0
26.9.70	1. FC Köln – Eintracht	0:0

3.10.70	Eintracht – SV Werder Bremen	0:2
7.10.70	Eintracht Braunschweig – Eintracht	2:0
10.10.70	Eintracht – MSV Duisburg	0:0
24.10.70	VfB Stuttgart – Eintracht	2:1
31.10.70	Eintracht – Hertha BSC Berlin	1:3
7.11.70	Borussia Dortmund – Eintracht	3:0
14.11.70	Rot-Weiß Essen – Eintracht	2:0
28.11.70	Eintracht – Kickers Offenbach	3:0
5.12.70	Borussia Mönchengladbach – Eintracht	5:0
23.1.71	Hamburger SV – Eintracht	3:0
30.1.71	Eintracht – SV Hannover 96	2:1
6.2.71	Arminia Bielefeld – Eintracht	1:0
13.2.71	Eintracht – 1. FC Kaiserslautern	3:2
6.3.71	Eintracht – Rot-Weiß Oberhausen	5:0
13.3.71	FC Schalke 04 – Eintracht	4:1
20.3.71	Eintracht – 1. FC Köln	1:1
27.3.71	SV Werder Bremen – Eintracht	1:0
3.4.71	Eintracht – Eintracht Braunschweig	5:2
17.4.71	MSV Duisburg – Eintracht	3:1
1.5.71	Eintracht – VfB Stuttgart	1:0
8.5.71	Hertha BSC Berlin – Eintracht	6:2
15.5.71	Eintracht – Borussia Dortmund	2:0
18.5.71	FC Bayern München – Eintracht	3:1
22.5.71	Eintracht – Rot-Weiß Essen	2:2
29.5.71	Kickers Offenbach – Eintracht	0:2
5.6.71	Eintracht – Borussia Mönchengladbach	1:4

Saison 1971/72

14.8.71	Hamburger SV – Eintracht	5:1
21.8.71	Eintracht – 1. FC Köln	2:2
28.8.71	Eintracht – SV Werder Bremen	4:0
31.8.71	Borussia Dortmund – Eintracht	3:1
4.9.71	Eintracht – FC Schalke 04	2:0
11.9.71	Fortuna Düsseldorf – Eintracht	1:0
18.9.71	Eintracht – Hertha BSC Berlin	1:1
25.9.71	Eintracht Braunschweig – Eintracht	2:0
2.10.71	Eintracht – Rot-Weiß Oberhausen	3:0
13.10.71	Borussia Mönchengladbach – Eintracht	6:2
16.10.71	Eintracht – 1. FC Kaiserslautern	1:0
23.10.71	Arminia Bielefeld – Eintracht	3:4
30.10.71	Eintracht – VfL Bochum	3:2
6.11.71	VfB Stuttgart – Eintracht	4:4
13.11.71	Eintracht – FC Bayern München	3:2
27.11.71	SV Hannover 96 – Eintracht	3:1
11.12.71	Eintracht – MSV Duisburg	2:1
22.1.72	Eintracht – Hamburger SV	4:0
5.2.72	Werder Bremen – Eintracht	3:1
19.2.72	Eintracht – Borussia Dortmund	5:2
26.2.72	FC Schalke 04 – Eintracht	2:0
4.3.72	Eintracht – Fortuna Düsseldorf	4:2
7.3.72	1. FC Köln – Eintracht	1:1
11.3.72	Hertha BSC Berlin – Eintracht	0:0
18.3.72	Eintracht – Eintracht Braunschweig	1:1
25.3.72	Rot-Weiß Oberhausen – Eintracht	1:0
8.4.72	Eintracht – Borussia Mönchengladbach	3:0
15.4.72	1. FC Kaiserslautern – Eintracht	1:1
22.4.72	Eintracht – Arminia Bielefeld	5:2
6.5.72	VfL Bochum – Eintracht	3:1
20.5.72	Eintracht – VfB Stuttgart	4:1
3.6.72	FC Bayern München – Eintracht	6:3
24.6.72	Eintracht – SV Hannover 96	3:1
28.6.72	MSV Duisburg – Eintracht	0:1

Saison 1972/73

16.9.72	Eintracht – Hamburger SV	2:1
20.9.72	SV Hannover 96 – Eintracht	2:1
23.9.72	Eintracht – 1. FC Kaiserslautern	3:1
30.9.72	Fortuna Düsseldorf – Eintracht	2:2
4.10.72	Eintracht – VfL Bochum	4:1
7.10.72	Kickers Offenbach – Eintracht	3:2
14.10.72	Eintracht – FC Bayern München	2:1
21.10.72	Rot-Weiß Oberhausen – Eintracht	1:0
28.10.72	Eintracht – SV Werder Bremen	2:2
4.11.72	Eintracht – Hertha BSC Berlin	2:2
11.11.72	Wuppertaler SV – Eintracht	1:0
18.11.72	Eintracht – FC Schalke 04	4:2
21.11.72	1. FC Köln – Eintracht	3:1
25.11.72	Eintracht – Borussia Mönchengladbach	3:0
28.11.72	Eintracht Braunschweig – Eintracht	2:1
2.12.72	Eintracht – VfB Stuttgart	2:1
16.12.72	MSV Duisburg – Eintracht	2:1
20.1.73	Hamburger SV – Eintracht	3:1
3.2.73	1. FC Kaiserslautern – Eintracht	0:1
10.2.73	Eintracht – Fortuna Düsseldorf	2:1
17.2.73	VfL Bochum – Eintracht	2:1
24.2.73	Eintracht – Kickers Offenbach	0:3
10.3.73	FC Bayern München – Eintracht	3:1
17.3.73	Eintracht – Rot-Weiß Oberhausen	2:1
24.3.73	SV Werder Bremen – Eintracht	2:0
31.3.73	Eintracht – Eintracht Braunschweig	1:0
7.4.73	Hertha BSC Berlin – Eintracht	2:1
13.4.73	Eintracht – SV Hannover 96	2:0
28.4.73	Eintracht – Wuppertaler SV	2:1
5.5.73	FC Schalke 04 – Eintracht	3:2
19.5.73	Eintracht – 1. FC Köln	5:0
26.5.73	Borussia Mönchengladbach – Eintracht	0:2
2.6.73	VfB Stuttgart – Eintracht	2:2
9.6.73	Eintracht – MSV Duisburg	1:3

Saison 1973/74

11.8.73	1. FC Köln – Eintracht	1:1
18.8.73	Eintracht – MSV Duisburg	3:0
21.8.73	1. FC Kaiserslautern – Eintracht	1:4
25.8.73	Eintracht – VfB Stuttgart	4:3
31.8.73	VfL Bochum – Eintracht	1:1
8.9.73	Eintracht – Hamburger SV	1:0
22.9.73	Eintracht – Borussia Mönchengladbach	1:0
29.9.73	FC Bayern München – Eintracht	2:2
6.10.73	Eintracht – Fortuna Köln	4:2
16.10.73	Rot-Weiß Essen – Eintracht	6:3
20.10.73	Eintracht – Hertha BSC Berlin	2:0
23.10.73	Kickers Offenbach – Eintracht	5:2
27.10.73	Wuppertaler SV – Eintracht	1:1
3.11.73	Eintracht – FC Schalke 04	2:1
10.11.73	SV Werder Bremen – Eintracht	1:2
16.11.73	Eintracht – SV Hannover 96	1:1
8.12.73	Fortuna Düsseldorf – Eintracht	1:0
5.1.74	Eintracht – 1. FC Köln	2:1
12.1.74	MSV Duisburg – Eintracht	1:1
19.1.74	Eintracht – 1. FC Kaiserslautern	3:1
26.1.74	VfB Stuttgart – Eintracht	3:1
2.2.74	Eintracht – VfL Bochum	3:1
9.2.74	Hamburger SV – Eintracht	4:2
2.3.74	Eintracht – Kickers Offenbach	2:2
9.3.74	Borussia Mönchengladbach – Eintracht	0:0
16.3.74	Eintracht – FC Bayern München	1:1
23.3.74	Fortuna Köln – Eintracht	3:2
30.3.74	Eintracht – Rot-Weiß Essen	6:0
6.4.74	Hertha BSC Berlin – Eintracht	2:1
20.4.74	Eintracht – Wuppertaler SV	1:0
23.4.74	FC Schalke 04 – Eintracht	3:1
4.5.74	Eintracht – SV Werder Bremen	1:1
11.5.74	SV Hannover 96 – Eintracht	0:0
18.5.74	Eintracht – Fortuna Düsseldorf	2:1

Saison 1974/75

24.8.74	Werder Bremen – Eintracht	0:3
31.8.74	Eintracht – Borussia Mönchengladbach	1:1
11.9.74	Eintracht – Hamburger SV	1:3
14.9.74	Tennis Borussia Berlin – Eintracht	1:4
21.9.74	Eintracht – 1. FC Kaiserslautern	5:1
28.9.74	MSV Duisburg – Eintracht	1:3
5.10.74	Eintracht – Rot-Weiß Essen	9:1
9.10.74	VfL Bochum – Eintracht	3:1
12.10.74	Eintracht – Fortuna Düsseldorf	4:0
19.10.74	FC Bayern München – Eintracht	2:1
2.11.74	Eintracht – Kickers Offenbach	0:0
9.11.74	Hertha BSC Berlin – Eintracht	2:1
16.11.74	Eintracht – VfB Stuttgart	5:5
23.11.74	1. FC Köln – Eintracht	0:0
30.11.74	Eintracht – Wuppertaler SV	5:0
7.12.74	FC Schalke 04 – Eintracht	1:1
14.12.74	Eintracht – Eintracht Braunschweig	2:0
25.1.75	Eintracht – SV Werder Bremen	2:1
1.2.75	Borussia Mönchengladbach – Eintracht	3:0
15.2.75	Hamburger SV – Eintracht	3:1
22.2.75	Eintracht – Tennis Borussia Berlin	7:1
1.3.75	1. FC Kaiserslautern – Eintracht	2:2
7.3.75	Eintracht – MSV Duisburg	4:1
22.3.75	Rot-Weiß Essen – Eintracht	0:5
1.4.75	Fortuna Düsseldorf – Eintracht	2:2
5.4.75	Eintracht – FC Bayern München	2:0
19.4.75	Kickers Offenbach – Eintracht	2:1
22.4.75	Eintracht – VfL Bochum	4:1
3.5.75	Eintracht – Hertha BSC Berlin	1:2
10.5.75	VfB Stuttgart – Eintracht	3:4
23.5.75	Eintracht – 1. FC Köln	3:2
30.5.75	Wuppertaler SV – Eintracht	2:3
7.6.75	Eintracht – FC Schalke 04	2:1
14.6.75	Eintracht Braunschweig – Eintracht	2:0

Saison 1975/76

9.8.75	Eintracht – Karlsruher SC	0:2
15.8.75	SV Werder Bremen – Eintracht	1:2
23.8.75	Eintracht – Bayer Uerdingen	3:1
27.8.75	Fortuna Düsseldorf – Eintracht	1:1
30.8.75	Eintracht – FC Schalke 04	2:1
6.9.75	Kickers Offenbach – Eintracht	2:1
13.9.75	Eintracht – Borussia Mönchengladbach	1:1
20.9.75	Hannover 96 – Eintracht	3:2
27.9.75	Eintracht – 1. FC Kaiserslautern	1:1
4.10.75	Hamburger SV – Eintracht	4:2
25.10.75	Eintracht – MSV Duisburg	1:1
31.10.75	Rot-Weiß Essen – Eintracht	4:3
8.11.75	Eintracht – VfL Bochum	6:0
15.11.75	1. FC Köln – Eintracht	3:3
22.11.75	Eintracht – FC Bayern München	6:0
29.11.75	Eintracht – Hertha BSC Berlin	1:1
6.12.75	Eintracht Braunschweig – Eintracht	2:0
17.1.76	Karlsruher SC – Eintracht	1:0
24.1.76	Eintracht – SV Werder Bremen	2:0
7.2.76	Bayer Uerdingen – Eintracht	0:5
14.2.76	Eintracht – Fortuna Düsseldorf	5:2
21.2.76	FC Schalke 04 – Eintracht	2:4
6.3.76	Eintracht – Kickers Offenbach	1:0
13.3.76	Borussia Mönchengladbach – Eintracht	4:2
20.3.76	Eintracht – SV Hannover 96	5:0
26.3.76	1. FC Kaiserslautern – Eintracht	3:1
10.4.76	Eintracht – Hamburger SV	1:0
17.4.76	MSV Duisburg – Eintracht	1:1
30.4.76	Eintracht – Rot-Weiß Essen	1:3
8.5.76	VfL Bochum – Eintracht	5:3
15.5.76	Eintracht – 1. FC Köln	2:2
29.5.76	FC Bayern München – Eintracht	1:1
4.6.76	Hertha BSC Berlin – Eintracht	4:4
12.6.76	Eintracht – Eintracht Braunschweig	6:1

Saison 1976/77

14.8.76	Eintracht Braunschweig – Eintracht	3:1
21.8.76	Eintracht – Tennis Borussia Berlin	7:1
28.8.76	1. FC Köln – Eintracht	2:0
3.9.76	Eintracht – FC Schalke 04	6:3
11.9.76	Hamburger SV – Eintracht	3:1
18.9.76	Eintracht – 1. FC Saarbrücken	2:1
26.9.76	Karlsruher SC – Eintracht	2:0
2.10.76	Eintracht – Borussia Mönchengladbach	1:3
9.10.76	MSV Duisburg – Eintracht	4:3
23.10.76	Eintracht – Hertha BSC Berlin	3:3
30.10.76	VfL Bochum – Eintracht	3:1
6.11.76	Eintracht – Borussia Dortmund	1:4
13.11.76	SV Werder Bremen – Eintracht	2:1
20.11.76	Eintracht – 1. FC Kaiserslautern	2:0
27.11.76	Eintracht – Rot-Weiß Essen	3:1
4.12.76	FC Bayern München – Eintracht	0:3
11.12.76	Eintracht – Fortuna Düsseldorf	1:1
29.1.77	Eintracht – 1. FC Köln	4:0
5.2.77	FC Schalke 04 – Eintracht	1:1
12.2.77	Eintracht – Hamburger SV	2:1
26.2.77	1. FC Saarbrücken – Eintracht	2:2
1.3.77	Eintracht – Eintracht Braunschweig	3:0
5.3.77	Eintracht – Karlsruher SC	3:2
12.3.77	Borussia Mönchengladbach – Eintracht	1:3
15.3.77	Tennis Borussia Berlin – Eintracht	1:1
19.3.77	Eintracht – MSV Duisburg	3:1
26.3.77	Hertha BSC Berlin – Eintracht	2:3
2.4.77	Eintracht – VfL Bochum	2:2
12.4.77	Borussia Dortmund – Eintracht	2:2
16.4.77	Eintracht – SV Werder Bremen	7:1
22.4.77	1. FC Kaiserslautern – Eintracht	2:2
7.5.77	Rot-Weiß Essen – Eintracht	1:8
14.5.77	Eintracht – FC Bayern München	2:1
21.5.77	Fortuna Düsseldorf – Eintracht	1:2

Saison 1977/78

6.8.77	Eintracht – 1. FC Saarbrücken	4:0
12.8.77	FC Schalke 04 – Eintracht	3:2
17.8.77	Eintracht – Hamburger SV	0:2
27.8.77	Borussia Dortmund – Eintracht	0:2
31.8.77	Eintracht – Borussia Mönchengladbach	4:2
3.9.77	Hertha BSC Berlin – Eintracht	2:0
9.9.77	Eintracht – MSV Duisburg	3:1
17.9.77	TSV 1860 München – Eintracht	2:4
24.9.77	VfL Bochum – Eintracht	0:1
1.10.77	Eintracht – 1. FC Kaiserslautern	1:3
12.10.77	VfB Stuttgart – Eintracht	2:1
22.10.77	Eintracht – FC St. Pauli	5:2
29.10.77	Fortuna Düsseldorf – Eintracht	2:1
5.11.77	Eintracht – 1. FC Köln	2:2
12.11.77	SV Werder Bremen – Eintracht	3:0
26.11.77	Eintracht – FC Bayern München	4:0
3.12.77	Eintracht Braunschweig – Eintracht	1:1
10.12.77	1. FC Saarbrücken – Eintracht	0:0
17.12.77	Eintracht – FC Schalke 04	3:0
7.1.78	Hamburger SV – Eintracht	0:0
14.1.78	Eintracht – Borussia Dortmund	2:1
21.1.78	Borussia Mönchengladbach – Eintracht	2:0
28.1.78	Eintracht – Hertha BSC Berlin	0:5
4.2.78	MSV Duisburg – Eintracht	3:0
11.2.78	Eintracht – TSV 1860 München	1:0
18.2.78	Eintracht – VfL Bochum	4:3
4.3.78	Eintracht – VfB Stuttgart	2:0
11.3.78	FC St. Pauli – Eintracht	5:2
18.3.78	Eintracht – Fortuna Düsseldorf	4:0
25.3.78	1. FC Kaiserslautern – Eintracht	2:0

1.4.78	1. FC Köln – Eintracht	0:1
8.4.78	Eintracht – SV Werder Bremen	0:2
22.4.78	FC Bayern München – Eintracht	2:1
29.4.78	Eintracht – Eintracht Braunschweig	2:0

Saison 1978/79

12.8.78	FC Schalke 04 – Eintracht	4:0
19.8.78	Eintracht – Eintracht Braunschweig	3:1
26.8.78	Eintracht – Arminia Bielefeld	1:0
2.9.78	FC Bayern München – Eintracht	3:1
9.9.78	Eintracht – Borussia Mönchengladbach	2:0
16.9.78	SV Werder Bremen – Eintracht	0:2
30.9.78	Eintracht – VfL Bochum	4:2
7.10.78	VfB Stuttgart – Eintracht	3:1
14.10.78	Eintracht – Hertha BSC Berlin	2:2
21.10.78	1. FC Köln – Eintracht	0:2
28.10.78	Eintracht – SV Darmstadt 98	2:0
3.11.78	1. FC Kaiserslautern – Eintracht	2:1
11.11.78	Eintracht – 1. FC Nürnberg	2:0
18.11.78	Fortuna Düsseldorf – Eintracht	4:2
25.11.78	Eintracht – Hamburger SV	0:0
9.12.78	Borussia Dortmund – Eintracht	3:1
16.12.78	Eintracht – MSV Duisburg	1:0
13.1.79	Eintracht – FC Schalke 04	3:1
27.1.79	Arminia Bielefeld – Eintracht	0:0
3.2.79	Eintracht – FC Bayern München	2:1
13.2.79	Eintracht Braunschweig – Eintracht	0:0
10.3.79	Borussia Mönchengladbach – Eintracht	1:3
17.3.79	Eintracht – SV Werder Bremen	2:1
24.3.79	VfL Bochum – Eintracht	0:0
4.4.79	Eintracht – VfB Stuttgart	1:2
7.4.79	Hertha BSC Berlin – Eintracht	4:1
14.4.79	Eintracht – 1. FC Köln	1:4
18.4.79	SV Darmstadt 98 – Eintracht	2:0
21.4.79	Eintracht – 1. FC Kaiserslautern	2:2
5.5.79	1. FC Nürnberg – Eintracht	0:0
12.5.79	Eintracht – Fortuna Düsseldorf	3:2
19.5.79	Hamburger SV – Eintracht	4:0
2.6.79	Eintracht – Borussia Dortmund	3:1
9.6.79	MSV Duisburg – Eintracht	0:2

Saison 1979/80

11.8.79	Eintracht – Borussia Dortmund	0:1
18.8.79	Fortuna Düsseldorf – Eintracht	1:3
28.8.79	Eintracht – VfB Stuttgart	2:0
1.9.79	Eintracht Braunschweig – Eintracht	2:3
8.9.79	Eintracht – Bayer Leverkusen	3:0
15.9.79	FC Schalke 04 – Eintracht	1:0
22.9.79	Eintracht – Hamburger SV	3:2
6.10.79	Borussia Mönchengladbach – Eintracht	4:1
20.10.79	Eintracht – FC Bayern München	3:2
27.10.79	Hertha BSC Berlin – Eintracht	1:0
3.11.79	Eintracht – MSV Duisburg	6:0
10.11.79	1. FC Kaiserslautern – Eintracht	0:1
17.11.79	VfL Bochum – Eintracht	1:0
24.11.79	Eintracht – 1. FC Köln	3:0
1.12.79	SV Werder Bremen – Eintracht	4:3
8.12.79	Eintracht – Bayer Uerdingen	2:0
15.12.79	TSV 1860 München – Eintracht	2:1
19.1.80	Borussia Dortmund – Eintracht	0:1
26.1.80	Eintracht – Fortuna Düsseldorf	1:2
2.2.80	VfB Stuttgart – Eintracht	4:2
9.2.80	Eintracht – Eintracht Braunschweig	7:2
22.2.80	Bayer Leverkusen – Eintracht	2:1
1.3.80	Eintracht – FC Schalke 04	3:2
8.3.80	Hamburger SV – Eintracht	5:0
15.3.80	Eintracht – Borussia Mönchengladbach	5:2
22.3.80	FC Bayern München – Eintracht	2:0
29.3.80	Eintracht – Hertha BSC Berlin	0:4
12.4.80	MSV Duisburg – Eintracht	1:0
19.4.80	Eintracht – 1. FC Kaiserslautern	3:5
26.4.80	Eintracht – VfL Bochum	0:1
3.5.80	1. FC Köln – Eintracht	2:2
17.5.80	Eintracht – SV Werder Bremen	3:2
24.5.80	Bayer Uerdingen – Eintracht	3:2
31.5.80	Eintracht – TSV 1860 München	1:1

Saison 1980/81

16.8.80	FC Schalke 04 – Eintracht	1:4
19.8.80	Eintracht – Arminia Bielefeld	2:0
23.8.80	Bayer Leverkusen – Eintracht	3:2
3.9.80	Eintracht – VfB Stuttgart	2:1
6.9.80	Hamburger SV – Eintracht	3:1
13.9.80	Eintracht – TSV 1860 München	2:1
20.9.80	VfL Bochum – Eintracht	2:0
27.9.80	Eintracht – MSV Duisburg	2:1
15.10.80	1. FC Nürnberg – Eintracht	1:4
18.10.80	Eintracht – 1. FC Kaiserslautern	3:2
25.10.80	1. FC Köln – Eintracht	5:0
1.11.80	Eintracht – Karlsruher SC	3:3
8.11.80	Eintracht – Borussia Mönchengladbach	2:1
15.11.80	Bayer Uerdingen – Eintracht	4:1
29.11.80	Eintracht – FC Bayern München	0:0
6.12.80	Borussia Dortmund – Eintracht	2:1
13.12.80	Eintracht – Fortuna Düsseldorf	2:2
27.1.81	Eintracht – FC Schalke 04	5:0
3.2.81	Arminia Bielefeld – Eintracht	1:1
7.2.81	Eintracht – Bayer Leverkusen	2:0
14.2.81	VfB Stuttgart – Eintracht	1:1
21.2.81	Eintracht – Hamburger SV	1:1
7.3.81	TSV 1860 München – Eintracht	2:0
14.3.81	Eintracht – VfL Bochum	2:2
21.3.81	MSV Duisburg – Eintracht	0:0
28.3.81	Eintracht – 1. FC Nürnberg	3:0
11.4.81	Eintracht – 1. FC Köln	4:0
18.4.81	Karlsruher SC – Eintracht	1:1
8.5.81	Borussia Mönchengladbach – Eintracht	2:2
16.5.81	Eintracht – Bayer Uerdingen	2:2
30.5.81	FC Bayern München – Eintracht	7:2
6.6.81	Eintracht – Borussia Dortmund	0:4
13.6.81	Fortuna Düsseldorf – Eintracht	2:2

Saison 1981/82

08.08.81	Eintracht - 1. FC Kaiserslautern	2:2
15.08.81	Borussia Dortmund - Eintracht	2:0
22.08.81	Eintracht - 1. FC Nürnberg	3:1
26.08.81	1. FC Köln - Eintracht	2:0
05.09.81	VfL Bochum - Eintracht	3:2
12.09.81	Eintracht - Hamburger SV	3:2
19.09.81	MSV Duisburg - Eintracht	4:2
26.09.81	Eintracht - VfB Stuttgart	4:1
03.10.81	Bor. Mönchengladbach - Eintracht	1:0
17.10.81	Eintracht - Arminia Bielefeld	2:1
24.10.81	Bayern München - Eintracht	3:2
30.10.81	Eintracht - Bayer Leverkusen	3:2
07.11.81	Darmstadt 98 - Eintracht	1:4
14.11.81	Eintracht - Werder Bremen	9:2
28.11.81	Fortuna Düsseldorf - Eintracht	2:2
12.12.81	Eintracht - Karlsruher SC	4:1
16.12.81	Eintracht Braunschweig - Eintracht	4:1
23.01.82	Eintracht - Borussia Dortmund	1:4
05.02.82	Eintracht - 1. FC Köln	4:2
13.02.82	Eintracht - VfL Bochum	0:1
20.02.82	1. FC Kaiserslautern - Eintracht	6:2
27.02.82	Hamburger SV - Eintracht	2:0
06.03.82	Eintracht - MSV Duisburg	4:1
10.03.82	1. FC Nürnberg - Eintracht	5:3
13.03.82	VfB Stuttgart - Eintracht	5:2
30.03.82	Eintracht - Bor. Mönchengladbach	3:0
03.04.82	Arminia Bielefeld - Eintracht	3:0
17.04.82	Eintracht - Bayern München	4:3
24.04.82	Bayer Leverkusen - Eintracht	1:2
28.04.82	Eintracht - Darmstadt 98	2:1
08.05.82	Werder Bremen - Eintracht	2:1
15.05.82	Eintracht - Fortuna Düsseldorf	4:0
22.05.82	Karlsruher SC - Eintracht	2:2
29.05.82	Eintracht - Eintracht Braunschweig	4:2

Saison 1982/83

21.08.82	Karlsruher SC - Eintracht	1:0
24.08.82	Eintracht - Bayer Leverkusen	5:0
01.09.82	Arminia Bielefeld - Eintracht	2:1
04.09.82	Eintracht - Eintracht Braunschweig	0:1
11.09.82	Eintracht - VfL Bochum	0:1
18.09.82	Bayern München - Eintracht	4:0
25.09.82	Eintracht - Hamburger SV	1:1
01.10.82	Bor. Mönchengladbach - Eintracht	3:1
09.10.82	Eintracht - VfB Stuttgart	3:0
23.10.82	Hertha BSC Berlin - Eintracht	1:0
30.10.82	Eintracht - 1. FC Köln	3:0
06.11.82	1. FC Kaiserslautern - Eintracht	3:0
13.11.82	Eintracht - Borussia Dortmund	3:1
20.11.82	Schalke 04 - Eintracht	3:2
27.11.82	Eintracht - 1. FC Nürnberg	3:0
04.12.82	Werder Bremen - Eintracht	3:0
11.12.82	Eintracht - Fortuna Düsseldorf	2:2
22.01.83	Eintracht - Karlsruher SC	2:0
29.01.83	Bayer Leverkusen - Eintracht	1:1
12.02.83	Eintracht - Arminia Bielefeld	2:1
19.02.83	Eintracht Braunschweig - Eintracht	1:0
26.02.83	VfL Bochum - Eintracht	1:2
05.03.83	Eintracht - Bayern München	1:0
12.03.83	Hamburger SV - Eintracht	3:0
19.03.83	Eintracht - Bor. Mönchengladbach	3:0
26.03.83	VfB Stuttgart - Eintracht	4:1
09.04.83	Eintracht - Hertha BSC Berlin	3:1
16.04.83	1. FC Köln - Eintracht	2:2
30.04.83	Eintracht - 1. FC Kaiserslautern	2:2
07.05.83	Borussia Dortmund - Eintracht	4:1
14.05.83	Eintracht - Schalke 04	3:2
21.05.83	1. FC Nürnberg - Eintracht	3:0
28.05.83	Eintracht - Werder Bremen	0:1
04.06.83	Fortuna Düsseldorf - Eintracht	1:5

Saison 1983/84

12.08.83	Eintracht - Borussia Dortmund	2:2
19.08.83	Bayer Uerdingen - Eintracht	5:2
24.08.83	Eintracht - Bayer Leverkusen	2:2
31.08.83	Arminia Bielefeld - Eintracht	2:1
03.09.83	Eintracht - Fortuna Düsseldorf	3:0
10.09.83	Kickers Offenbach - Eintracht	2:1
17.09.83	Eintracht - Werder Bremen	0:0
24.09.83	Eintracht Braunschweig - Eintracht	4:3
01.10.83	Eintracht - Waldhof Mannheim	1:3
15.10.83	VfL Bochum - Eintracht	4:1
22.10.83	Eintracht - Bor. Mönchengladbach	1:1
29.10.83	1. FC Köln - Eintracht	7:0
05.11.83	Eintracht - Bayern München	0:0
12.11.83	1. FC Nürnberg - Eintracht	0:0
26.11.83	Eintracht - VfB Stuttgart	1:3
03.12.83	Eintracht - Hamburger SV	0:0
10.12.83	1. FC Kaiserslautern - Eintracht	1:0
21.01.84	Borussia Dortmund - Eintracht	2:0
28.01.84	Eintracht - Bayer Uerdingen	2:2
04.02.84	Bayer Leverkusen - Eintracht	2:2
11.02.84	Eintracht - Arminia Bielefeld	1:1
25.02.84	Eintracht - Kickers Offenbach	3:0
09.03.84	Werder Bremen - Eintracht	2:3
17.03.84	Eintracht - Eintracht Braunschweig	1:2
24.03.84	SV Waldhof - Eintracht	1:1
31.03.84	Eintracht - VfL Bochum	1:0
07.04.84	Bor. Mönchengladbach - Eintracht	1:1
14.04.84	Eintracht - 1. FC Köln	0:2
21.04.84	Fortuna Düsseldorf - Eintracht	4:2
28.04.84	Bayern München - Eintracht	3:0
05.05.84	Eintracht - 1. FC Nürnberg	3:1
12.05.84	VfB Stuttgart - Eintracht	2:2
19.05.84	Hamburger SV - Eintracht	2:0
26.05.84	Eintracht - 1. FC Kaiserslautern	3:0
01.06.84	MSV Duisburg - Eintracht (Relegation)	0:5
05.06.84	Eintracht - MSV Duisburg (Relegation)	1:1

Saison 1984/85

24.08.84	VfL Bochum - Eintracht	3:3
28.08.84	Eintracht - Bayer Leverkusen	2:0
07.09.84	Karlsruher SC - Eintracht	2:2
15.09.84	Eintracht - 1. FC Kaiserslautern	1:1
21.09.84	Eintracht Braunschweig - Eintracht	5:0
28.09.84	Eintracht - Arminia Bielefeld	3:0
06.10.84	Werder Bremen - Eintracht	3:3
10.10.84	Eintracht - Bayer Uerdingen	3:2
20.10.84	Bayern München - Eintracht	4:2
27.10.84	Eintracht - 1. FC Köln	1:4
02.11.84	VfB Stuttgart - Eintracht	4:2
10.11.84	Eintracht - SV Waldhof	7:2
14.11.84	Fortuna Düsseldorf - Eintracht	3:1
17.11.84	Eintracht - Borussia Dortmund	2:1
24.11.84	Schalke 04 - Eintracht	1:3
01.12.84	Hamburger SV - Eintracht	2:0
08.12.84	Eintracht - Bor. Mönchengladbach	1:1
02.02.85	Eintracht - VfL Bochum	1:1
16.02.85	Eintracht - Karlsruher SC	4:2
02.03.85	1. FC Kaiserslautern - Eintracht	2:1
05.03.85	Bayer Leverkusen - Eintracht	3:1
09.03.85	Eintracht - Eintracht Braunschweig	2:0
16.03.85	Arminia Bielefeld - Eintracht	2:2
23.03.85	Eintracht - Werder Bremen	1:3
30.03.85	Bayer Uerdingen - Eintracht	1:1
03.04.85	Eintracht - Bayern München	2:2
13.04.85	1. FC Köln - Eintracht	2:0
20.04.85	Eintracht - VfB Stuttgart	2:0
04.05.85	SV Waldhof - Eintracht	3:1
10.05.85	Eintracht - Fortuna Düsseldorf	2:2
18.05.85	Borussia Dortmund - Eintracht	2:1
24.05.85	Eintracht - Schalke 04	1:1
01.06.85	Eintracht - Hamburger SV	1:0
08.06.85	Bor. Mönchengladbach - Eintracht	3:3

Saison 1985/86

10.08.85	1. FC Köln - Eintracht	1:1
17.08.85	Eintracht - 1. FC Nürnberg	1:1
20.08.85	Fortuna Düsseldorf - Eintracht	0:1
31.08.85	Eintracht - SV Waldhof	0:0
03.09.85	VfL Bochum - Eintracht	2:1
07.09.85	Eintracht - Bayer Uerdingen	1:1
13.09.85	Eintracht - 1. FC Kaiserslautern	1:1
20.09.85	Borussia Dortmund - Eintracht	4:2
28.09.85	Eintracht - Bayer Leverkusen	1:0
05.10.85	Werder Bremen - Eintracht	4:0
11.10.85	Eintracht - Bor. Mönchengladbach	1:1
26.10.85	Bayern München - Eintracht	3:0
02.11.85	Eintracht - VfB Stuttgart	1:1
09.11.85	Schalke 04 - Eintracht	3:1
19.11.85	Eintracht - Hannover 96	1:3

23.11.85	1. FC Saarbrücken - Eintracht	2:2
03.12.85	Eintracht - Hamburger SV	3:0
07.12.85	Eintracht - 1. FC Köln	2:2
14.12.85	1. FC Nürnberg - Eintracht	4:1
25.01.86	Eintracht - Fortuna Düsseldorf	2:0
01.02.86	SV Waldhof - Eintracht	0:0
08.02.86	Eintracht - VfL Bochum	1:0
22.02.86	1. FC Kaiserslautern - Eintracht	1:1
01.03.86	Eintracht - Borussia Dortmund	2:1
15.03.86	Eintracht - Werder Bremen	0:2
22.03.86	Bor. Mönchengladbach - Eintracht	1:1
25.03.86	Bayer Leverkusen - Eintracht	2:0
29.03.86	Eintracht - Bayern München	2:2
05.04.86	VfB Stuttgart - Eintracht	2:1
12.04.86	Eintracht - Schalke 04	3:0
17.04.86	Hannover 96 - Eintracht	0:0
22.04.86	Eintracht - 1. FC Saarbrücken	1:3
24.04.86	Bayer Uerdingen - Eintracht	1:0
26.04.86	Hamburger SV - Eintracht	1:0

Saison 1986/87

09.08.86	Eintracht - Fortuna Düsseldorf	5:0
15.08.86	1. FC Köln - Eintracht	0:0
22.08.86	Eintracht - 1. FC Nürnberg	1:0
02.09.86	Hamburger SV - Eintracht	2:0
06.09.86	Eintracht - 1. FC Kaiserslautern	2:2
13.09.86	Bor. Mönchengladbach - Eintracht	1:1
20.09.86	Eintracht - Werder Bremen	2:2
27.09.86	VfL Bochum - Eintracht	2:0
04.10.86	Blau-Weiß Berlin - Eintracht	2:2
11.10.86	Eintracht - Bayern München	0:0
17.10.86	Bayer Leverkusen - Eintracht	2:0
01.11.86	Eintracht - SV Waldhof	2:1
08.11.86	FC Homburg - Eintracht	1:1
15.11.86	Eintracht - Bayer Uerdingen	1:0
22.11.86	VfB Stuttgart - Eintracht	4:1
29.11.86	Eintracht - Schalke 04	0:1
05.12.86	Borussia Dortmund - Eintracht	1:0
21.02.87	Fortuna Düsseldorf - Eintracht	2:2
28.02.87	Eintracht - 1. FC Köln	1:2
14.03.87	1. FC Nürnberg - Eintracht	1:0
20.03.87	Eintracht - Hamburger SV	1:3
28.03.87	1. FC Kaiserslautern - Eintracht	2:1
04.04.87	Eintracht - Bor. Mönchengladbach	4:0
10.04.87	Werder Bremen - Eintracht	4:0
15.04.87	Eintracht - VfL Bochum	1:1
24.04.87	Eintracht - Blau-Weiß Berlin	1:3
09.05.87	Eintracht - Bayer Leverkusen	1:0
12.05.87	Bayern München - Eintracht	2:1
16.05.87	SV Waldhof - Eintracht	2:1
23.05.87	Eintracht - FC Homburg	4:0
30.05.87	Bayer Uerdingen - Eintracht	1:0
05.06.87	Eintracht - VfB Stuttgart	3:1
13.06.87	Schalke 04 - Eintracht	3:1
17.06.87	Eintracht - Borussia Dortmund	0:4

Saison 1987/88

01.08.87	1. FC Kaiserslautern - Eintracht	2:2
07.08.87	Eintracht - VfL Bochum	0:1
14.08.87	Bayer Uerdingen - Eintracht	3:0
19.08.87	Eintracht - VfB Stuttgart	0:2
25.08.87	Bayer Leverkusen - Eintracht	1:3
01.09.87	Eintracht - Borussia Dortmund	0:0
05.09.87	Bayern München - Eintracht	3:2
11.09.87	Eintracht - SV Waldhof	5:1
17.09.87	FC Homburg - Eintracht	5:2
26.09.87	Eintracht - 1. FC Nürnberg	3:1
03.10.87	Bor. Mönchengladbach - Eintracht	3:1
10.10.87	Eintracht - Hamburger SV	3:0
17.10.87	Eintracht - 1. FC Köln	1:1
30.10.87	Werder Bremen - Eintracht	2:0
07.11.87	Eintracht - Schalke 04	2:0
14.11.87	Hannover 96 - Eintracht	1:2
21.11.87	Eintracht - Karlsruher SC	4:0
28.11.87	Eintracht - 1. FC Kaiserslautern	0:2
05.12.87	VfL Bochum - Eintracht	1:0
20.02.88	Eintracht - Bayer Uerdingen	3:1
05.03.88	Eintracht - Bayer Leverkusen	3:2
12.03.88	Borussia Dortmund - Eintracht	3:1
15.03.88	VfB Stuttgart - Eintracht	1:0
19.03.88	Eintracht - Bayern München	1:1
23.03.88	SV Waldhof - Eintracht	2:2
26.03.88	Eintracht - FC Homburg	1:2
09.04.88	1. FC Nürnberg - Eintracht	1:1
16.04.88	Eintracht - Bor. Mönchengladbach	2:0
23.04.88	Hamburger SV - Eintracht	2:2
30.04.88	1. FC Köln - Eintracht	1:1
03.05.88	Eintracht - Werder Bremen	0:1
07.05.88	FC Schalke 04 - Eintracht	0:0
14.05.88	Hannover 96 - Eintracht	3:3
21.05.88	Eintracht - Karlsruher SC	1:1

Saison 1988/89

23.07.88	Bayern München - Eintracht	3:0
30.07.88	Eintracht - Kickers Stuttgart	1:2
13.08.88	FC St. Pauli - Eintracht	2:0
19.08.88	Eintracht - 1. FC Köln	1:0
26.08.88	Bayer Uerdingen - Eintracht	4:1
03.09.88	Eintracht - 1. FC Nürnberg	1:0
10.09.88	VfL Bochum - Eintracht	1:0
13.09.88	Eintracht - SV Waldhof	0:0
08.10.88	VfB Stuttgart - Eintracht	2:0
22.10.88	Eintracht - Hamburger SV	0:1
29.10.88	1. FC Kaiserslautern - Eintracht	3:0
05.11.88	Eintracht - Bayer Leverkusen	1:1
12.11.88	Bor. Mönchengladbach - Eintracht	2:1
16.11.88	Eintracht - Karlsruher SC	1.0
19.11.88	Eintracht - Werder Bremen	0:0
26.11.88	Borussia Dortmund - Eintracht	6:0
03.12.88	Eintracht - Hannover 96	1:0
18.02.89	Eintracht - Bayern München	2:2
25.02.89	Kickers Stuttgart - Eintracht	0:1
04.03.89	Eintracht - FC St. Pauli	1:1
11.03.89	1. FC Köln - Eintracht	3:2
18.03.89	Eintracht - Bayer Uerdingen	0:2
25.03.89	1. FC Nürnberg - Eintracht	1:1
31.03.89	Eintracht - VfL Bochum	1:1
08.04.89	SV Waldhof - Eintracht	1:0
15.04.89	Karlsruher SC - Eintracht	1:3
29.04.89	Eintracht - VfB Stuttgart	1:3
06.05.89	Hamburger SV - Eintracht	2:1
12.05.89	Eintracht - 1. FC Kaiserslautern	3:2
20.05.89	Bayer Leverkusen - Eintracht	2:2
25.05.89	Eintracht - Bor. Mönchengladbach	1:1
03.06.89	Werder Bremen - Eintracht	2:0
10.06.89	Eintracht - Borussia Dortmund	
17.06.89	Hannover 96 - Eintracht	1:1
21.06.89	Eintracht - 1. FC Saarbrücken (Relegation)	2:0
25.06.89	1. FC Saarbrücken - Eintracht (Relegation)	2:1

Saison 1989/90

29.07.89	Eintracht - SV Waldhof	3:1
04.08.89	Hamburger SV - Eintracht	1:1
08.08.89	Fortuna Düsseldorf - Eintracht	1:2
16.08.89	Eintracht - VfL Bochum	4:0
23.08.89	VfB Stuttgart - Eintracht	1:1
26.08.89	Eintracht - Bayer Uerdingen	2:1
02.09.89	1. FC Kaiserslautern - Eintracht	2:1
09.09.89	Eintracht - Bayern München	1:2
15.09.89	Bayer Leverkusen - Eintracht	2:0
19.09.89	Eintracht - FC St. Pauli	4:1
30.09.89	Werder Bremen - Eintracht	0:2
07.10.89	Eintracht - Borussia Dortmund	0:2
14.10.89	1. FC Nürnberg - Eintracht	1:1
21.10.89	Eintracht - Bor. Mönchengladbach	3:0
28.10.89	FC Homburg - Eintracht	2:3
04.11.89	Eintracht - Karlsruher SC	1:1
18.11.89	1. FC Köln - Eintracht	3:5
25.11.89	SV Waldhof - Eintracht	1:1
02.12.89	Eintracht - Hamburger SV	2:0
09.12.89	Eintracht - Fortuna Düsseldorf	2:0
16.12.89	VfL Bochum - Eintracht	2:2
24.02.90	Eintracht - VfB Stuttgart	5:1
03.03.90	Bayer Uerdingen - Eintracht	1:1
10.03.90	Eintracht - 1. FC Kaiserslautern	1:1
17.03.90	Bayern München - Eintracht	1:0
23.03.90	Eintracht - Bayer Leverkusen	0:3
31.03.90	FC St. Pauli - Eintracht	2:2
07.04.90	Eintracht - Werder Bremen	1:0
11.04.90	Borussia Dortmund - Eintracht	0:0
21.04.90	Eintracht - 1. FC Nürnberg	5:1
28.04.90	Bor. Mönchengladbach - Eintracht	2:1
01.05.90	Eintracht - FC Homburg	1:1
05.05.90	Karlsruher SC - Eintracht	1:0
12.05.90	Eintracht - 1. FC Köln	3:1

Saison 1990/91

11.08.90	Eintracht - Karlsruher SC	3:0
18.08.90	1. FC Kaiserslautern - Eintracht	1:1
24.08.90	Eintracht - Fortuna Düsseldorf	5:1
01.09.90	VfL Bochum - Eintracht	0:0
08.09.90	Eintracht - Werder Bremen	0:0
15.09.90	Bor. Mönchengladbach - Eintracht	1:1
22.09.90	Eintracht - 1. FC Köln	1:0
29.09.90	Hamburger SV - Eintracht	0:1
06.10.90	SG Wattenscheid - Eintracht	1:0
13.10.90	Eintracht - Borussia Dortmund	3:1
20.10.90	Hertha BSC Berlin - Eintracht	1:0
27.10.90	Eintracht - Bayern München	1:4
10.11.90	1. FC Nürnberg - Eintracht	0:2
17.11.90	Eintracht - Bayer Uerdingen	4:0
24.11.90	Bayer Leverkusen - Eintracht	2:2
08.12.90	Eintracht - FC St. Pauli	1:1
16.12.90	VfB Stuttgart - Eintracht	2:1
26.02.91	Karlsruher SC - Eintracht	2:2
02.03.91	Eintracht - 1. FC Kaiserslautern	4:3
09.03.91	Fortuna Düsseldorf - Eintracht	1:0
16.03.91	Eintracht - VfL Bochum	1:1
22.03.91	Werder Bremen - Eintracht	1:1
03.04.91	Eintracht - Bor. Mönchengladbach	5:1
06.04.91	1. FC Köln - Eintracht	2:1
13.04.91	Eintracht - Hamburger SV	0:6
16.04.91	Eintracht - SG Wattenscheid	4:0
20.04.91	Borussia Dortmund - Eintracht	0:3
04.05.91	Eintracht - Hertha BSC Berlin	5:1
11.05.91	FC Bayern München - Eintracht	2:0
17.05.91	Eintracht - 1. FC Nürnberg	0:1
24.05.91	Bayer Uerdingen - Eintracht	2:3
30.05.91	Eintracht - Bayer Leverkusen	3:1
08.06.91	FC St. Pauli - Eintracht	1:1
16.06.91	Eintracht - VfB Stuttgart	4:0

Saison 1991/92

03.08.91	Fortuna Düsseldorf - Eintracht	1:2
10.08.91	Eintracht - FC Schalke 04	5:0
13.08.91	Dynamo Dresden - Eintracht	2:1
21.08.91	Eintracht - VfL Bochum	2:1
24.08.91	1. FC Köln - Eintracht	1:1
28.08.91	Eintracht - 1. FC Kaiserslautern	2:0
31.08.91	Hamburger SV - Eintracht	2:1
06.09.91	Eintracht - Kickers Stuttgart	6:1
14.09.91	Eintracht - 1. FC Nürnberg	2:2
21.09.91	Bayern München - Eintracht	3:3
28.09.91	Eintracht - Borussia Dortmund	3:0
05.10.91	VfB Stuttgart - Eintracht	1:2
11.10.91	Eintracht - Bor. Mönchengladbach	0:0
19.10.91	SG Wattenscheid - Eintracht	2:4
26.10.91	Eintracht - Bayer Leverkusen	0:1
01.11.91	MSV Duisburg - Eintracht	3:6
09.11.91	Eintracht - Karlsruher SC	1:1
15.11.91	Werder Bremen - Eintracht	1:0
23.11.91	Eintracht - Hansa Rostock	2:0
30.11.91	Eintracht - Fortuna Düsseldorf	1:1
05.12.91	FC Schalke 04 - Eintracht	1:1
14.12.91	Eintracht - Dynamo Dresden	3:0
07.02.92	VfL Bochum - Eintracht	0:0
15.02.92	Eintracht - 1. FC Köln	1:2
22.02.92	1. FC Kaiserslautern - Eintracht	1:1
29.02.92	Eintracht - Hamburger SV	2:1
07.03.92	Kickers Stuttgart - Eintracht	0:2
13.03.92	1. FC Nürnberg - Eintracht	1:3
21.03.92	Eintracht - Bayern München	3:2
28.03.92	Borussia Dortmund - Eintracht	2:2
04.04.92	Eintracht - VfB Stuttgart	1:1
11.04.92	Bor. Mönchengladbach - Eintracht	1:1
18.04.92	Eintracht - SG Wattenscheid	1:1
25.04.92	Bayer Leverkusen - Eintracht	1:3
02.05.92	Eintracht - MSV Duisburg	3:0
05.05.92	Karlsruher SC - Eintracht	0:2
09.05.92	Eintracht - Werder Bremen	2:2
16.05.92	Hansa Rostock - Eintracht	2:1

26 Spieler - 254 Berufungen
Die Nationalspieler der Eintracht

Jürgen Grabowski	(44/5/ –)
Bernd Hölzenbein	(40/5/ –)
Rudolf Gramlich	(22/–/ –)
Thomas Berthold	(21/1/49)
Uwe Bein	(14/3/ –)
Manfred Binz	(14/1/ –)
Friedel Lutz	(12/–/ –)
Andreas Möller	(12/4/25)
Franz Schütz	(11/–/ –)
Hennes Stubb	(10/1/ –)
Richard Kreß	(9/2/ –)
Alfred Pfaff	(7/2/ –)
Willi Tiefel	(7/–/ –)
Karl-Heinz Körbel	(6/–/ –)
Ronald Borchers	(6/–/ –)
Ralf Falkenmayer	(4/–/ –)
Hugo Mantel	(4/–/ 5)
Peter Reichel	(2/–/ –)
Wolfgang Solz	(2/–/ –)
Fritz Becker [1]	(1/2/ –)
Erich Bäumler	(1/1/ –)
Thomas Kroth	(1/–/ –)
Willi Lindner [2]	(1/–/ –)
Bernd Nickel	(1/–/ –)
Erwin Stein	(1/–/ –)
Hans Weilbächer	(1/–/ –)

[1] für Kickers Frankfurt, [2] für Griesheim 02 Frankfurt
Erläuterung: (Länderspiele für Eintracht/Tore insgesamt/Länderspiele insgesamt) Stand: 1.12.1992

	Spieljahre:	Einsätze:		Tore:	
Abbé, Ernst (4.6.48)					
Eintracht	66-69	13		3	
Andersen, Jörn (3.2.63)					
1. FC Nürnberg	85-88	78		28	
Eintracht	88-90	54		20	
Fortuna Düsseldorf	90-91	42		5	
Eintracht	91-	26	200	9	62
Andree, Hans-Joachim (6.7.50)					
Bor. Dortmund	70-72	45		1	
Eintracht	73-75	18	63	1	2
Anthes, Holger (9.8.62)					
Eintracht	81-82	15		4	
April, Wolfgang (3.9.59)					
Eintracht	85-86	6		0	
Aust, Friedhelm (9.5.51)					
Eintracht	71-72	10		0	
Bakalorz, Dirk (22.8.63)					
Bor. Mönchengladbach	86-88	39		5	
Eintracht	88-90	26	65	3	8
Balzis, Ralf (31.7.65)					
Hamburger SV	85-87	30		9	
Eintracht	87-89	35	65	5	14
Bechtold, Walter (25.7.47)					
Eintracht	65-69	74		33	
Offenbacher Kickers	70-71	28		8	
SV Darmstadt 98	78-79	29	131	5	46
Bein, Uwe (26.9.60)					
Kickers Offenbach	83-84	34		14	
1. FC Köln	84-87	64		17	
Hamburger SV	87-89	52		22	
Eintracht	89-	98	248	25	78
Bellut, Dieter (4.5.43)					
Eintracht	67-70	47		3	
Berthold, Thomas (12.11.64)					
Eintracht	82-87	111		18	
Bayern München	91-	30	141	1	19
Beverungen, Klaus (24.9.51)					
FC Schalke 04	70-74	49		6	
Eintracht	74-77	61		16	
FC St. Pauli	77-78	19	129	3	25
Biernat, Jaroslaw (6.9.60)					
Eintracht	86-88	12		1	
Bihn, Egon (16.11.54)					
Offenbacher Kickers	73-76	49		3	
Eintracht	76-78	12	61	2	5
Bindewald, Uwe (13.8.68)					
Eintracht	88-	72		0	
Binz, Manfred (22.9.65)					
Eintracht	84-	211		14	
Blättel, Michael (29.9.60)					
Eintracht	79-81	13		0	
1. FC Saarbrücken	85-86	32		8	
Fort. Düsseldorf	86-87	28		2	
FC Homburg	87-88	29	102	3	13
Blusch, Peter (11.6.42)					
Eintracht	64-68	110		5	
1. FC Köln	68-70	44		3	
1. FC Kaiserslautern	70-71	20	174	2	10
Borchers, Ronald (10.8.57)					
Eintracht	75-84	169		24	
Arm. Bielefeld	84-85	26		4	
SV Waldhof	86-87	18	213	0	28
Borkenhagen, Dirk (16.1.65)					
Eintracht	83-84	1		0	
Boy, Hans-Peter (10.2.64)					
Eintracht	84-86	17		0	
Bronnert, Siegfried (6.9.44)					
Eintracht	66-68	24		12	
Bühler, Uwe (3.2.60)					
Karlsruher SC	82-85	25		3	
Eintracht	85-86	15	40	1	4
Caspary, Alex (25.12.61)					
Eintracht	85-86	12		0	
Cha, Bum-kun (25.5.53)					
SV Darmstadt 98	78-79	1		0	
Eintracht	79-83	122		46	
Bayer Leverkusen	83-89	185	308	42	88
Conrad, Alexander (15.11.66)					
Eintracht	84-87	14		0	
Bor. Dortmund	88-89	8		0	
Eintracht	89-91	2	24	0	0
Detari, Lajos (24.4.63)					
Eintracht	88-89	33		11	
Dörr, Rainer (4.6.55)					
Eintracht	76-77	1		0	
Eckstein, Dieter (12.3.64)					
1. FC Nürnberg	85-88	98		38	
Eintracht	88-91	70		14	
1. FC Nürnberg	91-	52	220	18	70
Ehrmanntraut, Horst (11.12.55)					
Eintracht	79-80	13		0	
Hertha BSC	82-83	30		1	
FC Homburg	86-88	38	81	0	1
Eigenbrodt, Hans-Walter (4.8.35)					
Eintracht	63-64	15		0	
Eisenhofer, Karl (4.9.34)					
Eintracht	63-64	2		0	
Elsener, Rudolf (18.2.53)					
Eintracht	78-79	33		6	
Ernst, Thomas (23.12.67)					
Eintracht	87-90	1		0	
Eufinger, Bernd (11.10.61)					
Eintracht	81-82	1		0	
Eymold, Günter (17.4.59)					
Eintracht	83-84	2		0	
Falkenmayer, Ralf (11.2.63)					
Eintracht	80-87	173		18	
Bayer Leverkusen	87-89	48		7	
Eintracht	89-	87	308	11	36
Feghelm, Sigbert (22.8.42)					
Eintracht	66-72	24		0	
Friedl, Jürgen (23.2.59)					
Eintracht	76-79	3		0	
Friedrich, Jürgen (11.11.43)					
Eintracht	63-68	78		12	
1. FC Kaiserslautern	68-73	158	236	26	38
Friz, Holger (26.4.65)					
Eintracht	84-88	42		8	
Fruck, Norbert (28.12.57)					
MSV Duisburg	76-82	129		12	
Eintracht	83-86	44	173	2	14
Funk, Klaus (21.2.54)					
Eintracht	79 81	34		0	
Werder Bremen	81-86	3	37	0	0
Görtz, Armin (30.8.59)					
Eintracht	81-83	5		0	
1. FC Köln	86-90	112		8	
Hertha BSC	90-91	27	144	1	9
Grabowski, Jürgen (7.7.44)					
Eintracht	65-80	441		109	
Gruber, Rigobert (14.5.61)					
Eintracht	79-81	21		1	
Werder Bremen	81-86	89	110	12	13
Gründel, Heinz (13.2.57)					
Hertha BSC	76-78	8		1	
Hamburger SV	85-88	62		14	
Eintracht	88-	91	161	9	24
Gulich, Helmut (16.1.61)					
Eintracht	82-83	15		0	
Bayer Uerdingen	83-85	29		10	
Hannover 96	85-86	0	44	0	10
Gundelach, Hans-Jürgen (29.11.63)					
Eintracht	84-89	87		0	
FC Homburg	89-90	34	121	0	0
Haub, Ralf (26.7.64)					
Eintracht	87-88	5		0	
Heese, Horst (31.12.43)					
Eintracht	69-72	108		27	
Hamburger SV	72-74	41	149	11	38
Heidenreich, Maximilian (9.5.67)					
Hannover 96	85-86	29		1	
Eintracht	88-89	13	42	0	1
Heitkamp, Dirk (14.2.63)					
Eintracht	87-89	17		0	
Herbert, Willi (10.6.38)					
Eintracht	63-65	7		0	
Hobday, Peter (9.4.61)					
Hannover 96	87-88	33		4	
Eintracht	88-90	17	50	1	5
Höfer, Hermann (19.7.34)					
Eintracht	63-68	68		2	
Hölzenbein, Bernd (9.3.46)					
Eintracht	67-81	420		160	
Hönnscheidt, Norbert (3.11.60)					
Eintracht	80-81	5		0	
1. FC Saarbrücken	85-86	25	30	6	6
Hofmeister, Josef (8.5.46)					
Bor. Dortmund	67-69	6		1	
Eintracht	72-73	10	16	1	2
Hommrich, Klaus (17.10.50)					
Eintracht	69-70	8		0	
Horn, Alfred (7.9.36)					
Eintracht	63-64	20		3	
Huberts, Wilhelm (22.1.39)					
Eintracht	63-70	213		67	
Jessl, Reinhold (2.1.62)					
Eintracht	86-87	4		1	
Jüriens, Joachim (8.8.58)					
Eintracht	80-84	30		0	
Jusufi, Fahrudin (8.12.39)					
Eintracht	66-70	111		2	
Kaczor, Josef (23.3.53)					
VfL Bochum	74-81	142		51	
Eintracht	82-83	15	157	1	52
Kahlhofen, Mike (1.10.63)					
Eintracht	82-83	2		0	
Kalb, Jürgen (20.5.48)					
Eintracht	68-75	185		26	
Karlsruher SC	75-77	66		0	
SV Darmstadt 98	78-79	34	285	2	28
Karger, Harald (14.10.56)					
Eintracht	79-83	28		9	
Keifler, Günther (30.9.48)					
Eintracht	67-71	16		1	
Kitzmann, Dieter (11.7.64)					
1. FC Kaiserslautern	81-85	76		5	
Eintracht	85-88	28	104	3	8
Klein, Michael (22.2.65)					
Eintracht	89-	42		0	
Klepper, Thomas (7.4.65)					
Eintracht	87-90	52		2	
Kliemann, Uwe (30.6.49)					
Rotweiß Oberhausen	70-72	56		4	
Eintracht	72-74	68		8	
Hertha BSC	74-80	168	292	13	25
Kloss, Thomas (26.3.65)					
Eintracht	83-84	2		0	
Köhler, André (28.2.65)					
Eintracht	91-92	4		0	
Körbel, Karl-Heinz (1.12.54)					
Eintracht	72-91	602		46	
Koitka, Heinz-Josef (12.2.52)					
Eintracht	76-79	91		0	
Hamburger SV	80-81/87-89	51	142	0	0
Konca, Ender (22.10.47)					
Eintracht	71-73	36		7	
Kostner, Michael (7.2.69)					
Eintracht	87-89	14		0	
Kraaz, Armin (3.2.65)					
Eintracht	83-88	123		3	
Krämer, Harald (13.2.64)					
Eintracht	83-87	61		15	
Hansa Rostock	91-92	6	67	0	15
Krafczyk, Dieter (23.9.41)					
1. FC Saarbrücken	63-64	28		13	
Eintr. Braunschweig	64-66	42		13	
Eintracht	66-67	4		1	
Hertha BSC	68-69	32		4	
1. FC Kaiserslautern	69-71	29	135	7	38

	Spieljahre:	Einsätze:		Tore:	
Kraus, Helmut (16.11.38)					
Eintracht	63-69	65		7	
Kraus, Wolfgang (20.3.53)					
Eintracht	71-79/86-87	189		30	
Bayern München	79-84	138	327	17	47
Krauth, Raimund (27.12.52)					
Eintracht	72-74	23		1	
Karlsruher SC	75-77/80-82	64	87	10	11
Kreß, Richard (6.3.25)					
Eintracht	63-64	17		2	
Krobbach, Peter (15.1.54)					
Hamburger SV	72-75	62		6	
Eintracht	75-78	26		0	
Arminia Bielefeld	76-79/80-82	72	160	5	11
Kroth, Thomas (26.8.59)					
1. FC Köln	79-82	56		2	
Eintracht	82-85	74		13	
Hamburger SV	85-88	73		6	
Bor. Dortmund	88-90	53	256	0	21
Kruse, Axel (28.9.67)					
Hertha BSC	90-91	12		5	
Eintracht	91-	26	38	6	11
Kübert, Fritz (8.12.39)					
Eintracht	64-65	1		0	
Künast, Michael (14.2.61)					
Eintracht	79-83	22		8	
Karlsruher SC	84-85	30	52	7	15
Dr. Kunter, Peter (28.4.41)					
Eintracht	65-76	234		0	
Landerer, Ludwig (31.5.37)					
Eintracht	63-66	22		0	
Lasser, Thomas (25.10.69)					
Eintracht	88-92	44		0	
Lechner, Georg (18.8.41)					
Eintracht	64-66	45		16	
Lindemann, Hans (4.9.47)					
Eintracht	69-71	13		0	
SV Darmstadt 98	78-79	11	11	0	0
Lindner, Dieter (11.6.39)					
Eintracht	63-71	189		5	
Löw, Joachim (3.2.60)					
VfB Stuttgart	80-81	4		0	
Eintracht	81-82	24		5	
Karlsruher SC	84-85	24	52	2	7
Lorant, Werner (21.11.48)					
Bor. Dortmund	71-72	23		0	
Rotweiß Essen	73-77	116		16	
1. FC Saarbrücken	77-78	34		9	
Eintracht	78-82	134		21	
FC Schalke 04	82-83	18	325	0	46
Lorenz, Bernd (24.12.47)					
Werder Bremen	69-71	51		10	
Eintracht	74-76	30	81	13	23
Lottermann, Stefan (5.3.59)					
Eintracht	79-83	97		14	
1. FC Nurnberg	83-84	21	118	2	16
Lotz, Oskar (23.4.40)					
Eintracht	65-69	97		19	
Loy, Egon (14.5.31)					
Eintracht	63-67	69		0	
Lutz, Friedel (21.1.39)					
Eintracht	63-66/67-73	200		4	
1860 München	66-67	11	211	0	4
Mattern, Bodo (3.2.58)					
SV Darmstadt 98	81-82	24		13	
Eintracht	83-85	12		1	
Blau-Weiß Berlin	86-87	21	57	5	19
Mitchell, David (13.6.62)					
Eintracht	85-87	35		5	
Möller, Andreas (2.9.67)					
Eintracht	85-87/90-92	104		33	
Bor. Dortmund	87-90	75	179	24	57
Möller, Frank (11.7.67)					
Eintracht	91-	13		0	
Mohr, Jürgen (18.8.58)					
1. FC Köln	79-80	5		0	
Hertha BSC	82-83	33		5	
Eintracht	83-85	41		5	
1. FC Saarbrücken	85-86	22	101	2	12
Müller, Helmut (12.4.53)					
Eintracht	73-80	139		3	
Müller, Uwe (16.10.63)					
Eintracht	82-88	131		18	
Münn, Volker (10.1.60)					
Eintracht	86-88	29		0	
Nachtweih, Norbert (4.6.57)					
Eintracht	77-82/91-92	123		26	
Bayern München	82-89	201	325	26	46
Neuberger, Willi (15.4.46)					
Bor. Dortmund	66-71	148		29	
Werder Bremen	71-73	63		11	
Wuppertaler SV	73-75	42		5	
Eintracht	75-83	267	520	18	63
Nickel, Bernd (15.3.49)					
Eintracht	67-83	426		141	
Otto, Norbert (19.4.57)					
Eintracht	81-82	3		0	
Pahl, Jürgen (17.3.56)					
Eintracht	78-87	152		0	
Papies, Jürgen (22.4.44)					
Eintracht	70-71	25		3	
Parits, Thomas (7.10.46)					
1. FC Köln	70-71	29		5	
Eintracht	71-74	74	103	18	23
Peukert, Christian (21.2.60)					
Eintracht	79-80	1		1	
Offenbacher Kickers	83-84	10	11	1	2
Pezzey, Bruno (3.2.55)					
Eintracht	78-83	141		27	
Werder Bremen	83-87	114	255	18	45
Pistauer, Björn (15.1.68)					
Eintracht	88-90	2		0	
Racky, Heiko (1.10.46)					
Eintracht	67-69	16		1	
Raps, Ralf (10.10.60)					
Eintracht	81-82	1		0	
Hannover 96	85-89	88	89	0	0
Reichel, Peter (30.11.51)					
Eintracht	70-79	225		9	
Reubold, Thomas (13.9.66)					
Eintracht	85-86	2		0	
Rieth, Dennis (10.9.64)					
Eintracht	83-84	3		0	
Rohrbach, Thomas (4.4.49)					
Eintracht	70-75	134		16	
Rompel, Dietmar (2.2.62)					
Eintracht	88-89	2		0	
Roth, Dietmar (16.9.63)					
Karlsruher SC	84-85	31		0	
Schalke 04	85-87	50		0	
Eintracht	87-	151	232	4	4
Sarroca, Josef (12.8.60)					
Eintracht	85-87	33		4	
Schämer, Lothar (28.4.40)					
Eintracht	63-73	216		24	
Schaub, Fred (28.8.60)					
Eintracht	78-81	21		3	
Bor. Dortmund	83-84	6		1	
Hannover 96	85-86	31	58	9	13
Schlindwein, Dieter (7.2.61)					
SV Waldhof	83-86	86		5	
Werder Bremen	86-87	3		0	
Eintracht	87-89	32		1	
St. Pauli	89-91	57	178	0	6
Schmitt, Edgar (29.4.63)					
Eintracht	91-	6		0	
Schreml, Uwe (7.2.60)					
1860 München	80-81	14		0	
Eintracht	82-84	46	60	2	2
Schulz, Frank (18.2.61)					
VfL Bochum	83-87	116		30	
Eintracht	87-89	50		10	
Mönchengladbach	90-	39	205	3	43
Sievers, Ralf (30.10.61)					
Eintracht	82-90	204		9	
St. Pauli	90-91	27	231	1	10
Simons, Gerd (20.10.51)					
Eintracht	75-77	7		0	
Sippel, Lothar (9.5.65)					
Eintracht	89-92	68		18	
Skala, Lothar (2.5.52)					
Offenbacher Kickers	70-76	83		3	
Eintracht	77-79	10	93	0	3
Smolarek, Wlodzimierz (16.7.57)					
Eintracht	86-88	63		13	
Solz, Wolfgang (12.2.40)					
Eintracht	63-68	113		46	
Stahl, Klaus-Peter (28.5.46) †					
Eintracht	71-72	4		0	
Stein, Erwin (10.6.35)					
Eintracht	63-66	41		14	
Stein, Ulrich (23.10.54)					
Arm. Bielefeld	78-79	33		0	
Hamburger SV	80-87	209		0	
Eintracht	87-	160	402	0	
Stepanovic, Dragoslaw (30.8.48)					
Eintracht	76-78	49		3	
Stinka, Dieter (10.8.37)					
Eintracht	63-66	43		4	
Stradt, Winfried (29.5.56)					
Eintracht	74-76	7		0	
Tennis Borussia Berlin	76-77	21	28	5	5
Studer, Stefan (30.1.64)					
Eintracht	88-	107		7	
Svensson, Jan (24.4.56)					
Eintracht	83-86	96		16	
Sziedat, Michael (22.8.52)					
Hertha BSC	71-80	280		12	
Eintracht	80-84	99	379	4	16
Sztani, Istvan (19.3.37)					
Eintracht	65-68	21		3	
Theiss, Klaus (9.7.63)					
Karlsruher SC	81-83/84-85	87		3	
Eintracht	85-87	42		9	
FC Homburg	89-90	17	146	2	14
Tilkowski, Hans (12.7.35)					
Bor. Dortmund	63-67	81		0	
Eintracht	67-69	40	121	0	0
Tobollik, Cezary (22.10.61)					
Eintracht	83-85	42		12	
Trapp, Wolfgang (1.8.57)					
Eintracht	77-81	50		0	
SV Darmstadt 98	81-82	10		0	
Offenbacher Kickers	83-84	32		5	
Karlsruher SC	87-91	88	189	7	12
Trieb, Martin (23.9.61)					
Eintracht	82-86	90		5	
SV Waldhof	86-89	75	165	5	10
Trimhold, Horst (4.2.41)					
Eintracht	63-66	71		15	
Bor. Dortmund	66-71	96	167	12	27
Trinklein, Gert (19.6.49)					
Eintracht	68-78	230		10	
Turowski, Janusz (7.2.61)					
Eintracht	86-91	105		28	
Tuschek, Hans-Georg (18.9.41)					
Eintracht	64-65	7		3	
Ungewitter, Dieter (3.1.51)					
Eintracht	71-72	7		0	
Wachsmann, Albert (28.6.44)					
Eintracht	69-70	3		0	
Wacker, Hans-Dieter (28.12.58)					
Eintracht	78-79	1		0	
Wagner, David (19.10.71)					
Eintracht	90-91	1		0	
Wagner, Gerhard (25.8.44)					
Eintracht	69-70	5		0	
Wagner, Walter (26.7.49)					
Eintracht	70-71	11		0	
Weber, Joachim (3.7.51)					
Eintracht	70-71	3		0	
SV Darmstadt 98	78-79	33	36	5	5

Spieler / Verein	Spieljahre:	Einsätze:	Einsätze gesamt	Tore:	Tore gesamt
Weber, Ralf (31.5.69)					
Eintracht	89-	65		8	
Weber, Richard (27.6.38)					
Eintracht	63-66	29		0	
Weidle, Roland (1.1.49)					
VfB Stuttgart	67-71	27		2	
Eintracht	71-78	198		17	
Arminia Bielefeld	78-79	30	255	0	19
Weigert, Uwe (9.6.58)					
Eintracht	78-79	1		0	
Weilbächer, Josef (29.12.44)					
Eintracht	63-65	4		0	
Offenbacher Kickers	68-71	58	62	2	2
Wenzel, Rüdiger (3.6.53)					
Eintracht	75-79	130		51	
Fortuna Düsseldorf	79-84	143		36	
FC St. Pauli	88-90	27	300	4	91
Wienhold, Günter (21.1.48)					
Eintracht	72-78	69		0	
Wirth, Karl-Heinz (20.1.44)					
Eintracht	65-73	138		0	
Wirth, Manfred (5.8.47)					
Eintracht	70-71	9		0	
Wolf, Dirk (4.8.72)					
Eintracht	91-	9		0	
Würzburger, Frank (3.12.68)					
Eintracht	86-87	1		0	
Yeboah, Anthony (6.6.64)					
Eintracht	90-	60		23	
Zick, Claus-Peter (12.9.58)					
Eintracht	79-81	2		0	

Stand 1. 7. 1992

Willi Neuberger bestritt 520 Bundesligaspiele, davon 267 für die Eintracht.

Alle Bundesligatabellen:

1963/64

1. 1. FC Köln	30	78: 40	45-15
2. MSV Duisburg	30	60: 36	39-21
3. Eintracht Frankfurt	30	65: 41	39-21
4. Borussia Dortmund	30	73: 57	33-27
5. VfB Stuttgart	30	48: 40	33-27
6. Hamburger SV	30	69: 60	32-28
7. 1860 München	30	66: 50	31-29
8. Schalke 04	30	51: 53	29-31
9. 1. FC Nürnberg	30	45: 56	29-31
10. Werder Bremen	30	53: 62	28-32
11. Eintracht Braunschweig	30	36: 49	28-32
12. 1. FC Kaiserslautern	30	48: 69	26-34
13. Karlsruher SC	30	42: 55	24-36
14. Hertha BSC	30	45: 65	24-36
15. Preußen Münster	30	34: 52	23-37
16. 1. FC Saarbrücken	30	44: 72	17-43

1964/65

1. Werder Bremen	30	54: 29	41-19
2. 1. FC Köln	30	66: 45	38-22
3. Borussia Dortmund	30	67: 48	36-24
4. 1860 München	30	70: 50	35-25
5. Hannover 96	30	48: 42	33-27
6. 1. FC Nürnberg	30	44: 38	32-28
7. MSV Duisburg	30	45: 48	32-28
8. Eintracht Frankfurt	30	50: 58	29-31
9. Eintracht Braunschweig	30	42: 47	28-32
10. Borussia Neunkirchen	30	44: 48	27-33
11. Hamburger SV	30	46: 56	27-33
12. VfB Stuttgart	30	46: 50	26-34
13. 1. FC Kaiserslautern	30	41: 53	25-35
14. Hertha BSC	30	40: 62	25-35
15. Karlsruher SC	30	47: 62	24-36
16. FC Schalke 04	30	45: 60	22-38

1965/66

1. 1860 München	34	80: 40	50-18
2. Borussia Dortmund	34	70: 36	47-21
3. Bayern München	34	71: 38	47-21
4. Werder Bremen	34	76: 40	45-23
5. 1. FC Köln	34	74: 41	44-24
6. 1. FC Nürnberg	34	54: 43	39-29
7. Eintracht Frankfurt	34	64: 46	38-30
8. MSV Duisburg	34	50: 48	36-32
9. Hamburger SV	34	64: 52	34-34
10. Eintracht Braunschweig	34	45: 49	34-34
11. VfB Stuttgart	34	42: 48	32-36
12. Hannover 96	34	59: 57	30-38
13. Bor. Mönchengladbach	34	57: 68	29-39
14. FC Schalke 04	34	33: 55	27-41
15. 1. FC Kaiserslautern	34	42: 65	26-42
16. Karlsruher SC	34	35: 71	24-44
17. Borussia Neunkirchen	34	32: 82	22-46
18. Tasmania Berlin	34	15:108	8-60

1966/67

1. Eintracht Braunschweig	34	49: 27	43-25
2. 1860 München	34	60: 47	41-27
3. Borussia Dortmund	34	70: 41	39-29
4. Eintracht Frankfurt	34	66: 49	39-29
5. 1. FC Kaiserslautern	34	43: 42	38-30
6. Bayern München	34	62: 47	37-31
7. 1. FC Köln	34	48: 48	37-31
8. Bor. Mönchengladbach	34	70: 49	34-34
9. Hannover 96	34	40: 46	34-34
10. 1. FC Nürnberg	34	43: 50	34-34
11. MSV Duisburg	34	40: 42	33-35
12. VfB Stuttgart	34	48: 54	33-35
13. Karlsruher SC	34	52: 62	31-37
14. Hamburger SV	34	37: 53	30-38
15. FC Schalke 04	34	37: 63	30-38
16. Werder Bremen	34	49: 56	29-39
17. Fortuna Düsseldorf	34	44: 66	25-43
18. Rot-Weiß Essen	34	35: 53	25-43

1967/68

1. 1. FC Nürnberg	34	71: 37	47-21
2. Werder Bremen	34	68: 51	44-24
3. Bor. Mönchengladbach	34	77: 45	42-26
4. 1. FC Köln	34	68: 52	38-30
5. Bayern München	34	68: 58	38-30
6. Eintracht Frankfurt	34	58: 51	38-30
7. MSV Duisburg	34	69: 58	36-32
8. VfB Stuttgart	34	64: 54	35-33
9. Eintracht Braunschweig	34	37: 39	35-33
10. Hannover 96	34	48: 52	34-34
11. Alemannia Aachen	34	52: 66	34-34
12. 1860 München	34	55: 39	33-35
13. Hamburger SV	34	51: 54	33-35
14. Borussia Dortmund	34	60: 59	31-37
15. FC Schalke 04	34	42: 48	30-38
16. 1. FC Kaiserslautern	34	39: 67	28-40
17. Borussia Neunkirchen	34	33: 93	19-49
18. Karlsruher SC	34	32: 70	17-51

1968/69

1. Bayern München	34	61: 31	46-22
2. Alemannia Aachen	34	57: 51	38-30
3. Bor. Mönchengladbach	34	61: 46	37-31
4. Eintracht Braunschweig	34	46: 43	37-31
5. VfB Stuttgart	34	60: 54	36-32
6. Hamburger SV	34	55: 55	36-32
7. FC Schalke 04	34	45: 40	35-33
8. Eintracht Frankfurt	34	46: 43	34-34
9. Werder Bremen	34	59: 59	34-34
10. 1860 München	34	44: 59	34-34
11. Hannover 96	34	47: 45	32-36
12. MSV Duisburg	34	33: 37	32-36
13. 1. FC Köln	34	47: 56	32-36
14. Hertha BSC Berlin	34	31: 39	32-36
15. 1. FC Kaiserslautern	34	45: 47	30-38
16. Borussia Dortmund	34	49: 54	30-38
17. 1. FC Nürnberg	34	45: 55	29-39
18. Kickers Offenbach	34	42: 59	28-40

1969/70

1. Bor. Mönchengladbach	34	71: 29	51-17
2. Bayern München	34	88: 37	47-21
3. Hertha BSC Berlin	34	67: 41	45-23
4. 1. FC Köln	34	83: 38	43-25
5. Borussia Dortmund	34	60: 67	36-32
6. Hamburger SV	34	57: 54	35-33
7. VfB Stuttgart	34	59: 62	35-33
8. Eintracht Frankfurt	34	54: 54	34-34
9. FC Schalke 04	34	43: 54	34-34
10. 1. FC Kaiserslautern	34	44: 55	32-36
11. Werder Bremen	34	38: 47	31-37
12. Rot-Weiß Essen	34	41: 54	31-37
13. Hannover 96	34	49: 61	30-38
14. RW Oberhausen	34	50: 62	29-39
15. MSV Duisburg	34	35: 48	29-39
16. Eintracht Braunschweig	34	40: 49	28-40
17. 1860 München	34	41: 56	25-43
18. Alemannia Aachen	34	31: 83	17-51

1970/71

1. Bor. Mönchengladbach	34	77: 35	50-18
2. Bayern München	34	74: 36	48-20
3. Hertha BSC Berlin	34	61: 43	41-27
4. Eintracht Braunschweig	34	52: 40	39-29
5. Hamburger SV	34	54: 63	37-31
6. FC Schalke 04	34	44: 40	36-32
7. MSV Duisburg	34	43: 47	35-33
8. 1. FC Kaiserslautern	34	54: 57	34-34
9. Hannover 96	34	53: 49	33-35
10. Werder Bremen	34	41: 40	33-35
11. 1. FC Köln	34	46: 56	33-35
12. VfB Stuttgart	34	49: 49	30-38
13. Borussia Dortmund	34	54: 60	29-39
14. Arminia Bielefeld	34	34: 53	29-39
15. Eintracht Frankfurt	34	39: 56	28-40
16. RW Oberhausen	34	54: 69	27-41
17. Kickers Offenbach	34	49: 65	27-41
18. Rot-Weiß Essen	34	48: 68	23-45

1971/72

1. Bayern München	34	101: 38	55-13
2. FC Schalke 04	34	76: 35	52-16
3. Bor. Mönchengladbach	34	82: 40	43-25
4. 1. FC Köln	34	64: 44	43-25
5. Eintracht Frankfurt	34	71: 61	39-29
6. Hertha BSC Berlin	34	46: 55	37-31
7. 1. FC Kaiserslautern	34	59: 53	35-33
8. VfB Stuttgart	34	52: 56	35-33
9. VfL Bochum	34	59: 69	34-34
10. Hamburger SV	34	52: 52	33-35
11. Werder Bremen	34	63: 58	31-37
12. Eintracht Braunschweig	34	43: 48	31-37
13. Fortuna Düsseldorf	34	40: 53	30-38
14. MSV Duisburg	34	36: 51	27-41
15. RW Oberhausen	34	33: 66	25-43
16. Hannover 96	34	54: 69	23-45
17. Borussia Dortmund	34	34: 83	20-48
18. Arminia Bielefeld	34	0: 0	0- 0

Arminia Bielefeld wurde die Lizenz entzogen.
Alle Spiele für den Verein nicht gewertet.

1972/73

1. Bayern München	34	93: 29	54-14
2. 1. FC Köln	34	66: 51	43-25
3. Fortuna Düsseldorf	34	62: 45	42-26
4. Wuppertaler SV	34	62: 49	40-28
5. Bor. Mönchengladbach	34	82: 61	39-29
6. VfB Stuttgart	34	71: 65	37-31
7. Kickers Offenbach	34	61: 60	35-33
8. Eintracht Frankfurt	34	58: 54	34-34
9. 1. FC Kaiserslautern	34	58: 68	34-34
10. MSV Duisburg	34	53: 54	33-35
11. Werder Bremen	34	50: 52	31-37
12. VfL Bochum	34	50: 68	31-37
13. Hertha BSC Berlin	34	53: 64	30-38
14. Hamburger SV	34	53: 59	28-40
15. FC Schalke 04	34	46: 61	28-40
16. Hannover 96	34	49: 65	26-42
17. Eintracht Braunschweig	34	33: 56	25-43
18. RW Oberhausen	34	45: 84	22-46

1973/74

1. Bayern München	34	95: 53	49-19
2. Bor. Mönchengladbach	34	93: 52	48-20
3. Fortuna Düsseldorf	34	61: 47	41-27
4. Eintracht Frankfurt	34	63: 50	41-27
5. 1. FC Köln	34	69: 56	39-29
6. 1. FC Kaiserslautern	34	80: 69	38-30
7. FC Schalke 04	34	72: 68	37-31
8. Hertha BSC Berlin	34	56: 60	33-35
9. VfB Stuttgart	34	58: 57	31-37
10. Kickers Offenbach	34	56: 62	31-37
11. Werder Bremen	34	48: 56	31-37
12. Hamburger SV	34	53: 62	31-37
13. Rot-Weiß Essen	34	56: 70	31-37
14. VfL Bochum	34	45: 57	30-38
15. MSV Duisburg	34	42: 56	29-39
16. Wuppertaler SV	34	42: 65	25-43
17. Fortuna Köln	34	46: 79	25-43
18. Hannover 96	34	50: 66	22-46

1974/75

1. Bor. Mönchengladbach	34	86: 40	50-18
2. Hertha BSC Berlin	34	61: 43	44-24
3. Eintracht Frankfurt	34	89: 49	43-25
4. Hamburger SV	34	55: 38	43-25
5. 1. FC Köln	34	77: 51	41-27
6. Fortuna Düsseldorf	34	66: 55	41-27
7. FC Schalke 04	34	52: 37	39-29
8. Kickers Offenbach	34	72: 63	38-30
9. Eintracht Braunschweig	34	52: 42	36-32
10. Bayern München	34	57: 63	34-34
11. VfL Bochum	34	53: 53	33-35
12. Rot-Weiß Essen	34	56: 68	32-36
13. 1. FC Kaiserslautern	34	56: 55	31-37
14. MSV Duisburg	34	59: 77	30-38
15. Werder Bremen	34	45: 69	25-43
16. VfB Stuttgart	34	50: 79	24-44
17. TeBe Berlin	34	38: 89	16-52
18. Wuppertaler SV	34	32: 86	12-56

1975/76

1. Bor. Mönchengladbach	34	66: 37	45-23
2. Hamburger SV	34	59: 32	41-27
3. Bayern München	34	72: 50	40-28
4. 1. FC Köln	34	62: 45	39-29
5. Eintracht Braunschweig	34	52: 48	39-29

6.	FC Schalke 04	34	76:55	37-31
7.	1. FC Kaiserslautern	34	66:60	37-31
8.	Rot-Weiß Essen	34	61:67	37-31
9.	Eintracht Frankfurt	34	79:58	36-32
10.	MSV Duisburg	34	55:22	33-35
11.	Hertha BSC Berlin	34	59:61	32-36
12.	Fortuna Düsseldorf	34	47:57	30-38
13.	Werder Bremen	34	44:55	30-38
14.	VfL Bochum	34	49:62	30-38
15.	Karlsruher SC	34	46:59	30-38
16.	Kickers Offenbach	34	48:60	27-41
17.	Hannover 96	34	40:72	27-41
18.	Bayer Uerdingen	34	28:69	22-46

1976/77

1.	Bor. Mönchengladbach	34	58:34	44-24
2.	FC Schalke 04	34	77:52	43-25
3.	Eintracht Braunschweig	34	56:38	43-25
4.	Eintracht Frankfurt	34	86:57	42-26
5.	1. FC Köln	34	83:61	40-28
6.	Hamburger SV	34	67:56	38-30
7.	Bayern München	34	74:65	37-31
8.	Borussia Dortmund	34	73:64	34-34
9.	MSV Duisburg	34	60:51	34-34
10.	Hertha BSC Berlin	34	55:54	34-34
11.	Werder Bremen	34	51:59	33-35
12.	Fortuna Düsseldorf	34	52:54	31-37
13.	1. FC Kaiserslautern	34	53:59	29-39
14.	1. FC Saarbrücken	34	43:55	29-39
15.	VfL Bochum	34	47:62	29-39
16.	Karlsruher SC	34	53:75	28-40
17.	TeBe Berlin	34	47:85	22-46
18.	Rot-Weiß Essen	34	49:103	22-46

1977/78

1.	1. FC Köln	34	86:41	48-20
2.	Bor. Mönchengladbach	34	86:44	48-20
3.	Hertha BSC Berlin	34	59:48	40-28
4.	VfB Stuttgart	34	58:40	39-29
5.	Fortuna Düsseldorf	34	49:36	39-29
6.	MSV Duisburg	34	62:59	37-31
7.	Eintracht Frankfurt	34	59:52	36-32
8.	1. FC Kaiserslautern	34	64:63	36-32
9.	FC Schalke 04	34	47:52	34-34
10.	Hamburger SV	34	61:67	34-34
11.	Borussia Dortmund	34	57:71	33-35
12.	Bayern München	34	62:64	32-36
13.	Eintracht Braunschweig	34	43:53	32-36
14.	VfL Bochum	34	49:51	31-37
15.	Werder Bremen	34	48:57	31-37
16.	1860 München	34	41:60	22-46
17.	1. FC Saarbrücken	34	39:70	22-46
18.	FC St. Pauli	34	44:86	18-50

1978/79

1.	Hamburger SV	34	78:32	49-19
2.	VfB Stuttgart	34	73:34	48-20
3.	1. FC Kaiserslautern	34	62:47	43-25
4.	Bayern München	34	69:46	40-28
5.	Eintracht Frankfurt	34	50:49	39-29
6.	1. FC Köln	34	55:47	38-30
7.	Fortuna Düsseldorf	34	70:59	37-31
8.	VfL Bochum	34	47:46	33-35
9.	Eintracht Braunschweig	34	50:55	33-35
10.	Bor. Mönchengladbach	34	50:53	32-36
11.	Werder Bremen	34	48:60	31-37
12.	Borussia Dortmund	34	54:70	31-37
13.	MSV Duisburg	34	43:56	30-38
14.	Hertha BSC Berlin	34	40:50	29-39
15.	FC Schalke 04	34	55:61	28-40
16.	Arminia Bielefeld	34	43:56	26-42
17.	1. FC Nürnberg	34	36:67	24-44
18.	Darmstadt 98	34	40:75	21-47

1979/80

1.	Bayern München	34	84:33	50-18
2.	Hamburger SV	34	86:35	48-20
3.	1. FC Kaiserslautern	34	75:53	41-27
3.	VfB Stuttgart	34	75:53	41-27
5.	1. FC Köln	34	72:55	37-31
6.	Borussia Dortmund	34	64:56	36-32
7.	Bor. Mönchengladbach	34	61:60	36-32
8.	FC Schalke 04	34	40:51	33-35
9.	Eintracht Frankfurt	34	65:61	32-36
10.	VfL Bochum	34	41:44	32-36
11.	Fortuna Düsseldorf	34	62:72	32-36
12.	Bayer Leverkusen	34	45:61	32-36
13.	1860 München	34	42:53	30-38
14.	MSV Duisburg	34	43:57	29-39
15.	Bayer Uerdingen	34	43:61	29-39
16.	Hertha BSC Berlin	34	41:61	29-39
17.	Werder Bremen	34	52:93	25-43
18.	Eintracht Braunschweig	34	32:64	20-48

1980/81

1.	Bayern München	34	89:41	53-15
2.	Hamburger SV	34	73:43	49-19
3.	VfB Stuttgart	34	70:44	46-22
4.	1. FC Kaiserslautern	34	60:37	44-24
5.	Eintracht Frankfurt	34	61:57	38-30
6.	Bor. Mönchengladbach	34	68:64	37-31
7.	Borussia Dortmund	34	69:59	35-33
8.	1. FC Köln	34	54:55	34-34
9.	VfL Bochum	34	53:45	33-35
10.	Karlsruher SC	34	56:63	32-36
11.	Bayer Leverkusen	34	52:53	30-38
12.	MSV Duisburg	34	45:58	29-39
13.	Fortuna Düsseldorf	34	57:64	28-40
14.	1. FC Nürnberg	34	47:57	28-40
15.	Arminia Bielefeld	34	46:65	26-42
16.	1860 München	34	49:67	25-43
17.	FC Schalke 04	34	43:88	23-45
18.	Bayer Uerdingen	34	47:79	22-46

1981/82

1.	Hamburger SV	34	95:45	48-20
2.	1. FC Köln	34	72:38	45-23
3.	Bayern München	34	77:56	43-25
4.	1. FC Kaiserslautern	34	70:61	42-26
5.	Werder Bremen	34	61:52	42-26
6.	Borussia Dortmund	34	59:40	41-27
7.	Bor. Mönchengladbach	34	61:51	40-28
8.	Eintracht Frankfurt	34	83:72	37-31
9.	VfB Stuttgart	34	62:55	35-33
10.	VfL Bochum	34	52:51	32-36
11.	Eintracht Braunschweig	34	61:66	32-36
12.	Arminia Bielefeld	34	46:50	30-38
13.	1. FC Nürnberg	34	53:72	28-40
14.	Karlsruher SC	34	50:68	27-41
15.	Fortuna Düsseldorf	34	48:73	25-43
16.	Bayer Leverkusen	34	45:72	25-43
17.	SV Darmstadt 98	34	46:82	21-47
18.	MSV Duisburg	34	40:77	19-49

1982/83

1.	Hamburger SV	34	79:33	52-16
2.	Werder Bremen	34	76:38	52-16
3.	VfB Stuttgart	34	80:47	48-20
4.	Bayern München	34	74:33	44-24
5.	1. FC Köln	34	69:42	43-25
6.	1. FC Kaiserslautern	34	57:44	41-27
7.	Borussia Dortmund	34	78:62	39-29
8.	Arminia Bielefeld	34	46:71	31-37
9.	Fortuna Düsseldorf	34	63:75	30-38
10.	Eintracht Frankfurt	34	48:57	29-39
11.	Bayer Leverkusen	34	43:66	29-39
12.	Bor. Mönchengladbach	34	64:63	28-40
13.	VfL Bochum	34	43:49	28-40
14.	1. FC Nürnberg	34	44:70	28-40
15.	Eintracht Braunschweig	34	42:65	27-41
16.	FC Schalke 04	34	48:68	22-46
17.	Karlsruher SC	34	39:86	21-47
18.	Hertha BSC Berlin	34	43:67	20-48

1983/84

1.	VfB Stuttgart	34	79:33	48-20
2.	Hamburger SV	34	75:36	48-20
3.	Bor. Mönchengladbach	34	81:48	48-20
4.	Bayern München	34	84:41	47-21
5.	Werder Bremen	34	79:46	45-23
6.	1. FC Köln	34	70:57	38-30
7.	Bayer Leverkusen	34	50:50	34-34
8.	Arminia Bielefeld	34	40:49	33-35
9.	Eintracht Braunschweig	34	54:69	32-36
10.	Bayer Uerdingen	34	66:79	31-37
11.	SV Waldhof Mannheim	34	45:58	31-37
12.	1. FC Kaiserslautern	34	68:69	30-38
13.	Borussia Dortmund	34	54:65	30-38
14.	Fortuna Düsseldorf	34	63:75	29-39
15.	VfL Bochum	34	58:70	28-40
16.	Eintracht Frankfurt	34	45:61	27-41
17.	Kickers Offenbach	34	48:106	19-49
18.	1. FC Nürnberg	34	38:85	14-54

1984/85

1.	Bayern München	34	79:38	50-18
2.	Werder Bremen	34	87:51	46-22
3.	1. FC Köln	34	69:66	40-28
4.	Bor. Mönchengladbach	34	77:53	39-29
5.	Hamburger SV	34	58:49	37-31
6.	SV Waldhof Mannheim	34	47:50	37-31
7.	Bayer Uerdingen	34	57:52	36-32
8.	FC Schalke 04	34	63:62	34-34
9.	VfL Bochum	34	52:54	34-34
10.	VfB Stuttgart	34	79:59	33-35
11.	1. FC Kaiserslautern	34	56:60	33-35
12.	Eintracht Frankfurt	34	62:67	32-36
13.	Bayer Leverkusen	34	52:54	31-37
14.	Borussia Dortmund	34	51:65	30-38
15.	Fortuna Düsseldorf	34	53:66	29-39
16.	Arminia Bielefeld	34	46:61	29-39
17.	Karlsruher SC	34	47:88	22-46
18.	Eintracht Braunschweig	34	39:79	20-48

1985/86

1.	Bayern München	34	82:31	49-19
2.	Werder Bremen	34	83:41	49-19
3.	Bayer Uerdingen	34	63:60	45-23
4.	Bor. Mönchengladbach	34	65:51	42-26
5.	VfB Stuttgart	34	69:45	41-27
6.	Bayer Leverkusen	34	63:51	40-28
7.	Hamburger SV	34	52:35	39-29
8.	SV Waldhof Mannheim	34	41:44	33-35
9.	VfL Bochum	34	55:57	32-36
10.	FC Schalke 04	34	53:58	30-38
11.	1. FC Kaiserslautern	34	49:54	30-38
12.	1. FC Nürnberg	34	51:54	29-39
13.	1. FC Köln	34	46:59	29-39
14.	Fortuna Düsseldorf	34	54:78	29-39
15.	Eintracht Frankfurt	34	35:49	28-40
16.	Borussia Dortmund	34	49:65	28-40
17.	1. FC Saarbrücken	34	39:68	21-47
18.	Hannover 96	34	43:92	18-50

1986/87

1.	Bayern München	34	67:31	53-15
2.	Hamburger SV	34	69:37	47-21
3.	Bor. Mönchengladbach	34	74:44	43-25
4.	Borussia Dortmund	34	70:50	40-28
5.	Werder Bremen	34	65:54	40-28
6.	Bayer Leverkusen	34	56:38	39-29
7.	1. FC Kaiserslautern	34	64:51	37-31
8.	Bayer Uerdingen	34	51:49	35-33
9.	1. FC Nürnberg	34	62:62	35-33
10.	1. FC Köln	34	50:53	35-33
11.	VfL Bochum	34	52:44	32-36
12.	VfB Stuttgart	34	55:49	32-36
13.	FC Schalke 04	34	50:58	32-36
14.	SV Waldhof Mannheim	34	52:71	28-40
15.	Eintracht Frankfurt	34	42:53	25-43
16.	FC Homburg/Saar	34	33:79	21-47
17.	Fortuna Düsseldorf	34	42:91	20-48
18.	Blau-Weiß 90 Berlin	34	36:76	18-50

1987/88

1.	Werder Bremen	34	61:22	52-16
2.	Bayern München	34	83:45	48-20
3.	1. FC Köln	34	57:28	48-20
4.	VfB Stuttgart	34	69:49	40-28
5.	1. FC Nürnberg	34	44:40	37-31
6.	Hamburger SV	34	63:68	37-31
7.	Bor. Mönchengladbach	34	55:53	33-35
8.	Bayer Leverkusen	34	53:60	32-36
9.	Eintracht Frankfurt	34	51:50	31-37
10.	Hannover 96	34	59:60	31-37
11.	Bayer Uerdingen	34	59:61	31-37

12. VfL Bochum	34	47: 51	30-38
13. Borussia Dortmund	34	51: 54	29-39
14. 1. FC Kaiserslautern	34	53: 62	29-39
15. Karlsruher SC	34	37: 55	29-39
16. SV Waldhof Mannheim	34	35: 50	28-40
17. FC Homburg/Saar	34	37: 70	24-44
18. FC Schalke 04	34	48: 84	23-45

1988/89

1. Bayern München	34	67: 26	50-18
2. 1. FC Köln	34	58: 30	45-23
3. Werder Bremen	34	55: 32	44-24
4. Hamburger SV	34	60: 36	43-25
5. VfB Stuttgart	34	58: 49	39-29
6. Bor. Mönchengladbach	34	44: 43	38-30
7. Borussia Dortmund	34	56: 40	37-31
8. Bayer Leverkusen	34	45: 44	34-34
9. 1. FC Kaiserslautern	34	47: 44	33-35
10. FC St. Pauli Hambg.	34	41: 42	32-36
11. Karlsruher SC	34	48: 51	32-36
12. SV Waldhof Mannheim	34	43: 52	31-37
13. Bayer Uerdingen	34	50: 60	31-37
14. 1. FC Nürnberg	34	36: 54	26-42
15. VfL Bochum	34	37: 57	26-42
16. Eintracht Frankfurt	34	30: 53	26-42
17. Stuttgarter Kickers	34	41: 68	26-42
18. Hannover 96	34	36: 71	19-49

1989/90

1. Bayern München	34	64: 28	49-19
2. 1. FC Köln	34	54: 44	43-25
3. Eintracht Frankfurt	34	61: 40	41-27
4. Borussia Dortmund	34	51: 35	41-27
5. Bayer Leverkusen	34	40: 32	39-29
6. VfB Stuttgart	34	53: 47	36-32
7. Werder Bremen	34	49: 41	34-34
8. 1. FC Nürnberg	34	42: 46	33-35
9. Fortuna Düsseldorf	34	41: 41	32-36
10. Karlsruher SC	34	32: 39	32-36
11. Hamburger SV	34	39: 46	31-37
12. 1. FC Kaiserslautern	34	42: 55	31-37
13. FC St. Pauli Hambg.	34	31: 46	31-37
14. Bayer Uerdingen	34	41: 48	30-38
15. Bor. Mönchengladbach	34	37: 45	30-38
16. VfL Bochum	34	44: 53	29-39
17. SV Waldhof Mannheim	34	36: 53	26-42
18. FC Homburg/Saar	34	33: 51	24-44

1990/91

1. 1. FC Kaiserslautern	34	72: 45	48-20
2. Bayern München	34	74: 41	45-23
3. Werder Bremen	34	46: 29	42-26
4. Eintracht Frankfurt	34	63: 40	40-28
5. Hamburger SV	34	60: 38	40-28
6. VfB Stuttgart	34	57: 44	38-30
7. 1. FC Köln	34	50: 43	37-31
8. Bayer Leverkusen	34	47: 46	35-33
9. Bor. Mönchengladbach	34	49: 54	35-33
10. Borussia Dortmund	34	46: 57	34-34
11. Wattenscheid 09	34	42: 51	33-35
12. Fortuna Düsseldorf	34	40: 49	32-36
13. Karlsruher SC	34	46: 52	31-37
14. VfL Bochum	34	50: 52	29-39
15. 1. FC Nürnberg	34	40: 54	29-39
16. FC St. Pauli	34	33: 53	27-41
17. Bayer Uerdingen	34	34: 54	23-45
18. Hertha BSC Berlin	34	37: 84	14-54

1991/92

1. VfB Stuttgart	38	62: 32	52-24
2. Borussia Dortmund	38	66: 47	52-24
3. Eintracht Frankfurt	38	76: 41	50-26
4. 1. FC Köln	38	58: 41	44-32
5. 1. FC Kaiserslautern	38	58: 42	44-32
6. Bayer Leverkusen	38	53: 39	43-33
7. 1. FC Nürnberg	38	54: 51	43-33
8. Karlsruher SC	38	48: 50	41-35
9. Werder Bremen	38	44: 45	38-38
10. Bayern München	38	59: 61	36-40
11. FC Schalke 04	38	45: 45	34-42
12. Hamburger SV	38	32: 43	34-42
13. Bor. Mönchengladbach	38	37: 49	34-42
14. Dynamo Dresden	38	34: 50	34-42
15. VfL Bochum	38	38: 55	33-43
16. Wattenscheid 09	38	50: 60	32-44
17. Stuttgarter Kickers	38	53: 64	31-45
18. Hansa Rostock	38	43: 55	31-45
19. MSV Duisburg	38	43: 55	30-46
20. Fortuna Düsseldorf	38	41: 69	24-52

Nationalspieler Manfred Binz fehlte seit 1987 in keinem Bundesligaspiel, bestritt am 14. 11. 1992 gegen Bochum sein 200. Spiel in Serie.

Die Eintracht im Pokal

Schlußrunde um den Vereinspokal (1935-1964)

1940:		
Eintracht - Fortuna Düsseldorf (Vorrunde)		2:3
1955:		
Eintracht - FK Pirmasens		1:0
Altonaer FC - Eintracht (Achtelfinale)		2:1
1961:		
Eintracht - 1. FC Köln (Vorrunde)	n. Verl.	2:3
1962:		
Eintracht - Tasmania Berlin		1:0
1. FC Köln - Eintracht	n. Verl.	1:2
1. FC Nürnberg - Eintracht (Halbfinale)		4:2

DFB-Pokal (Neuordnung ab 1964)

1964:		
VfL Wolfsburg - Eintracht		0:2
Eintracht - Hessen Kassel		6:1
Eintracht - FC Schalke 04		2:1
Eintracht - Hertha BSC Berlin		3:1
TSV 1860 München - Eintracht (Finale)		2:0
1965:		
Eintracht - Borussia Neunkirchen		2:1
Eintracht - FC Schalke 04 (Achtelfinale)		1:2
1966:		
Eintracht - SV Alsenborn		2:1
1. FC Nürnberg - Eintracht (Achtelfinale)		2:1
1967:		
Hessen Kassel - Eintracht (Qualifikation)		6:2
1968:		
FC Schweinfurt 05 - Eintracht	n. Verl.	1:2
1. FC Köln - Eintracht	n. Verl.	1:1
Eintracht - 1. FC Köln (Wiederh.-Spiel-Achtelfin.)		0:1
1969:		
Eintracht - Borussia Dortmund		6:2
1. FC Kaiserslautern - Eintracht (Achtelfinale)		1:0
1970:		
VfL Osnabrück - Eintracht	n. Verl.	1:2
Eintracht - Hamburger SV		2:0
Eintracht - Kickers Offenbach (Viertelfinale)		0:3
1971:		
FC St. Pauli - Eintracht	n. Verl.	2:3
Eintracht - 1. FC Köln (Achtelfinale)		1:4
1972:		
FC Schweinfurt 05 - Eintracht		1:0, 1:6
Bor. M'gladbach - Eintracht (Achtelfin.)		4:2, 2:3
1973:		
SV Hannover 96 - Eintracht		1:0, 2:4
Eintr. Braunschweig - Eintracht (Achtelf.)		1:0, 2:2
- 1972 und 1973 wurden bis auf das Finale alle Spiele mit Hin- und Rückspiel ausgetragen -		
1974:		
Tennis Borussia Berlin - Eintracht		1:8
KSV Hessen Kassel - Eintracht		2:3
Eintracht - 1. FC Köln	n. Verl.	4:3
Eintracht - FC Bayern München		3:2
Eintracht - Hamburger SV (Endspiel)	n. Verl.	3:1
1975:		
Arminia Bielefeld - Eintracht		1:3
Union Solingen - Eintracht	n. Verl.	1:2
1. FC Mülheim-Styrum - Eintracht		0:3
Eintracht - VfL Bochum		1:0
Eintracht - Fortuna Köln		4:2
Eintracht - Rotweiß Essen	n. Verl.	3:1
Eintracht - MSV Duisburg (Endspiel)		1:0
1976:		
Eintracht - Viktoria Köln		6:0
Offenburger FV - Eintracht		1:5
Eintracht - VfL Osnabrück		3:0
Hertha BSC Berlin - Eintracht (Achtelf.)	n.Verl.	1:0
1977:		
Saar 05 Saarbrücken - Eintracht		1:6
Eintracht - Hertha Zehlendorf Berlin		10:2
Röchling Völklingen - Eintracht		2:3
FC Schalke 04 - Eintracht	n. Verl.	2:2
Eintracht - FC Schalke 04 (Wiederh.-Spiel)		4:3
Bayer Uerdingen - Eintracht (Viertelf.)	n. Verl.	6:3
1978:		
FC Konstanz - Eintracht		1:6
TuS Schloß-Neuhaus - Eintracht	n. Verl.	2:2
Eintracht - TuS Schloß-Neuhaus (Wiederhol.)		4:0
FC Schalke 04 - Eintracht (3. Hauptrunde)		1:0
1979:		
Spvgg. Bad Pymont - Eintracht		1:2
SV Werder Bremen - Eintracht		2:3
Eintracht - KSV Baunatal		4:1
Borussia Dortmund - Eintracht		1:3
Eintracht - Rotweiß Oberhausen		2:1
Hertha BSC Berlin - Eintracht (Halbfinale)		2:1
1980:		
Eintracht - BSK Neugablonz		6:1
Freiburger FC - Eintracht		1:4
Eintracht - SV Waldhof Mannheim		2:0
VfB Stuttgart - Eintracht (Achtelfinale)		3:2
1981:		
VfB Gaggenau - Eintracht		0:3
Eintracht - VfR Friedrichshafen		6:0
Eintracht - SSV Ulm 46		3:0
VfB Oldenburg - Eintracht		4:5
Eintracht - VfB Stuttgart		2:1
Eintracht - Hertha BSC Berlin		1:0
Eintracht - 1. FC Kaiserslautern (Endspiel)		3:1
1982:		
Eintracht - BSC Brunsbüttel		6:1
Fortuna Düsseldorf - Eintracht (2. Runde)		3:1
1983:		
Waldhof Mannheim - Eintracht		2:0
1984:		
Göttingen 04 - Eintracht		4:2
1985:		
Eintracht Braunschweig - Eintracht		1:3
Bor. M'gladbach - Eintracht	n. Verl.	4:2
1986:		
1. FC Kaiserslautern - Eintracht		3:1
1987:		
Eintracht - Eintracht Braunschweig		3:1
FSV Mainz 05 - Eintracht	n. Verl.	0:1
SG Wattenscheid - Eintracht		1:3
Kickers Stuttgart - Eintracht		3:1
1988:		
Eintracht - FC Schalke 04		3:2
Eintracht - SSV Ulm		3:0
Fortuna Düsseldorf - Eintracht		0:1
Eintracht - Bayer Uerdingen		4:2
Werder Bremen - Eintracht		0:1
Eintracht - VfL Bochum (Endspiel)		1:0
1988/89:		
VfL Wolfsburg - Eintracht	n. Verl.	1:1
Eintracht - VfL Wolfsburg		6:1
Bayer Uerdingen - Eintracht	n. Verl.	5:4
1989/90:		
Eintracht - Bayern München		0:1
1990/91:		
ASC Schöppingen - Eintracht		1:2
Eintracht - 1. FC Nürnberg	n. Verl.	0:0
1. FC Nürnberg - Eintracht	n. Verl.	0:2
1. FC Saarbrücken - Eintracht	n. Verl.	0:0
Eintracht - 1. FC Saarbrücken	n. Verl.	3:2
Eintracht - SG Wattenscheid		3:1
Eintracht - Werder Bremen	n. Verl.	2:2
Werder Bremen - Eintracht (Halbfinale)		6:3
1991/92:		
Spvgg. Ludwigsburg - Eintracht		1:6
Eintracht - Karlsruher SC		0:1
1992/93:		
SV Wehen - Eintracht		2:3
SC Bamberg - Eintracht		1:3
Eintracht - SV Waldhof	n. Verl.	4:1
Eintracht - VfL Osnabrück		3:1

Insgesamt:
113 Spiele, 74 Siege, 8 Unentschieden, 31 Niederlagen, 290:170 Tore.

Stand 1. 12. 1992

Endspielmannschaften der Eintracht

12.6.1932 in Nürnberg:
Endspiel um die Deutsche Meisterschaft gegen Bayern München (0:2)
Schmidt - Schütz, Stubb - Gramlich, Leis, Mantel - Trumpler, Möbs, Ehmer, Dietrich, Schaller.
Tore: (Rohr, Krumm) — SR: Birlem (Berlin) — Z: 55.000

28.6.1959 in Berlin:
Endspiel um die Deutsche Meisterschaft gegen Kickers Offenbach (5:3 n.V.)
Loy - Eigenbrodt, Höfer - Stinka, Lutz, Weilbächer - Kreß, Sztani, Feigenspan, Pfaff, Lindner.
Tore: Feigenspan (3), Sztani (2), (Kraus, Preisendörfer, Gast) — SR: Asmussen (Flensburg) — Z: 75.000

18.5.1960 in Glasgow:
Europapokal-Endspiel der Landesmeister gegen Real Madrid (3:7)
Loy - Lutz, Höfer - Weilbächer, Eigenbrodt, Stinka - Kreß, Lindner, Stein, Pfaff, Meier.
Tore: Stein (2), Kreß, (Puskas (4), di Stefano (3) — SR: Mowat (Schottland) — Z: 128.000

13.6.1964 in Stuttgart:
DFB-Pokalendspiel gegen 1860 München (0:2)
Loy - Lutz, Höfer - Lindner, Landerer, Stinka - Kraus, Trimhold, Stein, Huberts, Schämer.
Tore: (Kohlars, Brunnenmeier) — SR: Malka (Herten) — Z: 45.000

17.8.1974 in Düsseldorf:
DFB-Pokalendspiel gegen Hamburger SV (3:1 n.V.)
Dr. Kunter - Reichel (106. Müller), Trinklein, Körbel, Kalb - Beverungen, Nickel, Weidle (74. Kraus), Grabowski - Hölzenbein, Rohrbach.
Tore: Trinklein, Hölzenbein, Kraus, (Björnmose) — SR: Weyland (Oberhausen) — Z: 53.000

21.6.1975 in Hannover:
DFB-Pokalendspiel gegen MSV Duisburg (1:0)
Wienhold - Reichel, Trinklein, Körbel, Neuberger - Weidle, Beverungen, Nickel, Grabowski - Hölzenbein, Lorenz.
Tor: Körbel — SR: Horstmann (Groß Escherde) — Z: 43.000

7.5.1980 in Mönchengladbach:
1. UEFA-Pokalendspiel gegen Borussia Mönchengladbach (2:3)
Pahl - Neuberger, Pezzey, Körbel, Ehrmanntraut - Lorant, Borchers, Hölzenbein (79. Nachtweih), Nickel - Karger (81. Trapp), Cha.
Tore: Karger, Hölzenbein, (Kulik (2), Matthäus) — SR: Muro (Spanien) — Z: 25.000

21.5.1980 in Frankfurt:
2. UEFA-Pokalendspiel gegen Borussia Mönchengladbach (1:0)
Pahl - Neuberger, Pezzey, Körbel, Ehrmanntraut - Lorant, Hölzenbein, Nickel - Borchers, Cha, Nachtweih (77. Schaub).
Tor: Schaub — SR: Ponnet (Belgien) — Z: 59.000
Eintracht bei Tor- und Punktgleichheit wegen der größeren Anzahl der Auswärtstore UEFA-Pokal-Gewinner.

1.5.1981 in Stuttgart:
DFB-Pokalendspiel gegen 1. FC Kaiserslautern (3:1)
Pahl - Sziedat, Pezzey, Körbel, Neuberger - Lorant, Nickel, Borchers, Nachtweih - Cha, Hölzenbein.
Tore: Neuberger, Borchers, Cha, (Geye) — SR: Joos (Stuttgart) — Z: 71.000

25.8.1988 in Berlin:
DFB-Pokalendspiel gegen VfL Bochum (1:0)
Stein - Binz - Körbel, Schlindwein - Sievers, Kostner (71. Klepper), Schulz, Detari, Roth - Friz (78. Turowski), Smolarek.
Tor: Detari — SR: Heitmann (Drentwede) — Z: 72.000.

Die Eintracht im Europapokal

Wettbewerb der Landesmeister

1959/60:	1. Runde kampflos (Kuopion Palloseura verz.)	
	Young Boys Bern - Eintracht	1:4
	Eintracht - Young Boys Bern	1:1
	Eintracht - Wiener Sport-Klub	2:1
	Wiener Sport-Klub - Eintracht	1:1
	Eintracht - Glasgow Rangers	6:1
	Glasgow Rangers - Eintracht	3:6
	Real Madrid - Eintracht (Endspiel)	7:3

Wettbewerb der Pokalsieger

1974/75:	Eintracht - AS Monaco	3:0
	AS Monaco - Eintracht	2:2
	Eintracht - Dynamo Kiew	2:3
	Dynamo Kiew - Eintracht (Achtelf.)	2:1
1975/76:	Eintracht - FC Coleraine	5:1
	FC Coleraine - Eintracht	2:6
	Atletico Madrid - Eintracht	1:2
	Eintracht - Atletico Madrid	1:0
	Sturm Graz - Eintracht	0:2
	Eintracht - Sturm Graz	1:0
	Eintracht - West Ham United	2:1
	West Ham United - Eintracht (Halbf.)	3:1
1981/82:	Eintracht - PAOK Saloniki	2:0
	PAOK Saloniki - Eintracht	2:0
	(11-m-Schießen)	4:5
	SKA Rostow - Eintracht	1:0
	Eintracht - SKA Rostow	2:0
	Tottenham Hotspur - Eintracht	2:0
	Eintr. - Tottenh. Hotspur (Viertelf.)	2:1
1988/89:	Grasshopper Zürich - Eintracht	0:0
	Eintracht - Grasshopper Zürich	1:0
	Eintracht - Sakaryaspor	3:1
	Sakaryaspor - Eintracht	0:3
	Eintracht - Mechelen	0:0
	Mechelen - Eintracht	1:0

UEFA-Pokal

1972/73:	FC Liverpool - Eintracht	2:0
	Eintracht - FC Liverpool (1. Runde)	0:0
1977/78:	Eintracht - Sliema Wanderers	5:0
	Sliema Wanderers - Eintracht	0:0
	FC Zürich - Eintracht	0:3
	Eintracht - FC Zürich	4:3
	Eintracht - FC Bayern München	4:0
	FC Bayern München - Eintracht	1:2
	Eintracht - Grasshoppers Zürich	3:2
	Grassh. Zürich - Eintracht (Viertelf.)	1:0
1979/80:	FC Aberdeen - Eintracht	1:1
	Eintracht - FC Aberdeen	1:0
	Dinamo Bukarest - Eintracht	2:0
	Eintracht - Dinamo Bukarest n. Verl.	3:0
	Eintracht - Feyenoord Rotterdam	4:1
	Feyenoord Rotterdam - Eintracht	1:0
	Eintracht - Zbrojovka Brünn	4:1
	Zbrojovka Brünn - Eintracht	3:2
	Bayern München - Eintracht	2:0
	Eintracht - Bayern München n. Verl.	5:1
	Bor. M'gladbach - Eintracht (1. Fin.)	3:2
	Eintracht - Bor. M'gladbach (2. Fin.)	1:0
1980/81:	Schachtjor Donezk - Eintracht	1:0
	Eintracht - Schachtjor Donezk	3:0
	FC Utrecht - Eintracht	2:1
	Eintracht - FC Utrecht	3:1
	Eintracht - FC Sochaux	4:2
	FC Sochaux - Eintracht	2:0
1990/91:	Bröndby Kopenhagen - Eintracht	5:0
	Eintracht - Bröndby Kopenhagen	4:1
1991/92:	Eintracht - Spora Luxemburg	6:1
	Spora Luxemburg - Eintracht	0:5
	KAA Gent - Eintracht	0:0
	Eintracht - KAA Gent	0:1
1992/93:	Widzew Lodz - Eintracht	2:2
	Eintracht - Widzew Lodz	9:0
	Eintracht - Galatasaray Istanbul	0:0
	Galatasaray Istanbul - Eintracht	1:0

Messepokal

1964/65:	Eintracht - FC Kilmarnock	3:0
	Kilmarnock - Eintracht (Spiel Grp. 1)	5:1
1966/67:	Drumcondra Dublin - Eintracht	0:2
	Eintracht - Drumcondra Dublin	6:1
	Eintracht - Hvidovre Kopenhagen	5:1
	Hvidovre Kopenhagen - Eintracht	2:2
	Eintracht - Ferencvaros Budapest	4:1
	Ferencvaros Budapest - Eintracht	2:1
	Eintracht - FC Burnley	1:1
	FC Burnley - Eintracht	1:2
	Eintracht - Dynamo Zagreb	3:0
	Dynamo Zagreb - Eintracht (Halbf.) n. Verl.	4:0
1967/68:	Eintracht - Nottingham Forest	0:1
	Nottingh. Forest - Eintr. (1. Runde)	4:0
1968/69:	Wacker Innsbruck - Eintracht	2:2
	Eintracht - Wacker Innsbruck	3:0
	Juventus Turin - Eintracht	0:0
	Eintracht - Juventus Turin	1:0
	Atletico Bilbao - Eintracht	1:0
	Eintracht - Atletico Bilbao (Achtelf.)	1:1

Insgesamt:
Spiele: 89, Siege: 47, Unentschieden: 16, Niederlagen: 26, Tore: 182:108.

Einsätze

Spieler	Landesmeister	Pokalsieger (Einsätze Tore)	UEFA-Pokal
Abbe, Ernst			8/3
Andersen, Jörn		6	1
Anthes, Holger		1	
Bäumler, Erich	2/2		
Bakalorz, Dirk		5/1	
Balzis, Ralf		4/1	
Bechtold, Walter			9/2
Bechtold, Adolf	1		
Bein, Uwe			7/4
Beverungen, Klaus		12/3	
Bellut, Dieter			6
Biernat, Jaroslaw		2	
Bihn, Egon			2
Bindewald, Uwe			9
Binz, Manfred		6/1	10
Blättel, Michael			2
Busch, Peter			9
Bommer, Rudi			4
Borchers, Ronald		4/1	16/2
Bronnert, Siegfried			3/2
Cha, Bum Kun		6/1	16/5
Eckstein, Dieter			2/1
Ehrmanntraut, H.			4
Eigenbrodt, H.-W.	4		
Falkenmayer, Ralf		6	6
Feghelm, Siegfried			2
Friedrich, Jürgen			12/1
Funk, Klaus			12
Grabowski, Jürgen		12/3	28/6
Gründel, Heinz		3	3/1
Gruber, Rigobert			2
Gulich, Helmut		1	
Herbert, Willi			1
Heese, Horst			2
Heitkamp, Dirk		1	
Heidenreich, M.		1	
Hobday, Peter		4	
Höfer, Hermann	7		1
Hölzenbein, Bernd		11/8	27/10
Hönnscheidt, Norb.			1
Hofmeister, Josef			1
Huberts, Wilhelm			18/6
Jüriens, Joachim		1	
Jusufi, Fahrudin			9
Kalb, Jürgen		2	7/1
Karger, Harald			11/6
Keifler, Günther			2
Klein, Michael			3
Klepper, Thomas		3	
Kliemann, Uwe			2
Köhler, André			1
Körbel, Karl-Heinz		23/3	25
Koitka, Josef			8
Konca, Ender			2
Kostner, Michael		2	
Krafczyk, Dieter			2
Kraus, Helmut			6/2
Kraus, Wolfgang		5/1	8/4
Kreß, Richard	6/2		
Krauth, Raimund			1
Krobbach, Peter		1	5/1
Kruse, Axel			6/5
Künast, Michael		2	
Kunter, Peter		6	11
Landerer, Ludwig			1
Lasser, Thomas		2	4
Lindner, Dieter	7/4		17
Löw, Joachim		3	
Lorant, Werner		5/1	17/2
Lorenz, Bernd		5/1	
Lottermann, Stefan		5	9/1
Lotz, Oskar			15/7
Loy, Egon	7		3
Lutz, Friedel	6		6
Meier, Erwin	6/4		
Möller, Andreas			6/3
Möller, Frank			1
Müller, Helmut		9	13/1
Nachtweih, Norbert		6	18/3
Neuberger, Willi		14/1	25/2
Nickel, Bernd		16/5	26/7
Okocha, Jay-Jay			3
Otto, Norbert		2	
Pahl, Jürgen		5	7
Parits, Thomas			1
Penksa, Marek			1
Pezzey, Bruno		6/2	17/3
Pfaff, Alfred	7/4		
Racky, Heiko			4
Rahn, Uwe			2/1
Reichel, Peter		9/1	8
Rohrbach, Thomas		4/1	1
Rompel, Dietmar		2	
Roth, Dietmar		6	6
Schämer, Lothar			18/2
Schaub, Fred			2/1
Schlindwein, Dieter		2	
Schmitt, Edgar			4/1
Schulz, Frank		2/1	
Schymik, Eberhard	4		
Sievers, Ralf		4/2	
Simons, Gerd		2	
Sippel, Lothar			5
Skala, Lothar			5/1
Solz, Wolfgang			10/3
Stein, Erwin	6/5		2/1
Stein, Ulrich		6	10
Stepanovic, D.			6/1
Stinka, Dieter	7/1		2/1
Stradt, Winfried		2	
Studer, Stefan		4/1	9
Sziedat, Michael		6	6
Sztani, Istvan			3
Tilkowski, Hans			6
Trapp, Wolfgang		3	9
Trimhold, Horst			2/1
Trinklein, Gert		4	3
Turowski, Janusz		5	1
Weber, Ralf			8/1
Weber, Richard			2
Weilbächer, Hans	7/1		
Weidle, Roland		10	8
Wenzel, Rüdiger		8/1	6/3
Wienhold, Günter		6	
Wirth, Karl-Heinz			13
Wolf, Dirk			3/1
Yeboah, Anthony			8/8

Wollen auch in Zukunft gemeinsam Siege mit der Eintracht feiern, v. l. Ralf Weber, Ralf Falkenmayer und Uwe Bein.